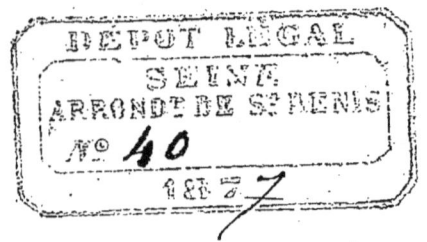

HISTOIRE

DE

DIX ANS

1830-1840

III

SAINT-DENIS. — IMP. CH. LAMBERT, 17, RUE DE PARIS.

RÉVOLUTION FRANÇAISE

HISTOIRE

DE

DIX ANS

1830-1840

PAR

M. LOUIS BLANC

DOUZIÈME ÉDITION

AUGMENTÉE DE NOUVEAUX DOCUMENTS DIPLOMATIQUES

TOME TROISIÈME

PARIS

LIBRAIRIE GERMER BAILLIÈRE ET Cie

108, BOULEVARD SAINT-GERMAIN

1877

TABLE DES MATIÈRES

DEPUIS LA FIN DU MOIS D'OCTOBRE 1831 JUSQU'AU COMMENCEMENT DE L'ANNÉE 1833.

CHAPITRE I. 1

Le parti légitimiste. — Causes de la faiblesse de ce parti. — M. de Chateaubriand. — M. Berryer. — Complots de salon. — La Vendée; aspect de ce pays; ses dispositions. — Fautes de l'administration. — Les réfractaires vendéens; germes de guerre civile. — La duchesse de Berri; son caractère, ses espérances, ses projets; elle quitte l'Écosse. — Situation des principales villes du Midi. — Divisions dans le parti royaliste. — La bourgeoisie cherche à compléter sa victoire; l'hérédité de la pairie est mise en question; elle est abolie. — Anarchie universelle. — Loi sur le bannissement de la branche aînée des Bourbons. — Atteinte irréparable portée en France au principe monarchique.

CHAPITRE II. 45

Lyon. — Situation déplorable des ouvriers en soie : état de la fabrique lyonnaise. — Les ouvriers demandent un tarif; le préfet de Lyon intervient; débats; fixation d'un tarif. — Colère de la majorité des fabricants. — Provocations adressées aux tisseurs. — Revue sur la place de Bellecour; menaces; tout se prépare pour une insurrection. — Fatales dissidences entre le général Roguet et M. Bouvier-Dumolard; aveuglement des autorités. — Topographie de Lyon. — Rassemblement à la Croix-Rousse. — Insurrection. — Toute la ville est en feu. — M. Bouvier-Dumolard et le général Ordonneau sont faits prisonniers; générosité des tisseurs. —

Véritable caractère de la lutte. — Combats du 22; barricades; incendies; la politique prend place dans l'insurrection. — Les ouvriers partout victorieux; les troupes se retirent par la barrière Saint-Clair. — Les chefs des ouvriers à l'Hôtel de Ville : ils partagent le pouvoir avec des hommes de parti — Adroites manœuvres. — On sème la division entre les insurgés politiques et les ouvriers. — Le peuple embarrassé de sa victoire. — Pauvres veillant en armes sur les hôtels des riches. — Philosophie de ces événements. — Arrivée du duc d'Orléans et du maréchal Soult à Lyon. — Conclusion

CHAPITRE III 81

Tableau de la société; vices du régime industriel. — Désordre moral, anarchie dans la constitution du Pouvoir. — Tentatives d'innovation. — Origine du Saint-Simonisme; son caractère; sa physionomie; son influence; son histoire jusqu'à la séparation de MM. Bazard et Enfantin.

CHAPITRE IV 127

Progrès du parti républicain; Armand Carrel et Garnier-Pagès. — Liste civile; prétentions de la Cour; pamphlets de M. de Cormenin. — Procès au sujet de la mort du duc de Bourbon. — Audace de la presse républicaine; persécutions; déclaration courageuse d'Armand Carrel. — Conspiration des tours de Notre-Dame — Conspiration de la rue des Prouvaires. — Exaspération de Casimir Périer; ses rapports avec le roi; scène de fureur. — Expédition d'Ancône. — Esprit de l'administration sous Casimir Périer. — Troubles de Grenoble; l'autorité locale vaincue; débats parlementaires. — Lutte systématique entre les deux Chambres. — Vote du budget. — Clôture de la session.

CHAPITRE V 197

Le Choléra-Morbus. — Mort de Cuvier. — Mort de Casimir Périer. — Jugement sur le ministère de Casimir Périer.

CHAPITRE VI 225

Divisions du parti légitimiste : Paris, Massa, Holy-Rood. — Secrètes conférences de Lucques. — Lettre de M. de Kergorlay à Charles X. — Dispositions des petites Cours d'Italie à l'égard de la duchesse de Berri — Mésintelligence entre Massa et Holy-Rood. — M. de Blacas éloigné. — Détails de la conspiration royaliste. — Politique de l'Autriche : le prince de Metternich opposé aux projets de la duchesse de Berri. — Instructions adressées au représentant de la duchesse de Berri en Espagne. — Relations diplomatiques de cette princesse avec le Cabinet de la Haye, avec celui de Saint-Pétersbourg. — Situation de la Vendée. — Constitution et ordonnances préparées à Massa. — La duchesse de Berri s'embarque secrètement. — Sa traversée sur le *Carlo-Alberto*. — Tentative d'insurrection à Marseille. — Voyage de la duchesse de Berri à travers la France. — Prise du *Carlo-Alberto*. — Mlle Lebeschu. — La duchesse de Berri en Vendée; divisions intestines. — La prise d'armes ordonnée; contre-ordre; engagements partiels; visite à la Chaslière. — Combat du Chêne; siége de la Pénissière. — L'insurrection étouffée. — La duchesse de Berri à Nantes.

CHAPITRE VII. 265

Compte rendu. — Mort du général Lamarque. — Ses funérailles. — Situation des divers partis. — Insurrection des 5 et 6 juin. — Cloître Saint-Méry. — État de siége.

CHAPITRE VIII. 317

Mort du duc de Reichstadt. — Les Saint-Simoniens à Ménilmontant; leurs pratiques; réhabilitation de la domesticité. — Procès du 27 août. — Importance capitale de ce procès. — Incidents. — Débats. — Dissolution de la famille saint-simonienne. — Intrigues pour la formation du ministère du 11 octobre. — Ministère du 11 octobre. — Portrait de M. Thiers. — Arrestation de la duchesse de Berri à Nantes. — Affaire du coup de pistolet. — Luttes parlementaires.

CHAPITRE IX. 387

Politique extérieure. — Question des forteresses belges; la France humiliée par l'Angleterre. — Résistance fondée de Guillaume au traité des 24 articles. — Politique de l'Angleterre, de la Russie, de la Prusse et de l'Autriche. — Échange des ratifications; ratifications sous réserve; indignation des Belges. — Étrange et honteuse complication d'intrigues. — La France s'armant pour faire prévaloir un traité dirigé contre elle. — Les ministres du 11 octobre en opposition avec le roi; mot de M. de Talleyrand. — L'armée française à la frontière; perfidie du Cabinet de Saint-James; mot du duc de Wellington. — Le maréchal Gérard fait un voyage à Paris; il offre sa démission; pourquoi; causes secrètes de son retour au quartier général. — Convention du 22 octobre. — Les Français entrent en Belgique. — Exclusion injurieuse dont la diplomatie frappe les Belges; motifs de cette exclusion, tous puisés dans la haine des Puissances contre nous. — Le Cabinet des Tuileries consent à l'exclusion des Belges et les menace ; malheurs qui en résultent. — Siége et prise d'Anvers. — Admirable conduite de l'armée française ; service important rendu à la France par le maréchal Gérard. — Résumé de l'histoire de la Conférence.

DOCUMENTS HISTORIQUES. 433

Arrêt rendu dans l'affaire des Prouvaires. — Pièces diplomatiques sur l'intervention des Puissances dans les affaires de la Romagne. — Compte rendu des députés de l'Opposition. — Condamnation solennelle de l'état de siége. — Protocoles de la Conférence de Londres relativement à la Hollande et à la Belgique.

CHAPITRE PREMIER

Le parti légitimiste. — Cause de la faiblesse de ce parti. — M. de Chateaubriand. — M. Berryer. — Complots de salons. — La Vendée; aspect de ce pays; ses dispositions. — Fautes de l'administration. — Les réfractaires vendéens; germes de la guerre civile. — La duchesse de Berri; son caractère, ses espérances, ses projets; elle quitte l'Écosse. — Situation des principales villes du Midi. — Divisions dans le parti royaliste. — La bourgeoisie cherche à compléter sa victoire; l'hérédité de la pairie est mise en question; elle est abolie. — Anarchie universelle. — Loi sur le bannissement de la branche aînée des Bourbons. — Atteinte irréparable portée en France au principe monarchique.

Le gouvernement français avait, au dehors, accompli son œuvre, et la France n'avait plus qu'à subir les péripéties du rôle obscur qui venait de lui être assigné dans le monde. Mais par l'abaissement systématique de leur diplomatie, les ministres avaient préparé, à l'intérieur, les éléments d'une lutte terrible. D'ailleurs, la constitution, encore incomplète, avait à traverser les orages d'un débat public; et chacun sentait que le plus sérieux embarras du gouvernement allait être de se constituer et de vivre.

Les légitimistes avaient mis toute une année à revenir de leur stupeur. Mais les incertitudes du pouvoir, ses faux ménagements, ses fureurs étourdies, les douleurs croissantes du peuple et son mécontentement, exalté par l'orgueil d'une récente victoire, la France plus que jamais humiliée, l'Europe enfin rendue intraitable par l'excès même des concessions, tout semblait encourager le parti vaincu à ressaisir le gouvernement de la société, de nouveau livrée aux hasards. Ce parti était riche, d'ailleurs, et soutenu par les prêtres, sans parler de l'appui que promettaient à son audace les fanatiques du Midi, l'épée des gentilshommes de l'Ouest, et les paysans de la Vendée, race indomptable et fidèle.

Mais les légitimistes n'avaient pas de chefs.

M. de Chateaubriand était tombé dans un dégoût mortel des hommes et de son siècle. En proie à cette exaltation fébrile et à ce vide éternel du cœur, maladie des organisations d'élite, il en était venu à trouver pesant le fardeau de sa destinée, si enviée pourtant et si glorieuse. Il nous a été donné souvent de le voir dans cette dernière phase de sa vie, et nous avons été frappé, surtout, de ce qu'il y avait en lui de mélancolique et de souffrant. Son regard était d'une bienveillance amère. Il souriait avec peine et avait le sourire triste. Sa voix émue et profonde annonçait une âme troublée, et ses discours étaient pleins de découragement. Rien n'existait plus, en effet, de ce qui avait été pour lui un désir, un espoir ou une croyance ; et, après le grand naufrage auquel il avait survécu, il cherchait en vain dans ce qui n'avait pas encore succombé un aliment à son enthousiasme ou des aspirations pour son génie. La noblesse détruite, la monarchie abaissée, la religion flétrie, la liberté perdue, ne laissaient que désenchantement dans son existence de chevalier, de gentilhomme et de poëte. Des spectacles éclatants, des affections illustres, ou, du moins, des inimitiés qui élèvent, voilà ce qu'il aurait fallu à ce cœur tourmenté ; et tout cela lui manquait. De tant de scènes, terribles ou héroïques, auxquelles on avait traîné, devant lui, le monde saisi d'étonnement et d'épouvante, que restait-il ? Quelques souvenirs insultés. Il est des époques où l'orgueil des hommes forts trouve à se satisfaire au sein même de la douleur, où l'on éprouve une sorte de joie frémissante à courir après le danger, où l'on peut enfin se sauver du désespoir par la haine. Pour M. de Chateaubriand, ces époques avaient été la Révolution et l'Empire. Mais, depuis, le siècle était devenu étroit et grossier ; de froides combinaisons y succédaient aux élans généreux ; les graves soucis du commandement s'y perdaient en un stérile tracas d'affaires ; les sympathies y étaient soumises au calcul, les répugnances condamnées à la fourberie ; et tout se trouvait à tel point rapetissé, qu'il n'y avait même plus moyen d'éprouver de ces haines dont on s'honore. Après la victoire remportée en juillet sur la monarchie et sur la noblesse, quel rôle pouvait être réservé à M. de Chateaubriand ? Celui d'homme de parti ? Il y était impropre, appartenant à cette classe de natures délicates que rebutent les minces détails, qu'une activité banale fatigue, qui ne sont portées qu'aux grands sacrifices, ne consentent à combattre que les grands obstacles, et ne savent se résigner ni à employer des instruments vils, ni à ruser avec les passions humaines. Ce genre d'incapacité, les amis de M. de Chateaubriand le reconnaissaient en lui. Ses ennemis allaient plus loin, ils lui refusaient toutes les qualités de l'homme politique, et ils rappelaient quelles avaient été les manifestations de sa vie active : son faste et ses préoccupations littéraires dans l'exercice du pouvoir; son indolence, un peu hautaine, au milieu des intrigues de cour; les ambassades rêvées par lui comme autant de pieux pèlerinages; son dédain pour les soins vulgaires; son goût excessif pour les choses d'éclat; ses prodigalités, sa fortune même jetée au vent avec la philosophie d'un barde et la magnifique insouciance d'un grand seigneur. Il est certain que M. de Chateaubriand aurait envisagé volontiers le commandement par son côté poétique. Il aurait voulu monter au faîte de la société, pour y jouir d'une perspective plus étendue et plus lumineuse, pour y charmer les hommes en associant à leurs agitations les efforts de sa pensée, pour y composer, en quelque sorte, de vivants poëmes. Et qu'importe? Ceux-là seuls agissent fortement sur les peuples, qui portent en eux de quoi s'élever au-dessus des pensées communes. Napoléon ne l'ignorait pas, lui dont la lecture d'Ossian avait toujours enchanté les loisirs rapides, et qui avait dû à la poésie de ses conceptions, de ses actes, de son langage, une si grande partie de cet ascendant prodigieux qui, mieux que ses victoires, témoigna de la grandeur de sa mission terrestre. Ce n'étaient donc pas les qualités de l'homme politique qui faisaient faute à M. de Chateaubriand, c'étaient celles de l'homme de parti. Car rien n'égale l'égoïsme des partis, si ce n'est leur ingratitude. Ceux que leurs passions choisissent pour chefs, ils les veulent pour esclaves, et quand on croit qu'ils se donnent, ils s'imposent. Les partisans les plus obstinés de l'ancienne monarchie ne pouvaient pardonner à M. de Chateaubriand d'avoir été un moment ébloui par la gloire de Bonaparte, et d'avoir attendu, pour s'armer contre lui d'un ressentiment immortel, le meurtre du duc d'Enghien; ils ne pouvaient lui pardonner la presse défendue et la révolution de juillet admirée. Ainsi, on reprochait à un homme dont l'imagination était portée au merveilleux, dont la nature était riche et complexe, dont l'âme s'ouvrait aisément à toutes les nobles impressions, de n'être pas resté insensible aux fascinations de la gloire et aux pompes de la liberté! Mais, encore une fois, les partis ont leur despotisme qu'on ne brave pas impunément; il faut, pour les conduire, au défaut d'une ambition servile, un fanatisme ignorant et aveugle. Si on cherche à les éclairer, on les éloigne; si on leur demande d'être justes, on leur devient suspect; si on les sert malgré eux, on les irrite. Telles étaient les causes générales qui reléguaient M. de Chateaubriand dans une oisiveté nécessaire. Triste siècle que celui où l'on est forcé d'expliquer le silence du génie et l'impuissance de la force!

Quant à M. Berryer, quel parti ne se serait glorifié de l'avoir pour chef? Une nature à la fois expansive et attirante; une activité infatigable; une pénétration sans pareille; une facilité singulière à se plier aux situations les plus embarrassantes; un esprit plein de ressources et d'expédients; une séduction de langage et de manières qui désarmait les inimitiés les plus violentes... que d'éléments de succès! Jamais, d'ailleurs, il n'était arrivé à un homme de commander à ce point aux émotions d'une assemblée et d'exercer plus complétement la magie de la parole. Orateur, M. Berryer rappela plus d'une fois Mirabeau. Et pourtant, M. Berryer ne pouvait rien pour le parti légitimiste auquel appartenait son talent, d'abord, parce que sa foi dans l'avenir des monarchies n'était pas bien vive; ensuite parce que c'était à un sentiment et à une organisation d'artiste que tenaient ses facultés les plus précieuses. Plébéien par l'origine et par l'éducation, il s'était révélé dans un moment où l'aristocratie en France ressaisissait le Pouvoir. Il s'était montré à elle comme un soutien presque nécessaire, et elle l'avait adopté, bien résolue à ne se livrer à lui qu'en l'absorbant. Humilité intelligente, propre à toutes les aristocraties, et qui, en Angleterre, a placé une race née pour l'orgueil sous les ordres de sir Robert Peel, fils d'un fabricant de coton, créé baronnet par Pitt; sous les ordres de lord Lyndurst, fils d'un peintre; sous les ordres de lord Wellington, représentant de la race irlandaise et bourgeoise des Wellesley! Une fois admis et recherché dans un monde où tout n'était que grâce, parfums, harmonie, visages souriants, douces paroles, vie élégante et passionnée, M. Berryer s'était sans doute laissé prendre à d'invincibles amorces. Il avait couru après l'éclat d'une opinion qui était celle des salons somptueux. Cette opinion avait fourni de brillantes inspirations à son éloquence, elle lui avait valu le succès, elle lui avait promis le plaisir, et il s'était insensiblement engagé d'une manière irrévocable, charmé de pouvoir ainsi mêler à l'entraînement des affaires le goût des dissipations. Car c'était un de ces hommes qui ont hâte de se dépenser. Voilà, du moins, de quelle sorte M. Berryer était jugé par ses adversaires. Et comment expliquer autrement qu'un enfant du peuple, clairvoyant et hardi, aux mâles allures, aux instincts démocratiques, se fût enchaîné au service d'une monarchie dont il déplorait en vain les fautes, et d'une noblesse dont il lui était impossible de partager les préjugés opiniâtres? Aussi M. Berryer s'était-il créé dans son parti une situation à part, faisant ouvertement profession de tolérance, accueillant avec une prévenance délicate les républicains, dont quelques-uns se félicitaient de l'avoir pour ami, se rendant accessible, agréable ou utile à tous, et ne craignant pas, lorsqu'il paraissait à la tribune, de rendre hommage à tout ce qui avait eu de la grandeur, soit que son éloquence fût tentée par le souvenir des luttes de la nationalité, soit que l'image de la république sauvant la France vînt tout à coup arracher à son enthousiasme un de ces cris puissants qui font frissonner les assemblées. Et il n'était jamais plus beau que lorsque, secouant les chaînes de son parti et parlant en tribun de la nationalité trahie ou du peuple humilié, il se livrait, éperdu, au démon qui le dominait. Il était admirable alors; son œil s'enflammait; sa tête, rejetée en arrière, lui donnait un air audacieux et superbe; sa voix sonore trouvait des accents inattendus; son geste dessinait merveilleusement sa parole, tour à tour majestueuse et terrible... Il y avait un moment où l'assemblée se levait avec transport. Et le lendemain, le parti sur qui rejaillissait la gloire de l'orateur, osait à peine blâmer tout bas son imprudence et ses écarts.

Mais le rôle de M. Berryer n'allait pas au delà de ces triomphes éphémères. Quand il était monté sur la scène, on n'accourait que pour l'écouter, que pour être ému. Orateur étrange qui n'exerçait aucune influence décisive, quoique environné de prestige, et qui, dans sa stérile omnipotence, agitait autour de lui les passions des hommes sans les conduire!

M. de Villèle semblait se tenir à l'écart. MM. de Fitz-James, Hyde de Neuville, de Martignac, de Noailles, jouissaient d'une considération inutile, et laissaient flotter, pour ainsi dire, à l'aventure, les destinées de leur parti. Mais il y avait à la faiblesse de ce parti une cause encore plus profonde : il manquait de passions. La victoire lui était d'avance refusée, parce qu'une révolution ne lui était point nécessaire et parce qu'elle eût été, dans tous les cas, peu désirable pour les chefs. Qu'avaient-ils à espérer de mieux que ce qu'ils possédaient, eux dont le régime nouveau protégeait l'opulence, respectait les titres, ménageait les souvenirs, et tendait par égoïsme à s'approprier les traditions? Pour des hommes qui, comme M. Berryer, avaient trouvé jusque dans la défaite tant de biens qui attachent à la vie : les jouissances du luxe, le crédit, la renommée, les applaudissements... la possession même du Pouvoir, Pouvoir toujours orageux et toujours maudit, valait-elle qu'on affrontât, pour l'obtenir, tout ce que contient de hasards ce mot effrayant : l'inconnu? Les révolutions se font avec des haines fortes et de violents désirs : les légistimistes n'avaient guère que des haines.

Il y avait parmi eux, toutefois, des jeunes gens qu'animait un ressentiment fougueux. « Où étiez-vous pendant les « trois journées? » leur avait-on crié avec ironie, et ils brûlaient de protester, l'épée à la main, contre une victoire dont la portée les irritait moins que l'injure. Leurs dispositions belliqueuses étaient, du reste, encouragées par les femmes de l'ancienne Cour, femmes charmantes et vaines qui auraient voulu gouverner l'État avec un éventail, et qui se plaignaient avec dépit d'avoir été détrônées par des bourgeoises. Ce fut dans ce jeu de passions factices, ce fût dans je ne sais quel tourbillon de propos frivoles qu'on prépara l'embrasement de la France. Beaucoup ne voyaient qu'un roman de chevalerie dans ce qui allait être la guerre civile. Car tel est l'orgueil cruel des grands, qu'il faut que les malheurs mêmes du peuple servent à leurs amusements sacrilèges!

On connaît l'histoire de la Vendée sous la République; on sait de quels prodiges furent capables, soutenus par la foi et l'amour, les soldats-paysans de Cathelineau, de la Rochejacquelin et de Lescure. C'était naturellement vers cette contrée, si célèbre dans les fastes des dévouements royalistes, que devaient se tourner les regards de ceux qui s'apprêtaient à tenter le sort des armes.

Les départements de l'Ouest, Bretagne et Vendée, réunissent en effet toutes les conditions géographiques de la guerre civile. Le pays est coupé de chemins de traverse et de sentiers où les soldats ne sauraient s'égarer sans périr. Les routes sont encaissées entre des talus couronnés de haies derrières lesquelles accourent, aux jours de trouble, une foule d'ennemis invisibles, silencieux, inévitables. Le sol, inégal et agreste, y ménage à une bande de partisans déterminés des ressources innombrables. Ici, ce sont des bois; là, plus près de la mer, des canaux et des marécages dissimulés par d'épaisses touffes d'ajoncs; ailleurs, d'immenses plaines couvertes de genêts presque à hauteur d'homme. Les clôtures qui, à des distances rapprochées, séparent les métairies, ne présentent qu'une issue masquée soigneusement, et dont les habitants connaissent seuls la place, ce qui leur offre un moyen facile de fondre à l'improviste sur leurs ennemis, de les accabler et de disparaître.

Voilà quel pays la Convention avait eu à soumettre. Il était habité alors par des hommes simples, énergiques et pieux, vivant du produit de leurs troupeaux. Ce produit, qu'ils partageaient avec leurs seigneurs, dont ils avaient toujours chéri l'autorité paternelle, suffisait à leurs besoins comme à leurs désirs. La parole du prêtre charmait leur ignorance, un peu superstitieuse et naïve. Au milieu de leurs genêts et de leurs bruyères, ils ne savaient rien de tout le bruit qu'avait fait autour d'eux un siècle moqueur; et le culte des traditions, entretenu par l'esprit de famille et les récits des veillées, n'avait encore reçu parmi eux aucune atteinte, que déjà tout n'était plus que ruines dans le reste de la France, secouée fortement et transformée. La Révolution, obéissant à la fatalité de son rôle, résolut de faire entrer la Vendée dans ce grand travail d'unité dont nous ne connaissons que les violences, et dont l'avenir montrera les bienfaits. Ce qu'il advint alors, on s'en souvient. Ces paysans, à qui l'obligation du service militaire faisait horreur, déployèrent pour la défense de leurs coutumes un héroïsme guerrier qui n'eut d'égal que celui des *bleus*, qu'ils avaient à combattre. Ils coururent chez des gentilshommes qu'ils arrachèrent de leurs châteaux et mirent à leur tête, tandis que, de leur côté, ceux-ci partageaient le commandement avec un garde-chasse et prenaient pour chef suprême un voiturier! Puis la guerre commença : guerre sans exemple, où l'on vit des paysans, rassemblés en tumulte, faire face à des armées nombreuses, vaillantes, disciplinées, et remplies de ce sombre enthousiasme qui fut si longtemps la terreur de l'Europe. Ainsi, la puissance des traditions devait éclater au sein d'une époque à jamais illustrée par les témoignages d'une puissance contraire; et ce ne fut pas certainement un des spectacles les moins touchants et les moins philosophiques de ce siècle, que celui de tant de pauvres métayers courant sur les canons républicains en faisant le signe de la croix, ou, après quelque victoire bien disputée, tombant à genoux sur le champ de bataille, au milieu de leurs frères morts, pour rendre grâces au Dieu que leurs pères avaient adoré.

Mais ceux-là jugèrent mal la Vendée qui, pour savoir ce qu'on pouvait attendre d'elle en 1831, se bornèrent à interroger son passé. C'est trop peu de quelque trente ans d'intervalle pour le renouvellement d'une lutte aussi fabuleuse que celle qui commença par Cathelineau et finit par Georges Cadoudal. Ce Georges, fils d'un meunier, si brave, si dévot et si loyal, mais si inflexible dans son vouloir et si terrible dans ses vengeances, ce Georges avait exténué l'Ouest par la Chouannerie, dont il fut le héros et le martyr. Lui mort, Napoléon sut désarmer la Vendée à force de bienfaits, et il la soumit irrésistiblement à l'ascendant de son génie. Dispersés dans le monde par les victoires de l'Empire, ceux des Vendéens qu'épargnèrent tant de meurtrières batailles, étaient revenus dans leurs foyers comme missionnaires des idées nouvelles. La Vendée avait été aussi sollicitée au changement par les progrès du commerce et la vente des biens nationaux, qui avaient introduit dans ces contrées une classe d'hommes n'ayant d'autre passion que celle du repos et d'autre religion que l'intérêt. Quant à la Restauration, son ingratitude continua l'œuvre commencée par le système cosmopolite et conquérant de Bonaparte. Méconnus, outragés, en butte à des calomnies ardemment propagées par les gens de Cour, les fils de tant de royalistes, morts pour les Bourbons, purent apprendre durant quinze ans, dans les angoisses de la misère, ce que valent tous ces rois et tous ces princes, égoïstes impitoyables, pour qui le dévouement d'un sujet n'est que le revenu d'un domaine.

Cependant, et à tout prendre, une insurrection était encore possible en Vendée. L'esprit mercantile n'y régnait que dans les villes et le long des grandes routes ; il n'avait que faiblement pénétré dans les campagnes, où s'était maintenue la double influence de la noblesse et du clergé, et cette influence, un genre de mécontentement particulier à la province la rendait très-dangereuse. Les réfractaires, fort nombreux dans l'Ouest, s'étaient vus poursuivis, depuis 1830, avec une rigueur légitime sans doute, mais qu'on ne pardonne qu'aux gouvernements vigoureux. De là des ferments de haine et de révolte. Les jeunes paysans, désignés par le sort, s'enfuyaient dans les bois, s'imposaient une vie dure et vagabonde, mettaient en commun leurs ressentiments, et s'accoutumaient à devenir implacables.

Une tolérance habilement calculée aurait pu conjurer tout danger. Mais les agents du gouvernement n'envoyaient à Paris que des rapports empreints d'une exagération ridicule. Accueillis dans l'Ouest avec un froid dédain par le parti légitimiste, qui laissait leurs salons déserts, et raillait leur importance bourgeoise, ils couvraient du prétexte du bien public les blessures de leur amour-propre, s'abaissaient à des persécutions mesquines, provoquaient de la part du Pouvoir des mesures brutales, et attisaient de leurs mains l'incendie qu'ils auraient dû éteindre. Les visites domiciliaires, en chassant les gentilshommes de leurs châteaux, fournirent des chefs à une insurrection à laquelle avaient déjà fourni de nombreux soldats les perquisitions, qui chassaient les paysans de leurs chaumières. Ainsi se formèrent les bandes.

Alors se levèrent les Delaunay, les Diot, les Mathurin Mandar, aventuriers sans peur, qui, armés d'un fusil, munis d'une gourde et suivis de quelques compagnons lestes et braves, se mirent à affronter soldats, gendarmes, gardes civiques, et à battre la campagne, tantôt se glissant sur la lisière des bois, tantôt disparaissant derrière les hauts genêts, redoutés dans les villes, mais recueillis fraternellement dans les métairies isolées.

Le brigandage était au bout de ces soulèvements partiels. Des hommes pervers ne tardèrent pas à se mêler aux bandes royalistes, qu'ils compromirent par leurs excès et enveloppèrent dans leur déshonneur. Le gouvernement, de son côté, avait soin de confondre dans un même anathème et les chouans véritables et les hideux auxiliaires que, plus d'une fois cependant, il leur était arrivé non-seulement de désavouer, mais de punir. Bientôt, la renommée grossissant le mal et multipliant les désordres, on répand partout des nouvelles sinistres; les récits les plus lamentables volent de bouche en bouche; au cri de vengeance, parti de tous les grands centres de population, les gardes nationaux se rassemblent, prennent les armes; les patriotes eux-mêmes, quoique ennemis du gouvernement, se rapprochent de lui, par le besoin d'être protégés. « Mort aux brigands! » Tel est le mot d'ordre de tous les bourgeois, saisis d'épouvante et de colère; en effet, tous les chouans qu'on peut surprendre, on les égorge : sanglantes exécutions, dont des représailles, plus sanglantes encore, viennent augmenter l'horreur! C'en est fait : les passions sont de toutes parts déchaînées, on entre dans la guerre civile.

Ce fut dans ces circonstances funestes que la duchesse de Berri résolut de quitter l'Écosse et de venir animer par sa présence les partisans de son fils. Il y avait là certainement une pensée impie. Car enfin, ce n'était ni pour accomplir quelque vaste projet de rénovation sociale, ni même pour améliorer par quelques réformes le sort des peuples, que Marie-Caroline s'élançait dans la carrière des conspirations; et elle aurait pu se demander s'il était bien juste d'aller plonger la France dans un long deuil, sans autre but que de la rendre au duc de Bordeaux, comme on ferait d'un champ à son propriétaire dépossédé. Mais avec les préjugés dont on avait bercé son enfance, il était difficile que la duchesse de Berri comprît ce qu'il y avait de criminel en son dessein. D'ailleurs, le rôle de Jeanne d'Albret souriait à son imagination napolitaine. Traverser les mers à la tête de paladins fidèles; arriver sur une terre de chevaliers, à travers les périls et les aventures d'un voyage inattendu ; passer, à la faveur de mille déguisements divers, au milieu de tant d'ennemis en éveil; errer, mère courageuse et reine proscrite, de village en village et de chateau en château ; connaître ainsi par leur côté romanesque toutes les extrémités des choses humaines, et, à la suite d'une conspiration victorieuse, relever en France le vieil étendard de la monarchie : tout cela était bien propre à séduire une femme jeune et vive, hardie par ignorance des obstacles, héroïque au besoin par légèreté, capable de tout supporter hors l'ennui, et prompte à s'absoudre, par les sophismes de l'amour maternel, des entraînements d'une nature inquiète.

A Lulworth, où il avait séjourné pendant quelque temps avant de se rendre à Holy-Rood, Charles X avait rédigé et signé un acte qui confirmait les abdications de Rambouillet. Mais, trop rudement éprouvé pour s'abandonner désormais sans prudence à l'empire des illusions, il n'approuvait qu'à demi les projets belliqueux de sa bru, devenue, aux yeux de la famille, la mère d'un roi mineur. Il tremblait à la vue de cette frêle princesse courant jouer la partie dernière de la royauté contre ce génie des révolutions modernes, dont lui, vieillard échappé à tant de naufrages, il avait subi si complétement l'écrasante fatalité. Il ne refusa pas, néanmoins, son autorisation à l'entreprise de cette audacieuse mère de Henri V, et même il la nomma régente; mais, dans sa sollicitude plus craintive qu'éclairée, il plaça auprès de Marie-Caroline le duc de Blacas, auquel il remit des papiers mystérieux contenant des ordres relatifs à l'exercice de la régence.

Était-ce par l'Ouest ou par le Midi que la duchesse de Berri aborderait la France? Cette question fut bien vite résolue. Les royalistes que la Vendée avait envoyés à Holy-Rood, n'y avaient apporté qu'un dévouement calme et réservé; les envoyés du Midi, au contraire, se prononçaient avec une ardeur passionnée : il fut conséquemment décidé que la duchesse irait, d'abord, s'établir en Italie, pour y combiner en sûreté toutes ses mesures, et la ville de Marseille fut choisie d'avance comme point de débarquement.

Marie-Caroline partit donc, se dirigeant vers la Hollande; le Rhin la conduisit jusqu'à Mayence, et elle gagna Gênes, après avoir traversé le Tyrol et Milan. Elle voyageait sous le nom de comtesse de Sagana. L'hospitalité que lui accorda le roi de Sardaigne, Charles-Albert, fut timide, prudente, telle enfin que la prescrivaient les exigences de la politique. Il feignit d'être trompé par l'*incognito* de la princesse, et attendit, pour la prier de quitter ses États, les plaintes du Palais-Royal, averti par le consul français. Mais il adoucit ce que cette injonction avait de blessant, par de secrètes prévenances et les plus vifs témoignages de sympathie. Il fit mieux encore; et, pour aider à la réalisation d'une entreprise dont tous ses vœux appelaient le succès, bien qu'il n'osât pas l'avouer, il mit à la disposition de la duchesse un million qu'il dut emprunter à un seigneur de sa Cour, sous prétexte de payer des dettes de jeunesse.

La duchesse de Berri se rendit, de Gênes, dans les États du duc de Modène, qui la reçut avec beaucoup de grâce, et lui offrit pour résidence son palais de Massa, situé à une lieue de la mer. Là vinrent se nouer tous les fils de la conspiration légitimiste qui menaçait la France.

Mais ces menées ne pouvaient être si obscures qu'il n'en transpirât quelque chose. Casimir Périer en prit alarme, et un émissaire fut envoyé par lui dans les provinces méridionales, pour sonder leurs dispositions.

Or, voici quelle était, à cette époque, la situation des principales villes du Midi.

Bordeaux comptait près de vingt-deux mille ouvriers sans travail, que la faim mettait au service de la révolte. Les soies grèges et ouvrées de Nîmes avaient subi une énorme dépréciation ; et, dans cette ville plus que dans toute autre, les crises industrielles sont dangereuses, parce que les passions y ont une ardeur entrenue par les longues rivalités des protestants et des catholiques. Avignon souffrait d'une baisse considérable dans le prix de la garance, et les légitimistes pouvaient y fonder, sur les habitudes vénales d'une certaine partie de la population, les plus sérieuses espérances. Montpellier, cité pour ainsi dire agricole et qui fait une grande consommation de vin, Montpellier se plaignait amèrement du chiffre élevé des octrois; les souvenirs de la Restauration n'y avaient, en général, aucun caractère odieux; et le peuple, que le libéralisme n'y avait pas converti à ses doctrines, se demandait quelle modification heureuse avait apportée à son sort cette révolution faite au nom des idées libérales. Lyon était alors en proie à des souffrances intolérables. Les passions politiques avaient peu d'empire dans cette capitale du Midi; mais les nombreux ouvriers en soie qu'elle contient étaient tombés dans une détresse d'où devait sortir quelque effroyable catastrophe. Il n'en était pas ainsi de Marseille, où le peuple jouissait d'une prospérité que le voisinage d'Alger, fécondé par la paix, semblait sur le point d'accroître; toutefois, la multitude y était sourdement sollicitée à l'insurrection, et par le clergé, dont les fautes n'avaient pas détruit l'ascendant, et par la noblesse, qui, quoique déchue, n'avait pas encore perdu toute son influence sur les bords de la Méditerranée.

Dans un tel état de choses, l'entreprise de la duchesse de Berri était plutôt hasardeuse que folle. Lorsqu'en un pays sur lequel ont passé les révolutions, le peuple est malheureux et désabusé, la carrière est naturellement ouverte aux prétendants; et là où le pouvoir ne se montre pas tutélaire, il est tout simple qu'il soit au concours.

Mais les chances du parti légitimiste eussent-elles été plus grandes, il n'aurait pu en tirer profit, parce qu'il portait la division dans son sein.

Qu'attendons-nous, disaient les chevaliers de la duchesse de Berri, qu'attendons-nous pour jeter le gant à cette révolution qui nous a frappés et qui nous insulte? La France souffre, l'Europe menace. Entre les passions républicaines qui grondent au pied de son trône usurpé et les Puissances qui le veulent pour vassal ou le tiennent pour ennemi, le chef de la maison d'Orléans ne s'appuie que sur l'assentiment d'une bourgeoisie sceptique, jalouse à l'excès de sa prépondérance, bourgeoisie que ne rattachent à son roi de hasard, ni le lien sacré des traditions, ni celui des dévouements héréditaires, et qui nous saluera comme ses maîtres le jour où, devenus vainqueurs, nous lui promettrons le repos, la sécurité, et des garanties contre toute secousse nouvelle. Pour livrer bataille, le moment pourrait-il être plus favorable? Les divers partis, nés de la révolution, se mesurent des yeux et sont prêts à s'entre-dévorer; les ambitions se précipitent; les intérêts se heurtent l'un l'autre dans une confusion croissante; le commerce, si prospère il y a trois ou quatre ans, n'est plus qu'une immense banqueroute; la faim nous répond du concours des ouvriers; l'invasion, si elle touche à nos frontières, nous donne la patrie tout à la fois à gouverner et à défendre : qu'attendons-nous?

D'autres pensaient, au contraire, dans le parti légitimiste, que se hâter, c'était tout perdre; qu'il valait mieux laisser les embarras se multiplier autour du trône nouveau, et l'usurpation abuser de ses apparentes victoires, victoires de Pyrrhus, par où elle devait inévitablement périr. Ils représentaient que les gouvernements se font à eux-mêmes leurs destinées, qu'on ne les tue pas, et que, lorsqu'ils méritent de mourir, ils se suicident; que, pour arriver au succès, la voie des luttes parlementaires était la plus courte et la plus sûre; qu'en tirant l'épée, on risquait de rallier, par le sentiment d'un danger commun, tous les ennemis, maintenant divisés, de l'ancienne dynastie; que de la guerre civile naîtraient des ressentiments terribles, et qu'il était d'une politique imprudente de relever dans le sang le trône de Henri V; qu'au surplus, les chances heureuses n'étaient pas ce qu'elles paraissaient à de jeunes imaginations; que le Midi flottait entre des inspirations diverses; que la Vendée, tenue en échec par cinquante mille soldats, n'avait plus, pour se soulever, les mêmes motifs qu'en 1792; qu'enfin, il ne fallait pas jouer sur un coup de dé l'avenir de la monarchie.

Ce langage était, en général, celui des hommes qui, comme M. de Pastoret, jouissaient d'une grande fortune; ou qui avaient à ménager, comme MM. de Chateaubriand et Hyde de Neuville, une considération depuis longtemps acquise; ou qui craignaient, comme M. Berryer, de compromettre un rôle brillant. L'attitude qu'ils voulaient faire prendre au parti était évidemment conseillée par la prudence, et la loyauté de la plupart d'entre eux était incontestable; mais il y a toujours dans la sagesse humaine un certain fonds d'égoïsme, et nous portons tous au dedans de nous une tyrannie mystérieuse qui, à notre insu, dicte notre langage et gouverne nos actions. Il s'était donc formé à Paris des comités royalistes ayant pour but spécial de maîtriser la fougue des royalistes de la province, comités composés des personnages les plus marquants du parti, et dont la *Gazette de France*, dirigée par MM. de Genoude et de Lourdoueix, appuyait avec talent la politique expectante.

Cependant, M. de Charette était arrivé dans la Vendée, pour s'y mettre à la tête de l'insurrection, en vertu des pouvoirs que lui avait donnés la duchesse de Berri. Son premier soin fut de convoquer à la Fétellière, près de Rémouillé, les chefs dont le concours lui était nécessaire.

La réunion eut lieu le 24 septembre 1831. Quatorze chefs composaient cette assemblée, et elle avait invité à ses délibérations la comtesse Auguste de la Rochejacquelein. La discussion fut longue et animée. M. de Charette fit d'abord connaître l'ordre qu'il avait reçu de Massa, ordre conçu en termes contradictoires, ou du moins controversables ; car, d'une part, il n'appelait la Vendée à prendre les armes qu'en cas de succès dans le Midi, de république proclamée ou d'invasion étrangère ; et de l'autre, il laissait les officiers généraux juges de l'opportunité du soulèvement. M. de Charette aurait désiré que la Vendée n'attendît point, pour lever l'étendard de la guerre, les succès de Madame dans le Midi. Il opina pour que le mouvement eût lieu simultanément dans le Midi et dans l'Ouest. C'était aussi l'avis de la comtesse Auguste de la Rochejacquelein, et elle s'en expliqua avec cette éloquence de sentiment particulière aux femmes. Mais ce fut l'opinion la moins audacieuse qui prévalut : une majorité de neuf contre cinq décida que l'Ouest ne se déclarerait qu'après la soumission des provinces méridionales, à moins que la France ne fût envahie ou que Paris ne proclamât la république.

Mais, pendant que la noblesse débattait ainsi les moyens de ramener l'ancien régime, la bourgeoisie se préparait à compléter sa victoire par l'abolition de la pairie héréditaire et la proscription légale de la race des Bourbons aînés.

La situation était critique. Les forces qui devaient servir à la dominer étaient mal réglées, mal définies. La Chambre des députés n'avait, aux yeux de la nation, ni le prestige d'une autorité glorieusement usurpée, ni le poids d'une autorité incontestablement légitime. La Chambre des pairs était décriée, impuissante, et il n'était plus question partout que de lui enlever le seul mode d'existence qui pût la rendre possible, l'hérédité. La royauté enfin, solitaire et inquiète au sommet d'une société mouvante, manquait de splendeur aussi bien que d'entourage et de point d'appui.

Ce fut l'erreur de Louis XI, et, plus encore, celle de Louis XIV, de croire que la royauté se peut maintenir lorsqu'elle n'a point pour base une aristocratie puissante. A une royauté qui ne fait point partie d'un corps aristocratique il faut, ou un glaive pour frapper toujours, ou de l'or pour corrompre sans cesse : oppressive si elle est absolue, corruptrice si elle est tempérée. Mais en de tels moyens de gouvernement il n'y a aucune chance de durée, parce que celui qui les emploie dégrade son autorité en la défendant, et ne peut l'agrandir sans l'épuiser.

Le régime constitutionnel, que des sophistes ignorants avaient fait prévaloir en France, renfermait donc un problème insoluble. Car vouloir une royauté vivante à côté d'une aristocratie morte, c'était vouloir que la tête vécût séparée du corps, c'est-à-dire l'impossible. Voilà, pourtant, ce que la bourgeoisie demandait, et son illusion était si complète, qu'elle prenait ombrage même d'une pairie héréditaire, et qu'après avoir anéanti la féodalité, elle en poursuivait jusqu'au fantôme.

Il est vrai que, parmi les meneurs de la bourgeoisie, quelques-uns, et notamment MM. Casimir Périer, Royer-Collard, Guizot, Thiers, n'adoptaient pas, au sujet de l'hérédité de la pairie, l'opinion générale, mais leurs répugnances étaient trop inconséquentes pour avoir du crédit. Ils avouaient qu'on avait détruit avec raison le régime féodal : comment auraient-ils prouvé la nécessité de conserver le signe, eux qui souscrivaient à la destruction de la chose représentée?

Quoi qu'il en soit, la révision de l'article 23 de la Charte, relatif à la constitution de la pairie, était de toutes parts réclamée avec empire, et l'anxiété était universelle.

Le gouvernement dut se prononcer enfin, et Casimir Périer communiqua au Parlement un projet de loi où, après avoir beaucoup insisté sur les avantages de l'hérédité, sur sa nécessité même, il concluait en ces termes : « Nous vous « proposons de déclarer que la pairie cesse d'être héré- « ditaire. »

Cette conclusion, précédée de considérations qui avaient pour but avoué de la combattre, ne faisait pas honneur au caractère de Casimir Périer ; elle montrait combien peu de courage véritable il y avait chez cet homme si hautain. Dédaigner les ovations populaires lorsqu'on a pour dédommagement les flatteries de la classe la plus riche, la plus éclairée, la plus importante de l'État, ce n'est là qu'un mince sacrifice, et dont se montrent capables les natures les plus vulgaires ; mais le propre des âmes fortes est de résister, par amour pour le vrai, aux attraits de la popularité, quand c'est l'élite supposée du peuple qui la dispense. Assez orgueilleux pour braver les lointaines rumeurs de la place publique, Casimir Périer n'avait pas le cœur assez haut pour affronter les ressentiments de la bourgeoisie.

La Chambre des députés ayant nommé une commission pour examiner le projet qui lui était soumis, M. Bérenger présenta, le 19 septembre, un rapport où la question était savamment discutée ; et, le 30 septembre, les débats s'ouvrirent.

Mais le premier problème à résoudre était celui-ci : la Chambre des députés, en décidant du sort de la pairie, agissait-elle comme pouvoir constituant et souverain? ou bien, la pairie serait-elle appelée à ratifier la haute sentence dont elle allait être l'objet ?

La difficulté était inextricable, au point de vue du droit

et de la logique, parce qu'après la révolution de juillet, le pouvoir nouveau s'était constitué en violation de tous les principes. Demander à la pairie elle-même si elle consentait à perdre la plus précieuse de ses prérogatives, c'était faire naître entre les trois pouvoirs l'occasion d'un effroyable conflit et exposer l'État à une secousse. Se passer de l'assentiment de la Chambre des pairs, c'était attribuer à la Chambre des députés le caractère d'assemblée constituante : le pouvait-on ? M. de Cormenin prouva le contraire avec une singulière vigueur de style et de pensée, dans un pamphlet fameux. On y lisait : « Les constitutions doivent précéder les
« lois : donc les Congrès doivent précéder les Chambres.
« Qui nomme les Congrès ? Le peuple. Qui nomme les
« Chambres ? Les électeurs. Voilà les vrais principes : pas-
« sons à leur application. Le peuple, en France, a-t-il
« nommé un Congrès ? Non. Un Congrès a-t-il fait la
« Charte ? Non. Qui donc l'a faite ? Quelques députés. Qui
« leur en avait donné mandat ? Quelques électeurs. Et les
« électeurs, qui les avait eux-mêmes nommés ? Le peuple ?
« Non. Et qui représentaient-ils ? Le peuple ? Non. Si un
« Congrès national était nécessaire pour organiser la
« Charte, un Congrès national n'est-il pas nécessaire pour
« organiser une fraction de la Charte ? Si la Chambre de
« 1830 a excusé son usurpation sur la souveraineté du peu-
« ple par la nécessité des circonstances, la Chambre de
« 1831 peut-elle alléguer la même nécessité ? Et si elle ne
« le peut pas, nous ne demanderons point quel droit lui
« reste, mais quel prétexte. En vain dirait-on que les
« électeurs lui ont donné mandat. Un mandat législatif ?
« Oui ; mais un mandat constituant ? Non. Peut-on donner
« ce qu'on n'a pas ? Les électeurs sont-ils le peuple ?

« Cent mille citoyens sont-ils 33 millions d'hommes? »

Publié dans le *Courrier français* et dans le *National*, ce pamphlet remua puissamment les esprits, et en répondant à M. de Cormenin, dans le *Journal des Débats*, MM. Devaux et Kératry ne firent que provoquer de la part d'un aussi redoutable athlète des répliques par lesquelles l'opinion publique fut profondément ébranlée.

Les orateurs qui se déclaraient adversaires de l'hérédité de la pairie étaient MM. Thouvenel, Lherbette, Audry de Puyraveau, Marchal, de Brigode, Tardieu, Daunou, Bignon, Viennet, Eusèbe de Salverte, le maréchal Clauzel, les généraux Lafayette et Thiard, Odilon Barrot, de Rémusat. Ceux qui se présentaient pour défendre la pairie héréditaire étaient MM. Thiers, Guizot, Berryer, Kératry, Jars, Royer-Collard. La discussion dura plusieurs jours; elle fut animée, brillante, et, pourtant, au-dessous du sujet, le plus vaste qui puisse occuper l'attention des hommes.

De quelque façon qu'on veuille envisager la pairie, disaient les adversaires de l'hérédité, on verra que l'hérédité est inutile, dangereuse, funeste. Considérerons-nous, en effet, la pairie comme une Chambre législative? Dans ce cas, gardons qu'elle ne soit envahie par des hommes sans élévation de caractère, ou sans patriotisme, ou sans talent. Il n'est pas de fonction plus haute que celle de faire des lois, il n'en est pas de plus difficile, de plus importante. Quelle serait notre folie de nous fier au hasard du soin de nous donner des législateurs? Par quelle criminelle et puérile imprudence irions-nous, repoussant d'avance les citoyens qui n'auraient d'autre recommandation que leur mérite, confier à une assemblée de premiers venus le droit de régler nos destinées? Une royauté héréditaire se conçoit, parce qu'auprès du roi le plus idiot, veillera toujours l'intelligence d'un ministre responsable. L'Angleterre n'a jamais été gouvernée avec plus de force et de grandeur que sous l'administration de Pitt, ministre d'un monarque atteint de folie ; mais quel remède à l'insuffisance d'une assemblée que les circonstances viendraient prendre au dépourvu ? Considérerons-nous la pairie comme pouvoir modérateur ? Hâtons-nous, s'il en est ainsi, d'abolir l'hérédité qui, en assurant à la pairie une existence originale, en lui donnant à défendre un intérêt spécial, lui soufflera les passions les plus dangereuses. L'orgueil de l'homme trouve une plus grande jouissance dans la faculté d'imprimer le mouvement que dans celle de l'arrêter ; car l'action suppose la liberté, c'est-à-dire la force, tandis que la résistance suppose la nécessité, c'est-à-dire la faiblesse. Or, ce qui est vrai d'un individu l'est à plus forte raison d'une assemblée, et il est dans la nature de tout Pouvoir modérateur de sortir de ses attributions, d'employer, pour agir, les armes qu'il a reçues pour résister. Tenons pour certain qu'un pouvoir réduit au rôle de modérateur dédaigne toujours sa mission. Fort, il s'empare du mouvement ; faible, il le suit. Qu'ajouter, sur ce point, aux leçons que nous donne le Long Parlement ? La Chambre des Lords put-elle ralentir la course des Communes ? Elle voulait sauver Strafford, elle le condamna ; elle voulait garder au milieu d'elle les évêques-législateurs, elle vota leur exclusion ; elle désirait la paix, elle vota la guerre civile. Que prétendent ceux qui, pour modérer le mouvement qui emporte les sociétés, imaginent de placer face à face une Chambre héréditaire et une Chambre élective ? Mais c'est mettre en quelque sorte une aristocratie au sein d'une république. Ah ! rappelons-nous plutôt l'ancien combat entre les patriciens et les plébéiens, entre les sénatus-consultes qui rédigeaient en forme de loi l'usurpation, et les plébiscites qui rédigeaient en forme de loi la violence, combat qui mit si longtemps en feu l'empire romain. Et vainement serait-on rassuré contre l'imminence d'un tel désastre par l'existence d'une royauté médiatrice. Entre une royauté héréditaire et une pairie héréditaire, l'intérêt est commun devant une assemblée élective. Ce ne sera, tout au plus, que la guerre de deux contre un, et nous n'aurons abouti qu'à une complication de désordre. Que si, au contraire, on suppose à la pairie héréditaire une volonté qui lui soit propre, quel moyen de faire fléchir cette volonté, lorsque, bravant à la fois et la Chambre élective et le trône, elle se montrera obstinément rebelle à des innovations jugées nécessaires ? Aura-t-on recours à une promotion de pairs ? Alors, plus de considération, plus d'indépendance pour elle. Elle ne modère rien, elle obéit. Considérerons-nous enfin la pairie comme corps représentatif? Mais à quel ordre d'intérêts peut correspondre aujourd'hui dans la société, telle que les révolutions l'ont faite, le principe de l'hérédité politique? Est-ce que les fiefs n'ont pas été abolis? Est-ce que la féodalité n'est pas morte? Est-ce que la noblesse, qui consiste, non pas même dans la transmission des fonctions, mais seulement dans celle du titre, est-ce que la noblesse n'est pas à jamais discréditée? Où chercher, en France, les vestiges d'une classe supérieure qui, comme en Angleterre, se soit unie au peuple contre l'oppression du trône, et ait acquis de la sorte un titre à la reconnaissance des générations à venir? Où trouver, en France, quelque chose qui ressemble aux rapports de patron à client, de propriétaire à tenancier? L'hérédité de la pairie a donc le tort, et de ne représenter dans le pays aucun intérêt, et d'y rappeler cet odieux ensemble de priviléges contre lequel on a vu en 1789 la nation se lever en masse. Dans ce moment même, n'est-ce rien que cette immense réprobation qui frappe la pairie héréditaire ? Et que veut on de plus pour prouver qu'elle est en désaccord manifeste avec les tendances, les progrès, les mœurs de la société ? Si la pairie héréditaire avait eu ses racines dans la nation, aurait-elle si souvent donné le spectacle de son impuissance ? Qu'a-t-elle fait pour Napoléon vaincu à Waterloo ? Qu'a-t-elle fait pour Louis XVIII menacé par l'exilé de l'île d'Elbe ? Qu'a-t-elle fait, le 29 juillet, pour Charles X ? Qu'a-t-elle pu pour la liberté ? Qu'a-t-elle pu, le lendemain du 9 août, pour sa dignité et pour elle-même ?

Nous reconnaissons, répondaient les partisans de l'hérédité, que, comme Chambre législative et judiciaire, la pairie doit renfermer dans son sein des hommes éclairés. Mais comment ne voit-on pas que destiner les plus hautes fonctions du pays à un certain nombre de grandes familles, c'est fonder une véritable école d'hommes d'État ? Fils de lord Chatam, Pitt à quinze ans suivait les séances du Parlement pour se mettre en état de remplacer son père, et, à vingt-trois ans, Pitt gouvernait son pays. Il n'est pas nécessaire, d'ailleurs, qu'une Chambre des pairs se compose tout entière d'hommes éminents ; et l'avantage en est bien moindre que le danger, parce qu'alors chacun prétend à tout faire et à tout conduire. Les Chambres vraiment agissantes sont celles qui se composent de quelques hommes supérieurs et d'un grand nombre d'hommes sensés. Et pour ce qui est de la puissance d'une assemblée, elle résulte, non du mérite personnel de ses membres, mais de la valeur de son principe.

Le principe de l'hérédité est-il fécond en résultats utiles ou funestes? C'est là tout ce qu'il importe d'examiner. Eh bien, l'hérédité a d'abord cela d'utile qu'elle assigne à un des Pouvoirs de l'État un rôle nécessairement modérateur. La tentation d'usurper ne vient guère qu'à ceux qui ont beaucoup à désirer, et elle viendrait à une pairie non héréditaire, parce que celle-ci aurait précisément l'hérédité à conquérir; mais quel autre désir que celui de conserver peut avoir une pairie que l'hérédité élève au-dessus de toute ambition? On demande si, ayant la volonté de défendre les idées conservatrices, elle en aura la force? Oui, car elle aura pour elle le prestige d'une position indépendante, l'autorité morale des traditions dont elle sera gardienne, l'esprit de corps, toujours si puissant, et surtout l'esprit de famille. On la montre menaçante si elle se dérobe au contact de la royauté, ou asservie si les ministres peuvent, par une promotion de pairs, briser sa majorité devenue systématiquement hostile? Mais le droit des promotions n'est un danger que lorsqu'il devient un abus, et on a pour garantie contre cet abus l'intérêt bien entendu de la royauté elle-même. Que la pairie héréditaire soit maudite par l'opinion publique comme un débris des anciens priviléges, c'est possible : ce que nous soutenons, c'est qu'ici l'opinion publique est victime d'un entraînement irréfléchi, que nous, législateurs, nous serions coupables ou de flatter ou de suivre. Qu'est-ce que le privilége? Une violation permanente du droit. Et le droit? L'utilité publique reconnue et consacrée. Définir autrement le droit, ce serait en faire une vaine abstraction métaphysique, un mot vide de sens. Or, non-seulement il est utile que l'hérédité de la pairie soit maintenue, mais cela est nécessaire, car ainsi le veulent les conditions vitales de toute société. Il y a dans le monde mille intérêts divers, ils peuvent tous se réduire à deux, qui sont : le mouvement et la durée. Si le premier règne sans contre-poids, la société se précipite ; si le second domine solidairement, la société languit et s'use par son existence même. De là la nécessité d'un Pouvoir multiple. Aussi bien, chaque forme de gouvernement a des avantages qui lui sont inhérents et qu'il est bon de lui emprunter. Les monarchies se distinguent par l'énergie de la volonté, les aristocraties par l'esprit de suite, les démocraties par la grandeur des passions. Séparées, ces trois formes ne sont que des ébauches, dont chacune est destinée à périr par ce qui lui manque. Réunies et combinées, elles constituent un gouvernement à la fois sage et vigoureux, un gouvernement complet.

Telles étaient les raisons données de part et d'autre. Mais, adversaires et partisans de l'hérédité de la pairie, tous avaient également tort : les uns, parce qu'ils méconnaissaient une des conditions essentielles du régime constitutionnel ; les autres, parce qu'ils n'apercevaient pas le vice radical du régime constitutionnel lui-même.

Aux premiers l'on pouvait répondre : « Vous êtes-vous bien rendu compte du sens et de la portée de votre doctrine ? L'hérédité de la pairie détruite, que deviendra l'hérédité du trône ? Quoi ! vous ne comprenez pas que la royauté a besoin, pour vivre, d'avoir autour d'elle une classe qui ait le même intérêt, ou, si vous voulez, le même privilège à défendre ? Ce que vous aurez déclaré odieux dans une assemblée, le paraîtra-t-il moins dans un homme ? Ce que vous aurez refusé à ceux qui font la loi, l'accordera-t-on longtemps à celui qui la fait et qui l'exécute ? Qu'importe la responsabilité des ministres? Cette responsabilité, on le sait bien, n'est qu'une chimère. Quand la lutte est engagée, vainqueur, le roi sauve ses ministres; vaincu, il est entraîné dans leur chute. Charles X, monarque inviolable, vit aujourd'hui dans l'exil, et le châtiment de ses ministres n'a pu suffire aux vengeances du peuple soulevé! Laissons donc là ces fictions vaines, bonnes tout au plus à amuser la crédulité d'une foule ignorante; elles ne protégent un Pouvoir qu'autant qu'il n'a que faire d'être protégé! Au surplus, l'inviolabilité royale, en supposant qu'on la respecte, n'est-elle pas un privilége, et le plus bizarre de tous, le moins facile à justifier par les règles ordinaires de la logique? Lorsque vous aurez admis en principe que la transmission des fonctions politiques est une atteinte brutale à la justice, à l'égalité, à la raison, ne sentez-vous pas que la royauté sera sur les bords d'un abîme, puisque vous l'aurez réduite à n'être plus qu'une exception au principe par vous reconnu sacré, suprême, fondamental?

« Sachez-le bien : la République est au bout de votre système. Et ce n'est pas tout : cette pairie que vous ne voulez pas héréditaire, où en chercherez-vous la source? Dans l'élection? Vos pairs ne seraient plus que des doublures de députés. Dans la nomination royale? Vos pairs ne seraient plus que des chambellans. Dans le choix du monarque restreint par une liste de notabilités? Vous auriez alors, non plus seulement l'aristocratie des fonctions, mais, ce qui est bien plus injuste et bien plus désastreux, celle des fonctionnaires. Dans une combinaison de l'élection et de la nomination royale au moyen d'un système de candidatures? Votre Chambre des pairs, rendue de la sorte hermaphrodite, réfléchirait précisément les passions rivales entre lesquelles son rôle est d'intervenir ; elle présenterait le vivant résumé des deux éléments de lutte dont il s'agit de comprimer le développement funeste. Ainsi, sans hérédité, pas de pairie possible. La république et une seule Chambre, voilà, logiquement, les résultats de votre système : c'est la destruction de tout le régime constitutionnel. »

Aux seconds, et particulièrement à M. Thiers, l'on pouvait répondre : « Vous êtes conséquents, vous, mais uniquement dans vos erreurs. Vous dites qu'il y a dans le monde deux intérêts opposés : le mouvement et la durée. Mais si, au lieu d'être un fait purement transitoire, un fait accusateur de l'enfance des peuples, ce dualisme devait être considéré comme une donnée essentielle et permanente de l'existence des sociétés, qu'en faudrait-il conclure ? Que toute société porterait dans ses flancs le germe d'une lutte immortelle et dévorante ; que la guerre, et une guerre sans trêve, serait la loi du monde ; que, condamnés à subir alternativement le triomphe de l'un des deux intérêts opposés, les peuples se verraient tour à tour ou frappés de stupeur ou emportés dans un tourbillon de feu, victimes d'une fatalité également ennemie et de toute sécurité complète et de tout progrès assuré ! Vous avez beau, pour concilier ces deux intérêts, faire intervenir un Pouvoir, que vous appelez la royauté, ce Pouvoir, d'après la loi par vous-même indiquée, ne saurait avoir un intérêt qui ne rentre dans l'un des deux autres. L'intervention de la royauté ne saurait qu'accroître, en la rendant plus odieuse, la force de l'intérêt conservateur. Ce n'est pas là une médiation, c'est une complication de la lutte. Et maintenant, si de l'existence des deux intérêts que vous croyez voir se disputant, en vertu des lois de la nature humaine, l'empire de la société, vous concluez à la nécessité de deux principes se disputant la possession du Pouvoir, que faites-vous? Vous transportez de l'ordre social dans l'ordre politique tous les fléaux contre lesquels doit s'armer le législateur. La vérité est que les sociétés n'ont, aux yeux du philosophe et de l'homme d'État, qu'un intérêt qui se peut définir ainsi : la durée dans le mouvement. C'est nier le progrès, c'est blasphémer Dieu, c'est livrer d'avance le monde au gouvernement imbécile du hasard que de transformer en loi de l'humanité ce qui n'est qu'un phénomène résultant des vices d'une civilisation encore imparfaite. L'existence simultanée, au sein des nations, de deux intérêts en lutte, c'est un fait, mais c'est un mal : observez-le, mais que ce ne soit pas pour le régulariser, que ce soit pour le détruire. Quant aux avantages propres à chaque forme de gouvernement, ces avantages sont de telle nature que les mettre en présence, en leur conservant leur caractère, c'est les neutraliser l'un par l'autre, et traverser le désordre pour arriver à l'impuissance. Les monarchies ne se distinguent par l'énergie féconde de la volonté que là où cette volonté n'est pas à chaque instant discutée, combattue, paralysée. La grandeur des passions, dans les démocraties, dégénère bien vite en violences, quand on leur oppose des obstacles permanents et des entêtements systématiques. Et que devient cet esprit de suite inhérent aux aristocraties, lorsqu'à côté du culte des traditions les institutions en consacrent le mépris? Votre régime constitutionnel se contente de rapprocher des éléments qu'il importerait de fondre. De même qu'il ne doit y avoir dans la société qu'un intérêt, il ne doit y avoir dans le Pouvoir qu'un principe; et pour amener le premier de ces deux résultats, il faut commencer par consacrer le second. Si l'Angleterre a tenu l'univers en haleine et a pu le conquérir par ses marchands, d'une manière plus complète encore, plus insolente et plus durable, que Rome ne l'avait fait par ses soldats, cela vient de ce qu'il n'y a de vivant en Angleterre qu'un principe : le principe aristocratique. Car l'aristocratie, dans cette île, possède le sol, commandite l'industrie, dirige la couronne; elle domine dans la Chambre des Communes par la vénalité qu'elle a eu soin d'introduire dans les mœurs, et qui fait des suffrages populaires autant de mensonges à son usage. De sorte qu'en Angleterre, la Chambre des Communes, celle des Lords, et la royauté, ne sont en réalité que des manifestations diverses d'un même principe : trois fonctions et non pas trois Pouvoirs. Oui, l'unité dans le Pouvoir, tout est là, s'il est organisé conformément aux notions de la prudence et de la justice, tout : le mouvement, l'ordre, la durée. Établir un Pouvoir multiple, c'est organiser l'anarchie, c'est réglementer le chaos. »

Voilà ce qui aurait dû être dit. La discussion était donc bien incomplète; mais en lui donnant toute l'importance qu'elle méritait, peut-être avait-on craint de fournir à l'esprit d'examen des armes trop redoutables. Et, par exemple, ceux qui demandaient avec tant d'ardeur l'abolition de l'hérédité dans l'ordre politique avaient-ils compris qu'au nom des mêmes principes, on leur demanderait un jour l'abolition de l'hérédité dans l'ordre social ? Car quel argument employer contre la transmission des fonctions publiques, qui ne soit applicable à celle de la richesse, dans un pays où la richesse donne exclusivement droit aux plus hautes fonctions, et où l'on n'est député que lorsqu'on est riche ?

De toutes ces conséquences hardies, aucune ne fut sérieusement pesée par des législateurs qui étaient, avant tout, des hommes de parti. La Chambre des députés vota donc, à la majorité de 386 voix contre 40, l'abolition de l'hérédité de la pairie et le système de la nomination des pairs par le roi sur une liste légale de notables et de fonctionnaires. La bourgeoisie fut satisfaite. Mais sa ruine était cachée dans son triomphe.

Bientôt il ne fut plus permis à personne d'ignorer combien étaient graves les embarras de la situation. Pour acquérir force de loi, la décision que la Chambre des députés venait de prendre avait besoin d'être promulguée. Or, ici se présentait de nouveau cette question épineuse : La Chambre des députés portant la main sur le pacte fondamental exerçait-elle un pouvoir constituant ou seulement un pouvoir législatif ? Sa décision était-elle souveraine et sans appel, ou soumise à la ratification de la pairie ?

Dans l'un et l'autre cas, les objections et les difficultés se présentaient en foule.

Si la Chambre des députés prétendait à la souveraineté d'une assemblée constituante, on pouvait lui demander quels étaient ses titres, quel était son mandat ? Lorsqu'au 9 août 1830, elle avait en quelques heures refait une Charte et fondé une dynastie, elle avait eu, du moins, un prétexte : la nécessité du moment, et la raison d'État, ce sophisme de toutes les usurpations. Mais, au mois de novembre 1831, lui était-il donc loisible de tirer de son propre caprice le droit de changer les bases d'un régime d'où lui venait sa légitimité, de reconstituer un gouvernement dont elle n'était elle-même qu'une partie ? Que si elle faisait remonter ce prétendu droit au 9 août 1830 et au moment où il avait été décidé que l'article 23 de la Charte serait revisé, la pairie, à dater de ce moment, s'était donc trouvée en quelque sorte suspendue? Mais alors, par quelle bizarre inconséquence avait-on souffert qu'elle continuât à siéger? Pourquoi son concours si souvent invoqué comme indispensable? N'avait-on soumis à ses délibérations et à son vote, pendant quinze mois, tous les projets de loi présentés que par manière de plaisanterie? La Chambre des députés n'avait donc pas à exercer le pouvoir constituant.

Or, si, d'un autre côté, elle ne se considérait que comme Chambre législative, d'où vient qu'elle avait osé, en 1830, ce qu'elle n'osait pas en 1831? Elle avait créé arbitrairement un roi, et elle se reconnaissait impuissante à refaire arbitrairement une pairie! L'excuse de la nécessité, alléguée pour justifier le couronnement de Louis-Philippe, n'était pas même une excuse suffisante; car, si le lendemain d'une révolution les circonstances autorisent l'établissement d'un Pouvoir provisoire, elles ne sauraient autoriser celui d'un Pouvoir définitif, et le droit de la nation reste quand le péril est passé.

Le choix n'était donc possible qu'entre deux partis également dangereux et mauvais. On convint que la pairie serait appelée à prononcer elle-même sur son sort. Mais que faire si, se refusant à un suicide manifeste, elle votait pour le maintien de l'hérédité? Comment contenir, dans cette hypothèse, tant de passions prêtes à se déchaîner? Du conflit des deux Chambres, qu'allait-on voir sortir? Une révolution peut-être! Étourdis par les clameurs qui, de toutes parts, s'élevaient autour d'eux, effrayés, chancelants, éperdus, les ministres résolurent de prévenir à tout prix l'orage qu'ils pressentaient, et, le 19 novembre, parut une ordonnance royale portant création de trente-six pairs.

Le but de cette mesure était manifeste : les ministres voulaient acquérir dans la Chambre des pairs une majorité favorable à l'abolition de l'hérédité. Cependant, la nouvelle de l'ordonnance souleva les esprits d'une manière terrible. Les adversaires de l'hérédité, loin de se réjouir d'un coup d'État qui leur assurait la victoire, se répandirent en imprécations contre le ministère. Il y eut chez le restaurateur Lointier des réunions menaçantes de députés appartenant à l'Opposition, et ils rédigèrent une protestation que M. Dupont (de l'Eure) fut chargé de déposer sur le bureau de la Chambre. La polémique, dans les journaux, devint aigre et passionnée. Les ennemis du gouvernement prétendaient qu'en soumettant à une révision l'article 23 de la Charte, la Chambre de 1830 avait suspendu le droit de promotion que cet article contenait ; que l'ordonnance du 19 novembre n'était conséquemment qu'un coup d'État dans tout ce que l'acception du mot présente de plus tyrannique et de plus insolent ; qu'on insultait à la nation en rendant juges de ses répugnances ceux qui en étaient l'objet ; qu'au lieu de se jeter en dehors de la légalité pour prévenir des résistances trop faciles à prévoir, le ministère aurait mieux fait de ne les point enhardir, ces résistances si funestes, en plaidant la cause de l'aristocratie au moment même où il la sacrifiait sans courage, en vantant l'hérédité au moment même où il proposait de la détruire, en refusant enfin aux députés, maintenant qu'il s'agissait d'abolir un privilége odieux, ce pouvoir constituant qu'on n'avait eu garde de leur contester lorsqu'il s'était agi de pousser sous le joug d'une dynastie nouvelle le peuple victorieux, mais incertain et lassé.

Il y avait dans la logique de ces plaintes quelque chose de déloyal. Car, après tout, le moyen que l'Opposition repoussait avec tant d'emportement était peut-être le seul qui pût conduire sans secousses au but qu'elle brûlait d'atteindre. Mais Casimir Périer donna raison à ses ennemis lorsque, s'étant rendu le 22 novembre à la Chambre des pairs, il ne craignit pas de caractériser en ces termes l'ordonnance du 19 novembre : « Il ne s'agit pas ici d'une simple « question de majorité, car il y a toujours dans cette « Chambre une majorité toute acquise à une détermination « patriotique ; c'est plutôt une respectueuse précaution « contre votre générosité personnelle, qui aurait imprimé « à la résolution de la Chambre plus encore le caractère « d'un acte de dévouement que celui d'un acte purement « législatif. » De sorte qu'une mesure présentée ailleurs comme un moyen de désarmer l'égoïsme de la pairie, était présentée ici comme un pur hommage rendu à sa générosité. Triste manége qui n'avait pas même le mérite d'un mensonge habile ! Manége honteux, où se trouvaient également compromises et la probité du ministre et la dignité de l'homme !

Ainsi, le désordre était dans les esprits et dans les affaires ; le ministère courait tête baissée, et par la route des coups d'État, au renversement d'une institution qu'il jugeait nécessaire ; la royauté concourait, sans le vouloir, à la ruine d'une pairie qui, sans le vouloir, avait concouru à l'enfantement de cette royauté ; l'Opposition se plaignait d'être trop bien servie ; ceux qui reprochaient à la Chambre des députés d'avoir eu, en 1830, toute l'audace de l'usurpation, lui reprochaient, par une inconséquence singulière, d'en éprouver aujourd'hui les scrupules... Que dire encore ? Tout n'était plus, soit dans le camp de l'Opposition, soit dans celui du ministère, que vœux incohérents, mesures contradictoires, violations de principes, erreurs de jugement ou mauvaise foi, ténèbres, confusion : le gouvernement de la société flottait entre l'anarchie et le vertige.

Quoi qu'il en soit, la création des trente-six pairs, en modifiant la majorité de la pairie, la condamnait au suicide : la loi qui abolissait l'hérédité de la Chambre des pairs et consacrait le système de la nomination par le roi dans un cercle de notabilités, cette loi destructive du régime constitutionnel fut votée au palais du Luxembourg telle qu'on l'avait votée au Palais-Bourbon, et à une majorité de trente-quatre voix[1]. Treize pairs, parmi lesquels M. de Fitz-James, donnèrent aussitôt leur démission.

Mais le libéralisme exigeait plus encore. Reproduisant une proposition déjà présentée par M. Baude, le colonel Bricqueville demanda que tout membre de la branche aînée des Bourbons fût déclaré banni à perpétuité du territoire français ; que cette loi eût pour sanction la peine de mort, et que la vente des biens appartenant à la famille proscrite fût rendue obligatoire dans un laps de temps déterminé.

On doit cette justice à la bourgeoisie que la proposition du colonel Bricqueville ne rencontra point parmi elle un sentiment unanime. Plusieurs comprirent que, quoique proposée par un homme loyal, une pareille loi était impie, parce qu'elle usurpait sur Dieu le lendemain ; qu'elle était

---

[1] Loi sur l'abolition de la pairie adoptée par la Chambre des députés le 18 octobre 1831, et par la Chambre des pairs, le 28 décembre de la même année.

inique, parce qu'elle frappait toute une race pour le crime d'un seul; qu'elle était antisociale, parce qu'elle enchaînait à des ressentiments qui peuvent passer le peuple, qui dure; qu'elle était inutile, parce que le délit de conspiration avait été prévu et qu'il y avait bien assez de sang dans nos codes; qu'elle était impolitique, parce que la concurrence entre rois garde un châtiment assuré à la tyrannie et protége la liberté; qu'enfin elle allait contre son but, parce que le danger enflamme l'ambition, ennoblit jusqu'aux désirs illégitimes, et fait, chez un peuple généreux, du titre de proscrit un passe-port de prétendant.

Convenait-il, d'ailleurs, de déployer tant d'acharnement contre une dynastie vaincue, dans un pays qu'on voulait façonner au joug d'une dynastie nouvelle? C'est ce que, dans la séance du 15 novembre, M. Pagès (de l'Ariége) fit ressortir d'une manière saisissante. « La France, disent les
« courtisans, est renommée entre les nations par son amour
« pour ses princes. L'histoire tient un autre langage, et la
« vérité dément la flatterie. C'est par l'assassinat du der-
« nier Valois que le premier Bourbon monte sur le trône.
« Henri IV meurt cruellement assassiné. Durant leur mi-
« norité, Louis XIII et Louis XIV, chassés par la révolte,
« trouvent à peine un abri pour cacher leur tête; le fer se
« fait jour jusqu'à la poitrine de Louis XV. Louis XVI
« meurt sur l'échafaud. Louis XVII s'éteint dans les fers.
« Il y a du sang bourbon dans les fossés de Vincennes, il
« y en a sur le seuil de l'Opéra. Louis XVIII est proscrit à
« deux reprises. Charles X a pris trois fois la route de
« l'exil. Et ce n'est pas dans un pays qui a vu de si
« près toutes les misères de la royauté qu'il est permis,
« sous un gouvernement monarchique, d'ajouter à ce faste

« d'oppression, et d'inscrire dans les actes du législateur
« une tyrannie qui ne se trouva point dans la colère du
« peuple. »

Au discours de M. Pagès (de l'Ariége), rempli d'un bout à l'autre de considérations de ce genre, saines et élevées, M. Eusèbe Salverte ne sut opposer qu'une logique étroite et impitoyable. L'assemblée, néanmoins, était en suspens, lorsque M. de Martignac parut à la tribune. Il portait sur son visage l'empreinte de la mort, dont on croyait déjà le germe dans son sein ; et, en le voyant prêt à défendre son vieux maître exilé, on se rappelait les efforts qu'il avait faits pour prévenir cette chute et cet exil. « Messieurs, dit-il
« d'une voix affaiblie et pénétrante, le bannissement est
« dans nos lois une peine infamante prononcée par le juge
« après mûr examen ; et l'on vous propose de la prononcer
« d'avance contre les générations nées et à naître, sans
« examen, par anticipation, sans savoir quel sera celui que
« vous condamnez !... Un de vos orateurs disait naguère à
« cette tribune : « En France, la proscription absout. »
« Eh bien, ce mot profond et vrai a jugé votre loi ! Ainsi,
« un prétendant arrivera en France, on avertira l'autorité
« du danger que peut courir la sécurité publique. Mais
« qu'un proscrit, condamné d'avance, y vienne, où trouve-
« rez-vous un homme qui ira frapper sur l'épaule du bour-
« reau, en lui disant : « Regarde cette tête royale, recon-
« nais-la et fais-la tomber ? » Ce n'est pas en France que
« vous trouverez cet homme. » A ces mots, l'orateur s'arrêta, vaincu par son émotion, que partageait toute l'assemblée. Puis, reprenant, il raconta qu'au temps où il avait eu le malheur d'être ministre, un régicide, un proscrit, ayant été découvert sur cette terre de France où il lui était inter-

dit de paraître, le ministère, loin de le faire arrêter, s'empressa de protéger sa retraite. « Le vieillard, continua « M. de Martignac, fut soigné, car il était malade ; il reçut « des secours, car il en avait besoin ; il fut conduit, avec « les égards dus à sa vieillesse et à son malheur, jusqu'à la « frontière. Je rendis compte ensuite de ce que j'avais fait ; « et je fus approuvé alors comme je le serais par vous au- « jourd'hui. » Oui ! Oui ! s'écria-t-on de tous les points de la salle, et la sensation fut profonde, quand l'orateur ajouta : « Que serait-ce donc s'il avait été question de la « peine de mort ? Je crois en vérité que je ne vous en aurais « pas parlé ! » Nobles paroles dont M. de Martignac compléta l'effet par cette vive image : « Qu'un de ces proscrits « que votre proposition punit, soit conduit en France et « qu'il y cherche un asile ; qu'il aille frapper à la porte de « l'auteur même de la proposition, que cette porte s'ouvre, « que le proscrit se nomme, qu'il entre, et moi je lui ré- « ponds d'avance de sa sûreté. »

La question était décidée par d'aussi généreuses raisons : de la proposition qui lui était soumise, la Chambre écarta toute sanction pénale. Plus conséquente avec elle-même, l'assemblée aurait repoussé la proposition, au lieu de la mutiler. Que signifie une loi qui n'est que la déclaration d'un fait ? Mais le ministère se plut à regarder cette déclaration comme une sorte de consécration nouvelle de la dynastie de Louis-Philippe. Ce fut cette considération que M. Guizot fit valoir, et ce fut dans ce sens que la majorité vota. Car les gouvernements sont tous aveugles et vains de la même manière ; tous ils affichent la prétention d'être immortels, comme s'il y avait autre chose qu'une succession de désastres dans la succession des âges, comme s'il n'y avait pas une chute dans tout avénement, et l'idée présente de la mort dans chaque phénomène de la vie. Il s'était cru immortel aussi, ce gouvernement républicain qui avait fait étouffer par le roulement des tambours les paroles suprêmes d'un roi condamné comme le dernier représentant de la royauté en France. Il avait cru, à son tour, sa dynastie immortelle, ce Napoléon, qui, pour se survivre, avait fait entrer dans son lit la fille des Césars germaniques, orgueil insensé qui l'abaissa et le perdit! Et la Restauration n'avait-elle pas écrit sur sa bannière ce mot, éternellement trompeur, de *perpétuité*, qu'on imrpimait aujourd'hui dans le *Moniteur* de Louis-Philippe? A deux pas de ce palais où l'on osait parler d'une race à jamais proscrite et d'une autre race à jamais triomphante, s'élevait un palais qui, depuis cinquante ans, n'était qu'une hôtellerie à l'usage des royautés qui arrivent et qui s'en vont. On le savait, n'importe : la Chambre vota cette flatterie monstrueuse : « La « branche aînée des Bourbons est bannie à perpétuité. » Et les rois de prendre cela au sérieux! L'histoire est pleine de ces exemples.

Dans le cours de la discussion, M. Berryer avait demandé, au nom de l'union des partis, qu'on abrogeât la loi portée en 1816 contre Napoléon et sa famille, bannis aussi à perpétuité. Mais la Chambre n'abrogea, de cette loi de 1816, que la sanction pénale qu'y avaient attachée des hommes proscrits eux-mêmes depuis !

Voilà sous quel jour se montraient les Pouvoirs nouveaux. On avait fait une royauté, et on lui retirait son seul appui naturel, une pairie héréditaire! On avait déclaré cette royauté inviolable, et l'on s'étudiait à la flatter en vouant à l'exécration des siècles à venir l'autre royauté, inviolable aussi ! On plaçait sur la colonne Vendôme la statue de Napoléon, et l'on défendait à la mer de venir jeter sur les plages de France quelque membre errant de la famille de Bonaparte ! On voulait continuer au peuple une éducation monarchique, et du haut de la société, on le conviait à cette longue haine des rois, dont les républiques s'honorent ! Nul ne sait jusqu'où peut conduire la démence de l'orgueil, lorsqu'il a pris place dans le conseil des souverains.

CHAPITRE II.

Lyon. Situation déplorable des ouvriers en soie : état de la fabrique lyonnaise. — Les ouvriers demandent un tarif; le préfet de Lyon intervient; débats; fixation d'un tarif. — Colère de la majorité des fabricants. — Provocations adressées aux tisseurs. — Revue sur la place de Bellecour; menaces; tout se prépare pour une insurrection. — Fatales dissidences entre le général Roguet et M. Bouvier-Dumolard; aveuglement des autorités. — Topographie de Lyon. — Rassemblement à la Croix-Rousse. — Insurrection. — Toute la ville est en feu. — M. Bouvier-Dumolard et le général Ordonneau sont faits prisonniers; générosité des tisseurs. — Véritable caractère de la lutte. — Combats du 22; barricades; incendies; la politique prend place dans l'insurrection. — Les ouvriers partout victorieux; les troupes se retirent par la barrière Saint-Clair. — Les chefs des ouvriers à l'Hôtel de ville : ils partagent le pouvoir avec des hommes de parti — Adroites manœuvres. — On sème la division entre les insurgés politiques et les ouvriers. — Le peuple embarrassé de sa victoire. — Pauvres veillant en armes sur les hôtels des riches. — Philosophie de ces événements. — Arrivée du duc d'Orléans et du maréchal Soult à Lyon. — Conclusion

Pendant que Paris était livré à ces agitations, Lyon couvait la guerre civile. Mais à Lyon ce n'étaient pas, comme à Paris, des questions politiques qui entretenaient le trouble dans les esprits et passionnaient les âmes : le mal y avait des racines plus profondes. Dans le faubourg de la Croix-Rousse une population immense végétait, vouée à un travail pénible, et à peu près stérile pour elle. Les ouvriers en soie de Lyon n'étaient pas seulement courbés sous le joug de la misère, ils étaient victimes des plus injustes mépris. Ceux qu'ils enrichissaient feignaient de les regarder comme une race inférieure et avilie; l'horrible tribut que levaient sur leur jeunesse et sur leur santé l'habitation malsaine et les fatigues excessives de l'atelier, ne faisait que fournir une arme nouvelle au dédain, et la désignation injurieuse de *canuts* résumait toutes les formes de leur malheur. Quelles pensées devaient occuper la veille ardente de ces proscrits de la civilisation moderne, lorsque, souvent, au milieu de la nuit, à la lueur d'une lampe brûlant dans un réduit infect, leurs métiers battaient pour l'oisif paisiblement endormi? Et cependant, leur révolte devait naître, non de leur volonté, mais de la fatalité des circonstances, comme si la misère trouvait en elle-même son aliment et le principe de sa durée.

Pour se faire une idée juste du drame sanglant que nous allons écrire, il faut bien connaître l'organisation de la fabrique lyonnaise. Elle était, en 1831, ce qu'elle est encore aujourd'hui. L'industrie des soieries occupait de trente à quarante mille ouvriers compagnons. Au-dessus de cette classe vivant au jour le jour, n'ayant ni capital, ni crédit, ni résidence fixe, se trouvait celle des chefs d'atelier, dont le nombre s'élevait à huit ou dix mille, et qui, propriétaires chacun de quatre ou cinq métiers, employaient les compagnons pourvus par eux des instruments de travail, moyennant la retenue de la moitié du salaire payé par le fabricant. Les fabricants, au nombre de huit cents environ, formaient une troisième classe, placée entre les chefs d'atelier et ceux qui, sous le nom de commissionnaires, étaient chargés de fournir la matière première, agents parasites, et véritables sangsues de l'industrie lyonnaise. Ainsi, les commissionnaires pesaient sur les fabricants, qui, à leur tour, opprimaient les chefs d'atelier; et ceux-ci étaient forcés d'appesantir sur les compagnons le joug qu'ils subissaient eux-mêmes. De là une oppression de tous les instants; de là, au sein de la classe soumise au fardeau de toutes ces tyrannies superposées l'une à l'autre, ces haines sourdes qui fermentent dans les cœurs et finissent par s'en échapper en cris de colère.

Toutefois, la prospérité de la fabrique lyonnaise avait pendant longtemps conjuré le danger. Tant que le travail ne leur avait pas été imposé à des conditions homicides, les ouvriers lyonnais s'étaient contentés du modique salaire qui les faisait vivre. Mais des circonstances étrangères et antérieures à la révolution de juillet vinrent porter atteinte à la fabrication lyonnaise. De nombreux métiers de soierie s'étaient établis à Zurich, à Bâle, à Berne, à Cologne, et l'Angleterre, de son côté, s'affranchissait peu à peu du tribut industriel qu'elle avait longtemps payé à la ville de Lyon. A cette cause de ruine pour les ouvriers s'en joignit une plus active encore. Depuis 1824, le nombre des fabricants lyonnais s'était accru dans une proportion très-forte, et aux effets de la concurrence étrangère qui, après tout, ne portait guère que sur les étoffes unies, étaient venus s'ajouter les desastres d'une concurrence intérieure poussée jusqu'à ses dernières limites. Quelques fabricants continuèrent à s'enrichir; mais la plupart, voyant diminuer leurs bénéfices, rejetèrent leurs pertes sur les chefs d'atelier, qui firent porter aux compagnons une partie du fardeau qui les accablait. De quatre ou six francs, le salaire de l'ouvrier intelligent et laborieux tomba insensiblement à quarante, trente-cinq, vingt-cinq sous; en novembre 1831, l'ouvrier employé à la fabrication des étoffes unies ne gagnait plus que 18 sous pour un travail de 18 heures par jour. Ainsi l'oppression avait descendu tous les degrés de l'échelle industrielle. Quand ils se virent disputer jusqu'au pain de leurs femmes et de leurs enfants, les malheureux compagnons se mirent à pousser des cris de détresse. La situation des chefs d'atelier eux-mêmes était devenue cruelle; l'abaissement du prix des façons ne leur permettait plus de supporter la charge d'un loyer élevé et les pertes résultant, soit de nombreux chômages, soit du montage, trop souvent renouvelé, des métiers. La plainte devint générale; chefs d'atelier et compagnons associèrent leurs douleurs; et du fond de ce quartier de la misère, appelé la Croix-Rousse, on entendit s'élever une clameur confuse d'abord, mais bientôt solennelle, formidable, immense.

Lyon avait depuis quelque temps pour préfet un homme habile à flatter et à manier les passions populaires. M. Bouvier-Dumolard comprit tout de suite qu'il n'y avait pas de milieu possible, au point où en étaient les choses, entre exterminer la population ouvrière et satisfaire à ses légitimes exigences. Il prit ce dernier parti. Malheureusement, son autorité à Lyon était mal assise et chancelante. Il était secondé mollement par l'administration municipale, pouvoir défiant, sous les coups duquel avait déjà succombé son prédécesseur, M. Paulze d'Yvoy; et, ce qui était plus grave, il avait, dans le lieutenant-général Roguet, un ennemi personnel. Le comte Roguet était un brave soldat, mais il n'était que cela. Les plaintes de la population ouvrière de Lyon n'étaient dans sa pensée que l'explosion d'un mécontentement factieux, et cette disposition d'esprit, jointe à ses répugnances particulières, le rendait peu propre à appuyer les vues de l'autorité civile. Malgré toutes ces difficultés, M. Bouvier-Dumolard se mit à l'œuvre. Il chercha d'abord à gagner la confiance des ouvriers en se présentant comme le champion de leurs intérêts. Ils demandaient la fixation d'un tarif au minimum ; cette demande était juste : il prit ses mesures pour la faire triompher. Le 11 octobre 1831, le conseil des prud'hommes avait rédigé la déclaration suivante :

« Considérant qu'il est de notoriété publique que beau-
« coup de fabricants paient réellement des façons trop
« minimes, il est utile qu'un tarif au minimum soit fixé pour
« le prix des façons. »

Bien que ce conseil des prud'hommes, par le plus bizarre intervertissement des pouvoirs, se fût assemblé à la provocation du lieutenant général Roguet, M. Bouvier-Dumolard résolut de donner suite à une délibération qui entrait parfaitement dans ses vues ; et le 15, il réunissait sous sa présidence la Chambre de commerce, les maires de Lyon et ceux des trois villes-faubourgs. Il fut décidé dans cette séance que les bases d'un tarif seraient discutées contradictoirement entre vingt-deux ouvriers, dont douze avaient été déjà délégués par leurs camarades, et vingt-deux fabricants, que la Chambre de commerce désigna.

Rien n'était assurément plus conforme aux lois de la justice et de l'humanité. En supposant même que cette mesure n'eût pas été légale ; en supposant qu'elle n'eût pas été autorisée en 1789 par l'Assemblée constituante, en 1793 sous la Convention, en 1811 sous l'Empire, n'était-elle pas impérieusement commandée par l'état des choses? Plusieurs milliers d'ouvriers prouvaient, par l'excès de leur misère, tout ce qu'il peut y avoir de tyrannie au fond de cette prétendue liberté de transactions que les fabricants invoquaient; plusieurs milliers d'ouvriers menaçaient Lyon de leur désespoir : fallait-il s'abstenir, entre les lois de l'humanité violées et la guerre civile devenue inévitable? Le pouvoir qui, en de telles circonstances, ne sait pas être arbitraire, doit abdiquer. On est indigne de commander aux hommes, quand, pour les sauver, on n'est pas capable d'oser beaucoup, et même de jouer sa tête.

M. Bouvier-Dumolard aurait donc pu et dû fixer lui-même le tarif; il n'eut pas tant de hardiesse : il se contenta de mettre les deux partis en présence. Mais telle était alors l'étrange fausseté des notions qui s'étaient répandues dans le public, sur les droits du commerce et sur la liberté des transactions, que la conduite du préfet, toute timide et légale qu'elle était, fut vivement blâmée par les fabricants et considérée comme un abus de pouvoir. Les ouvriers, à leur tour, virent presque un bienfait dans ce qui n'était qu'une stricte et nécessaire exécution des lois de la justice.

Le 21 octobre, une nouvelle assemblée fut convoquée à l'hôtel de la préfecture. Les vingt-deux fabricants que la Chambre de commerce avait désignés s'y trouvèrent en présence de douze délégués de la classe ouvrière. Mais les fabricants firent observer qu'ayant été nommés d'office, ils ne pouvaient engager leurs confrères. Les délégués des ouvriers, de leur côté, devaient faire porter leur nombre à vingt-deux. Une troisième réunion fut alors indiquée, pour que les fabricants eussent le temps de nommer des fondés de pouvoir. La crise, cependant, devenait de plus en plus menaçante : de nombreux rassemblements d'ouvriers se formaient chaque soir sur les places publiques ; des orateurs populaires allaient parcourant les groupes, faisant ressortir ce que cachaient de cruel tant de lenteurs, et demandant avec véhémence si, pour rendre justice à l'ouvrier, on voulait attendre que la faim l'eût rendu tout à fait incapable même de se plaindre. Le 25 octobre avait été fixé pour la discussion définitive du tarif. Ce jour-là, dès dix heures du matin, un spectacle étrange et touchant fut donné à la ville de Lyon. Une multitude immense descendit en bon ordre et silencieusement des hauteurs de la Croix-Rousse, traversa la ville et couvrit les places de Bellecour et de la préfecture. C'était la foule affamée des travailleurs qui venait apprendre son sort. Ils restèrent là quelque temps sans pousser un cri, sans proférer une menace : leurs mains n'étaient armées ni de fusils, ni d'épées, ni même de bâtons : seulement, un drapeau tricolore flottait au-dessus de leurs têtes, et leurs chefs portaient une petite baguette pour se faire reconnaître et maintenir la discipline.

Quelque pacifique que fût cette démonstration, M. Bouvier-Dumolard craignit qu'elle n'ouvrît carrière aux calomnies ; il descendit en costume au milieu des ouvriers, leur représentant qu'il ne fallait pas que le tarif eût l'air d'avoir été conquis par la violence, et finit en déclarant que la séance ne serait ouverte que lorsqu'ils se seraient retirés. Des cris de *Vive le Préfet* retentirent, et ce peuple de pauvres regagna son quartier à pas lents, en bon ordre, à travers l'autre peuple muet d'étonnement.

Entre les délégués de l'une et l'autre partie, la discussion s'engagea sur les abus criants qui s'étaient introduits dans la fabrique, mais particulièrement sur la rédaction du tarif ; et telle fut la modération des ouvriers, que les *lancés*, que, douze jours auparavant, on consentait à payer huit sous, furent réduits d'un huitième au profit des fabricants. Le tarif fut signé de part et d'autre, on chargea le Conseil des prud'hommes d'en surveiller l'exécution, et un jour par semaine fut fixé pour entendre les plaintes auxquelles la mauvaise foi pourrait donner lieu.

A cette grande nouvelle, la ville de Lyon fut profondément émue. Les ouvriers tressaillirent de joie ; le soir ils illuminèrent leurs maisons, et témoignèrent leur enthousiasme par des danses et des chants qui se prolongèrent bien avant dans la nuit.

Du reste, ils étaient si peu disposés à donner suite à ce premier succès, que leurs vingt-deux délégués offrirent leur démission. Mais M. Bouvier-Dumolard les engagea vivement à la retirer, soit que son dessein fût d'opposer au mauvais vouloir des fabricants une barrière permanente ; soit que, redoutant quelque prochaine catastrophe, il voulût se ménager dans la classe ouvrière elle-même des moyens d'influence.

Quoi qu'il en soit, l'agitation alors passa du camp des ouvriers à celui des maîtres. Il y avait parmi les fabricants des hommes honnêtes et éclairés. Ceux-là se réjouirent sincèrement du tarif : ils le regardaient comme un frein nécessaire mis à l'avidité de quelques grands spéculateurs, et comme un moyen sûr de modérer les mouvements désastreux de la concurrence. Mais ce sentiment était celui du petit nombre, et la nouvelle de l'établissement d'un tarif ne

fut pas plutôt connue que la colère de la plupart des fabricants se répandit en récriminations et en menaces. « C'est
« une tyrannie intolérable, s'écriaient-ils avec emporte-
« ment! On parle du consentement de nos délégués! Mais
« il a été arraché par la peur. De qui, d'ailleurs, tenaient-
« ils leurs pouvoirs, ces délégués? D'une assemblée à
« laquelle beaucoup d'entre nous avaient refusé de se
« rendre. Qu'est-ce, après tout, que ce tarif, sinon une
« atteinte audacieuse portée à la liberté des transactions?
« Et où serait désormais notre sécurité, s'il devenait loisible
« au pouvoir d'intervenir dans l'industrie et de prêter un
« complaisant appui aux exigences turbulentes des ou-
« vriers? » Ils s'échauffaient ainsi les uns les autres par des
discours passionnés. Quelques-uns refusèrent d'exécuter le
tarif : le Conseil des prud'hommes les condamna. L'irritation devenait de jour en jour plus vive. Enfin, vers le 10 du
mois de novembre, cent quatre fabricants se réunirent et
signèrent un mémoire où ils protestaient énergiquement
contre le tarif et se plaignaient des exigences injustes des
ouvriers, qui ne demandaient, disaient-ils, des salaires
exagérés que *parce qu'ils s'étaient créé des besoins factices.*
Des rumeurs menaçantes circulèrent alors dans la ville;
M. Bouvier-Dumolard lui-même fut intimidé; et, le 17 novembre, on lut dans le Conseil des prud'hommes une
lettre de lui, dans laquelle il était dit que, le tarif n'ayant
jamais eu force de loi, il n'était obligatoire pour personne et
pouvait tout au plus, comme engagement d'honneur, servir
de base aux transactions entre le fabricant et l'ouvrier. D'un
autre côté, on faisait courir le bruit que le ministre du
commerce, à Paris, ayant rassemblé chez lui les députés du
Rhône, avait improuvé devant eux et l'établissement du

tarif et la conduite du préfet. En même temps on employait toutes sortes de moyens pour pousser l'autorité civile à des mesures de rigueur. Le lieutenant général Roguet voulait qu'on affichât la loi sur les rassemblements, pour empêcher les ouvriers de faire une manifestation semblable à celle du 25 octobre. La troupe de ligne resta casernée pendant huit jours, la moitié des hommes dormant tout habillés. Enfin, les postes furent doublés par des gardes nationaux pris dans la 1re région, qui se composait spécialement de fabricants.

Il n'en fallait pas tant pour faire prendre l'alarme aux ouvriers. Les infractions au tarif étaient de plus en plus nombreuses ; revenant sur ses premières décisions, le Conseil des prud'hommes refusait de punir les violateurs de la foi promise : dans cette extrémité, les malheureux tisseurs résolurent de cesser tout travail pendant une semaine ; ils devaient, durant tout ce temps, se promener par la ville avec calme et décence, et ils convinrent qu'ils salueraient affectueusement au passage tous ceux des fabricants qui s'étaient montrés généreux et amis de la justice.

Mais cette modération même était de nature à enfler l'orgueil de leurs ennemis. Des provocations hautaines leur furent adressées. Un fabricant reçut un jour les ouvriers avec ses pistolets sur la table. Un autre alla jusqu'à prononcer ces paroles : « S'ils n'ont pas de pain dans le ventre, « nous y mettrons des baïonnettes. » L'orage approchait : il était inévitable.

Le dimanche, 20 novembre, une revue de la garde nationale devait avoir lieu sur la place Bellecour pour la réception du général Ordonneau. Cette revue mit en jeu, en les rapprochant, tous les éléments de discorde qui existaient au fond de la population lyonnaise.

Tous les gardes nationaux de Lyon, à cette époque, n'avaient pas le même uniforme. Les uns, c'étaient les plus riches, s'étaient équipés le lendemain même de la révolution de juillet, et portaient l'uniforme de la Restauration. Les autres, c'étaient les plus pauvres, c'est-à-dire des chefs d'atelier, portaient l'uniforme tel qu'il avait été décrit par la dernière loi sur la garde nationale. Cette différence de costume donna lieu, de la part des premiers, à des remarques insultantes. Les seconds répondirent par des menaces.

Tout semblait donc annoncer une bataille pour le lendemain. Le soir on rencontra dans les rues des visages préoccupés ou sinistres; on eût dit que la haine était dans l'air que chacun respirait. M. Bouvier-Dumolard voulut se rendre, accompagné des maires, commandants militaires et chefs de la garde nationale, chez le lieutenant-général Roguet, pour y concerter les mesures à prendre. Mais, comme on l'a vu, le lieutenant-général n'aimait pas le préfet ; il refusa sèchement de le recevoir. Refus lamentable! Mais dans les sociétés telles que la nôtre, la vie de plusieurs milliers d'hommes peut dépendre de cela. Dans l'assemblée qui se tint à la préfecture, en l'absence du lieutenant-général, il fut décidé que les cinq portes qui conduisent de Lyon à la Croix-Rousse seraient occupées dès la pointe du jour; qu'un bataillon de la garde nationale de la Croix-Rousse et trois cents hommes de la ligne se réuniraient à sept heures du matin sur la place de ce faubourg pour empêcher les rassemblements de se former; que quatre bataillons de la garde nationale de Lyon et un de la Guillotière s'assembleraient à la même heure sur leurs places respectives.

Grâce à la faiblesse ou à l'aveuglement des autorités, aucune de ces dispositions ne fut exécutée. Le maire de la Croix-Rousse était tombé dans une sécurité fatale ; et quant au général Roguet, il répondait en ces termes à la notification des mesures prises par l'assemblée :

« Monsieur le Préfet,

« Il était inutile de m'écrire et de m'envoyer une réquisition sur les dispo-
« sitions à prendre pour la journée de demain ; tout ce dont vous me parlez
« était déjà arrêté entre MM. les maires de Lyon, de la Croix-Rousse et moi.
« A cet égard, comme dans ma détermination bien prononcée de maintenir
« la tranquillité dans Lyon, vous pouvez être sans inquiétude. »

Le lieutenant général se faisait sur sa force de bien étranges illusions. La garnison lyonnaise n'allait pas à trois mille hommes ; elle se composait du 66ᵉ de ligne, de trois escadrons de dragons, d'un bataillon du 13ᵉ et de quelques compagnies du génie. Encore ne pouvait-on compter sur le 66ᵉ de ligne, qui avait été formé après la révolution de juillet avec les débris de la garde royale mêlés à des citoyens qui s'étaient battus contre Charles X. M. Bouvier-Dumolard en avait écrit au ministre en termes pressants ; mais le ministre, absorbé par des intrigues de portefeuille et de parlement, n'avait pas cru devoir faire droit à ces réclamations, non plus qu'à celles qui portaient la mésintelligence de l'autorité militaire et de l'autorité civile. Cette imprévoyance fut, hélas ! expiée par d'autres que par ceux qui en étaient coupables : après la journée du 20 novembre, beaucoup s'endormirent, à Lyon, pour qui cette nuit-là fut la dernière !

Pour bien comprendre l'affreux combat qui allait se livrer, il est nécessaire de connaître le champ de bataille. La ville de Lyon, comme on sait, s'allonge entre deux fleuves, le Rhône, qui coule à l'est, et la Saône, qui coule à l'ouest. Au nord, et sur une hauteur d'où l'on domine la ville de Lyon, est la ville de la Croix-Rousse, que les ouvriers en soie occupent presque tout entière. Entre Lyon et la Croix-Rousse, sur un point plus élevé que la Croix-Rousse elle-même, est situé un plateau duquel descendent vers Lyon deux longues voies, l'une à gauche, la Grand'Côte, l'autre à droite, la montée des Carmélites. Ces deux voies principales sont réunies à leur extrémité inférieure par la rue des Capucins, qu'habitent les fabricants, qui ont ainsi les ouvriers sur leurs têtes. Au nord, sur la rive occidentale du Rhône et le long des flancs de la Croix-Rousse, s'étendent les faubourgs de Saint-Clair et de Bresse. A l'est et au midi sont les quartiers des Broteaux et de la Guillotière, que le Rhône sépare de Lyon ; à l'ouest se trouve le faubourg de Saint-Just, et au midi, entre les deux fleuves, la presqu'île de Perrache. Les Broteaux et la Guillotière communiquent avec Lyon par trois ponts jetés sur le Rhône, le pont de la Guillotière, le pont Morand et le pont Lafayette.

Cette topographie de Lyon, le lieutenant général Roguet ne la connaissait que très-imparfaitement. Il était malade, d'ailleurs, et il lui eût été bien difficile de prévenir l'insurrection.

Le lundi, 21 novembre, de sept à huit heures du matin, les ouvriers en soie, au nombre de trois ou quatre cents, se rassemblèrent à la Croix-Rousse.

Ils avaient à leur tête un de leurs syndics et étaient armés de bâtons. Leur but n'était en aucune sorte de livrer bataille aux fabricants. Ils voulaient seulement que, jusqu'à ce que le tarif fût reconnu, tout métier cessât de battre, et quelques-uns d'entre eux allèrent parcourir les ateliers pour en éloigner ceux de leurs compagnons qui travaillaient encore. Sur ces entrefaites, cinquante ou soixante gardes-nationaux se présentèrent, et l'officier qui les commandait s'étant écrié : « Mes amis, il faut balayer cette canaille-là, » ils s'avancèrent la baïonnette en avant. Indignés, les ouvriers s'élancent, entourent le peloton, désarment les uns et mettent les autres en fuite. Bientôt les groupes devinrent plus nombreux, mais aucune pensée hostile ne les animait. On y parlait seulement de recommencer, dans les rues de Lyon, la manifestation pacifique du 25 octobre. Dans ce but, les tisseurs, se tenant par le bras et marchant quatre à quatre, se mirent à descendre la Grand'Côte. Les grenadiers de la 1re légion, spécialement composée de fabricants, montèrent résolûment à la rencontre de la colonne. Leur colère était au comble, et plusieurs tiraient de leurs poches des paquets de cartouches qu'on se distribuait dans les rangs. Vers le milieu de la Grand'Côte, les deux troupes se trouvèrent face à face ; les grenadiers firent feu, et huit ouvriers tombèrent grièvement blessés. Aussitôt la colonne dont ils faisaient partie se replie en désordre, remonte la Grand'Côte en poussant des cris de désespoir, et se répand dans la Croix-Rousse comme une mer furieuse. En un instant, une immense clameur s'élève ; chaque maison vomit des combattants armés de bâtons, de pelles, de pierres, de fourches ; quelques-uns avaient des fusils. Les plus ardents courent de côté et d'autre en criant : « Aux armes ! on assassine nos frères ! » Des barricades se forment dans chaque rue, élevées par la main des enfants et des femmes ; deux pièces de canon appartenant à la garde nationale de la Croix-Rousse sont au pouvoir des insurgés, qui se mettent en marche sur Lyon, précédés par des tambours, et déployant dans les airs un drapeau noir avec ces mots profonds, touchants et sinistres : VIVRE EN TRAVAILLANT, OU MOURIR EN COMBATTANT ! Il était près de onze heures. M. Bouvier-Dumolard s'était rendu à l'Hôtel de Ville, situé sur la place des Terreaux, non loin du quartier des Capucins. On y apporte le lieutenant général Roguet, que ses souffrances empêchaient de marcher. « Général, lui dit le préfet avec « véhémence, je vous somme de faire délivrer des cartou- « ches. — Vous n'avez point d'ordres à me donner, répond « le comte Roguet, je sais ce que j'ai à faire. »

A onze heures et demie les cartouches furent distribuées, et le préfet parut avec le général Ordonneau à la tête d'une colonne composée de gardes nationaux et de troupes de ligne. Déjà une forte barricade avait été élevée à l'extrémité supérieure de la Grand'Côte. La colonne, commandée par le préfet et le général Ordonneau, se mit à gravir cette montée, qui est très-rapide, et que bordent des maisons occupées toutes par des ouvriers. Tout à coup une grêle de tuiles, de pierres et de balles tombe sur la colonne; le préfet est atteint par un caillou; plusieurs hommes sont frappés autour de lui, et la colonne recule. La garde nationale de la Croix-Rousse s'était réunie aux ouvriers. Deux officiers demandent à parlementer avec le préfet. Il les suit, franchit avec eux la barricade et monte au balcon de la mairie de la Croix-Rousse pour haranguer le peuple rassemblé tumultueusement sous les fenêtres. De temps en temps ses paroles étaient interrompues par ce cri terrible, sorti du sein des groupes : DU TRAVAIL OU LA MORT !

Les choses en étaient là et les hostilités paraissaient suspendues, lorsque, sur trois points différents, la fusillade recommença. Le canon grondait. « Vengeance ! vengeance ! » « Nous sommes trahis, » s'écrièrent les ouvriers. Alors, une bande irritée entoura le préfet, lui arracha son épée, et le traîna, au milieu des sabres levés sur sa tête, dans une maison où il fut retenu prisonnier. Le général Ordonneau, qui l'avait rejoint, fut saisi, de son côté, et conduit chez l'ouvrier Bernard, qui lui sauva la vie.

Pendant ce temps, on battait la générale dans différents quartiers. Les quais, les places, les rues, se couvraient de gardes nationaux et de soldats. Toutefois, la guerre civile, ce jour-là, ne devait pas gagner l'intérieur de la ville.

Un escadron de dragons, appuyé par une batterie des artilleurs de la garde nationale, gravit à travers une vive fusillade la rue des Carmélites et s'établit sur le plateau. Mais, du haut des toits de la Croix-Rousse, les ouvriers plongeaient sur les artilleurs et les cavaliers. Le sol fut bientôt jonché de morts ou de blessés. Cependant le combat continuait, et le bataillon de garde nationale, placé sous le commandement de M. Prévost, résistait avec beaucoup de vigueur, lorsqu'on apporta un écrit du général Ordonneau, qui enjoignait à ce bataillon de battre en retraite. Le commandant Prévost ignorait la captivité du général : il obéit.

Pendant ce temps, des hommes armés entouraient M. Bouvier-Dumolard, retenu prisonnier, et le sommaient énergiquement de signer des ordres pour la délivrance de quarante mille cartouches et de cinq cents gargousses. Il s'y refusa; mais autour de lui régnait une agitation formidable. On avait jeté sous ses fenêtres quatre cadavres, et ce cri avait été poussé : « Voilà quatre victimes; il en faut une cinquième pour les venger! » Ces paroles exprimaient un sentiment que tous les ouvriers ne partageaient pas. Plusieurs d'entre eux, et Lacombe, un de leurs chefs, entourèrent le préfet de prévenances. Ils lui offrirent même de le faire évader sous un déguisement, à travers des jardins. Une semblable tentative n'était pas pour lui sans honte et sans périls. Vers la fin du jour, il se présenta aux ouvriers et leur dit : « Écoutez-moi : si vous croyez un seul instant « que j'aie trahi vos intérêts, retenez-moi en otage ; mais, « si vous n'avez rien à me reprocher, laissez-moi retourner « à mon administration, et vous verrez que je ne cesserai « d'agir en bon père. » Émus par ce discours, les uns voulaient qu'on lui rendît la liberté ; les autres, plus soupçonneux, repoussaient tant de générosité comme une imprudence. Enfin, vers huit heures du soir, il fut relâché, et descendit à Lyon au milieu d'une foule dans laquelle on murmurait les mots de trahison, couverts, du reste, par des cris de : *Vive le préfet ! Vive le père des ouvriers !*

M. Bouvier-Dumolard trouva dans la salle de l'Hôtel de Ville le lieutenant général Roguet, auquel il tendit la main. Réconciliation franche, mais tardive et stérile ! Le plateau avait été abandonné par les artilleurs et les dragons ; on n'entendait plus que quelques coups de fusil tirés par intervalles ; mais le général Ordonneau, qui ne devait recouvrer sa liberté que dans la nuit, était encore au pouvoir des insurgés, et les tisseurs veillaient en armes à la Croix-Rousse, autour des feux qu'ils y avaient allumés, pleurant leurs frères morts et songeant aux vengeances du lendemain.

Arrêtons-nous un instant pour noter une des plus déplorables singularités de cette journée fatale. On a vu quelles causes avaient poussé les ouvriers à l'insurrection : aucune passion politique n'avait armé leurs bras, et ils comprenaient peu à cette époque que leur sort pût dépendre d'une modification radicale dans les formes du gouvernement. Les hommes politiques, de leur côté, n'étaient préoccupés que du désir de renverser le Pouvoir, et ne songeaient guère à donner à l'ordre social des bases nouvelles. Il n'y avait donc aucun lien réel entre la classe ouvrière et la partie la plus vive, la plus généreuse, de la bourgeoisie. A Lyon, comme sur tous les points de la France, il y avait alors beaucoup de républicains, mais peu de vrais démocrates. Il arriva donc que plusieurs républicains s'armèrent contre les ouvriers. Par une erreur excusable sans doute, mais funeste, ils crurent qu'il s'agissait de sauver Lyon du pillage, et ils mirent, à soutenir la lutte, beaucoup de vigueur et de bravoure. Plusieurs furent blessés, d'autres tués, et, parmi ceux-ci, M. Schirmer, un des plus honorables fabricants de Lyon. Cependant, le mardi, on vit aussi des républicains se ranger du côté des ouvriers. De sorte que des hommes étroitement liés d'opinion et d'amitié se trouvèrent, sans le savoir, ceux-ci dans un camp, ceux-là dans un autre. Malentendus trop fréquents, et qui fournissent à l'histoire des guerres civiles ses plus affreux épisodes!

Le mardi, 22, le lieutenant général Roguet fit afficher une proclamation qui avait été imprimée pendant la nuit. Cette proclamation n'eut d'autre effet que d'échauffer davantage les esprits : elle fut déchirée partout avec insulte. Le tocsin de Saint-Paul sonna comme aux jours des grands désastres, la générale battit dans tous les quartiers, et l'insurrection recommença.

Le 40ᵉ de ligne était arrivé de Trévoux à deux heures de la nuit. On en détacha quelques soldats, qui, réunis à deux compagnies du 13ᵉ, furent chargés de monter la côte des Carmélites et de s'emparer du plateau de la Croix-Rousse.

Mais les ouvriers de la rue Tholosan et des rues adjacentes se portèrent avec fureur à la rencontre de ce détachement, et le forcèrent à mettre bas les armes. Les voies qui conduisent de la Croix-Rousse à Lyon se trouvaient ainsi parfaitement libres : l'immense population des ouvriers en soie se précipite sur la ville et l'inonde de tous les côtés, se répandant sur les quais, sur les places, dans les rues, partout, et y portant les passions dont elle était animée. Mais déjà le bruit des cloches d'alarme, le retentissement du canon, l'odeur de la poudre, cette vue du sang, toujours si contagieuse, avaient propagé en tous lieux l'esprit de révolte. Tout autour de Lyon, livré à d'irrésistibles ardeurs, on vit se soulever presqu'au même instant les quartiers des Broteaux, de la Guillotière et de Saint-Just. Le comte Roguet, voulant empêcher la population ouvrière des Broteaux de fondre sur Lyon par le pont Morand et le pont Lafayette, fit établir une batterie sur le pont Saint-Clair. Et, pendant que les boulets, passant par-dessus le Rhône, ravageaient ce malheureux quartier, des fabricants, postés à toutes les fenêtres des maisons qui bordent le quai du Rhône, dirigeaient de là, sur les Broteaux, un feu continuel et meurtrier. La lutte, au reste, était devenue générale. La ville était couverte de barricades. Tous les postes avaient été désarmés l'un après l'autre ; dans la galerie de l'Argue, un républicain, Drigeard-Desgarnier, avait distribué gratuitement au peuple les fusils de chasse de son magasin ; trois boutiques d'armuriers avaient été enfoncées ; une partie de la garde nationale s'était rangée du côté des insurgés et les avaient munis de cartouches ; enfin les ouvriers, qui avaient commencé le combat avec des bâtons, ne se battaient plus qu'avec des fusils. Au Jardin des Plantes, une poignée d'insurgés repoussa plusieurs compagnies. Une bande de femmes et d'enfants força la caserne du Bon-Pasteur, et les troupes ne se maintenaient qu'avec peine dans la rue de l'Annonciade, dominée par la place Rouville et par la maison Brunet, dont les insurgés s'étaient rendus maîtres.

Cependant, Lacombe, homme résolu et très-influent dans les faubourgs, se dirigeait vers le pont Lafayette, à la tête d'une colonne nombreuse, composée des habitants de Saint-Georges. Avant d'y arriver, il y envoya des parlementaires qui furent reçus à coups de fusil. Il se disposait à l'attaque, lorsqu'on vint lui apprendre que les soldats de la ligne, casernés aux Carmes-Déchaussés, menaçaient de prendre sa troupe par derrière. Il change aussitôt de dessein, court à la caserne, s'en empare, et se dirige vers la place des Célestins, où déjà s'était formé un rassemblement tumultueux. Là se trouvait un jeune homme intrépide, Michel-Ange Périer. Il portait la décoration de juillet à sa boutonnière. A la vue de ce signe, auquel se liaient tant de souvenirs, on entoure Périer avec enthousiasme, on l'embrasse, et un ouvrier lui présente une carabine, en disant : « Vous avez « combattu en juillet pour la cause du peuple ; eh bien ! « vous combattrez encore aujourd'hui pour cette cause. » Michel-Ange Périer prend vivement la carabine et répond : « Oui, mes amis, encore aujourd'hui, je défendrai la cause « du peuple ; c'est la vôtre, c'est la mienne, c'est celle « de tous. Vive la république ! » Vive la république ! répétèrent avec force un grand nombre de voix. Et le cortége se mit en marche vers l'Hôtel de Ville.

Ainsi, par la nature même des choses, la politique avait pris place dans l'insurrection, qui, à partir de ce moment, présenta un double caractère. Mais, pour renverser un

Pouvoir qui avait ses racines dans la bourgeoisie, toute-puissante alors, il eût fallu des idées, machines de guerre plus formidables que les canons. —

Arrivée au coin de la rue Neuve, la colonne partie de la place des Célestins se trouva face à face avec un détachement de la ligne, stationné sur la place du Plâtre. Le chemin le plus court pour arriver à l'Hôtel de Ville était la rue Sirène ; mais s'y engager c'était provoquer un affreux carnage. Michel-Ange Périer s'avança vers l'officier qui commandait le détachement, et revenant vers les siens, il monta sur une barricade et les engagea énergiquement à éviter une effusion de sang inutile. La colonne prit alors la rue Neuve et alla déboucher sur le quai de Retz. Des balles pleuvaient sur elle de chaque fenêtre; des dragons arrivaient au grand galop. Ils furent reçus à coups de fusil; mais la colonne s'étant rompue pour leur livrer passage, plusieurs de ceux qui la composaient se précipitèrent en désordre dans une petite promenade plantée d'arbres, et séparée du quai par un parapet. On combattit sur ce point et tout le long du Rhône avec un acharnement extrême. Du pont Morand où il s'était placé, un nègre, nommé Stanislas, abattait un dragon ou un artilleur presqu'à chaque coup qu'il tirait, et sa joie éclatait aussitôt en gestes expressifs et en cris sauvages. Un coup de feu renversa Michel-Ange Périer au moment où, sur le quai, et un genou en terre, il ajustait un garde national posté à une fenêtre. Péclet, son ami, reçut deux balles dans le bras. On les emporta tout sanglants. L'insurrection perdait en eux les seuls hommes qui pussent, au moins pour quelques jours, lui imprimer une direction politique.

Déjà, du reste, la victoire se déclarait partout pour les

ouvriers. La plupart des gardes nationaux, sur qui les fabricants avaient compté, se retiraient frappés de découragement et de stupeur. Quant aux soldats de ligne, ils opposaient aux insurgés une résistance molle et indécise. Encore tout pleins des souvenirs de 1830, ils mettaient en usage contre les libéraux les leçons que les libéraux leur avaient données. On avait dit aux soldats en 1830 que verser le sang des citoyens était le plus grand des crimes ; on avait battu des mains à la défection du 50e de ligne, le 29 juillet. Les soldats en 1831 pouvaient-ils avoir oublié tout cela? Ils pensèrent que, si le peuple parisien avait eu raison de se soulever en 1830 pour le maintien d'une Charte qui ne le regardait pas, le peuple lyonnais avait bien plus raison encore de se soulever en 1831 pour le maintien d'un tarif qui l'empêchait de mourir de faim. Aussi la cause des ouvriers trouva-t-elle dans les troupes elles-mêmes une sympathie secrète qui favorisa le triomphe de l'insurrection.

A sept heures du soir tout était fini. Ne pouvant plus se maintenir à la poudrière de Serin, qu'il avait défendue pendant toute la journée au moyen de deux pièces de canon, le capitaine Peloux encloua ses deux pièces, fit jeter dans la Saône une grande quantité de poudre, et battit en retraite. Enfin, aux approches de la nuit, les troupes se trouvaient refoulées sur la place des Terreaux, et l'autorité n'occupait plus à Lyon qu'un seul point, où on la cernait de toutes parts, l'Hôtel de Ville. Dans cette extrémité, le comte Roguet, le préfet et les représentants de la municipalité lyonnaise tinrent conseil. La retraite fut décidée. Il était minuit. On entendait encore le mugissement de la ville soulevée ; et, sur divers points, les corps de garde et les pavillons de l'octroi, auxquels on avait mis le feu pendant le combat, achevaient de brûler dans les ténèbres. On rédigea la déclaration suivante :

« Aujourd'hui, vingt-deux novembre mil huit cent trente-un, à minuit,

« Les autorités soussignées étant réunies à l'Hôtel de Ville : présents le lieutenant général comte Roguet, commandant général des 7e et 19e divisions militaires; de Fleury, maréchal de camp du génie; vicomte de Saint-Geniès, maréchal de camp, commandant le département du Rhône; Bouvier-Dumolard, conseiller d'État, préfet du Rhône; Duplan, procureur général près la cour royale; de Boisset, premier adjoint faisant fonctions de maire; Gros, adjoint de la mairie; Gautier, conseiller municipal, faisant fonctions d'adjoint;

« Considérant qu'après deux jours de combats opiniâtres, dans lesquels trop de sang français a malheureusement coulé, la troupe de ligne a été refoulée sur l'Hôtel de Ville, où elle est cernée par une multitude immense en armes; que cette troupe, fatiguée, ayant éprouvé des pertes considérables, dépourvue de munitions et de vivres qu'il est devenu impossible de lui procurer, paraît disposée, d'après la déclaration de ses chefs, à ne pas continuer une inutile résistance; que plusieurs postes importants même ont passé dans les rangs des assaillants;

« Que la garde nationale, forte de quinze mille hommes, n'en présente plus que cent sous les armes; que, dans cette position extrême, MM. les généraux reconnaissent unanimement qu'ils essaieraient en vain de continuer la défense de l'Hôtel de Ville;

« Que cette défense prolongée aurait les infaillibles résultats de porter les assaillants au dernier degré de l'exaspération et d'exposer les assiégés et la ville entière aux plus déplorables catastrophes;

« Après en avoir mûrement délibéré dans plusieurs séances, reconnaissent à l'unanimité

« Que, pour arrêter l'effusion du sang et prévenir le sac de la ville, le seul parti à prendre, dans cette grave circonstance, est de quitter la position de l'Hôtel de Ville pour en occuper une plus avantageuse en dehors des murs, de manière à conserver des rapports avec les autorités locales; le conseil émet le vœu, également à l'unanimité, que M. le préfet reste à son poste.

« Fait en séance, à l'Hôtel de Ville, en double minute.

« *Signé* : Dumolard, comte Roguet, vicomte Saint-Geniès, Fleury, Duplan, Boisset, Gros, Gautier. »

On donna donc le signal de la retraite. Le général Roguet, qui était fort souffrant, fut hissé sur son cheval à force de bras. Les troupes qu'il commandait se composaient du 66ᵉ et de plusieurs bataillons du 40ᵉ et du 13ᵉ. Suivaient quelques détachements de la garde nationale, traînant après eux des pièces de canon. Un poste d'ouvriers était établi à la barrière Saint-Clair, sur le chemin des troupes en retraite. En approchant de cette barrière, et au premier sifflement des balles, le général Roguet dit à ceux qui l'accompagnaient : « Voilà que je respire, l'odeur de la poudre me rend à la « vie ; je suis bien mieux ici que dans les salons de l'Hôtel « de Ville. » Puis, il donna l'ordre d'enfoncer les barricades à coups de canon. La nuit était sereine, et la lune faisait étinceler le fer des baïonnettes. Toutes les cloches sonnaient. Le cri *aux armes !* répété de bouche en bouche le long des faubourgs, y produisit comme un soudain embrasement. Les fenêtres se garnirent d'insurgés. Forcées de ramper sous le feu des assaillants, à travers d'innombrables barricades que l'artillerie ne suffisait pas à renverser, les troupes arrivèrent enfin à Montessuy, attristées, haletantes, traînant leurs canons et portant leurs blessés. Le général Fleury avait reçu une balle, et vu tomber à ses pieds son aide de camp mortellement frappé. La lutte fut sanglante dans ce faubourg, mais la guerre civile venait d'y atteindre ses dernières victimes, et d'y pousser son dernier cri.

Cependant l'autorité, qui avait son siége à l'Hôtel de Ville, hésitait épouvantée. Autour du quartier des Terreaux s'élevait une rumeur orageuse. Le préfet et les membres de la municipalité lyonnaise résolurent de se retirer, à leur tour, et de se rendre à l'hôtel de la préfecture, où ils rédigèrent la déclaration suivante, qui n'a jamais été publiée, et qui était comme le testament du pouvoir à l'agonie :

« Cejourd'hui mercredi, vingt-trois novembre mil huit cent trente-un, deux heures du matin ;

« Nous, soussignés, réunis à l'hôtel de la préfecture, déclarons et certifions les faits suivants :

« 1° Qu'à la suite des événements funestes qui ont eu lieu dans la ville pendant les journées des 21 et 22 de ce mois, toutes les forces militaires de toute arme, celles de la gendarmerie et de la garde nationale, sous le commandement du lieutenant général comte Roguet, ont été forcées, afin d'éviter l'effusion du sang et les horreurs de la guerre civile, d'évacuer à deux heures l'Hôtel de Ville, l'arsenal et la poudrière, positions qu'elles occupaient encore, et de se retirer hors la ville par le faubourg Saint-Clair ;

« 2° Que, nous ci-dessus dénommés, avons été contraints également de laisser occuper le poste de l'Hôtel de Ville par les troupes de l'insurrection, qui étaient maîtresses sur tous les points ;

3° Qu'en ce moment, la désorganisation la plus complète règne dans la ville, que l'insurrection domine tous les pouvoirs, et que les lois, les magistrats, sont sans force.

« Fait à l'hôtel de la préfecture, les heure, jour et an susdits.

« *Signé* : DUMOLARD, BOISSET, E. GAUTIER, DUPLAN. »

Les signataires de cette triste déclaration n'avaient pas plutôt abandonné l'Hôtel de Ville, que les insurgés s'y présentèrent. Les portes leur en furent ouvertes par l'acteur Quériau ; quelques aventuriers s'y établirent avec quelques chefs de section, sous le titre d'état-major provisoire. Le gouvernement de Lyon se trouva alors partagé entre Lachapelle, Frédéric, Charpentier, chef des ouvriers, et Pénéron, Rosset, Garnier, Dervieux, Filhol, hommes que la population ouvrière ne connaissait pas, mais qui prenaient dans la victoire du peuple la place qui appartient, aux jours de trouble, à quiconque est audacieux.

Qu'allait faire ce pouvoir insurrectionnel? Lachapelle, Frédéric et Charpentier, n'avaient guère vu dans la lutte qu'une question de tarif. Pérénon, Rosset, Garnier, Dervieux, Filhol, n'y avaient vu, de leur côté, qu'une forte secousse politique. Ceux-là voulaient que le sort matériel du peuple fût amélioré; ceux-ci, que la monarchie fît place à la république. Quant à l'influence que le changement de pouvoir peut exercer sur l'ordre des combinaisons sociales, personne alors ne s'en rendait compte. Pérénon appartenait par ses croyances à la cause du principe qui avait succombé en juillet 1830. Rosset était un vieillard à qui l'habitude des conspirations avait donné une sorte d'énergie fébrile que l'âge n'avait pas eu la puissance d'amortir. Garnier n'avait pas de religion politique. Dervieux et Filhol étaient des esprits effervescents et sans portée. Voilà pourtant dans quelles mains la fortune plaçait les destinées de l'insurrection lyonnaise.

Le peuple, pour qui obéir est la plus forte de toutes les nécessités, le peuple fut frappé de stupéfaction dès qu'il se vit sans maîtres. Il eut peur de sa propre souveraineté, et ne songea plus dès lors qu'à relever ceux qu'il avait abattus, pour leur rendre une autorité dont il ne pouvait porter le fardeau.

L'adjoint du maire, M. Boisset, était retourné de bonne heure à l'Hôtel de Ville, M. Gautier et le commissaire central, M. Prat, ne tardèrent pas à s'y rendre. De son côté, M. Bouvier-Dumolard comprit que le meilleur moyen d'arracher aux ouvriers les fruits de leur victoire était de les y employer eux-mêmes. Il envoya chercher Lacombe au milieu de la nuit. Au moment où l'envoyé du préfet arriva, Lacombe était à la tête d'une bande d'hommes armés et assiégeait le poste de l'arsenal. Il répondit qu'il n'irait à la préfecture qu'après la prise du poste, et il tint parole. M. Dumolard reçut ce chef d'insurgés avec de grands témoignages d'estime et de confiance; il flatta sa vanité, et n'eut pas de peine à prendre sur lui l'ascendant que donnent sur une âme façonnée à l'obéissance l'habitude du commandement et le prestige de l'autorité, même vaincue. Lacombe fut nommé par le préfet gouverneur de l'Hôtel de Ville; et enivré de ses nouvelles grandeurs, il s'y rendit, non pour diriger l'insurrection, mais pour la contenir.

De la part de Lachapelle, de Frédéric et de Charpentier, la résistance ne pouvait pas être bien vive; mais Pérénon et Garnier n'étaient pas disposés à perdre le pouvoir qu'ils avaient reçu du hasard et de leur audace. Ils composèrent et firent publier, avec l'approbation de Rosset, de Dervieux et de Filhol, une proclamation violente, mais qui portait la trace des opinions légitimistes de Pérénon; elle fut affichée sur tous les murs de la ville. Pour lui donner plus de poids, les auteurs l'avaient fait suivre de ces noms connus et aimés de la population ouvrière : *Lacombe, Lachapelle, Frédéric, Charpentier.*

De son côté, Rosset courait chez M. Dumolard et le sommait résolûment de lui remettre l'autorité. Mais M. Dumolard s'était déjà entendu avec les ouvriers les plus influents; il avait essayé la trempe de ces esprits sans culture; et il savait déjà jusqu'où peuvent aller chez une race longtemps asservie l'étourdissement et l'embarras du triomphe. Il répondit avec fermeté.

Toutefois, de plus graves dangers menaçaient son pouvoir. Des hommes aux vêtements déchirés, à l'œil ardent, marchaient vers l'hôtel de la préfecture. Ils y entrent et pénètrent dans les appartements du préfet, le chapeau sur la tête et le fusil à la main. Ils apportaient la proclamation que Pérénon avait rédigée et demandaient avec menace le désarmement de la première légion. M. Dumolard fit bonne contenance, et s'entoura aussitôt des ouvriers influents qu'il avait convoqués le matin même. Là, dans un discours à la fois véhément et pathétique, il eut l'art de leur persuader à eux, chefs naturels d'une armée de prolétaires, victorieuse et encore frémissante, que des institutions politiques, sous l'empire desquelles rien ne les protégeait contre la faim, méritaient néanmoins tout leur respect et tout leur amour. Ils crurent cela, sans doute; car ils signèrent à l'instant même la protestation suivante, témoignage immortel de l'imprévoyance et de la légèreté des peuples :

« Lyonnais,

« Nous, soussignés, chefs de sections, protestons tous hautement contre le placard tendant à méconnaître l'autorité légitime, qui vient d'être publié et affiché avec les signatures de *Lacombe*, syndic; *Charpentier, Frédéric, Lachapelle.*

« Nous invitons tous les bons ouvriers à se réunir à nous, ainsi que toutes les classes de la société qui sont amies de la paix et de l'union qui doit exister entre tous les vrais Français.

« Lyon, le 23 novembre 1831.

« *Signé :* Roverdino, Bouvery, Falconnet, Blanchet, Berthelier, Biollay, Carrier, Bonard, Labory, Bret, B. Jacob, Charnier, Niel, Buffard, Pigaud, Farget. »

Les efforts du préfet étaient, d'ailleurs, merveilleusement secondés par l'action de l'autorité municipale. MM. Boisset et Gautier s'étaient de bonne heure établis à l'Hôtel de Ville, pour y faire peu à peu accepter leur influence. Adroits courtisans d'une souveraineté qu'ils ne caressaient que pour la détruire, ils fraternisaient avec les ouvriers, et n'épargnaient rien pour désigner à leurs soupçons les hommes politiques qui prétendaient au partage du pouvoir insurrectionnel. Ils disaient qu'il était au moins étrange que Pérénon et ses complices eussent placé au bas d'une protestation factieuse la signature de braves et loyaux ouvriers, sur lesquels on appelait ainsi, dans un intérêt égoïste, un blâme flétrissant, et peut-être d'inexorables vengeances ; qu'il y avait là tout à la fois un faux et une trahison, et que les signataires se devaient de protester avec vigueur.

Animés par ces discours, Lacombe, Frédéric, Charpentier, Lachapelle, se plaignirent, en effet, avec beaucoup d'amertume, de l'usage qu'on avait fait de leurs noms, et des débats orageux s'élevèrent dans l'Hotel de Ville. Vers la fin du jour, un affreux désordre y régnait. Rosset, qui était allé chercher des partisans, s'y présente tout à coup à la tête d'une bande d'hommes armés. Il éclate en menaces contre l'ancienne autorité municipale que représentait seul en ce moment M. Étienne Gautier. Puis, s'adressant aux chefs des ouvriers, il leur reproche d'abandonner la cause du peuple qui leur était confiée. Le maire et le préfet ne sont plus rien, s'écrie Dervieux à son tour : le peuple seul commande aujourd'hui ; il a le droit de choisir ses chefs. Debout sur un fauteuil, M. Étienne Gautier cherchait à dominer cette scène tumultueuse, et adjurait la foule de rester fidèle à l'autorité légale, lorsque Filhol s'élance le visage enflammé et le pistolet à la main, menaçant Lacombe de lui brûler la cervelle. Le moment était décisif ; mais les hommes qui aspiraient à diriger le mouvement politique n'avaient pour jouer ce rôle ni une consistance assez grande ni une intelligence assez élevée. Peu connus des ouvriers, ils parlaient un langage nouveau que sa violence seule aurait pu faire agréer de la foule, sans les préventions qu'on avait habilement répandues parmi elle, par l'intermédiaire même des chefs de l'insurrection. Rosset, Filhol et Dervieux, échouèrent donc complétement dans leurs efforts. Ils se retirèrent la rage dans le cœur, et Dervieux, en quittant l'Hôtel de Ville, dit amèrement à la foule : « Malheureux! vous « ne voulez pas nous entendre : vous vous en repentirez; « mais il ne sera plus temps! » Une journée avait suffi pour faire tomber le peuple vainqueur sous l'ascendant des meneurs de la bourgeoisie vaincue.

Jamais, du reste, la ville de Lyon n'avait été mieux gardée que dans cette étonnante journée du 23 novembre. La première pensée des ouvriers, maîtres de la ville, fut de se distribuer dans les quartiers les plus opulents pour y maintenir l'ordre et y faire respecter les propriétés. On vit des hommes en guenilles veiller l'arme au bras et avec une activité inquiète, aux portes de l'hôtel de la Monnaie et de la recette générale; on vit de pauvres ouvriers faire sentinelle autour des maisons d'où les fabricants étaient sortis pour les charger. Par un raffinement de générosité fort remarquable, les vainqueurs entourèrent d'une protection spéciale les riches hôtels de ceux des fabricants qui s'étaient montrés les plus impitoyables. On alluma cependant un grand brasier devant le café de la Perle et devant la maison Oriol, d'où les fabricants avaient tiré sur le quartier des Broteaux pendant toute la journée du 22. Les meubles et les marchandises que ces maisons renfermaient furent précipités dans les flammes. Là se bornèrent les vengeances populaires. Mais rien ne fut dérobé, et le peuple fusilla sur place deux hommes qui s'enfuyaient avec des paquets sous le bras. Ceux des ouvriers qui ne passèrent pas la journée à garder les propriétés des fabricants, s'employèrent à effacer les sanglants vestiges du combat. Les uns faisaient le service d'infirmiers dans les salles de l'Hôtel de Ville, où avaient été établies des ambulances; les autres s'occupaient à faire des brancards et à transporter à l'Hôtel-Dieu les blessés, qui bientôt s'y trouvèrent réunis au nombre de trois cents; d'autres, enfin, s'en allaient cherchant par la ville les cadavres de leurs amis disparus. Besogne poignante et qui, pour beaucoup, fut inutile, un grand nombre de victimes ayant été jetées dans les deux fleuves!

Pendant que les ouvriers se livraient à ces soins pieux, les bourgeois, revenus de leur stupeur, songeaient au lendemain et prenaient leurs mesures. Déguisés en ouvriers, ils allèrent, quand la nuit fut venue, se mêler à tous les postes, de sorte que, pour se faire reconnaître et obéir, les anciennes autorités n'eurent plus qu'à se montrer. Le soir, en effet, à la lueur des torches, M. Dumolard sortit de l'hôtel de la préfecture. Il se présenta successivement à tous les postes, suivi de quelques hommes dévoués. A chaque halte, des bourgeois en veste et en casquette venaient grossir son cortége, qui se composait de près de six cents hommes, lorsqu'il parvint à l'Hôtel de Ville.

A dater de ce moment, les vieilles formes imposées à cette société malade et inepte reprirent tout leur empire. L'autorité continua néanmoins à s'adjoindre quelques ouvriers, et, entre autres, un grillageur, nommé Buisson : il fallait amuser le peuple pendant quelques jours. On ouvrit aussi une souscription en faveur des ouvriers, et plusieurs personnages importants souscrivirent pour de fortes sommes, qui ne devaient jamais être versées.

Enfin, le 3 décembre, à midi, une proclamation de la mairie annonça l'arrivée du prince royal et du maréchal

Soult. Ils entrèrent à Lyon par le faubourg de Vaise, à la tête d'une nombreuse armée qui s'avançait dans un appareil formidable, tambour battant et mèche allumée. Le maréchal Soult avait rencontré au camp de Reilleux, où le général Roguet était allé l'attendre, les troupes qui s'étaient trouvées à Lyon lors du soulèvement du peuple. Ministre de Louis-Philippe, devenu roi parce qu'en 1830 les troupes de Charles X avaient refusé de tirer sur le peuple, le maréchal Soult reprocha durement aux soldats du général Roguet la mollesse de leur résistance. Les soldats l'écoutaient avec étonnement.

A Lyon, il déploya une sévérité plus menaçante encore. Le désarmement des ouvriers fut opéré, la garde nationale licenciée, la ville de Lyon traitée en ville conquise. Et, comme pour faire sentir au peuple jusqu'à quel point on méconnaissait tout ce qu'il y avait eu de louable dans sa générosité et de rassurant dans son abdication volontaire, on mit à Lyon une garnison de vingt mille hommes, et on y entoura peu à peu la Croix-Rousse d'une ceinture de forts hérissés de canons.

Il n'y avait plus de raison pour que le tarif fût exécuté! Non content de lui refuser sa sanction, le gouvernement destitua M. Dumolard pour la part qu'il avait prise à cet acte de justice, oubliant ainsi les incontestables services que ce préfet avait rendus à la cause du roi. M. Dumolard était malade quand le prince royal fit son entrée à Lyon. Le 6 décembre, il lui fut enjoint, par le maréchal Soult, de quitter la ville, *dût-il n'aller qu'à deux lieues pour y attendre d'être en meilleur état de santé*. Il sortit donc de cette cité qu'il avait conservée à l'autorité royale, chassé comme un malfaiteur, le corps souffrant, l'âme ulcérée, dans une saison rigoureuse, et, ainsi qu'il l'a écrit lui-même, laissant dans l'abandon une famille consternée, composée de trois générations de femmes, dont une mère de quatre-vingt-deux ans et des enfants en bas âge. Il avait pris part à la fixation du tarif !

La nouvelle de l'insurrection lyonnaise n'avait pas tardé à se répandre dans toute la France, qu'elle remplit de tristesse et d'anxiété. Ce n'était, en effet, ni au nom d'Henri V ou de Napoléon II, ni pour le compte de la République, que les ouvriers de Lyon s'étaient soulevés. L'insurrection, cette fois, avait un caractère et une portée bien autrement formidables. Car c'était la démonstration sanglante des vices économiques du régime industriel inauguré en 1789 ; c'était la révélation de tout ce que renferme de lâche et d'hypocrite cette prétendue liberté des transactions qui laisse le pauvre à la merci du riche, et promet une victoire aisée à la cupidité qui sait attendre sur la faim qui n'attend pas. *Vivre en travaillant ou mourir en combattant !* Jamais plus déchirante et plus terrible devise n'avait été écrite sur un étendard, à la veille d'un combat ; elle montrait, dans l'insurrection des infortunés ouvriers de la Croix-Rousse, une véritable guerre servile ; et, à la puissance que venaient de déployer ces esclaves des temps modernes, esclaves auxquels pourtant avait manqué un Spartacus, il était facile de deviner quelles tempêtes le XIXe siècle portait dans ses flancs.

Eh bien ! tel était l'aveuglement, telle était l'ignorance des hommes placés alors à la tête de la société, qu'ils furent rassurés et satisfaits en apprenant que l'insurrection *n'était point politique*. « Ce n'est rien, s'écrièrent à l'envi tous les
« organes du gouvernement, c'est une simple lutte entre
« les fabricants et les ouvriers. » Et le *Journal des Débats*

publia ces lignes sauvages : « Assuré de la paix au dehors, « *entouré d'une puissante armée* réunie sous le drapeau « tricolore, le gouvernement ne peut craindre d'autres con- « séquences de la révolte que des malheurs particuliers, « bien funestes sans doute, mais qui seront abrégés et « diminués par la *rigueur de la répression légale.* »

M. Casimir Périer, de son côté, en rendant compte à la Chambre de tant de désastres, déclara que « les événements « étaient graves, mais que les mesures ordonnées par le « gouvernement y répondraient par leur force, par leur « rapidité, par leur ensemble [1]. »

Quant à la Chambre, elle crut assez faire pour la guérison du mal immense dont l'insurrection lyonnaise était le symptôme, en présentant au roi, sur la proposition de M. Augustin Giraud, une adresse ainsi conçue :

<blockquote>
« Sire, nous avons entendu avec reconnaissance, en même temps qu'avec douleur, les communications franches et complètes que nous ont apportées les ministres de Votre Majesté, sur les troubles qui ont éclaté dans la ville de Lyon. Nous applaudissons au patriotique élan qui a porté le prince votre fils à se présenter au milieu des Français dont le sang coule, pour en arrêter l'effusion. Nous nous empressons d'exposer à Votre Majesté le vœu unanime des députés de la France, pour que son gouvernement oppose à ces déplorables excès toute la puissance des lois. La sûreté des personnes a été violemment attaquée ; la propriété a été menacée dans son principe ; la liberté de l'industrie a été menacée de destruction ; la voix des magistrats n'a pas été écoutée. Il faut que ces désordres cessent promptement ; il faut que de tels attentats soient énergiquement réprimés. La France entière est blessée par cette atteinte portée aux droits de tous dans la personne de quelques citoyens : elle leur doit une éclatante protection. Les mesures déjà prises par le gouvernement de Votre Majesté nous donnent la confiance que le retour de l'ordre ne se fera pas longtemps attendre. La ferme union des gardes nationales et des troupes de ligne rassure tous les bons citoyens. Votre Majesté peut compter sur l'harmonie des Pouvoirs. Nous sommes heureux, Sire, de vous offrir, au nom de la France, le concours de ses députés pour rétablir la paix partout où elle serait troublée, étouffer tous les germes d'anarchie,
</blockquote>

---

[1] Séance du 25 novembre 1831.

affermir les principes sacrés sur lesquels repose l'existence même de la nation, maintenir l'œuvre glorieuse de la révolution de juillet, et assurer partout force et justice à la loi. »

Une adresse à peu près semblable fut votée par la Chambre des pairs. Et le roi, de la sorte, eut occasion d'exprimer la joie que lui causait l'union des Pouvoirs !

Ainsi, des canons pour remédier aux maux de la concurrence ; des forteresses pour réduire une foule de malheureux offrant leur travail sans autre condition que de ne pas mourir de faim ; des soldats, pauvres armés pour contenir des pauvres sans armes... ministres, députés, pairs de France, ne paraissaient pas connaître de meilleurs moyens de gouvernement.

L'Opposition elle-même parla, dans ces circonstances funestes, comme si, à ses yeux, l'établissement de l'ordre n'eût été qu'une affaire de gendarmerie. Dans les violents débats auxquels l'insurrection donna naissance au sein du Parlement, il ne fut question ni de la fixation d'un minimum de salaire, ni de la nécessité de faire intervenir l'État dans les choses de l'industrie, ni de modifications à apporter au régime oppresseur du *laissez-faire*, ni, en un mot, de procédés scientifiques propres à prévenir, ne fût-ce que provisoirement, le réveil d'une lutte à jamais lamentable. Non, M. Mauguin demanda que les épithètes *franches et complètes* fussent rayées de l'adresse ; M. Casimir Périer demanda le contraire. M. Casimir Périer appela injurieusement M. Mauguin *un individu* ; M. Mauguin mit en relief l'impertinence de M. Casimir Périer. Là-dessus, il se fit un grand tumulte ; il y eut un grand scandale : toutes les passions de parti se heurtèrent dans une confuse mêlée. Puis, à un mois de là, le président du Conseil vint dresser à la tribune l'acte d'accusation du préfet du Rhône, lequel, pâle de colère, saisit le moment où le président du Conseil sortait de la salle des délibérations, pour le menacer et lui donner les plus humiliants démentis. Ce fut tout.

Le gouvernement, d'ailleurs, avait à cette époque d'autres sujets de préoccupation. Le jour approchait où la liste civile allait être fixée pour toute la durée du nouveau règne, et l'on faisait courir dans le public la liste des dépenses royales, jugées nécessaires par les ministres. Cette liste portait au chiffre de dix-huit millions le tribut annuel que la royauté devait lever sur le peuple.

Les ouvriers de Lyon, une fois réduits à se renfermer silencieusement dans leur misère et dans leurs angoisses, les amis de l'ordre triomphèrent. La retraite du peuple sur le mont Aventin avait eu, du moins, pour résultat l'établissement des Tribuns.

CHAPITRE III.

Tableau de la société ; vices du régime industriel. — Désordre moral, anarchie dans la constitution du Pouvoir. — Tentatives d'innovation. — Origine du Saint-Simonisme ; son caractère ; sa physionomie ; son influence ; son histoire jusqu'à la séparation de MM. Bazard et Enfantin.

C'est la véritable histoire de notre siècle que l'histoire de ses idées. Les menées de la diplomatie, les intrigues des Cours, les bruyants débats, les luttes de la place publique, tout cela n'est que l'agitation des sociétés. Leur vie est ailleurs. Elle est dans le développement mystérieux des tendances générales, elle est dans cette sourde élaboration de doctrines qui prépare les révolutions. Car il y a toujours une cause profonde à tant d'événements qui, lorsqu'ils éclatent, nous paraissent nés de l'occasion ou du hasard.

L'insurrection de Lyon avait pris les ministres au dépourvu. Esclaves de la routine politique, incapables d'initiative, étrangers au mouvement intellectuel qui se faisait autour d'eux, accoutumés enfin à ne voir l'existence de la société que dans les frivoles querelles où se dépensait toute leur ardeur, les ministres cessèrent de comprendre la portée du soulèvement des tisseurs, le jour où l'on cessa d'en entendre le bruit. Mais, au-dessous de ce Pouvoir si obstinément retranché dans son imprévoyance et son égoïsme, des hommes pleins d'intelligence et de hardiesse étudiaient les problèmes qu'il laissait sans solution, s'emparaient du rôle qu'il dédaignait dans son impuissance, et cherchaient à gouverner par la pensée une nation qu'il ne savait, lui, gouverner que par des soldats.

Or, jamais société n'avait été plus remplie de désordres que celle qu'abandonnaient ainsi au hasard les hommes chargés officiellement de la conduire.

Lutte des producteurs entre eux pour la conquête du marché, des travailleurs entre eux pour la conquête de l'emploi, du fabricant contre l'ouvrier pour la fixation du salaire; lutte du pauvre contre la machine destinée à le faire mourir de faim en le remplaçant : tel était, sous le nom de CONCURRENCE, le fait caractéristique de la situation envisagée au point de vue industriel. Aussi, que de désastres ! Les gros capitaux donnant la victoire dans les guerres industrielles, comme les gros bataillons dans les autres guerres, et le LAISSEZ-FAIRE aboutissant de la sorte au plus odieux monopole; les grandes exploitations ruinant les petites, le commerce en grand ruinant le petit commerce; l'usure s'emparant peu à peu du sol, féodalité moderne pire que l'ancienne, et la propriété foncière grevée de plus d'un milliard; les artisans, qui s'appartiennent, faisant place aux ouvriers qui ne s'appartiennent pas ; les capitaux s'engouffrant, sous l'impulsion d'une avidité honteuse, dans les placements aventureux; tous les intérêts armés les uns contre les autres ; les propriétaires de vignes contre les propriétaires de bois, les fabricants de sucre de betteraves contre les colonies, les ports de mer contre les fabriques de l'intérieur, les provinces du Midi contre celles du Nord, Bordeaux contre Paris ; ici, des marchés qui s'engorgent, désespoir du capitaliste ; là, des ateliers qui se ferment, désespoir de l'homme de main-d'œuvre ; le commerce devenu un trafic de ruses permises et de mensonges convenus ; la nation marchant à la reconstitution de la propriété féodale par l'usure, et à l'établissement d'une oligarchie financière par le crédit ; toutes les découvertes de la science transformées en moyens d'oppression, toutes les conquêtes du génie de l'homme sur la nature tranformées en armes de combat, et la tyrannie multipliée en quelque sorte par le progrès même ; le prolétaire, valet d'une manivelle, ou, en cas de crise, cherchant son pain entre la révolte et l'aumône ; le père du pauvre allant, à soixante ans, mourir à l'hôpital, et la fille du pauvre forcée de se prostituer à seize ans pour vivre, et le fils du pauvre réduit à respirer, à sept ans, l'air empesté des filatures pour ajouter au salaire de la famille ; la couche du journalier, imprévoyant par misère, devenue horriblement féconde, et le prolétariat menaçant le royaume d'une inondation de mendiants : voilà quel tableau présentait alors la société.

D'un autre côté, plus de croyances communes, nul attachement aux traditions, l'esprit d'examen niant toute chose sans rien affirmer, et pour religion l'amour du gain. La nation étant ainsi tournée au mercantilisme, il était naturel qu'on y fît du mariage une spéculation, un objet de négoce, une manière d'entreprise industrielle, un moyen d'achalandage pour quelque boutique. Et, comme le mariage, quoique contracté de cette façon hideuse, avait été déclaré indissoluble par la loi, la faculté du divorce était, à Paris et dans les grandes villes, suppléée presque toujours par l'adultère.

Aux désordres nés, dans la famille, de la fragilité du lien conjugal, se joignaient les scandaleux débats qu'enfante la cupidité entretenue par le désir d'hériter ; et chaque jour les feuilles judiciaires étalaient aux yeux du public le triste spectacle de frères se disputant par lambeaux l'héritage paternel, ou même de fils s'armant contre leur mère, devant des juges à qui l'habitude de ces odieuses luttes avait fini par en masquer l'horreur. Au sein des classes laborieuses, la dissolution de la famille avait une origine différente, mais un caractère encore plus déplorable. Dans le registre de la prostitution, la misère figurait comme l'aliment principal de la débauche. Le mariage étant pour le prolétaire un accroissement de charges, et le libertinage un étourdissement de la douleur, la pauvreté ne faisait que s'accoupler avec la pauvreté ; de sorte qu'on était dans une voie où la misère engendrait le concubinage, et le concubinage l'infanticide. Autre calamité : s'il arrivait au pauvre de se marier, il était bientôt forcé de ne chercher dans la paternité qu'un supplément de salaire, et d'envoyer dans des manufactures où la santé du corps se perd par l'excès du travail, et la santé de l'âme par le contact des sexes, ses enfants à peine arrivés à l'âge où l'on a le plus besoin d'air, de mouvement et de liberté. Aussi voyait-on se presser chaque jour, dès cinq heures du matin, à l'entrée de toute filature, une foule de malheureux enfants, pâles, chétifs, rabougris, à l'œil terne, aux joues livides, et marchant le dos voûté comme des vieillards. Car le régime social, fondé sur la concurrence, se montrait à ce point cruel et insensé qu'il avait pour effet, non-seulement d'étouffer l'intelligence des fils du pauvre et de dépraver leur cœur, mais encore de tarir ou d'empoisonner en eux les sources de la vie. Et le moment approchait où M. Charles Dupin viendrait faire à la tribune de la Chambre des pairs cette déclaration solennelle : « Sur 10,000 jeunes gens appelés au service de « la guerre, les dix départements les plus manufacturiers « de France en présentent 8,980 infirmes ou difformes, « tandis que les départements agricoles n'en présentent que « 4,029. » Il est inutile d'ajouter que, dans une société où une oppression semblable était possible, la charité n'était qu'un mot et la religion qu'un souvenir.

Et le mal était dans le Pouvoir aussi bien que dans la société. La royauté, autorité héréditaire que menaçait sans cesse une autorité élective, s'absorbait forcément et tout entière dans le soin de sa défense. La Chambre des pairs, soumise à la nomination royale, ne comptait plus dans le mécanisme constitutionnel que comme superfétation ou comme embarras. La Chambre des députés était condamnée à vivre sans initiative : d'abord parce que, représentant une seule classe, la classe dominante, elle ne pouvait avoir le désir de réformer les abus dont elle-même profitait ; ensuite, parce que, composée en partie de fonctionnaires, elle se traînait sous la dépendance des ministres, auxquels une distribution corruptrice des emplois asservissait la majorité.

Ainsi, et pour résumer la situation sous ses trois aspects principaux : dans l'ordre social, la concurrence ; dans l'ordre moral, le scepticisme ; dans l'ordre politique, l'anarchie, tels étaient les traits caractéristiques du règne de la bourgeoisie en France.

D'aussi grands maux appelaient d'énergiques remèdes : on n'avait su en trouver aucun qui ne fût une aggravation du mal.

On établissait des *tours* pour empêcher les mères de tuer l'enfant qu'elles ne pouvaient nourrir ; mais les *tours* devenaient un encouragement à la débauche, et le nombre des enfants trouvés, qui, le 1er janvier 1784, n'avait été que de 40,000, s'élevait, en 1834, à 130,000.

On construisait des pénitenciers pour y apprendre la vertu à ceux qui avaient reçu de la misère l'éducation du crime; mais c'était un système bien imprévoyant que celui qui montrait au criminel une sollicitude sur laquelle le pauvre n'avait pas droit de compter, que celui qui attendait le meurtre avant de moraliser le meurtrier, que celui qui, à deux pas de l'atelier où il laissait les enfants se corrompre, élevait la prison où devaient être catéchisés les scélérats en cheveux blancs.

On fondait des caisses d'épargne pour solliciter l'ouvrier à l'économie ; mais, dans un milieu où la première de toutes les maximes était celle-ci : « Chacun pour soi, chacun chez « soi, » l'institution des caisses d'épargne n'était bonne qu'à rendre le pauvre égoïste, qu'à briser dans le peuple ce lien sacré que noue entre les êtres qui souffrent la communauté des souffrances. Il y avait, d'ailleurs, quelque chose de dérisoire à recommander au travailleur des économies que lui interdisait fatalement sa misère. Au 31 décembre 1830, sur 163,196 livrets, 74,835 appartenaient à des déposants non ouvriers, et, pour la plupart, domestiques.

On promettait à la banque de France le renouvellement de son privilége; mais cette banque, qui prélevait sur la production des bénéfices exorbitants, n'acceptait pas le papier du pauvre; elle forçait le petit commerçant à traverser, pour arriver jusqu'à elle, les hideux réduits de l'usure; elle ne justifiait enfin que par l'appui qu'elle prêtait aux plus forts contre les plus faibles l'avare jouissance du plus précieux des monopoles.

De ce triste état de choses devaient naturellement sortir des tentatives d'innovation. C'est ce qui arriva.

Nous exposerons plus tard, et au moment où elle fut manifestée avec éclat, la théorie qu'élaborait déjà depuis longtemps, dans l'ombre et la solitude, Charles Fourier, homme de génie qui devait mourir pauvre et ignoré. Mais, à l'époque où nous sommes arrivé, les idées de ce penseur persévérant n'étaient connues que d'un fort petit nombre d'adeptes ; et la scène était occupée tout entière par l'école Saint-Simonienne.

Il fut donné à cette école de réhabiliter le principe d'autorité, au milieu des triomphes du libéralisme ; de proclamer la nécessité d'une religion sociale, alors que la loi elle-même était devenue athée ; de demander l'organisation de l'industrie et l'association des intérêts, au plus fort des succès mensongers de la concurrence. Avec une intrépidité sans égale, avec une vigueur soutenue par un talent élevé et de fortes études, cette école mit à nu toutes les plaies du siècle, elle ébranla mille préjugés, elle remua des idées profondes, elle ouvrit à l'intelligence une carrière vaste et nouvelle. L'influence qu'elle exerça fut grande, et dure encore. Il importe donc de dire ce que furent les Saint-Simoniens, ce qu'ils accomplirent, ce qu'ils apportèrent à une société troublée de vérité ou d'erreurs, et à quelle source furent puisées, de quelle manière se développèrent ces doctrines, qui devaient être tour à tour un objet d'étonnement, de risée et de colère.

Le fondateur de l'école saint-simonienne était mort depuis cinq ans, lorsque la révolution de juillet éclata. Il appartenait à une des plus nobles maisons de France ; il était l'héritier et du nom et des armes de ce fameux duc de Saint-Simon, l'historien du règne de Louis XIV, le dernier de nos véritables grands seigneurs, et pourtant, il venait attaquer tous les priviléges de naissance et affirmer que la guerre est impie. Car c'était un homme puissant par l'indépendance de l'esprit et l'audace du cœur. Convaincu, du reste, qu'avant de composer un code pour l'humanité, il faut avoir attentivement analysé les hommes et les choses, il passa la première moitié de sa vie à étudier la société sous tous ses aspects, n'hésitant devant aucune expérience, pratiquant en observateur le vice aussi bien que la vertu, tirant une leçon de chacune de ses chutes, faisant de ses folies la matière de ses études, prompt à dissiper en prodigalités calculées une fortune acquise par des spéculations, pauvre à l'excès au sortir d'une studieuse opulence, vivant d'une misérable place de copiste dans le temps même où il gouvernait le monde en pensée, sage pour quelques-uns, pour la plupart insensé, ardent jusqu'à l'exaltation, puis découragé jusqu'à l'excès du suicide, réduit enfin à mendier, lui qui avait si souvent réuni à sa table, pour les juger, les artistes les plus brillants et les savants les plus célèbres. Telle fut la vie de Saint-Simon : voici quels en furent les résultats intellectuels.

Ainsi que tous les réformateurs, Saint-Simon partit du principe de la perfectibilité humaine. Mais comme l'histoire lui montrait l'humanité dans une perpétuelle alternative de despotisme et d'anarchie, de repos et de secousses, il distingua dans la vie des peuples deux sortes d'époques : celles où règne un système, bon ou mauvais, mais coordonné dans ses diverses parties et généralement accepté, et celles que caractérisent les efforts faits pour passer du régime existant à un régime nouveau. Les premières, Saint-Simon les appelait *époques organiques* ; aux secondes il donnait le nom d'*époques critiques*. Il voyait, par exemple, une époque organique dans le paganisme jusqu'à Socrate, et une autre époque organique dans le christianisme jusqu'à Luther.

Après avoir divisé la société en travailleurs et en oisifs, avec cette conviction que l'avenir appartenait exclusivement aux premiers, Saint-Simon s'était demandé quelle était la classification la plus exacte à introduire parmi les travailleurs. L'homme sent, il pense, il agit : Saint-Simon en avait conclu que tout l'ensemble du travail humain peut être fait par ceux qui parlent aux *sentiments* de l'humanité, par ceux qui cultivent son *intelligence*, et par ceux qui mettent en œuvre son *activité*. De là, trois fonctions sociales, qui consistent à *émouvoir* les hommes, à les *éclairer*, à les *enrichir*. De là, aussi, trois classes de travailleurs : les *artistes*, les *savants*, les *industriels*.

Restait à trouver le lien de ces trois ordres de fonctions sociales : la loi du progrès.

La première révolution française avait vivement frappé Saint-Simon, et il avait bien vu qu'elle n'était que la révolution de Luther continuée et agrandie. La ruine de la papauté ou, ce qui revient au même, la déchéance du pouvoir spirituel européen lui était donc apparue comme l'expression la plus générale et la plus vive de l'œuvre révolutionnaire. Or, l'union que l'Église avait établie entre les peuples pouvait-elle demeurer brisée à jamais? Était-il possible que le gouvernement de l'esprit restât vacant, sans que la marche de l'humanité fût suspendue? Un vide immense venait de se faire dans le monde : ce vide, il le fallait remplir. Mais comment? Par qui et sur quelles bases reconstituer le pouvoir spirituel?

Dans un premier ouvrage, intitulé *Lettre d'un habitant de Genève à ses contemporains*, Saint-Simon s'adressa aux savants. Le projet qu'il proposa était d'une bizarrerie extrême ; il contenait des idées que l'auteur devait repousser plus tard, et notamment celle de l'élection : ce n'était pas encore une doctrine, c'était une ébauche. D'après ce projet, une souscription aurait été ouverte devant le tombeau de Newton. Tous auraient été appelés à souscrire, riches et pauvres, hommes et femmes, chacun selon sa fortune et son vouloir; et chaque souscripteur aurait nommé trois mathématiciens, trois physiciens, trois chimistes, trois physiologistes, trois littérateurs, trois peintres, trois musiciens. Le produit de la souscription aurait été partagé entre les savants et les artistes désignés par le plus grand nombre de suffrages. Les vingt-un élus de l'humanité, réunis sous le nom de *Conseil de Newton*, et présidés par un mathématicien, auraient formé le gouvernement spirituel chargé de diriger vers un but commun les diverses nations du globe.

Ce projet, qui n'avait de remarquable que sa singularité, n'était de nature ni à être goûté, ni à être compris. Il était incomplet, d'ailleurs. Il ne créait aucune connexité permanente et nécessaire entre la *science* et l'*industrie*, entre les découvertes de l'esprit et leur application, entre la théorie et la pratique. D'un autre côté, Saint-Simon ne tarda pas à remarquer que le corps des *savants* n'était plus qu'un corps sans chaleur et presque sans vie, qu'en toute occasion il recevait l'impulsion au lieu de la donner, tandis que l'industrie, au contraire, grandissait avec rapidité, animait la société de son souffle, prenait en toute chose une initiative hardie, se montrait enfin assez forte pour tenir en échec la souveraineté brutale du glaive et contre-balancer le génie de Napoléon.

Il résolut donc de s'adresser aux *industriels*, et dans tous les écrits qui marquèrent cette seconde période de sa vie intellectuelle, l'industrie occupa la place que, dans ses précédents ouvrages, il avait assignée à la science. Prenant pour devise « Tout par et pour l'industrie, » il déclara que le temps était venu d'arracher à l'oisiveté sa couronne, que le temps était venu d'inaugurer le règne du travail. Le roi, il en faisait le chef des industriels ; il voulait que les ministres fussent tout simplement des industriels éclairés, choisis pour préparer le budget et le féconder ; il demandait que l'assiette des impôts, qui donnent le droit électoral, fût établie de manière à substituer l'influence du cultivateur à celle du propriétaire oisif, c'est-à-dire l'homme qui paie la rente à celui qui la reçoit ; il proposait, en un mot, plusieurs moyens qui, tous, tendaient à faire passer la puissance politique des mains du militaire, du légiste, du rentier, aux mains de l'industriel.

Ce n'était là évidemment qu'une théorie de circonstance, d'une valeur contestable, et qui ne révélait, après tout, que le côté politique des vues du réformateur. Car comment l'*industrie*, abandonnée à elle-même, aurait-elle pourvu aux besoins *moraux* et *intellectuels* de l'humanité ?

Saint-Simon fit alors appel aux *artistes*. Mais, cette fois, reprenant toutes les idées que jusque-là il avait émises successivement et isolément, il les rassembla, les coordonna, et en fit, sous le nom de NOUVEAU CHRISTIANISME, la conception dont il devait léguer à quelques disciples aimés l'éclatant et laborieux héritage.

Jésus-Christ avait dit aux hommes : Aimez-vous les uns les autres comme des frères. Précepte admirable et touchant, mais formulé d'une manière vague, ainsi qu'il convenait à une époque où l'humanité se divisait en maîtres et en esclaves. L'esclavage détruit en partie, la pensée du Christ devait, suivant Saint-Simon, se traduire par cette belle et généreuse formule : l'amélioration physique et morale la plus rapide possible du sort de la classe la plus nombreuse et la plus pauvre. C'était donc pour réaliser ce but qu'un pouvoir spirituel avait été institué, qu'il y avait eu dans le monde un vicaire du Christ, un Pape.

Mais pour faire prévaloir sa sublime doctrine, le Christ avait dû ménager César, qui possédait la force. Voilà pourquoi il avait dit : « Mon royaume n'est pas de ce monde. « Rendez à César ce qui appartient à César. » Ainsi était né, du sein même de la régénération chrétienne, ce grand dualisme qui caractérise l'histoire du moyen âge : le pouvoir spirituel et le pouvoir temporel, l'Église et l'État, le Pape et l'Empereur. La direction des intérêts matériels de l'humanité s'était trouvée de la sorte en dehors des attributions de l'Église. Aussi l'avait-on vue resserrer dans le cercle des disputes théologiques l'exercice du pouvoir spirituel qui lui était confié, consacrant toutes les ressources de sa science à l'analyse de dogmes sans application matérielle possible, négligeant tout le côté physique de l'amélioration des peuples, prêchant même le mépris de la chair, et ne contribuant au soulagement de la classe la plus nombreuse et la plus pauvre que par ces mots : « La souffrance est sainte, » mots qui versent dans l'existence la plus tourmentée toutes les joies de l'espérance, et qui consolent les damnés de la terre, en leur montrant le ciel.

C'était beaucoup, cependant, que cette influence du pouvoir spirituel, même restreinte à cette utilité indirecte; ce fut assez tant que le pouvoir temporel ne se déploya que par la conquête et par la guerre. Mais le jour vint où l'activité du pouvoir temporel, au lieu de se développer exclusivement par la guerre, se développa par l'industrie. Et, ce jour-là, l'Église fut naturellement ébranlée jusque dans ses fondements. Car il fallait une science particulière à l'industrie. Et qu'arriva-t-il? Qu'un laïque, Képler, prépara Newton; qu'un laïque, Guttenberg, inventa l'imprimerie; que des laïques, les Médicis, frayèrent au commerce des voies nouvelles; que le progrès des mathématiques, de la physique, de la physiologie, de l'astronomie, furent dus en partie à des laïques. Il y eut donc à côté de la science théologique ou sacrée une science pratique ou profane; il s'éleva en face du pouvoir spirituel exercé par l'Église un autre pouvoir spirituel exercé par l'État. Un poids nouveau tombait dans un des plateaux de cette grande balance suspendue, pendant tout le cours du moyen âge, entre le Pape et l'Empereur : ce fut du côté de l'Empereur qu'elle pencha. Luther parut, l'ancien pouvoir spirituel fut à peu près dissous.

Le Pape, en effet, devenait hérétique, du moment que, dans la voie qui conduit à l'amélioration du sort de la classe la plus nombreuse, il se trouvait dépassé par le pouvoir temporel. Mais Luther était hérétique, de son côté, en faisant rétrograder la religion chrétienne jusqu'à son point de départ, en la rendant justiciable de César; il était hérétique en bannissant du culte de l'Église réformée l'influence des arts, qui répondent à un des trois modes de la vie humaine, le sentiment.

Ainsi, pour Saint-Simon, le pouvoir RELIGIEUX eût été celui qui, embrassant l'humanité en tout ce qui la constitue, l'aurait conduite vers le but chrétien, c'est-à-dire vers l'amélioration du sort de la classe la plus nombreuse : par le *sentiment*, en employant les *artistes*; par la *raison*, en employant les *savants*; par les *actes*, en employant les *industriels*. En ce sens, la papauté avait été un pouvoir spirituel, mais non pas un pouvoir religieux. Le Pape avait été, jusqu'à Léon X, le chef des savants plutôt que le chef des prêtres. La religion était encore à fonder, et elle ne devait l'être que lorsqu'on aurait trouvé un système propre à faire concourir à un même but, sous l'impulsion d'un pouvoir doué tout à la fois d'un *sentiment* exquis, d'une *science* profonde, d'une *activité* infatigable, les *artistes*, les *savants* et les *industriels*. Telles étaient, selon Saint-Simon, les bases du *Nouveau Christianisme*.

On serait tenté de ne voir dans ces tableaux qu'une ingénieuse terminologie, s'ils n'avaient donné naissance, comme nous l'expliquerons, à une doctrine féconde en conséquences pratiques, et dont l'explosion eut quelque chose de formidable.

Saint-Simon sentait bien l'importance de sa conception, car il mourut plein de foi et d'espérance, laissant pour adieux aux rares disciples qui entouraient son lit de mort des paroles où perçait le légitime orgueil de cette âme prête à s'envoler : « Le fruit est mûr; vous le cueillerez. »

Saint-Simon avait eu M. Augustin Thierry pour secrétaire, et M. Auguste Comte pour disciple; mais l'héritier de sa doctrine fut M. Olinde Rodrigues. Un journal intitulé le *Producteur*, qui parut peu de temps après la mort de Saint-Simon, en 1825, et dont la direction fut confiée à M. Cerclet, devint le centre autour duquel M. Olinde Rodrigues rassembla, pour les initier à la doctrine de son maître, les hommes qui pouvaient la prêcher avec le plus de talent et de succès. Le *Producteur*, cependant, ne fut pas un journal saint-simonien. Rédigé par MM. Olinde Rodrigues, Enfantin, Bazard, Buchez, Auguste Comte, Armand Carrel, écrivains d'un grand mérite, mais qui n'obéissaient pas tous à une foi commune, il n'eut d'autre effet que d'étonner et de troubler le libéralisme par la nouveauté de certains aperçus et l'imprévu des solutions qu'il trouva aux problèmes que présentait alors l'industrie.

Quoi qu'il en soit, la doctrine s'élaborait entre MM. Olinde Rodrigues, Enfantin et Bazard. Ils attirèrent à eux des élèves de l'École polytechnique, des littérateurs distingués, des orateurs, des artistes; et bientôt une école se forma. Au moment où la Révolution de juillet éclata, l'école saint-simonienne était constituée; elle reconnaissait pour chefs MM. Enfantin et Bazard, auxquels M. Olinde Rodrigues avait noblement cédé la suprématie. Voici quel fut le développement donné par les disciples aux idées du maître.

Acceptant la division de l'humanité en *artistes*, en *savants* et en *industriels*, les Saint-Simoniens s'attachèrent d'abord à vérifier par la méthode historique la loi du progrès, qui faisait l'objet de leurs croyances.

Pour ce qui est de l'ordre des *sentiments*, ils remarquèrent que l'humanité allait, dans l'histoire, de la haine à l'amour et de l'antagonisme à l'association. Le vaincu, en effet, n'avait-il pas commencé par être exterminé par le vainqueur? Le vainqueur, plus tard, ne s'était-il pas contenté de réduire le vaincu en esclavage ? Le serf n'avait-il pas succédé à l'esclave, et l'homme libre au serf? D'un autre côté, la famille avait grandi jusqu'à la cité, la cité jusqu'au royaume, le royaume jusqu'à la fédération, si bien que, de progrès en progrès, un grand nombre de peuples s'étaient unis sous la loi du catholicisme. L'humanité marchait donc vers le principe de l'association universelle, fondée sur l'amour.

Étudiée au point de vue des faits qui concernent la *science*, l'histoire n'offrait pas des enseignements moins précieux. La civilisation, en se développant, n'avait pas cessé d'accroître l'importance de l'homme intelligent, au détriment de l'homme fort. Et quelle magnifique leçon donnée au monde que le spectacle de l'Église organisée autrement que l'État ! Ici, un pouvoir spirituel se faisant accepter par le raisonnement et basé sur le mérite ; là, un pouvoir temporel s'imposant par la conquête et basé sur la naissance. Par qui avait été représenté dans le moyen âge le principe de l'hérédité ? Par l'Empereur. Et le principe contraire ? Par le Pape. Or, jusqu'à Léon X, qui s'entoura d'une cour comme un prince temporel, qui vendit les indulgences pour payer les frais de toilette de sa sœur, qui se transforma en César, laquelle de ces deux Puissances, l'Église et l'État, éclipsa et domina l'autre ? N'y avait-il aucune conclusion profonde à tirer de l'exemple du moine élu, sortant de l'obscurité de son cloître pour monter sur le trône pontifical, et, le lendemain, donnant à baiser, au plus fier d'entre les souverains héréditaires, la poussière de ses sandales ? L'humanité marchait donc vers une organisation dans laquelle on donnerait à chacun suivant sa capacité, et à chaque capacité suivant ses œuvres.

En ce qui touche à l'*industrie*, la loi du progrès était manifeste. Les habitudes industrielles n'avaient cessé de gagner du terrain, et les habitudes guerrières d'en perdre. Après s'être armé pour ravager des provinces, on s'était armé pour établir des comptoirs. Si la guerre n'était pas encore bannie de l'histoire, le but du moins n'en était plus le même. Les conquêtes de Rome avaient fait place aux conquêtes de l'Angleterre. Les soldats reculaient de jour en jour devant les marchands. Et Napoléon lui-même, l'homme des batailles, Napoléon avait donné le commerce et la paix pour but à l'ambition de ses armées. Donc, l'humanité marchait vers l'organisation de l'industrie.

Comme conséquences de ces investigations historiques, on trouvait ces trois formules :

Association universelle fondée sur l'amour, et, par conséquent, plus de concurrence.

A chacun suivant sa capacité, à chaque capacité suivant ses œuvres, et, par conséquent, plus d'héritage.

Organisation de l'industrie, et, par conséquent, plus de guerre.

De semblables doctrines tendaient à ébranler tout l'ordre social existant. On s'en émut. Elles manquaient pourtant de logique, de grandeur et d'audace.

En prêchant l'association universelle des hommes, fondée sur l'amour ; en demandant que l'industrie fût organisée régulièrement et qu'elle établît son empire sur les ruines d'un régime de désordre et de guerre, les Saint-Simoniens montraient une intelligence parfaite des lois qui, dans l'avenir, doivent régir l'humanité. Mais ils renversaient d'une main l'édifice qu'ils élevaient de l'autre, dans cette formule fameuse : *A chacun suivant sa capacité, à chaque capacité suivant ses œuvres*. Formule équitable et sage en apparence, mais en réalité subversive et inique [1].

Que l'inégalité, mère de la tyrannie, se produise dans le monde, au nom des succès de l'esprit ou bien au nom des victoires de la force, qu'importe? Dans l'un et l'autre cas, la charité disparaît, l'égoïsme triomphe, et le principe de la fraternité humaine est foulé aux pieds. Examinez la famille : le père, dans le partage des fruits qu'il distribue à ses enfants, prend-il en considération la différence des services qu'ils rendent ou celle des besoins qu'ils éprouvent? Lui-même, lui qui porte tout le fardeau de l'association domestique, ne retranche-t-il pas volontiers de ses jouissances pour satisfaire les exigences d'un fils malade, pour accroître le bien-être d'un fils ignorant et débile? Voilà la charité en action. Que l'État se modèle sur la famille. Hors de là il n'y a que violences et injustice. Rétribuer chacun selon sa capacité! Eh! que faire alors des idiots? Que faire des infirmes? Que faire du vieillard frappé d'une incurable impuissance? Les laisser mourir de faim? Il le faut, si on affirme que la société ne doit à ceux qui la composent qu'en raison de ce qu'elle reçoit d'eux. La logique saint-simonienne était donc homicide?... Non, elle était seulement inconséquente. Car elle admettait des hospices pour les incapables et Bicêtre pour les fous. Prétendre qu'il est convenable qu'un homme s'adjuge, en vertu de sa supériorité intellectuelle, une plus

---

[1] Nous devons dire ici que, parmi les Saint-Simoniens, quelques-uns entendaient la formule que nous critiquons en ce sens que « le plus « capable doit être le plus haut placé dans la hiérarchie, » ce qui est souverainement raisonnable. Mais la formule exprime davantage ; elle exprime que « le plus capable doit aussi être le mieux rétribué. » Or, c'est le sens le plus étendu qui a prévalu et dans l'école et dans son organe officiel, le *Globe*.

large part des biens terrestres, c'est s'interdire le droit de maudire l'homme fort qui, aux époques de barbarie, asservissait les hommes faibles en vertu de sa supériorité physique : c'est tout simplement transformer la tyrannie. Les Saint-Simoniens, il est vrai, posaient en principe qu'il est bon de stimuler le talent par la récompense, et c'était dans l'utilité sociale qu'ils croyaient puiser la justification de leur formule. Mais est-il nécessaire que la récompense soit matérielle, qu'elle s'évalue en richesses ? Il est pour l'homme, grâce au ciel, d'autres et de plus énergiques mobiles. Avec un morceau de ruban qu'il promettait d'attacher à la boutonnière des plus braves, Napoléon a fait voler au-devant de la mort une armée d'un million d'hommes. Le mot *gloire*, bien ou mal compris, a fait à l'univers ses destinées. Par quelle fatalité désastreuse ce qui a suffi lorsqu'il s'agissait de détruire ne suffirait-il pas, quand c'est de produire qu'il s'agit ? Est-ce que les grands hommes n'ont pas toujours cherché et trouvé leur principale récompense dans l'exercice même de leurs hautes facultés ? Si la société eût voulu récompenser dignement Newton, elle y eût été impuissante : il n'y avait pour Newton d'autre récompense équitable et suffisante que la joie qu'il dut ressentir quand son génie eut découvert les lois qui gouvernent les mondes. Il y a deux choses dans l'homme : des besoins et des facultés. Par les besoins, l'homme est passif ; par les facultés, il est actif. Par les besoins, il appelle ses semblables à son secours ; par les facultés, il se met au service de ses semblables. Les besoins sont l'indication que Dieu donne à la société de ce qu'elle doit à l'individu. Les facultés sont l'indication que Dieu donne à l'individu de ce qu'il doit à la société. Donc, il est dû davantage à celui qui a le plus de besoins [1], et il est permis d'exiger davantage de celui qui a le plus de facultés. Donc, d'après la loi divine écrite dans l'organisation de chaque homme, une intelligence plus grande suppose une action plus utile, mais non pas une rétribution plus considérable; et l'inégalité des aptitudes ne saurait légitimement aboutir qu'à l'inégalité des devoirs [2]. La hiérarchie par capacités est nécessaire et profonde; la rétribution par capacités est plus que funeste, elle est impie.

Ainsi, le mode de répartition proposé par les Saint-Simoniens était en contradiction formelle avec le noble but par eux-mêmes indiqué : l'association universelle fondée sur l'amour. Ce n'est pas tout. Lorsqu'on leur demandait qui serait juge des capacités et de quelle manière ils entendaient la constitution du pouvoir, ils répondaient sans hésiter : « La loi, aux époques critiques, n'est qu'une lettre morte, « et c'est à cette lettre morte qu'on obéit; mais il faut aux « époques organiques une loi qui se confonde avec le légis- « lateur, une loi vivante. Celui-là gouvernera qui se sentira « le plus capable et saura se faire accepter pour tel. » De sorte qu'ils avaient en vue un despotisme personnel et paci-

---

[1] L'homme a des besoins physiques, dont la nature elle-même assigne la limite. Il a des besoins moraux qui, dans une association régulière et progressive, trouveraient à se satisfaire et à se développer collectivement. Quant aux besoins purement factices, que crée une civilisation vicieuse et corrompue, et d'où peuvent naître des exigences extravagantes, ils ne constitueraient, dans une association régulière, que des maladies individuelles que la société se devrait, non pas d'alimenter, mais de guérir.

[2] Comment faire passer ce principe dans l'application? Une semblable exposition ne saurait entrer dans le cadre de cet ouvrage. Nous avons dû nous borner à montrer le côté vulnérable des innovations saint-simoniennes. Encore la nature de notre livre ne comportait-elle pas une critique détaillée du Saint-Simonisme, dont nous n'avons dit que ce qui pouvait le mieux en faire apprécier la signification sociale et la véritable portée.

fique ayant sa source dans l'adhésion toute volontaire des gouvernés ; ce qui pouvait être exprimé par cette formule : Le chef sera le plus aimant et le plus aimé. Or, moins inconséquents dans leurs doctrines, les Saint-Simoniens auraient compris que, dans un système où la richesse sociale n'est pas distribuée d'une façon purement fraternelle, et où la science économique n'est point calquée sur les règles de la famille, le pouvoir du plus aimant et du plus aimé est chimérique et impossible. Car, charger le pouvoir de répartir inégalement les fruits du travail social, c'est l'exposer à des critiques amères et lui préparer des obstacles sans nombre ; lui attribuer le droit d'avoir des préférences, c'est lui faire des ennemis. L'exercice de l'autorité personnelle rendue tôt ou tard odieuse, la haine s'introduisant dans l'association à la suite de la jalousie, et l'anarchie à la suite de la haine, c'étaient là les conséquences inévitables du classement des capacités, pour peu qu'on le fît correspondre à l'inégalité des parts. Et, arrivé là, que devenait le système ? Il fallait ou qu'il se maintînt par la contrainte, ou qu'il s'écroulât.

On verra un peu plus bas comment, de cette erreur fondamentale : *A chacun suivant sa capacité, à chaque capacité suivant ses œuvres*, découlèrent d'autres erreurs, qui commencèrent par la transformation du Saint-Simonisme et finirent par sa ruine. Mais, avant d'aborder la seconde phase de l'existence de l'école saint-simonienne, il importe de dire quelques mots de son rôle extérieur et de l'action qu'elle exerça sur la société.

La révolution de juillet avait imprimé au Saint-Simonisme une impulsion singulièrement énergique. Ce qui n'avait été d'abord qu'une école était maintenant une famille. Unissant à l'autorité d'une instruction solide et aux grâces de l'esprit la passion du prosélytisme, hommes du monde et sectaires, les premiers adeptes s'étaient répandus dans toutes les directions, promettant aux orateurs un théâtre sonore, tentant les poëtes et les artistes par l'appât d'une renommée facile, prouvant aux savants que la science du libéralisme était fausse et vide, sans portée comme sans entrailles, parlant aux femmes de beaux-arts, d'amour et de vraie liberté. Le succès de ces tentatives avait été rapide ; après les conquêtes individuelles, on avait pu songer aux conquêtes collectives. La hiérarchie était fondée : le Collége d'abord, puis le deuxième degré, puis le troisième degré. Le *Globe*, que la retraite des doctrinaires qui le rédigeaient avait laissé aux mains de M. Pierre Leroux, penseur éminent et grand écrivain, le *Globe* était devenu le journal quotidien de l'école, déjà en possession de l'*Organisateur*. Il avait fallu de l'argent : les dons affluèrent. M. d'Eichtal avait fourni une somme considérable. A une lettre de Bazard-Enfantin, M. Henri Fournel, qui se trouvait alors au Creuzot, avait répondu sur-le-champ par l'offre de sa fortune, et la réponse portait : Henri et Cécile Fournel, pour leur enfant. Dans une société envahie par le plus grossier mercantilisme, c'était une chose merveilleuse et touchante que cet élan. La plupart des journaux, à cette époque, n'étaient que des spéculations : le *Globe* fut distribué gratuitement.

Mais c'eût été trop peu pour le zèle dont les adeptes se sentaient animés : aux modestes conférences qui, avant la révolution de juillet, s'étaient tenues rue Taranne, succédèrent les prédications bruyantes de la rue Taitbout. Là, des hommes pleins d'éloquence, comme MM. Barrault, Charton, Laurent, Abel Transon, venaient exercer la souveraineté de la parole. Rien de plus curieux que le spectacle de ces assemblées. Autour d'une vaste salle, sous un toit de verre, tournaient trois étages de loges. Devant un amphithéâtre dont une foule empressée couvrait, dès midi, tous les dimanches, les banquettes rouges, se plaçaient sur trois rangs des hommes sérieux et jeunes, vêtus de bleu, et parmi lesquels figuraient quelques dames en robes blanches et en écharpes violettes. Bientôt paraissaient, conduisant le prédicateur, les deux Pères suprêmes, MM. Bazard et Enfantin. A leur aspect, les disciples se levaient avec attendrissement ; il se faisait parmi les spectateurs un grand silence plein de recueillement ou d'ironie, et l'orateur commençait. Beaucoup l'écoutaient d'abord avec le sourire sur les lèvres et la raillerie dans les yeux ; mais, quand il avait parlé, c'était dans toute l'assemblée un étonnement mêlé d'admiration ; les plus sceptiques ne pouvaient se défendre d'une longue préoccupation ou d'une émotion secrète.

Et tout tendait à rendre cette propagande active, irrésistible. La famille, établie rue Monsigny, était comme un brûlant foyer qui avait la double vertu d'attirer et de rayonner. La doctrine s'y développait au bruit des fêtes et sous le regard inspirateur des femmes. Abandonnant leurs occupations, leurs rêves de fortune, leurs affections d'enfance, ingénieurs, artistes, médecins, avocats, poëtes, étaient accourus pour associer leurs plus généreuses espérances ; les uns avaient apporté leurs livres, les autres leurs meubles ; les repas avaient lieu en commun ; on s'asseyait au culte de la fraternité. Le nom de Père fut donné aux membres de chaque degré supérieur par ceux des degrés inférieurs, et les dames qui faisaient partie de cette colonie intellectuelle reçurent les doux noms de mères, de sœurs ou de filles. Là venaient aboutir les rapports de plus en plus nombreux qu'établissait entre les novateurs de Paris et ceux de la province une correspondance assidue ; et de ce point partaient, pour aller semer dans la France entière la parole saint-simonienne, des missionnaires qui laissaient partout la trace de leur passage : dans les salons, dans les châteaux, dans les hôtelleries, dans les chaumières, salués par ceux-ci avec enthousiasme, hués par ceux-là, mais infatigables dans leur ardeur. C'est ainsi que MM. Jean Reynaud et Pierre Leroux avaient été envoyés à Lyon, qu'ils enflammèrent, et qui devait garder de leur présence un souvenir impérissable.

Cet énergique mouvement n'obéissait pas, néanmoins, aux lois d'une inflexible unité. Sur la manière dont les questions devaient être posées, tous étaient d'accord ; mais ils ne s'entendaient pas tous sur la manière dont elles devaient être définitivement résolues. La diversité éclatait surtout dans les missions, où, loin des regards des chefs, chaque prédicateur se trouvait livré à ses propres inspirations. Chez les uns, c'était, comme chez M. Margerin, le mysticisme qui dominait; d'autres, comme M. Jean Reynaud, étaient pleins du génie révolutionnaire, du sentiment démocratique.

Le même défaut d'unité se remarque dans les publications saint-simoniennes, comparées entre elles. *L'Exposition,* par M. Bazard; les *Lettres sur la religion et la politique,* par M. Eugène Rodrigues; les *Cinq discours* de M. Abel Transon; la Note de M. Olinde Rodrigues sur le mariage et le divorce ; les leçons de M. Péreire sur l'industrie et les finances; les *Trois familles,* par M. E. Barrault; les écrits de MM. Pierre Leroux, Jean Reynaud, Charton,

Margerin, Cazeaux, Stéphane Flachat, Charles Duveyrier, Enfantin, sur la métaphysique, les arts, l'économie politique; tous ces travaux sont loin de former un corps de doctrine homogène, complet, et témoignent seulement d'une longue, savante et courageuse élaboration.

Quoi qu'il en soit, tous les efforts divers, le *Globe* les résumait en les popularisant. Dirigé par M. Michel Chevalier, homme doué de peu d'initiative, mais merveilleusement habile à vulgariser les idées qu'il acceptait, le *Globe* s'était placé, pour juger la société qui passait sous ses yeux, à un point de vue très-élevé, et la guerre qu'il fit aux institutions le plus en vogue fut aussi fougueuse qu'inexorable, quoique pleine de ménagements philosophiques pour les hommes et pour les partis. Parmi les attaques que le Saint-Simonisme dirigea contre un ordre social qu'il déclarait vicieux, les plus hardies sans contredit furent celles qui eurent pour objet l'héritage.

L'humanité s'acheminait, selon les Saint-Simoniens, vers un état où les individus seraient classés en raison de leur capacité et rétribués selon leurs œuvres. La propriété, telle qu'elle existait, devait donc être abolie, puisqu'elle fournissait à une certaine classe d'hommes la faculté de vivre du travail d'autrui, puisqu'elle consacrait la division de la société en travailleurs et en oisifs, puisqu'enfin, au mépris de toutes les notions de l'équité, elle entretenait l'exploitation de ceux qui consomment peu et produisent beaucoup par ceux qui consomment beaucoup et produisent peu, ou, même, ne produisent rien. Mais le droit d'héritage n'était pas seulement injuste, suivant les Saint-Simoniens, il était ruineux; il n'était pas condamné seulement par l'équité, il l'était encore, il l'était surtout par la science. De quoi se compose, en effet, la richesse ? De fonds de terre, de capitaux. Que sont les capitaux relativement à la production ? Des instruments de travail. Que sont les capitalistes ? Les dépositaires de ces instruments. Et quelle est, par conséquent, la fonction sociale des capitalistes ? De distribuer les instruments de travail aux travailleurs. Or, cette fonction, la plus importante de toutes, exige une connaissance approfondie du mécanisme industriel, une entente parfaite des lois qui règlent les rapports de la production et de la consommation. Donc, elle ne saurait être confiée, sans d'immenses dangers, aux privilégiés de la naissance, qui ne sont que les élus du hasard. L'héritage, d'ailleurs, était condamné non moins invinciblement par la force des choses. L'esclavage, propriété de l'homme par l'homme, n'avait-il pas été aboli ? N'avait-on pas fait ensuite justice du servage, qui n'était que la propriété de l'homme par l'homme modifiée ? Aux droits de primogéniture et de substitution, limite assignée au droit de transmettre, n'avait-on pas substitué le partage égal entre les enfants, autre limite assignée au même droit ? La nature du droit de propriété, son caractère, son étendue, ses effets, tout cela était donc soumis aux volontés du législateur, à l'empire des mouvements généraux qui emportent les sociétés, et il ne s'agissait plus que de descendre jusqu'au bout la pente où les sociétés avaient été manifestement placées par l'histoire. Si on admettait la loi du progrès, il fallait bien admettre, comme corollaire, le perfectionnement graduel de l'industrie. Dès lors, toute la question se réduisait à savoir s'il est, oui ou non, de l'intérêt de l'industrie que le loyer des terres et des instruments de travail coûte moins cher de jour en jour. Mais la question pouvait-elle paraître douteuse ? Que les oisifs désirassent la baisse des salaires et la hausse de l'intérêt, des loyers, des fermages, c'était tout simple ; mais les travailleurs devaient précisément désirer le contraire. Le développement du travail entraînait donc la baisse continue de l'intérêt, des loyers, des fermages. Cela posé, les Saint-Simoniens se demandaient ce que feraient les propriétaires quand la baisse serait devenue telle, qu'il ne leur serait plus loisible de vivre uniquement de l'intérêt, du loyer, des fermages ? Force leur serait de travailler. Mais le propriétaire-travailleur venant à mourir, le fils pourrait bien n'avoir ni les mêmes goûts, ni la même aptitude que le père. L'artiste, par exemple, fils d'un propriétaire-cultivateur, et mis dans l'impossibilité de vivre de la rente des terres patrimoniales, l'artiste se trouverait dans l'alternative ou de se ruiner en cultivant mal et à contre-cœur ses domaines, ou de les vendre pour se livrer à la profession la plus conforme à sa capacité. Et des phénomènes sociaux du même genre se produisant dans toute l'étendue de la société, n'était-il pas évident qu'il y aurait lieu à une liquidation générale que l'État seul serait en mesure de régulariser, et dont les propriétaires eux-mêmes seraient intéressés à lui confier le soin ?

On voit avec quelle franchise les Saint-Simoniens abordaient les problèmes les plus délicats. Et à ceux qui, dans cette question particulière de la propriété, leur reprochaient de détruire avec le droit d'héritage le stimulant qui résulte, pour le père, de l'espoir d'enrichir son fils, à ceux-là ils répondaient que ce stimulant n'avait point existé pour la plupart des travailleurs dont s'honorait l'humanité ; qu'il n'avait existé ni pour les papes, ni pour les moines, ni pour une foule d'hommes intelligents et actifs qui avaient rangé sous la règle austère du célibat une vie que le travail devait immortaliser.

Ils auraient pu répondre d'une manière encore bien plus péremptoire si, au lieu d'adopter cette formule : *A chacun suivant sa capacité, à chaque capacité suivant ses œuvres*, ils eussent adopté celle qu'on puise aux sources les plus pures de la morale évangélique. Le jour, en effet, où la doctrine du devoir serait reconnue comme le fondement de la morale sociale, le père n'aurait plus besoin de parer par sa prévoyance à l'imprévoyance de l'État ; il n'aurait plus besoin d'assurer d'avance à son fils, dans la société, cette position de capitaliste, la seule qui soit aujourd'hui garantie; et l'activité de chacun aurait d'autres mobiles, quand la société serait une grande famille où une place serait marquée pour tous les hommes de bonne volonté, selon cette parole de l'Évangile, la plus belle, la plus féconde, la plus touchante qui ait jamais été prononcée : Paix aux hommes de bonne volonté !

Malheureusement, les Saint-Simoniens, qui, comme hommes de pratique, allaient beaucoup trop loin, n'allaient pas assez loin comme hommes de théorie. Pour leur siècle, ils voulaient trop; ils ne voulaient pas assez pour la justice et la vérité.

Cependant, une division sourde régnait au cœur même de la famille saint-simonienne. Les principes étaient posés : il restait à les vérifier par l'application. Cette application périlleuse fallait-il l'essayer? Fallait-il passer de la théorie à la pratique, après avoir complété la théorie? Ici, les avis se partagèrent dans le Collége. « Tous les problèmes, di-
« saient les uns, ne sont pas encore résolus, bien qu'ils
« soient posés : restons unis, mais que ce soit seulement

« pour continuer notre œuvre d'élaboration et de propa-
« gande. Quand nous aurons gagné à notre cause la société
« qui nous entoure, elle fera sa révolution. Gardons-nous
« de créer une petite société au milieu de la grande. Soyons
« apôtres, et n'aspirons pas à devenir gouvernants. —
« Nous avons suffisamment dogmatisé, répondaient les
« autres ; l'essentiel maintenant est de réaliser. Prêchons
« d'exemple, organisons des travaux, constituons un gou-
« vernement à l'usage de nos idées, sortons de l'état pure-
« ment apostolique. » Ainsi pensaient Bazard et Enfantin :
leur opinion dut naturellement l'emporter. On songea donc
à établir des ateliers ; on recruta des adhérents parmi les
prolétaires ; on en appela plusieurs, dont les enfants furent
adoptés avec des formes solennelles ; on se partagea ambi-
tieusement la capitale et les provinces, si bien que le Saint-
Simonisme eut sa géographie ; les deux Pères suprêmes
prirent le nom de Papes, appellation qui révélait une pensée
d'orgueil en même temps qu'elle trahissait un plagiat téméraire ; enfin, la question ne fut plus de composer d'un
nombre choisi d'hommes d'élite une synagogue respectable,
mais de réunir des forces dont le *Globe*, chaque matin, publiait l'emphatique recensement. De cette tendance nouvelle naquirent des illusions à peine croyables. On osa
tourner ses regards vers les Tuileries : Louis-Philippe fut
sommé par lettres de céder la place à MM. Bazard et Enfantin. Le Saint-Simonisme, qui avait d'abord été une école,
puis une famille, devenait un gouvernement, et un gouvernement destiné à remplacer l'autorité du catholicisme.

Dans tout cela, Bazard, qui s'était longtemps nourri des
idées de M. de Maistre, ne voyait guère qu'une conclusion
politique ; mais Enfantin ne visait pas à moins qu'à em-

brasser dans toute leur étendue les nombreux problèmes soulevés par la doctrine, en fondant une religion.

Cette diversité de vues dans les deux chefs de la doctrine se compliquait d'une profonde opposition de caractère et d'organisation. L'âme de Bazard était mâle; son esprit, timide à force de réflexion, n'admettait volontiers que des idées nettes; mêlé aux luttes politiques de la Restauration, il avait gardé de sa vie de carbonaro des instincts révolutionnaires, des haines vigoureuses, le désir de prendre place dans les affaires, le goût des théories aisément applicables. Enfantin, au contraire, joignait à quelque chose de féminin dans les sentiments un esprit hardi et aventureux; à la lenteur méthodique de Bazard, il opposait une impatiente, une inépuisable initiative; mais ce que Bazard cherchait dans le maniement des ressources présentes, dans l'emploi des ressorts politiques, et ce qu'il aurait attendu, au besoin, de la force, Enfantin voulait l'obtenir par l'ascendant de l'audace intellectuelle et par les victoires pacifiques de la séduction. Le premier se sentait tribun, le second se faisait apôtre. Le premier se serait volontiers renfermé dans l'emploi de la logique et de la science; le second tendait à faire accepter sa domination en ajoutant au raisonnement le mysticisme. L'organisation d'Enfantin était donc plus complète. Ajoutez à cela qu'il était d'une beauté rare, d'une sérénité incomparable, et qu'il possédait l'art de justifier, par la dialectique la plus serrée, les plus surprenants paradoxes.

Tant que l'école s'était contentée de développer la partie dogmatique du Saint-Simonisme, l'action de Bazard avait été prépondérante; il avait même contraint son collègue à signer avec lui, en faveur de l'institution du mariage, une déclaration publique que désavouait intérieurement Enfantin. Mais Bazard se trouvait lancé dans une carrière où il lui était interdit de s'arrêter. Quelle était, en effet, la pensée de Saint-Simon? Que la solution du grand problème consistait à trouver un lien RELIGIEUX entre le pouvoir spirituel et le pouvoir temporel, ou bien entre la science et l'industrie. De sorte qu'en proclamant la nécessité d'organiser l'industrie conformément aux lois de l'association, et en affirmant le principe du classement des capacités, les Saint-Simoniens se trouvaient n'avoir accompli qu'une moitié de la tâche. Il fallait aller plus avant ; il fallait, suivant l'impulsion donnée par les lettres éloquentes d'Eugène Rodrigues, pousser jusqu'à la partie religieuse du Saint-Simonisme, et, avant toute chose, décider si la société a un avenir religieux.

Sur ce point, Bazard et Enfantin s'accordèrent. Tous deux ils reconnurent que le développement religieux de l'humanité avait compris trois états généraux : le *fétichisme*, dans lequel l'homme déifie la nature en chacune de ses productions visibles ; le *polythéisme*, dans lequel l'homme s'élève à des abstractions qu'il déifie ; le *monothéisme*, dans lequel il rapporte toute la création à une seule cause, extérieure à l'univers. Ils reconnurent dans la succession de ces trois états généraux la preuve d'un progrès facile à constater. Car, dans le *fétichisme*, la crainte est à peu près le seul sentiment qui unisse l'homme à la Divinité, telle qu'il la conçoit. Dans le *polythéisme*, l'amour vient se mêler à la crainte, quoique, dans cet état religieux, le type du juste soit encore celui que l'on peint comme craignant les dieux. Dans le *monothéisme*, enfin, dont le judaïsme et le christianisme forment les deux phases, l'amour tend de plus en plus à l'emporter sur la crainte dans les sentiments de l'homme à l'égard de la Divinité. Le progrès de l'idée religieuse n'est pas moins sensible, sous le rapport de sa valeur sociale. Car, après le *fétichisme*, qui correspond au culte isolé de la *famille*, vient le *polythéisme*, qui ne consacre que le culte de la *cité*; et, après le *monothéisme* des Juifs, qui ne proclame l'unité de Dieu qu'en ajoutant ceci : « Dieu a élu un seul peuple, » vient le monothéisme des chrétiens, qui proclame tout à la fois et l'unité de Dieu et l'unité de la famille humaine.

De là Bazard et Enfantin concluaient également que, malgré le scepticisme dont ils étaient entourés, maladie accidentelle dont il n'y avait pas lieu de s'étonner dans une époque critique, l'humanité marchait à un avenir religieux dont le panthéisme devait être l'âme.

Après cette profession de foi, Bazard voulut se recueillir, mais il n'était plus temps : Enfantin était là, logicien pressant, inexorable. Puisque l'humanité avait un avenir religieux, s'occuper de cet avenir était un devoir. Or, quelle avait été à cet égard la pensée de Saint-Simon? Bazard ne pouvait l'ignorer, l'ayant exposée lui-même et développée. Oui, suivant les écrits de Bazard lui-même, le christianisme avait adopté, avec les dogmes du péché originel, de la chute des anges, du paradis et de l'enfer, l'antique théorie de la lutte de deux principes : le *bien* et le *mal*. Et Bazard n'avait pas nié que le principe du mal, le christianisme ne l'eût vu dans la *matière*, comme le démontraient surabondamment, et la préférence accordée au célibat sur le mariage, et l'ordre donné aux hommes de mortifier leur chair, et le peu de soin que l'Église avait mis à diriger l'activité matérielle de l'humanité, et ce dogme

fameux : « La souffrance est sainte. » Voilà ce qu'Enfantin rappelait à Bazard, et il le sommait de tirer toutes les conséquences de cette déclaration, qui leur était commune :
« L'aspect le plus frappant, le plus neuf, sinon le plus
« important, du progrès que l'humanité est aujourd'hui
« appelée à faire, consiste dans la RÉHABILITATION DE LA
« MATIÈRE, mode de l'existence universelle que le christia-
« nisme a frappé de sa réprobation. »

D'après Enfantin, ces conséquences étaient : que les *artistes*, comme interprètes du principe *amour*, devaient servir de lien entre les *savants* et les *industriels*, et exercer de la sorte un sacerdoce dont le but serait d'établir l'harmonie entre l'*esprit* et la *matière*, placés depuis si longtemps en état d'hostilité ; que le PRÊTRE devait se proposer d'inspirer et de diriger les deux natures, en favorisant et en régularisant l'essor des *appétits sensuels* aussi bien que celui des appétits *intellectuels* ; qu'il importait au bonheur de l'humanité que les *êtres à affections profondes* ne fussent pas séparés par une barrière infranchissable des *êtres à affections vives*, et que c'était à faire tomber cette barrière que la mission du PRÊTRE devait consister. Concluant de l'harmonie à établir entre l'esprit et la matière à l'égalité de l'esprit et de la beauté, de l'homme et de la femme, Enfantin proclamait comme une nécessité religieuse l'affranchissement de la femme et sa participation au pouvoir suprême, ce qui aurait constitué le COUPLE PRÊTRE.

Le COUPLE PRÊTRE aurait eu pour mission « d'imposer la
« puissance de son amour aux êtres qu'un esprit aventu-
« reux ou que des sens brûlants égarent, en recevant
« d'eux l'hommage d'une mystérieuse et pudique tendresse
« ou le culte d'un ardent amour. Connaissant tout le

« charme de la pudeur, et aussi toute la grâce de la vo-
« lupté, il aurait maîtrisé l'esprit des uns et les sens des
« autres. » — « Dans notre monde critique, ajoutait
« Enfantin, nous avons oublié cette divine influence de la
« dame du moyen âge ou de la vierge chrétienne sur la vie
« du page et du chevalier ; nous ne savons plus ce que
« pouvaient commander de dévouement sans espoir une
« écharpe, un regard, et à peine un sourire ; mais nous
« ignorons surtout la puissance d'une vertueuse caresse,
« d'un religieux baiser, d'une sainte volupté. Il n'en est
« point pour nous. Notre chair est plus souillée encore que
« notre esprit, et cette seule idée épouvante un monde qui
« ignore encore le pouvoir social, religieux et moral que
« l'avenir réserve à la beauté. »

Ainsi, les relations de l'époux et de l'épouse n'auraient pas été exclusives de l'intervention intime du Prêtre. Enfantin, d'ailleurs, ne condamnait pas l'inconstance d'une manière radicale. Il voyait bien deux vices, et dans l'indifférence, qui est la facilité de passer d'une affection à une autre, et dans la jalousie, amour exclusif pour un seul être, amour dévorant, qui craint toute approche, qu'un regard trouble et qu'un soupçon désespère ; mais sous ces deux vices, dont les types étaient, à ses yeux, Don Juan et Othello, Enfantin entrevoyait deux vertus. La facilité de passer d'une affection inférieure à une affection supérieure, sans s'abstraire dans la première, sans s'y abîmer, et en la considérant, au contraire, comme un premier élément de progrès, cette facilité lui paraissait d'une belle et sainte nature, pourvu qu'elle ne dégénérât pas en oubli, en vain caprice ou en ingratitude. De même, il se sentait pénétré de respect pour cet amour profond, qui se donne sans réserve, et de deux existences n'en fait qu'une, pour les rattacher toutes deux, plus fortes l'une par l'autre, à l'œuvre sociale. *Harmoniser* ces deux natures en leur donnant satisfaction et en leur imposant une règle, telle eût été la mission du couple sacerdotal.

Il n'est pas inutile d'observer ici à quelles conclusions monstrueuses peut conduire l'application d'un faux principe. Le principe : *A chacun suivant sa capacité, etc.*, était, avons-nous dit, un obstacle à l'exercice pacifique du pouvoir personnel ou du sacerdoce. Enfantin le comprit. Il voulut rendre le pouvoir possible en le rendant attrayant, et il fut amené à en faire le plus dangereux moyen de corruption qu'ait jamais rêvé l'imagination des voluptueux.

Quant à la limite qu'il serait convenable de poser à l'influence du prêtre et de la prêtresse sur les fidèles, Enfantin avouait son incompétence, la loi morale ne pouvant être trouvée, selon lui, par l'homme seul, et ne devant être formulée avec autorité que lorsque la femme aurait parlé.

Cette conception extravagante appartenait tout entière à Enfantin et n'appartenait qu'à lui. Saint-Simon n'avait jamais rien proposé de semblable. Les seuls mots qu'il eût écrits au sujet des femmes étaient ceux qu'on lit dans les *Lettres d'un habitant de Genève à ses contemporains* : « Les femmes seront admises à souscrire, elles pourront « être nommées. » Le disciple était donc beaucoup plus novateur que le maître; car la doctrine du disciple soumettait le mariage à l'exercice d'un droit sacerdotal, qui aurait enlevé aux enfants la connaissance de leur père. C'était le sensualisme employé comme moyen de gouvernement; c'était la réhabilitation de l'amant par le confesseur.

Devant cet enchaînement d'étranges déductions, Bazard recula, frappé d'effroi. Il tenait aux traditions relatives à la constitution de la famille. Il avait une femme qu'il aimait tendrement, et, ayant eu occasion de marier une de ses filles, il avait voulu, sans tenir compte des reproches d'Enfantin, que le mariage se fît dans les formes ordinaires. Il résista donc, et longtemps, à des provocations dont toute son âme était troublée. Mais, avec cette sérénité qui ne l'abandonna jamais, Enfantin poursuivait la réalisation de son dessein. Non content d'enlacer Bazard de ses sophismes dans des discussions que la plupart des Saint-Simoniens ignoraient, il s'étudia longuement à s'attacher des disciples fidèles. Sa figure radieuse, ses manières nobles, la connaissance qu'il avait du langage qu'il faut parler aux êtres sensibles et passionnés, tout cela l'entourait d'un véritable prestige. Avec un étonnant mélange de bonne foi et de ruse, il ruina insensiblement dans l'esprit de quelques-uns les croyances qu'il s'était promis de déraciner. Pour mieux leur prouver de quelles illusions ils étaient victimes, il sut, par le seul effet de son ascendant, pénétrer dans le secret des ménages; il engagea des femmes à une confession publique, et se fit faire des confidences redoutables, dont il usa de façon à prouver le mérite de ses théories, prêt à se justifier du choix des moyens par la sincérité du but.

Alors, il se passa dans la rue Monsigny, au milieu de cette société française devenue si sceptique et si railleuse, des scènes tellement extraordinaires que, pour en trouver de semblables, il faudrait interroger l'histoire des Anabaptistes. Ceux qui, dans le Collége, repoussaient les doctrines d'Enfantin, se sentaient transportés tout à coup au bord d'un abîme immense, qu'ils n'avaient pas soupçonné; ils se demandaient avec terreur si leur vie jusque-là n'avait été qu'un rêve; ils éprouvaient une douleur sans nom en se trouvant, pour jamais peut-être, séparés de celui que, dans les élans d'une tendresse infinie, ils avaient si longtemps appelé leur père. Pour les autres, c'était un redoublement de ferveur inexprimable, une exaltation qui allait jusqu'au délire. Souvent, dans une salle dont les portes avaient été closes soigneusement et dont les murs étaient fidèles, les discussions durèrent des jours entiers, des nuits entières, sans interruption, sans distraction, sans repos. Il arriva quelquefois à des jeunes gens moins capables que leurs compagnons de résister à ces luttes dévorantes, de chanceler et de s'évanouir : on enlevait les corps sans que pour cela la discussion s'arrêtât. Un jour, M. Cazeaux eut une heure d'extase, et se mit à prophétiser. Un autre jour, M. Olinde Rodrigues fut comme frappé d'apoplexie, parce que, demandant à chacun des membres s'il n'était pas vrai que l'Esprit-Saint fût en lui, Rodrigues, M. Reynaud ne lui avait répondu que par des paroles d'incrédulité; la crise fut extrêmement violente, et le docteur Fuster, pour sauver le malade, dut recourir à une retractation formelle de M. Reynaud, que cet accident avait rempli d'affliction et d'inquiétude. Tel est, même sur les hommes d'un esprit sérieux, d'une intelligence saine et élevée, le bizarre pouvoir des croyances arrivées à un certain degré d'exaltation ; et l'on peut juger, par la singularité de ces phénomènes, de la puissance du mouvement que le Saint-Simonisme avait créé.

Quoique le secret des débats qui agitaient le Collége fût bien gardé, il était impossible que le reste de la famille n'en reçût pas indirectement l'impression. A la démarche affaissée des membres du Collége, à leur visage qui portait l'empreinte de longues insomnies, à leurs lèvres décolorées, au désordre de leur langage, au mystère dont ils s'entouraient, les membres du deuxième degré avaient compris qu'un drame terrible se jouait; l'anxiété était devenue générale. Mais quel terme à ces divisions?

On essaya d'une combinaison hiérarchique qui aurait empêché les deux chefs de se rencontrer à chaque instant sur le même terrain. A la division ternaire de la société en artistes, savants et industriels, correspondaient ces trois termes : *religion* ou direction des sentiments, *dogme* ou enseignement de la science, *culte* ou gouvernement des intérêts matériels. Enfantin fut nommé chef de la religion; Bazard, chef du dogme; Olinde Rodrigues, chef du culte. Vaine tentative! le schisme était devenu inévitable.

Dans un entretien auquel peu d'adeptes assistèrent, Bazard et Enfantin se mesurèrent une dernière fois. La discussion fut brûlante. Les affections personnelles de Bazard donnaient pour lui à cette lutte quelque chose de déchirant. Il sentait bien qu'il y allait de tout son bonheur. Il se débattit longtemps avec angoisse contre un homme qui l'accablait de son calme impitoyable. Enfin, vaincu, ne sachant plus où se fixer, entre l'erreur qui voulait s'imposer à lui et la vérité qui lui échappait, épuisé, désespéré, on le vit tout à coup, après une nuit entière passée dans ce duel terrible, tomber comme s'il eût été atteint mortellement, et, pendant qu'on s'empressait autour de lui, Enfantin disait avec une émotion contenue : «Non, il n'est pas « possible qu'il meure ainsi : il lui reste encore de trop « grandes choses à accomplir. » On releva Bazard sans connaissance, et l'on parvint à le rappeler à la vie. Mais les sources de la joie étaient taries en lui pour jamais. Il ne fit plus, depuis, que languir, et, à quelque temps de là, il mourut.

Immédiatement après la déclaration du schisme, le 19 novembre 1831, il y eut une réunion générale de la famille. Enfantin y parut en qualité de PÈRE SUPRÊME. Mais dans l'assemblée s'étaient rendus plusieurs Saint-Simoniens qui, sans se rallier à la bannière de Bazard, étaient bien résolus à abandonner celle d'Enfantin, et parmi lesquels on comptait MM. Pierre Leroux, Jean Reynaud, Charton, Jules Lechevalier, Carnot, Fournel, Abel Transon. Enfantin prit la parole, et, après avoir dit la cause de la sourde mésintelligence qui existait depuis longtemps entre Bazard et lui, il exposa ses idées sur la *réhabilitation de la chair*, sur le divorce considéré comme aspiration à un amour plus noble, sur les fonctions réservées au prêtre saint-simonien, soit homme, soit femme, sur la nécessité enfin de rendre la femme l'égale de l'homme dans l'État aussi bien que dans la famille, et dans le temple aussi bien que dans l'État. « Toutefois, ajoutait-il, ce n'est point une loi que je vous
« donne, une doctrine, un enseignement à faire c'est
« seulement l'opinion d'un homme que j'exprime..... La
« loi morale de l'avenir ne peut être révélée sans la femme.
« Jusque-là, je déclare que tout acte qui aujourd'hui, dans
« le sein de la doctrine, serait de nature à être réprouvé
« par les mœurs et par les idées morales du monde qui
« nous entoure, serait un acte d'immoralité, car il serait
« funeste à la doctrine en général; et, pour moi person-
« nellement, je le regarderais comme la preuve de désaf-
« fection la plus grande qu'un de mes enfants puisse me
« donner. » Mais c'était trop peu d'une semblable réserve

pour atténuer, aux yeux des dissidents, le danger des insinuations d'Enfantin. L'interrompant avec vivacité, M. Pierre Leroux proteste au nom du Collége et annonce qu'il va se retirer. M. Jules Lechevalier déclare que puisque, d'après les aveux d'Enfantin lui-même, la morale de la doctrine n'est pas encore trouvée, il n'est pas possible de songer à constituer la famille saint-simonienne, et que tout reste à l'état d'élaboration. Abel Transon se plaint avec tristesse de l'abus que le Père Suprême a cru devoir faire, dans l'intérêt de la doctrine, des confessions particulières qu'il a eu la puissance de provoquer. « Le père Enfantin, s'écrie à « son tour M. Reynaud, croit évidemment que la femme « viendra légitimer ce qu'il a le premier annoncé, et c'est « pourquoi il marche la tête levée. Moi, j'ai foi que la « femme lui écrasera la tête, mais il faut attendre que la « femme se lève..... Nous avons amené des hommes « à la doctrine, c'est une responsabilité énorme pour nous. « Je crains l'influence du père Enfantin pour ces hommes; « je resterai à côté de lui, pour le leur montrer tel qu'il « est. » C'était l'attaque la plus rude qui, jusque-là, eût été dirigée contre Enfantin. « Reynaud, répondit-il sans « s'émouvoir, Reynaud lui seul conçoit la mission de haut « protestantisme. Il me sait grand, il me voit grand; il « veut protester là où l'on doit protester, à côté. C'est là « que Bazard devrait être, au-dessus de Reynaud. » A ces mots succède un échange de paroles amères entre ceux qui attaquent les idées d'Enfantin et ceux qui les défendent. Une dame, faisant partie de la famille, ayant dit qu'elle repoussait comme immorales les idées émises par Enfantin : Oui, oui, crient plusieurs femmes du haut des tribunes. M. Fournel se prononce contre le Père Suprême. « Votre

« doctrine, dit M. Carnot, est la réglementation de l'adul-
« tère. » — « Le vice est réhabilité, » ajoute M. Dugied. De
leur côté, les partisans d'Enfantin s'attachent à répondre à
toutes les attaques. M. Michel Chevalier s'étonne que, des
abus qui ont pu se glisser dans le gouvernement saint-
simonien, on vienne conclure à une séparation. M. Duveyrier exprime la conviction que pas un des actes d'Enfantin
n'a été un acte individuel, un acte d'égoïsme, et que les
défauts dont avaient souffert les Saint-Simoniens tenaient
précisément à ce qu'il n'y avait pas encore parmi eux cette
loi de convenance, de pudeur, de fidélité, que la femme
était plus particulièrement propre à apporter. « Je vous
« déclare, dit M. Talabot, en montrant Enfantin, que
« cet homme est le chef de l'humanité. » Et, s'adressant à
M. Transon, M. Barrault s'écrie d'une voix émue : « Ce n'est
« pas sans une vive douleur que j'ai vu Transon, le porte-
« bannière de la doctrine, à côté duquel j'ai marché, se
« séparer de nous. Non, Transon, ta place est auprès du
« Père-Enfantin, auprès de moi. Tu ne saurais nous quitter,
« car tu es religieux. Tu ne suivras pas Jules, car Jules a
« dit que la doctrine est à l'état de faillite, de liquidation.
« Tu voudrais nous quitter! Non, tu ne le pourrais pas :
« tu aimes les ouvriers, les enfants des pauvres, ceux qui
« souffrent. »

Au milieu de ces débats, Enfantin n'avait pas cessé un
seul instant de se montrer maître de lui, répondant à toutes
les accusations avec beaucoup de sang-froid et d'orgueil ;
il congédia enfin l'assemblée par ces mots, qu'il prononça
d'une manière solennelle : « Quoique ce qui se passe main-
« tenant soit pour nous d'une grande utilité, je désire
« qu'on en finisse au plus tôt. Nous recommencerons lundi ;

« mais si nous continuions à batailler ainsi, les ouvriers
« mourraient de faim, et les enfants que nous avons
« adoptés seraient délaissés. Le fait est évident, c'est qu'il
« y a des hommes qui doivent momentanément se tenir à
« l'écart et se reposer. »

Quelques jours après, la famille se réunissait de nouveau. L'insurrection de Lyon avait éclaté dans l'intervalle, et l'assemblée était en proie à une préoccupation douloureuse. Un fauteuil, laissé vide à côté du Père Suprême, indiquait symboliquement l'absence de la femme. M. Olinde Rodrigues s'était placé, comme chef du culte, à la droite d'Enfantin. S'étant levé, il rappela d'abord comment, de juif, il était devenu saint-simonien. Puis, d'une voix forte :
« Rothschild, Laffitte, Aguado, dit-il, n'ont rien entrepris
« d'aussi grand que ce que je vais entreprendre. Tous, ils
« sont venus, après la guerre, donner au vaincu le crédit
« nécessaire pour satisfaire le vainqueur. Ils ont fait une
« grande chose ; et moi, le premier, je l'ai senti et publié,
« grâce à Saint-Simon, il y a sept ans. Mais ils ont
« escompté l'avenir des restaurations politiques, et déjà,
« pour eux, cet avenir a des bornes... Leur mission va
« finir ; la mienne commence. » Il exposa ensuite les bases du projet qui devait, selon lui, inaugurer la puissance morale de l'argent. L'association financière des Saint-Simoniens aurait eu pour objet : 1° de travailler, par un ensemble de mesures exclusivement pacifiques, à l'amélioration morale, intellectuelle et physique de la classe la plus nombreuse et la plus pauvre ; 2° d'organiser des maisons d'éducation où les enfants des Saint-Simoniens auraient été élevés, sans distinction de fortune ou de naissance ; 3° de fonder des maisons d'associations industrielles, pour les

travailleurs devenus saint-simoniens ; 4° de subvenir transitoirement aux besoins de ces associations ; 5° de propager la doctrine, de manière à remplacer l'anarchie industrielle par l'association religieuse des travailleurs. L'acte, passé devant notaire, devait être signé par tous les membres de la famille, dont les biens réunis formaient le fonds social, et qui tous répondaient des engagements contractés envers les tiers.

Après la lecture de ce plan, M. Barrault traça un tableau rapide des souffrances de la société et des services que lui avait déjà rendus le Saint-Simonisme ; il trouva, pour rappeler l'insurrection des malheureux tisseurs lyonnais, des accents pleins de douleur, pleins d'éloquence ; et de cet affreux épisode de la grande guerre civile appelée liberté de l'industrie, il tira la double conclusion qu'une réforme était nécessaire, et que c'était par les voies du Saint-Simonisme qu'il y fallait marcher.

M. Barrault avait fini son discours, et Enfantin s'était déjà levé pour sortir de l'enceinte, lorsque M. Reynaud fit signe qu'il désirait parler. Son geste était véhément et son visage extrêmement animé. « L'argent, s'écria-t-il, ne peut « avoir de puissance morale, puisque vous, Père Enfantin, « d'après les termes posés par vous, vous détruisez la mo-« rale ancienne sans avoir la morale nouvelle. » La plus vive agitation règne alors dans l'assemblée. Interpellant M. Reynaud, M. Laurent lui demande si, lorsqu'il était allé prêcher une ère nouvelle à la population souffrante de Lyon, il n'y avait pas pour lui de morale saint-simonienne. M. Talabot ajoute que la morale de l'apostolat est dans l'émancipation des êtres exploités. M. Henri Baud demande la parole et s'écrie avec enthousiasme : « Mon père est un

« prolétaire qui a triomphé du hasard de la naissance et qui
« a amassé des richesses par la force de ses bras. Quand la
« parole de Saint-Simon se fit entendre à moi, je sentis que,
« pour ennoblir mon privilége, je devais l'employer à l'abo-
« lition de tous les priviléges : je suis devenu prolétaire.
« C'est ainsi que la famille du sang me punit d'avoir voulu
« pratiquer ma foi religieuse. Eh bien! toutes les rigueurs
« de la famille du sang ne triomphent pas de mon amour
« pour elle, et je la forcerai par mes œuvres à me rendre sa
« tendresse. Reynaud, j'ai souvent entendu sortir de ta
« bouche ces mots puissants : « *La voix du peuple est la
« voix de Dieu.* » Que demandent donc ces hommes qui
« peuplent la plus industrieuse de nos cités ? Quel cri se fait
« entendre sous cet étendard de mort, au milieu de la mi-
« traille ? Reynaud, Reynaud, ils demandent du pain, et
« l'argent qui le donne est une puissance morale... Prolé-
« taires qui m'écoutez, ma main a souvent touché vos mains
« endurcies par le travail, et elle a senti que vous répondiez
« à ses étreintes. Rassurez-vous donc! Dieu n'a pas permis
« qu'un homme pût se placer en présence des hommes avec
« cette face calme et sereine, avec cette grandeur et cette
« beauté, pour qu'il s'en servît afin de les séduire et de les
« perdre..... Et vous, femmes, celle qui m'a porté dans ses
« entrailles n'est pas là pour m'entendre; faites place pour
« moi dans votre cœur à un amour de mère, afin que, si
« vous voyez celle dont Dieu m'a fait naître, vous apaisiez
« les tourments de cette stérilité qu'elle s'est faite. Dites-
« lui, pour la toucher, les douleurs que doit souffrir un fils
« comme moi privé de ses embrassements, de sa parole, de
« sa vue. »

A ces mots l'assemblée se lève avec transport. Plusieurs

membres de la famille courent à Enfantin et se jettent dans ses bras. C'était la dernière scène engendrée par le schisme.

Les membres les plus importants du Saint-Simonisme avaient été jusque-là, après Bazard et Enfantin : MM. Pierre Leroux, homme de lettres; Reynaud, Transon, Cazeaux, Michel Chevalier, Lambert, Fournel, tous ingénieurs des mines, et qui tous étaient sortis avec honneur de l'École polytechnique; d'Eichtal, fils d'un banquier juif; Péreire, industriel; Duveyrier, avocat; Margerin, lieutenant d'artillerie; Barrault, ex-professeur de rhétorique à Sorèze; Laurent, auteur d'une réfutation de Montgaillard, et de qui M. Sainte-Beuve disait, en parlant de sa nature de tribun, qu'il l'avait vu marcher sur la crête de la Montagne; Jules Lechevalier, homme de lettres; Carnot, fils du célèbre membre du Comité de Salut public; Dugied, fondateur du carbonarisme sous la Restauration; Olinde Rodrigues, l'héritier des doctrines de Saint-Simon; et enfin Mme Bazard. De ces dix-huit personnes, MM. Barrault, Duveyrier, Lambert, Fournel, Michel Chevalier et d'Eichtal, furent les seuls qui restèrent fidèles à Enfantin; car MM. Laurent et Rodrigues, qui l'avaient d'abord suivi, ne tardèrent pas à se séparer de lui. Enfantin sentit bien que l'ancien Collége lui échappait, mais il avait pris son parti. Pour relever le courage de ses disciples, qu'effrayait leur isolement, il leur persuada qu'à une période nouvelle il fallait des hommes nouveaux; et, soutenu par ce fanatisme calculé qui faisait sa force, il se précipita dans la carrière où il devait s'égarer sans retour.

Le Saint-Simonisme était donc transformé. Nous le retrouverons plus tard s'entourant d'une pompe singulière, étalant aux yeux de la population des innovations de costume plus propres à la frapper que des innovations d'idées, pratiquant dans la retraite une sorte de fraternité bizarre, et finissant par s'effacer entre les persécutions d'un pouvoir ignorant et les huées d'une multitude railleuse[1].

[1] Au moment où nous écrivons, les Saint-Simoniens sont dispersés dans des carrières diverses. M. Lambert a fait un voyage en Égypte, d'où il n'est pas encore revenu. M. Duveyrier fait des vaudevilles. M. Michel Chevalier est au Conseil d'État. M. Carnot est député. M. Cazeaux dirige la compagnie de défrichement des Landes, et se distingue comme industriel. MM. Transon et Dugied sont rentrés avec éclat dans le giron du catholicisme. M. Margerin est professeur dans une des universités catholiques de Belgique. M. Péreire est attaché à la haute administration de l'un des chemins de fer de Versailles, dont il a été l'agent principal. M. Laurent est dans la magistrature assise, et a écrit une histoire populaire de Napoléon. M. Olinde Rodrigues, homme d'esprit et d'action, s'occupe de finances. Madame Bazard est rentrée dans le sein du catholicisme, avec son gendre, M. de Saint-Chéron, rédacteur de l'*Univers religieux*. MM. Jean Reynaud et Pierre Leroux, deux puissants philosophes, ont continué à poursuivre dans leurs travaux le double but de leurs anciennes études, la religion et l'humanité. M. Barrault s'est fait homme de lettres et journaliste. M. Enfantin a été nommé membre de la commission scientifique envoyée en Afrique, et vient de publier un livre remarquable sur la colonisation de l'Algérie.

CHAPITRE IV.

Progrès du parti républicain; Armand Carrel et Garnier Pagès. — Liste civile; prétentions de la Cour; pamphlets de M. de Cormenin. — Procès au sujet de la mort du duc de Bourbon. — Audace de la presse républicaine; persécutions; déclaration courageuse d'Armand Carrel. — Conspiration des tours de Notre-Dame. — Conspiration de la rue des Prouvaires. — Exaspération de Casimir Périer; ses rapports avec le roi; scène de fureur. — Expédition d'Ancône. — Esprit de l'administration sous Casimir Périer. — Troubles de Grenoble; l'autorité locale vaincue; débats parlementaires. — Lutte systématique entre les deux Chambres. — Vote du budget. — Clôture de la session.

L'année 1832 s'ouvrit, pour le roi, par les félicitations et les flatteries d'usage. Et pourtant, jamais la royauté en France n'avait été plus sérieusement menacée. La révolution que les Saint-Simoniens cherchaient à introduire dans l'ordre social, le parti républicain la poursuivait, dans l'ordre politique, avec beaucoup de fougue et de succès. Le 2 janvier, Armand Carrel se prononça pour la république dans le *National*, et, quelques jours après, Garnier-Pagès entra comme républicain à la Chambre.

Un seul député se leva pour protester contre l'admission de ce nouvel élu : ce fut Casimir Périer. Éclairé par sa haine, il devinait quels ennemis se dressaient devant lui, et ce que pourraient, pour la ruine de ses espérances, deux hommes tels que MM. Armand Carrel et Garnier-Pagès.

Armand Carrel avait dans toute sa personne quelque chose de chevaleresque. Le balancement de sa démarche, son geste bref, ses habitudes d'élégance virile, son goût pour les exercices du corps, et aussi une certaine âpreté qu'accusaient les lignes heurtées de son visage et l'énergie de son regard, tout cela était plus du militaire que de l'écrivain. Officier sous la Restauration, conspirateur à Béfort, armé en Espagne contre le drapeau blanc, traîné, plus tard, devant trois conseils de guerre, 1830 l'avait trouvé journaliste. Mais l'homme d'épée survivait en lui. Que de fois, dans la cour de l'hôtel Colbert, ne l'avons-nous pas vu entrer à cheval, dans une tenue sévère, et la cravache à la main? Quoique plein de douceur et d'abandon dans l'intimité, il apparaissait, dans la vie publique, dominateur et absolu. Écrivain, il avait dans son style moins d'éclat que de relief, moins de mouvement que de nerf; mais il maniait d'une façon inimitable l'arme du mépris; il ne critiquait pas ses adversaires, il les châtiait; et comme il était toujours prêt à répondre par le sacrifice de sa vie aux ressentiments éveillés par sa parole, il régnait en maître dans le domaine de la polémique, dédaigneux, formidable et respecté. Il était né chef de parti : chef d'école, il n'aurait pu l'être. Il manquait de ce fanatisme froid qui naît des études opiniâtres et fait les novateurs. Voltairien avant tout, il ne paraissait pas avoir souci de marquer sa place dans l'histoire par l'initiative de la pensée. Mais quand la vérité brillait à ses yeux, une vérité jusqu'alors méconnue par lui, il se rendait aussitôt, car, chez lui, l'amour du progrès était irrésistible et la modestie pleine de courage. Incapable, toutefois, d'immoler à un vain désir de popularité ce qu'il y avait de modéré dans ses opinions et d'un peu aristocratique dans ses allures, son ascendant sur son parti n'était que celui d'un esprit altier, d'un talent reconnu et loyal. Il possédait au plus haut point le commandement; il passionnait ses amis : c'était un caractère. A ses ennemis il inspirait une crainte mêlée de confiance ; ils sentaient qu'au jour d'une réaction prévue, leur sauvegarde serait dans la modération de cet homme et dans sa générosité impérieuse. De fait, les systèmes de violence lui répugnaient; les théories américaines lui plaisaient par tout ce qu'elles accordent à la liberté individuelle et à la dignité de la nature humaine. Il fut longtemps girondin par sentiment ; et il lui en coûta beaucoup pour s'incliner devant la majesté de cette dictature révolutionnaire, l'effroi, la gloire, le désespoir et le salut de la France. Bien que l'Empire l'eût tenté par ses côtés glorieux, il se révoltait contre les insolences de la force organisée, et trouvait une sorte de jouissance hautaine à flétrir la brutalité des militaires de cour, que, dans son langage énergique, il appelait « des traîneurs « de sabre. » Malheureusement, il croyait trop aux prodiges de la discipline, lui qui, néanmoins, avait été encore plus conspirateur que soldat. Un peuple soulevé peut-il l'emporter sur un régiment fidèle au drapeau? C'est ce qu'Armand Carrel, même après la révolution de juillet, refusa toujours de croire. D'un autre côté, le besoin de l'action le tourmentait ; il aurait voulu renverser tout ce qui était obstacle à l'agrandissement des destinées de son pays, confondues avec les siennes dans sa haute et légitime ambition. La guerre écrite qu'il avait déclarée au Pouvoir ne servait, malgré les périls qu'elle portait avec elle, qu'à consoler son courage et qu'à tromper l'inquiétude de ses désirs. Forcé souvent d'éteindre dans ses amis le feu dont il était lui-même consumé, il s'exaltait et se décourageait tour à tour dans cette lutte intérieure, et il s'irritait de sa propre sagesse, que sa passion condamnait. En proie à ces incertitudes amères, il lui arriva quelquefois d'improuver des mouvements qui eussent réussi peut-être, secondés par lui. Il est vrai que, quand la bataille qu'il avait déconseillée était perdue, il embrassait la cause des vaincus, sans restriction, sans réticence : contradiction héroïque, qui est l'inévitable faiblesse des grands cœurs.

Doué d'un genre de supériorité non moins réel, mais différent, Garnier-Pagès se distinguait surtout par sa finesse, par sa pénétration, par sa prudence honnête et calme, par une habileté singulière à mettre aux prises les partis adverses, de manière à les ruiner l'un par l'autre, en obtenant l'estime et les applaudissements de chacun d'eux. Garnier-Pagès ne s'était pas laissé insensiblement gagner comme Armand Carrel à la cause de la République; dès ses premiers pas dans la carrière des affaires, et même avant 1830, il s'était déclaré républicain. Sa jeunesse avait été laborieuse; au sein d'une famille atteinte par d'honorables malheurs, il avait souffert beaucoup, et pour lui, et pour un frère dont la destinée devait à jamais rester unie à la sienne, sous les lois de la plus touchante amitié. « Occupe-toi du soin de notre fortune, avait dit à « l'autre l'aîné des deux frères; moi, je travaillerai à la « gloire de notre nom; » et ils étaient entrés de la sorte dans le monde, forts de leur mutuel dévoûment. Les rigueurs du sort ne sont fatales qu'aux natures faibles. Garnier-Pagès apportait dans la carrière politique tout ce que l'adversité donne aux natures d'élite : l'habitude de l'observation, la sérénité dans la lutte, une saine appréciation des obstacles, la connaissance des hommes, le sens pratique des choses. Or, ces qualités sont précisément celles que réclame, dans le régime constitutionnel, l'exercice du pouvoir ; elles auraient appelé au ministère un ambitieux en sous-ordre : elles ne servirent qu'à créer à Garnier-Pagès, dans l'Opposition, un rôle important et original. Affable et insinuant, son esprit vif, sa simplicité, sa grâce familière, son langage, dont une naïveté de bon goût tempérait la malice, lui valurent bientôt dans le parlement une influence que semblait lui refuser d'avance la hardiesse solitaire de ses opinions. Il est certain qu'il possédait au plus haut degré l'art d'amener ses adversaires à l'aimer dans ses croyances. Quand il parlait à la Chambre, c'était sur tous les bancs une attention pleine de bienveillance. Et, en effet, nul ne méritait mieux que lui d'être écouté. Tantôt, dans un langage simple et facile, mais d'une admirable clarté, il traitait les plus obscures questions d'économie politique ou de finances ; tantôt, armé d'une éloquence agressive et fine, il déconcertait les ministres par des interpellations inattendues, humiliait la Cour par des révélations dont chacun s'étonnait, châtiait les interrupteurs par la promptitude de ses réparties, et forçait toutes les fractions d'une Chambre monarchique à le désirer sur la brèche et à honorer en lui la République. Au milieu des préventions perfidement répandues contre l'opinion radicale parmi ceux qui la jugeaient sans la connaître, Garnier-Pagès eût été difficile à remplacer, car il servait avec grâce un parti représenté comme farouche. Il se montrait ennemi de toute violence à des esprits pour qui l'idée de la République était inséparable de celle de l'échafaud, et il confondait par sa science des affaires ces prétendus hommes pratiques qui affectent de regarder comme de pures utopies tout ce qui s'élève au-dessus du niveau de leur intelligence.

Ainsi, l'opinion républicaine avait acquis une puissance réelle. Dans le Parlement, il fallait désormais compter avec elle; dans la presse, elle était représentée avec éclat, non plus seulement par la *Tribune*, la *Révolution* et le *Mouvement*, mais encore par le *National*. Enfin, elle avait dans M. de Cormenin, brillant émule du fameux Paul-Louis Courier, un auxiliaire qui faisait trembler la Cour.

D'autre part, la royauté perdait chaque jour du prestige qu'elle devait à son origine plébéienne. Lorsqu'un homme est trop haut placé au-dessus des autres hommes, la tête lui tourne : c'est là le vice fondamental de la royauté; et s'il arrive à un roi de ne pas chanceler sous le poids de sa fortune, ce qu'il conserverait par sa modération, ses courtisans le compromettent par la témérité de leur bassesse. Au moment même où retentissait à Paris le cri de douleur poussé à Lyon par quarante mille ouvriers affamés, la Cour ne songeait qu'à gorger la royauté de richesses.

Le roi lui-même, soit qu'il eût cédé en cela aux conseils trompeurs d'un entourage avide de ses largesses, soit qu'il eût appris depuis un an ce que coûtent les frais de représentation d'une monarchie, le roi lui-même semblait prêt à faire aux exigences de sa nouvelle position le sacrifice de ces habitudes bourgeoises, de ces goûts simples, qui avaient été, sous la Restauration, l'objet d'une admiration presque universelle. Il y avait bien encore des hommes qui l'auraient voulu voir, devenu roi, tel qu'il leur était apparu n'étant que prince; il y avait des hommes qui, comme

M. Dupont (de l'Eure) ou M. Bavoux, se rappelaient avec espérance les paroles qu'ils lui avaient entendu prononcer dans les premiers jours de son avénement : « Il ne doit « plus y avoir de Cour........ Que faut-il à un roi citoyen ? « Six millions de liste civile, tout au plus. » Mais tant de désintéressement n'avait pas tardé à paraître ingénu à ceux qui comprenaient les nécessités d'une monarchie. On avait donc composé — M. Laffitte, à cette époque, était encore ministre — une liste qui ne portait pas à moins de 20 millions le chiffre des dépenses obligées du roi. Cet état des besoins de la liste civile fut communiqué par Louis-Philippe à M. Laffitte, qui ne craignit pas de témoigner sa surprise. Selon lui, c'était assez, c'était trop peut-être de 18 millions, et comment vaincre, d'ailleurs, l'inflexible austérité de M. Dupont (de l'Eure) ? On insista. Une commission avait été nommée par la Chambre pour examiner le budget royal ; elle se composait de MM. Thouvenel, Duvergier de Hauranne, Anisson-Duperron, Étienne, Rémusat, Génin, Jacques Lefebvre et Cormenin. Ce fut à cette commission que la note dont nous venons de parler, et qu'on n'avait pas osé communiquer au Conseil des ministres, fut remise par M. Thiers, chargé de cette mission délicate. L'étonnement des mandataires de la Chambre fut extrême : ils refusaient de croire que des prétentions aussi exorbitantes fussent celles d'un monarque qu'ils avaient connu duc d'Orléans. A la Chambre, lorsqu'on y lut l'étrange note, l'impression n'en fut pas moins fâcheuse. Il fallait à tout prix réparer le tort d'une démarche imprudente.

Dans cette extrémité, le roi eut recours au dévouement infatigable de M. Laffitte, son ministre de prédilection. Il fut convenu entre eux que le roi écrirait une lettre dans laquelle il se plaindrait du zèle irréfléchi des courtisans, et se déclarerait étranger à la fixation d'un chiffre évidemment impopulaire ; que cette lettre, adressée à M. Laffitte, serait censée toute confidentielle ; mais que, par une habile indiscrétion, M. Laffitte aurait soin de la lire aux membres de la commission comme une preuve irrécusable du désintéressement de Louis-Philippe, désintéressement auquel on supposerait que des serviteurs maladroits avaient voulu faire violence. Les choses eurent lieu selon ce petit arrangement : la popularité du roi se vit sauvée d'une première atteinte ; et, pour faire adopter par la Chambre un chiffre qu'on désavouait sans y renoncer, on attendit des circonstances plus favorables.

Ces circonstances furent, ainsi que nous l'avons raconté, l'issue non sanglante du procès des ministres de Charles X, la chute de M. Laffitte et son remplacement par M. Casimir Perier. La Cour alors se dépouilla de tout scrupule. La Chambre, renouvelée, avait nommé une commission moins sévère : on ne parla plus que de doter magnifiquement la couronne. Pour ne pas effrayer prématurément les députés économes des deniers de l'État, les ministres laissèrent en blanc, dans le projet, le chiffre de la liste civile ; mais, sous main, ils poussaient à l'adoption d'un chiffre très-élevé, et la liste qui courait dans le public menaçait le royaume d'un fardeau de 18 millions 533,500 francs. C'était donner à Louis-Philippe un traitement trente-sept fois plus considérable que celui qu'avait obtenu en France Bonaparte, premier consul, et cent quarante-huit fois plus considérable que celui qui suffit en Amérique au président de la florissante République des États-Unis.

Dans le même temps, un bureau de bienfaisance faisait publier ce qui suit : « 24,000 personnes inscrites sur les « contrôles du 12⁰ arrondissement de Paris manquent de « pain et de vêtements. Beaucoup sollicitent quelques « bottes de paille pour se coucher [1]. »

Mais c'eût été trop peu qu'une liste civile de 18 millions, au gré des gens de Cour. Ils voulaient en outre qu'on assurât au roi, comme dotation immobilière de sa couronne : le Louvre, les Tuileries, l'Élysée-Bourbon, les châteaux, maisons, bâtiments, manufactures, terres, prés, corps de ferme, bois et forêts, composant les domaines de Versailles, Marly, Meudon, Saint-Cloud, Saint-Germain, Fontainebleau, Compiègne, Pau; la manufacture de Sèvres, celles des Gobelins et de Beauvais; le bois de Boulogne, le bois de Vincennes, la forêt de Sénart. Sans parler d'une riche dotation mobilière comprenant diamants, perles, pierreries, statues, tableaux, pierres gravées, musées, bibliothèques et autres monuments des arts.

Quant à l'apanage d'Orléans, les courtisans étaient d'avis que les biens composant cet apanage devaient être réunis à la dotation immobilière, oubliant ainsi que les apanages n'avaient jamais été que la constitution alimentaire des branches cadettes, et qu'il était de leur essence de s'éteindre quand la branche cadette arrivait au trône.

Restait à résoudre une question délicate : indépendamment des grandes richesses qu'il allait posséder comme roi, Louis-Philippe aurait-il, comme simple citoyen, un domaine privé ? D'après l'édit d'Henri IV, la constitution de 1791 et la loi du 8 novembre 1814, tout prince appelé au trône doit

---

[1] Circulaire du bureau de bienfaisance du 12⁰ arrondissement. 1ᵉʳ janvier 1832.

confondre ses biens personnels avec le domaine de l'État. C'était un usage respectable que celui-là et d'un sens profond ; car il semblait élever le roi à la dignité de père du peuple. Mais Louis-Philippe n'en avait pas jugé ainsi, et, la veille de son avénement, le 6 août 1830, il avait eu soin de disposer de ses biens personnels en faveur de sa famille.

Le résumé des prétentions de la Cour était donc celui-ci : une liste civile de 18 millions, 4 millions de revenu en terres et en forêts, onze palais magnifiques, un mobilier somptueux, 2 millions 594,912 francs d'apanage, et le domaine privé.

Telles furent les bases proposées. La commission les adopta en réduisant à 12 ou 14 millions le chiffre de la liste civile, et M. de Schonen présenta le rapport à la Chambre.

La stupeur fut grande dans le public. La théorie des libéraux constitutionnels sur les gouvernements à bon marché recevait un démenti brutal et inattendu. La polémique devint enflammée. On avait sous les yeux le compte détaillé des dépenses royales : l'esprit français en fit le sujet de mille commentaires, les uns plaisants, les autres injurieux. Ici, l'on faisait remarquer que l'entretien de la chapelle allait coûter dix fois plus que sous Charles X, quoique Louis-Philippe en usât dix fois moins. Là, on s'étonnait que 80,000 francs de remèdes par an fussent jugés nécessaires à un roi dont la santé, grâce au ciel, était excellente ; Louis XVIII, goutteux et cassé, se soignait à moins. 4 millions 268,000 francs paraissaient une somme quelque peu exagérée, dès qu'on l'affectait aux menus plaisirs d'un roi qui n'était pas sans se piquer de philosophie. On s'expliquait malaisément l'importance des trois cents chevaux à mille écus par tête, qui figuraient dans le compte ; pourquoi traiter chacun de ces chevaux comme un conseiller de cour royale et deux fois mieux qu'un membre de l'Institut? 200,000 francs de livrée! on trouvait que c'était beaucoup pour des galons, car enfin, il était possible avec cette somme de rétribuer pour leurs fonctions annuelles cent procureurs du roi, ou d'augmenter d'un cinquième la subvention accordée à l'instruction primaire, ou de défrayer, à huit sous par jour, treize cent quatre-vingts pauvres prisonniers. « Quoi ! » s'écriait le *Globe saint-simonien* dans un article à la fois spirituel et sensé, « quoi ! on affecte au service personnel du roi 3 millions « 773,500 fr.; et ce roi, chef d'une nation devenue indus- « trielle, d'une bourgeoisie pacifique, n'est entouré que « d'hommes ceignant l'épée et chaussant l'éperon ! »

Mais ce fut M. de Cormenin qui porta au projet de loi les coups les plus sensibles. Dans une série de lettres pleines de logique, de raison, d'éloquence, de fine ironie, il rappela que, quand le héros d'Italie, le conquérant fabuleux de l'Égypte, le pacificateur de la Vendée, vint siéger sur le trône consulaire, les trois consuls ne coûtaient à la France, frais de table et de maison réunis, qu'un million cinquante mille francs, et qu'on ne demandait pas alors au peuple français, terreur de Pitt et admiration du monde, 1 million 200,000 fr., seulement pour échauffer les *fourneaux souterrains de la Bouche*. Il prouva que la liste civile de Charles X, de Charles X lui-même, n'allait pas au delà de 11 millions 210,865 fr., pour peu qu'on en retranchât les dettes et avances remboursables, les frais de la maison militaire, et tous les services que la révolution de juillet avait annulés, tels que ceux de grand écuyer, de grand veneur, de pages, de grand maître des cérémonies, etc... Il montra que, pour la royauté, le meilleur moyen de se faire respecter était de se rendre utile ; que recommander la liste civile comme une caisse de prévoyance ouverte aux malheureux était un sophisme misérable, attendu que c'est le peuple, le menu peuple, qui paie la liste civile, et qu'il est dérisoire de prendre aux pauvres leur argent pour leur faire du bien ; que le prince, irresponsable, ne saurait être un distributeur plus intelligent des deniers publics que des ministres dont la responsabilité garantit la gestion ; qu'une grosse liste civile n'était bonne qu'à entretenir la paresse des mendiants brodés qui pullulent autour des trônes ; que ce qui enrichit une nation n'est pas ce qu'on lui ôte, mais ce qu'on lui laisse ; qu'il était absurde de voir dans l'opulence exagérée du roi une ressource pour le commerce, comme si on créait la richesse en la déplaçant, et comme s'il était juste de chercher toute la nation dans les marchands de la rue Saint-Denis, au lieu de la chercher dans les contribuables réunis : paysans de la basse Bretagne, pâtres des Alpes, herbagers de la Normandie, laboureurs du Languedoc, ouvriers de Lyon, de Bordeaux et de Marseille ; que les arts, enfin, vivent moins des encouragements fastueux d'un prince, qui en les protégeant les abaisse, que des hautes inspirations de la religion, de la gloire et de la liberté.

La sensation produite par les pamphlets de M. de Cormenin fut universelle et durable. Aussi les débats, à la Chambre, remplirent-ils plusieurs séances : débats opiniâtres, par qui la majesté royale fut irrévocablement compromise, et qui prouvèrent bien que, pour la fraction libérale de la bourgeoisie, la royauté était un instrument et non pas un principe. « Si le luxe est banni des palais « du roi, avait dit M. de Montalivet, il le sera bientôt des

« maisons des *sujets*. » A ce mot de *sujet*, un frémissement d'indignation parcourt l'assemblée. « Les hommes
« qui font des rois, s'écrie impétueusement M. Marschal,
« ne sont pas des sujets. » Les cris *à l'ordre le ministre!*
retentissent de toutes parts. MM. Cabet, de Ludre, Clerc-Lasalle, Laboissière, interpellent M. de Montalivet avec vivacité. « Faites votre devoir, crie-t-on au président :
« il faut que le ministre soit rappelé à l'ordre. La na-
« tion est outragée! — Tenez bon, Messieurs, dit à son
« tour aux députés du centre le garde des sceaux, dont
« le trouble égale la colère. » La confusion est au comble. Le ministre, appuyé contre le marbre de la tribune, affecte une contenance altière. Le président est debout et il agite sa sonnette; mais, impuissant à surmonter le tumulte, il se couvre enfin. On déclare la séance suspendue, et les députés se retirent en désordre dans les bureaux. Le lendemain, la presse dynastique presque tout entière tonnait contre l'injure adressée par M. de Montalivet à la nation, et la majorité de la Chambre ayant voté l'ordre du jour sur cet incident, M. Odilon Barrot, suivi de cent quatre députés, se retirait dans la salle des conférences pour y rédiger une protestation formelle contre un mot inconciliable, disait-il, avec le principe de la souveraineté nationale. Rien n'était plus propre à faire apprécier exactement les dispositions d'une grande partie de la classe dominante à l'égard de la royauté. La Chambre, cependant, finit par accorder à la couronne tout ce qu'on demandait pour elle : dotation immobilière, dotation mobilière, domaine privé; elle déclara même acquises à la liste civile les sommes que le roi avait touchées jusqu'alors, et qui lui avaient été payées sur le pied de 18 mil-

lions; un douaire fut attribué à la reine, en cas de décès de son époux; et la dotation annuelle de l'héritier présomptif fut fixée à un million.

Le triomphe semblait éclatant pour la Cour. Mais les débats qui avaient eu lieu dans la presse, les redoutables lettres de M. de Cormenin, les longues discussions dont la Chambre avait retenti, le blâme sévère dont un ancien ministre, M. Dupont (de l'Eure), avait publiquement frappé des prétentions qu'il jugeait scandaleuses, le mécontentement manifesté par une grande partie de la bourgeoisie, et 107 boules noires trouvées dans l'urne du scrutin, tout cela laissait la Cour sous le coup d'une véritable défaite. Ceux qui adoptaient le principe monarchique avaient tort de refuser au monarque une existence fastueuse. Qui veut un roi, doit savoir le subir.

D'autres affronts attendaient le principe monarchique. Tandis qu'on discutait injurieusement, à la Chambre et dans la presse, les demandes pécuniaires de la Cour, le nom du monarque, par une triste coïncidence, retentissait devant les tribunaux, associé au nom de la baronne de Feuchères. La famille de Rohan avait attaqué la validité du testament qui nommait le duc d'Aumale légataire universel du dernier des Condé, et tous les esprits étaient attentifs au dénoûment de cette lutte judiciaire. Jamais procès n'excita une curiosité plus inquiète, ne souleva plus de passions, n'introduisit plus avant dans les mystères et les souillures de la vie des princes la foule, toujours avide de scandale. Alors fut à demi tiré le voile qui couvrait des détails hideux. Dans une plaidoirie, remplie de faits accusateurs, M⁶ Hennequin déroula le tableau des violences et des artifices qui avaient empoisonné les derniers jours du duc de Bourbon et vaincu sa faiblesse. Il trouva dans les sentiments bien connus du malheureux prince, rapprochés de la teneur du testament, les preuves de la captation et, dans l'impossibilité du suicide, celles de l'assassinat. Il n'hésita pas devant le respect dû à certains noms ; il appela les investigations de tous sur des questions brûlantes ; il fut éloquent, et, dans sa modération, implacable. Bientôt le peuple, avec son impétuosité ordinaire, ne chercha plus qu'un crime dans la fin de ce Condé dont on venait se disputer devant lui les dépouilles sanglantes. M⁰ Hennequin reçut, à cette époque, d'hommes qui lui étaient parfaitement inconnus, une quantité innombrable de lettres. Les uns lui écrivaient pour lui soumettre quelque argument nouveau ; les autres, pour lui reprocher quelque circonstance importante, oubliée ou affaiblie ; tous, pour le féliciter et l'encourager. Mᵉ Lavaux, avocat de la baronne de Feuchères, et Mᵉ Dupin jeune, avocat du duc d'Aumale, déployèrent tous deux un grand talent dans la défense. Mais on remarqua, malheureusement, qu'à des faits précis et articulés avec netteté, ils répondaient, tantôt par des explications tortueuses, tantôt par des récriminations vagues, d'où ils ne surent pas toujours bannir l'injure ; et l'on se tint en garde contre l'habileté de Mᵉ Dupin jeune, faisant considérer le procès comme une trame ourdie par les légitimistes, comme une ruse de la haine envenimée des partis, en un mot comme un essai de vengeance dont tous les partisans de la révolution de 1830 devaient faire justice. L'intérêt des légitimistes dans le procès était manifeste ; mais, pour combattre des faits confirmés par une masse imposante de témoignages, il fallait autre chose qu'un appel véhément aux souvenirs du mois de juillet. Les Rohan perdirent leur procès devant les juges, et, à tort ou à raison, ils le gagnèrent devant l'opinion publique.

Une circonstance imprévue vint ajouter à l'ardeur des impressions diverses produites par ces débats. M⁶ Dupin jeune, dans sa plaidoirie, avait rappelé avec éloges la jeunesse de Louis-Philippe. Le journal la *Tribune* répondit par un article amer, où l'on rappelait la vie de Louis-Philippe d'Orléans, sa proclamation de Tarragone, le commandement en chef de l'armée de Catalogne que lui avait donné la junte gouvernementale de Cadix, et le retrait de ce commandement sur les instances du duc de Wellington.

M. Germain Sarrut, qui avait eu l'audace de signer cet article, fut mandé devant le juge d'instruction, M. Thomas. Or, à peine M. Sarrut était-il entré dans le cabinet du juge, que des gardes municipaux furent appelés pour se saisir de sa personne. « Je change votre mandat de compa« rution en un mandat de dépôt, » dit le juge d'instruction à M. Sarrut.

L'écrivain arrêté en appela aussitôt à l'opinion publique. Mais le gouvernement voyait dans la presse une puissance ennemie dont il fallait à tout prix avoir raison : il frappa sur elle à coups redoublés. Des saisies presque simultanées atteignirent la plupart des feuilles publiques. La *Tribune* haletait sous le poids des procès sans cesse renaissants qui lui étaient intentés : désespérant de la dompter, le ministère jura de la détruire. Le spirituel gérant de la *Caricature*, M. Philippon, et l'auteur de la poétique *Némésis*, M. Barthélemy, furent poursuivis également sans qu'on pût parvenir à briser le crayon de l'un et la plume de l'autre. Traînée devant les tribunaux, la *Société des Amis du Peuple* fut condamnée à l'amende et à la prison dans la personne de MM. Raspail, Bonnias, Gervais, Thouret et Blanqui, mais après des scènes d'audience où avaient éclaté le dédain des accusés pour les juges, et leur ferme résolution de ne jamais fléchir. La haine ainsi se montrait partout, avide de bruit et d'action, persévérante, infatigable.

Casimir Périer s'irritait de tant de résistance et s'en étonnait. Car il n'avait choisi ou accepté pour instruments que des hommes dont les passions étaient les siennes, et dont il avait fait des serviteurs frémissants de sa politique. M. Persil, magistrat bilieux et plein d'un courage farouche, était à la tête du parquet. MM. Vivien et Saulnier, écartés successivement de la préfecture de police, avaient fait place à M. Gisquet, que Casimir Périer faisait trembler en l'employant, et qu'il traitait comme un homme dont la personne lui aurait appartenu tout entière. Pour tout dire, l'autorité, véritablement assiégée, avait été fortifiée comme une place de guerre, et l'administration n'était plus, en quelque sorte, qu'une armée en campagne.

Les torts, il faut le dire, ne furent pas toujours du côté du Pouvoir. Souvent, les partis attaquèrent avec déloyauté des actes utiles, nécessaires même; souvent la magistrature fut insultée sans motif par des hommes qui prenaient de la turbulence pour du courage, et une hardiesse triviale pour de la dignité. La guerre était dans l'État, et toutes les armes paraissaient bonnes à la haine.

Malgré cela, nul doute que Casimir Périer, ferme et résolu comme il l'était, n'eût fini par assurer à la domination bourgeoise une existence tranquille, si l'étendue de ses idées avait répondu à l'énergie de ses passions. Mais, incapable de concevoir de grands desseins, d'éblouir les esprits par de grands résultats, il rendait le Pouvoir violent sans le rendre fort, il tenait les partis en haleine sans les contraindre au respect, et, voulant tout réduire au silence, il troublait tout. Sa politique ne pouvant être ni cruelle, à cause des mœurs, ni absolue, à cause des lois, elle paraissait d'autant plus mesquine qu'elle se montrait plus arrogante. C'est un pouvoir malhabile que celui qui affiche des prétentions plus étendues que ses ressources. Ce fut, sous Casimir Périer, le tort du gouvernement. Il en résulta que l'audace des partis ne fit que s'accroître, et bientôt, la légalité ne suffisant plus pour les contenir, il fallut recourir, soit à des actes arbitraires, soit à des expédients peu honorables. Déjà, au dernier anniversaire de la prise de la Bastille, on avait vu des jeunes gens qui voulaient planter un arbre de la Liberté tomber sous le gourdin d'ouvriers qu'un obscur agent de la police avait enrégimentés en bandes d'assommeurs, en leur promettant trois francs par jour. Ce guet-apens avait été dénoncé à la tribune par MM. Mauguin et Odilon Barrot, et M. Casimir Périer avait repoussé avec beaucoup de hauteur le reproche d'avoir commandé de tels excès. Mais si le gouvernement, comme il est probable, n'avait point trempé dans cette odieuse machination, œuvre d'un fanatisme subalterne et bas, on pouvait au moins l'accuser de n'avoir pas poursuivi les auteurs du désordre, de n'avoir pas ordonné une enquête sévère, et même d'avoir souffert que le *Moniteur* fît officiellement l'éloge du zèle que les assommeurs avaient déployé contre l'émeute.

Du reste, l'arbitraire grandissait de jour en jour; les

mandats de dépôt lancés contre les écrivains se multipliaient ; sur les indices les plus frivoles, on enlevait la nuit chez eux des hommes qui, souvent, étaient chargés d'une famille que leur profession nourrissait ; enfermés préventivement, mis au secret, ces malheureux, après une longue reclusion, paraissaient enfin devant le tribunal, qui tantôt les déclarait innocents, tantôt les condamnait, non pour le délit imaginaire, prétexte de leur arrestation, mais pour les paroles outrageantes échappées au ressentiment d'une détention injuste et prolongée. La presse s'était élevée presque unanimement contre des abus aussi graves : ses plaintes furent dédaignées. Armand Carrel prit alors une détermination qui honorera éternellement sa mémoire. Dans un article signé, il prouva qu'en matière d'impression et de publication d'écrits, le cas de flagrant délit n'existait que lorsqu'un appel à la révolte, à une levée de boucliers prochaine, immédiate, contre le gouvernement, s'imprime dans un lieu connu à l'avance par les agents de l'autorité ; que le flagrant délit, excepté en cas de révolution, n'était pas possible pour la presse périodique ; qu'il n'y avait pas un seul des écrivains arrêtés depuis un mois sur un mandat de dépôt, de qui l'on fût en droit de dire qu'il avait été surpris en flagrant délit ; que le Pouvoir, par conséquent, s'était rendu coupable à leur égard d'une tyrannie à laquelle chacun se devait d'opposer son énergie personnelle. L'article se terminait par cette intrépide déclaration :

« Il ne sera pas dit qu'un régime qui intenterait les « absurdes, les innombrables procès dont rougissent nos « tribunaux, qui permettrait la confiscation de détail

« exercée sur notre propriété par la poste et le parquet ;
« un régime sous lequel les écrivains seraient flétris, en
« attendant jugement, par leur accouplement avec des
« escrocs, ou tués à petit bruit par les miasmes pestilen-
« tiels de Sainte-Pélagie, pourra s'enrichir encore d'un
« arbitraire illimité qui s'intitulerait la *jurisprudence du*
« *flagrant délit*. Un tel régime ne s'appellera pas, de notre
« consentement, la liberté de la presse. Une usurpation si
« monstrueuse ne prendra pas. Nous serions coupables de
« le souffrir, et il faut que ce ministère sache qu'un seul
« homme de cœur, ayant la loi pour lui, peut jouer à
« chances égales sa vie contre celle non-seulement de sept
« ou huit ministres, mais contre tous les intérêts, grands
« ou petits, qui se seraient attachés imprudemment à la
« destinée d'un tel ministère. C'est peu que la vie d'un
« homme tué furtivement au coin de la rue, dans le dé-
« sordre d'une émeute ; mais c'est beaucoup que la vie
« d'un homme d'honneur qui serait massacré chez lui par
« les sbires de M. Périer, en résistant au nom de la loi.
« Son sang crierait vengeance. Que le ministère ose risquer
« cet enjeu, et peut-être il ne gagnera pas la partie.
« Le mandat de dépôt, sous le prétexte de flagrant délit,
« ne peut être décerné légalement contre les écrivains de
« la presse périodique ; et tout écrivain pénétré de sa
« dignité de citoyen, opposera la loi à l'illégalité, et la
« force à la force. C'est un devoir : advienne que pourra.

« Armand Carrel. »

Ce langage, si ferme et si noble, excita dans la presse
le plus vif enthousiasme. M. Cauchois-Lemaire, qui, à la
veille de la révolution de 1830, avait si hardiment invité le

duc d'Orléans à ramasser la couronne, M. Cauchois-Lemaire condamna en termes éloquents le système sur lequel on cherchait à faire reposer la dynastie nouvelle; presque tous les journaux applaudirent; le *Journal des Débats* lui-même se prononça, quoique timidement, contre une jurisprudence si généralement réprouvée. L'humiliation de Casimir Périer était au comble : il fit saisir le *National*, et des poursuites furent aussi dirigées contre deux journaux qui s'étaient énergiquement associés à sa déclaration : le *Mouvement*, rédigé par M. Achille Roche, et la *Révolution* de 1830, rédigée par MM. Charles Reybaud et Antony Thouret. C'était oser trop peu; mais les ministres savaient bien qu'Armand Carrel était homme à recevoir, ses pistolets sur sa table, tout agent d'un système violateur des lois : ils ne relevèrent pas le gant que leur avait jeté un des plus fiers représentants de l'opinion républicaine.

A ces luttes, qui emplirent les premiers mois de l'année 1832, se mêlèrent des tentatives étranges et des complots. Le 4 janvier, vers cinq heures du soir, on entendit tout à coup le tintement du bourdon de Notre-Dame. Le gardien des tours n'en avait donné l'entrée qu'à un fort petit nombre de personnes qui s'étaient présentées deux à deux. Inquiet, il s'élance dans l'escalier; mais à peine a-t-il franchi vingt marches au-dessus de la première galerie, qu'une clameur retentit, suivie aussitôt d'un coup de pistolet. Le gardien redescend avec la précipitation de la frayeur, pour prévenir l'autorité. Bientôt des soldats accourent. En même temps, sur l'ordre du préfet de police, averti d'avance, des sergents de ville se dirigeaient vers la cathédrale en toute hâte. Les tours furent envahies, visitées, et, après trois autres décharges qui n'atteignirent personne, on s'empara de six individus, presque tous de la première jeunesse, et tous de la plus humble condition. Un d'eux, nommé Migne, n'était qu'un enfant. Il pleurait, se lamentait, protestait de son innocence et promettait de tout avouer. Comme on l'interrogeait, un incendie s'alluma dans la tour du nord. On parvint à l'éteindre, quoique les flammes s'élevassent déjà à une grande hauteur. Migne déclarait que sept personnes s'étaient introduites dans les tours : on continua donc les recherches, qui longtemps se prolongèrent sans fruit. A neuf heures du soir, plusieurs gardes municipaux s'étant réunis auprès d'une croisée prenant jour sur la galerie de la Vierge, ils crurent apercevoir à une croisée supérieure une tête d'homme qu'éclairait un flambeau. Ils s'élancent dans le clocher et trouvent que le feu vient de prendre aux poutres. La soirée était froide, le vent soufflait avec force : découvert plus tard, l'incendie peut-être n'aurait été maîtrisé qu'avec peine. Les agents de la force publique redoublèrent d'activité dans leurs perquisitions. Ils étaient fort irrités, et quelques-uns disaient : *Il faut le tuer.* Soudain, un homme vint s'offrir à eux sur la plate-forme. Il présentait sa poitrine et cria qu'il se rendait. Interrogé sur sa profession, il répondit *émeutier*. Il se nommait Considère.

Le but de ces singuliers conspirateurs était, en sonnant le tocsin, de donner le signal de la révolte à divers groupes de mécontents répandus dans la capitale, et qui se tenaient prêts à marcher.

Les individus arrêtés furent mis en prison et jugés deux mois après. Leur tentative n'avait eu rien de sérieux;

mais leur procès eut beaucoup d'importance, à cause de la lumière qu'il jeta sur les manœuvres de la police. Il résulta, en effet, soit des détails de l'instruction et des interrogatoires, soit de la déposition des témoins, que la police avait été instruite du complot plusieurs jours à l'avance, et par une lettre du général Darriule, confident des dénonciations d'un agent obscur nommé Mathis, et par les révélations d'un galérien nommé Pernot. Or, aucune précaution n'avait été prise pour empêcher l'exécution du complot, quoiqu'il eût suffi pour cela de fermer les portes des tours. Il paraissait même incontestable que M. Carlier, chef de la police municipale, avait dit au gardien Gilbert de ne concevoir aucune inquiétude. D'autres circonstances bizarres furent mises en relief par ce procès. Ainsi, la nouvelle de la conspiration avait été annoncée au journal anglais le *Times*, par une lettre datée du 3 janvier. Avant même que les agents de la force publique eussent pénétré dans les tours, il avait été question parmi eux d'une barricade, élevée réellement par les accusés. Au moment de l'arrestation de Considère, un sergent lui avait flairé les mains pour s'assurer si elles ne sentaient pas l'essence ; d'où l'on pouvait conclure que ce fait particulier d'une bouteille d'essence portée dans les tours n'était pas même ignoré de la police. Enfin, le 4 janvier, comme pour faciliter l'exécution du complot, le sonneur avait quitté la tour sans permission, dès dix heures du matin, et sa femme, contrairement à une habitude jusqu'alors inviolable, sa femme s'était abstenue ce jour-là d'aller le remplacer.

Les défenseurs des accusés s'emparèrent de ces circonstances pour détourner sur l'autorité l'accusation qui pesait sur leurs clients. Ils reprochèrent à la police la préférence que, suivant de honteuses traditions, elle accordait au système qui consiste à réprimer sur celui qui consiste à prévenir. Ils s'emportèrent contre cette politique de ruse qui, en poussant elle-même aux troubles par de sourdes menées et des agents ténébreux, a pour but de rendre toute opposition odieuse et de rallier au gouvernement, par la peur, tous les intérêts amis du repos.

Ces attaques étaient fondées, dans le cas particulier dont il s'agissait, car il est certain que la police pouvait ici, sans inconvénient, sans difficulté et sans bruit, faire avorter des projets dont la portée d'ailleurs était nulle. Mais il est juste de reconnaître que, dans une société corrompue et sous l'empire d'institutions vicieuses, un système de pure prévention laisserait souvent l'autorité désarmée devant ses ennemis. Avertir les conspirateurs qu'on les surveille et que leur plan est connu, la police ne le pourrait sans les solliciter par cela même à prendre de meilleures mesures, et sans se mettre à leur merci. Les faire arrêter quand il n'y a pas encore eu commencement d'exécution, elle ne le pourrait sans s'exposer à des erreurs funestes, et sans encourir le reproche d'avoir déployé contre des citoyens soupçonnés à la légère un arbitraire impatient et brutal. Mais, dans l'affaire des tours de Notre-Dame, la police n'était pas seulement accusée d'une tolérance artificieuse, on lui demandait compte aussi du rôle de provocateur joué par un de ses agents. Dans une éloquente et vive plaidoirie, M. Dupont raconta comment Pernot avait abusé de l'ignorance et de la misère de deux jeunes gens pour les exciter à la révolte. Il le montra faisant parade de sa haine pour le gouvernement, parlant de la capitale prête à se soulever au bruit du tocsin, donnant à lire à un ouvrier des articles factieux, y ajoutant de perfides commentaires, et mettant tout en œuvre pour égarer les malheureux qu'il se proposait de trahir.

Tels furent les faits soumis par l'avocat au jugement de l'opinion. Déjà, du reste, dans le cours des interrogatoires, le système flétri par M. Dupont avait été avoué en partie. Appelé devant les juges, le chef de la police municipale n'avait pas craint de dire : « J'ai trouvé le moyen « de désorganiser les sociétés secrètes : c'est en signa- « lant comme des mouchards les plus exaltés, qui ont « été ainsi battus sur les quais par des hommes de leur « parti. »

Il était impossible que des déclarations de ce genre ne fissent pas sur le jury une impression profonde. Cinq des accusés furent acquittés ; trois autres furent déclarés coupables, mais seulement pour délit de non-révélation ; et si on les condamna à la prison, ce fut moins à cause du complot qu'à cause de leur attitude hautaine devant les juges. De tristes enseignements jaillissaient de cette affaire : la force d'un gouvernement se mesure à la moralité des moyens qu'il emploie pour se défendre.

Une conspiration bien autrement grave menaçait, à la même époque, tous les pouvoirs constitués. Nous avons dit les ambitieuses espérances que la duchesse de Berri nourrissait au sein de son exil. Pour frayer au fils de cette princesse une route au trône, c'eût été trop peu, sans doute, d'une prise d'armes dans la Vendée, et d'un soulèvement dans les provinces du Midi. Il importait que Paris s'armât pour la querelle des Bourbons aînés. Quelques secours distribués au nom de la duchesse de Berri à des ouvriers malheureux et à d'anciens serviteurs de la royauté proscrite en juillet, fournirent l'idée d'une conspiration, en montrant ce qu'il était permis d'attendre de la reconnaissance du peuple et de sa misère. Un médecin, homme de tête et de résolution, prit l'initiative. Sa profession le mettait en rapport avec un grand nombre d'hommes que la révolution de 1830 avait ruinés ou trompés : il essaya sur eux la domination des bienfaits, et quand il vit tout ce que recèle en ses flancs de désordres possibles, de révoltes en germes, une société souffrante et sans foi, il s'ouvrit à quelques amis. Un plan fut arrêté. Douze chefs furent désignés pour les douze arrondissements de Paris. Chaque chef dut transmettre l'impulsion partie du centre à quatre lieutenants commandant chacun une brigade de dix hommes, et tout membre d'une brigade fût destiné à l'enrôlement de conspirateurs secondaires, qu'on devait employer au triomphe de desseins ignorés de la plupart d'entre eux. Le pouvoir du parti légitimiste étant dans son opulence, l'argent devint le nerf de cette conspiration. Une caisse se forma du produit de diverses souscriptions et de sommes assez considérables apportées d'Italie par un agent de la duchesse de Berri, lequel était attaché à la maison du maréchal Bourmont. Alors commença la mise en œuvre d'un vaste système d'embauchage. L'argent, toutefois, servait moins à salarier régulièrement les recrues de la révolte, qu'à donner aux recruteurs le moyen de s'aboucher avec les gens du peuple, dans des parties de plaisir favorables aux demi-confidences et aux vulgaires séductions. Il est à remarquer que beaucoup de pauvres ouvriers entrèrent dans la conspiration, sans avoir reçu d'autres avances que celles que leur profonde détresse rendait strictement indispensables, ou qui servaient à les indemniser de la suspension de leurs travaux. Toujours est-il qu'on distribua des secours de nature à faire ressortir les scandales de l'abandon dans lequel vivait le pauvre. Mais, tout en adoucissant des misères sans espoir, on tenta, par l'appât des promesses, des âmes douées d'une ambition grossière, et, en peu de temps, on eut une petite armée à mettre en campagne. La chute de Charles X avait entraîné le licenciement de la garde royale et le changement d'un nombreux domestique : la conspiration se recruta de plusieurs officiers et sous-officiers de la garde, de presque tous ceux qui avaient occupé dans l'ancienne maison royale des emplois subalternes, brusquement supprimés ; et à ceux-ci s'associèrent, par pur attachement à la dynastie déchue, des serviteurs encore en fonctions. Parmi les gendarmes des chasses et les gardes forestiers, beaucoup se laissèrent gagner. On parvint même à se ménager des intelligences dans la quatrième compagnie des sous-officiers vétérans, dans un régiment de ligne caserné à Courbevoie, et dans un régiment de dragons caserné à Paris, rue du Petit-Musc. Un maréchal de France, bien connu pour son dévoûment au principe de la légitimité, et quatre maréchaux de camp, composaient en quelque sorte l'état-major de cette conspiration, dans laquelle ne craignit pas d'entrer un général bonapartiste. « Renversons le gouvernement, avait-il dit, nous « laisserons ensuite à la nation le soin de décider entre le « successeur de Charles X et celui de l'empereur. »

Ainsi appuyée, la conspiration s'étendit avec une extrême rapidité. Une active propagande avait lieu, non-seulement à Paris, mais dans les communes environnantes, à Saint-Germain, à Meudon, à Clamart, à Versailles, à Vincennes. Il était difficile que des indiscrétions ne fussent pas commises, que la police ne finît pas par pénétrer, au moyen de ses agents, dans un complot dont les ramifications étaient si nombreuses. Cependant, grâce aux divisions et subdivisions multipliées qu'admettait le plan d'organisation adopté, l'autorité ne put obtenir que des renseignements très-vagues, très-incomplets, et qui laissaient en dehors de son action les personnages qu'il lui aurait importé surtout de connaître et d'atteindre. D'ailleurs, plusieurs agents de police s'étaient sincèrement dévoués à la réussite du complot, ce qui donnait aux conjurés le moyen de contre-miner les manœuvres dirigées contre eux. Ajoutez à cela que, pour prévenir les révélations, on avait fait courir le bruit qu'un coup de poignard attendait tout révélateur reconnu pour tel.

Quoi qu'il en soit, dans un pêle-mêle de conspirateurs dont quelques-uns occupaient une position sociale fort élevée, les hommes appartenant aux conditions les plus obscures se distinguèrent par leur fidélité, leur résolution et le désintéressement de leur zèle. Parmi ces derniers se trouvait un bottier, nommé Louis Poncelet. Irrité des suites d'une révolution dont le peuple avait si peu profité, il était prêt à se battre pour la légitimité, après s'être battu vaillamment contre elle en 1830. En toute situation difficile, l'inégalité des rangs disparaît pour faire place à l'inégalité des courages : Poncelet ne tarda pas à acquérir, dans la conspiration, l'importance que le péril assigne à l'audace. Il fut admis auprès du maréchal de France sur qui l'on comptait pour le lendemain d'un succès, et le maréchal lui dit : « Quand vous monterez à l'Hôtel de Ville, je serai à « cheval, soyez-en sûr, et je n'hésiterai pas à me mettre à « la tête du gouvernement provisoire. »

Cependant, la nouvelle s'était répandue que, dans la nuit du 1er au 2 février, un grand bal devait avoir lieu à la Cour. L'occasion était bonne pour les conjurés ; car ils comptaient des complices jusque dans la domesticité du château, ils étaient en possession de cinq clefs ouvrant les grilles du jardin des Tuileries, et l'entrée du Louvre leur était promise. Il fut donc convenu que, dans la nuit désignée, les uns se réuniraient par détachements sur divers points de la capitale, pour partir de là, au signal convenu, et marcher vers le château, tandis que, se glissant dans l'ombre des ruelles qui conduisent au Louvre, les autres pénétreraient dans la galerie des tableaux, feraient irruption dans la salle de bal, et, grâce au désordre de cette attaque imprévue, s'empareraient de la famille royale. Des *marrons*, espèces de petites bombes, auraient été lancés au milieu des voitures stationnant aux portes du palais ; des *chevalets*, morceaux de bois garnis de pointes de fer, auraient été semés sous les pieds des chevaux ; enfin, on se croyait en droit d'espérer que des pièces d'artifice seraient disposées dans la salle de spectacle, de manière à pouvoir, en mettant le feu à la charpente, augmenter la confusion. Ce plan fut définitivement arrêté par les principaux chefs, dans la rue Taranne ; et Poncelet fut spécialement chargé de l'attaque du Louvre.

Mais une intrigue s'ourdissait au sein du complot, et les fruits de la victoire espérée devenaient déjà l'objet de préoccupations jalouses. L'agent qui s'était donné pour le fondé de pouvoirs de la duchesse de Berri, aurait voulu écarter le maréchal de France dont nous avons parlé, et faire proclamer par les conjurés le nom d'un autre maréchal à la personne duquel il était particulièrement attaché. Poncelet reçut des ouvertures en ce sens, et les offres les plus brillantes lui furent faites : pour lui, s'il survivait à l'entreprise, et s'il succombait, pour ses enfants. Mais il repoussa ces insinuations avec beaucoup de fermeté, ne voulant point retirer sa confiance à un personnage qu'il en avait jugé digne. Dès ce moment, toute unité de direction disparut, et là où la conspiration devait trouver appui, elle ne trouva plus qu'empêchements. Avant le jour fixé pour l'explosion du complot, Poncelet s'était adressé à un certain Dermenon pour avoir des fusils. Des arrangements furent arrêtés, un rendez-vous fut pris pour le lendemain. Mais le 1er février, ceux des conjurés qui s'étaient proposé de faire échouer ou ajourner le complot, attirèrent Poncelet dans un conciliabule, où ils surent le retenir, sous différents prétextes. Dermenon, qui avait eu vent d'une conspiration carliste, fut saisi d'une grande inquiétude en ne voyant point paraître Poncelet au rendez-vous. Il craignit d'avoir été victime d'un espion ; il parla de la négociation suspecte dans laquelle il était engagé au fabricant d'armes qui devait lui fournir les fusils promis, et celui-ci l'entraîna chez le préfet de police. M. Gisquet, qui, trompé par quelques-uns de ses agents, avait déjà été dupe plusieurs fois de faux avis que les conspirateurs lui faisaient parvenir, M. Gisquet se montra d'abord fort incrédule et attendit des renseignements plus complets.

Tel était l'état des choses, quand l'heure fatale sonna pour les conjurés. Les diverses brigades se réunirent, comme il avait été convenu, dans leurs quartiers respectifs. Elles comprenaient de deux mille cinq cents à trois mille hommes. Il y avait des groupes à l'Observatoire, à la barrière de l'Étoile, à celle du Roule, aux Champs-Élysées, à la Bastille, au faubourg Saint-Antoine, le long du canal Saint-Martin, et dans le voisinage de plusieurs magasins d'armes, dont le plan avait été dressé et qu'on s'était ménagé les moyens d'envahir sans peine. Un assez grand nombre de gardes forestiers étaient aux barrières, armés chacun d'un fusil à deux coups. De son côté, Poncelet s'était rendu chez un restaurateur de la rue des Prouvaires, et lui avait commandé un repas de plusieurs couverts pour la nuit, en lui remettant un billet de mille francs. Chez ce restaurateur devaient se réunir seulement les principaux conjurés. Aussi la surprise de Poncelet fut-elle extrême lorsqu'il vit accourir à lui successivement beaucoup de conjurés dont la place était ailleurs. « Tout est perdu, lui disait l'un : on « a donné contre-ordre. — L'argent que j'attendais, disait « l'autre, ne m'est point parvenu; ma troupe ne saurait « sans danger stationner sur la place ou dans la rue, en « attendant le signal. — Le chef dont j'avais annoncé la « présence à mes hommes, disait un troisième, ne s'est pas « encore présenté. Ils s'impatientent et me prennent pour « un traître : que faire? » Poncelet comprit bien par qui allait avorter le complot; mais comment reculer? A onze heures du soir, une centaine de conjurés étaient rassemblés dans la rue des Prouvaires. La réunion comptait des hommes déterminés, et des factionnaires veillaient à la porte du restaurant. Mais la police avait reçu des détails plus précis sur le marché conclu avec Dermenon; elle savait que 6,000 francs lui avaient été remis, et M. Gisquet lui avait donné l'ordre de livrer un certain nombre d'armes. En effet, vers minuit et demi, un fiacre contenant dix-sept fusils s'arrêtait devant le restaurant de la rue des Prouvaires. Les armes furent distribuées. Un instant après, Poncelet, qui était sorti, rentra ayant deux pistolets à sa ceinture. Une grande exaltation régnait parmi les conjurés, et l'on approchait du moment décisif, lorsque tout à coup la rue se remplit de gardes municipaux et de sergents de ville. La maison fut entourée, envahie. Le chef des conjurés s'avança, et voyant un sergent de ville porter la main sur la garde de son épée, il lui cassa la tête d'un coup de pistolet. Ses complices ne purent faire usage de leurs fusils, qui n'étaient pas en état de servir. Il fallut fuir. Un des conjurés tomba percé d'un coup de baïonnette, les autres furent arrêtés. On trouva dans la maison, outre les fusils, des balles, des cartouches, et trois des clefs destinées à ouvrir les grilles des Tuileries. Poncelet fut fouillé, il avait 140 francs en argent dans sa poche et 7,000 francs en billets de banque dans la doublure de ses bottes. Il avait distribué 1,800 francs le 1er février, et avait eu, durant les cinq jours précédents, le maniement de sommes énormes.

Quant aux détachements répandus dans la capitale, la plupart s'étaient depuis longtemps dispersés, soit par suite du contre-ordre reçu, soit par impatience, défiance et fatigue. Comme les conjurés avaient surpris le mot d'ordre et avaient fait savoir à la police qu'ils se proposaient de lancer dans Paris de fausses patrouilles, l'intervention de la garde nationale était redoutée : on se contenta d'envoyer sur quatre points des gardes municipaux et des sergents de ville. Mais les rassemblements se dissipèrent à leur approche, sans tenter une lutte que les contre-ordres, les malentendus et les défections avaient rendue impossible.

Les voitures qui, cette nuit-là, se croisèrent dans Paris en grand nombre, furent toutes visitées par ordre de la police, dont les agents arrêtèrent non-seulement les hommes qu'ils surprirent armés de pistolets ou d'épées, mais encore des citoyens qui regagnaient leur demeure après quelque innocente partie de plaisir, et des jeunes gens sortant du bal et chaussés en danseurs. Confondus avec les coupables, les innocents furent traînés au dépôt de la préfecture, au milieu des injures, des coups, et à travers une nuée d'espions animés de cette colère basse, propre aux passions que ne règle point l'intelligence.

Paris, à son réveil, fut fort étonné d'apprendre les événements de la nuit. Ils n'avaient pas été annoncés par ces rumeurs sourdes qui, d'ordinaire, préparent les esprits aux faits dont on garde le souvenir. Aussi tous les partis s'accordèrent-ils à considérer la conspiration de la rue des Prouvaires comme une tentative folle. Les républicains en prirent occasion de railler les illusions d'une aristocratie qui faisait survivre si obstinément son orgueil à ses ressources. Les partisans du régime en vigueur insultèrent de plus belle à la faiblesse de leurs ennemis. Les légitimistes eux-mêmes s'empressèrent de couvrir de leurs dédains la témérité de conspirateurs qui, n'ayant pas réussi, avaient pour contempteurs tous ceux que, dans le cas contraire, ils auraient eus pour complices. Quant à la police, elle ne manqua pas de se faire honneur de sa prévoyance. Elle n'avait pourtant presque rien su du complot; elle n'en avait pénétré ni l'origine, ni l'organisation secrète; elle n'en connaissait pas les chefs, et elle en appréciait mal l'importance. Des révélations ultérieures lui apprirent, il est vrai, des choses qu'elle ignorait complétement lors de l'arrestation de Poncelet et de ses camarades; mais les secrets les plus importants avaient été si bien gardés, que la plupart des meneurs échappèrent aux poursuites de la justice. Et ceux qui, plus tard, furent condamnés, le furent sur des preuves tout à fait incomplètes, ou même, comme M. Charbonnier de la Guesnerie, sur des témoignages peu honorables, combattus par des attestations du plus grand poids. Des noms considérables retentirent dans ce procès, tels que ceux du duc de Bellune, du général Montholon, du duc de Rivière, du baron de Mestre, des comtes de Fourmont, de Brulard et de Floirac, de la comtesse de Sérionne. L'attitude des accusés, dans le procès, fut en général énergique. Poncelet s'y fit remarquer, entre tous, par la loyauté de ses réponses, habile à ne point compromettre ses complices et peu occupé de ses propres périls [1].

Un événement extérieur, aussi grave qu'inattendu, vint faire diversion à ces querelles intestines. On a vu, dans le volume qui précède, comment l'Autriche, au mépris de nos déclarations, avait envahi l'Italie, et comment la Romagne était retombée sous le joug de la Cour de Rome. La douleur des Italiens s'était d'abord renfermée dans un morne silence. Mais la révolte était dans les cœurs, et le premier cri de guerre, parti de Bologne, pouvait replonger la diplomatie dans les embarras d'où elle n'était sortie qu'avec tant de peine. Pour assurer la tranquillité dans les États du Pape, les grandes puissances comprirent qu'il était indispensable de céder, dans une certaine mesure, aux justes désirs des populations.

Rien de plus triste, en effet, que la situation de l'Italie centrale à cette époque : une théocratie non soutenue par

---

[1] Voir aux pièces justificatives, n° 1.

la foi et réduite à s'imposer par la force ; l'autorité aux mains de prélats ignorants, corrompus, et ne se croyant pas même tenus à ce genre d'hypocrisie qui est la pudeur du vice ; nulle stabilité dans les lois ; le trésor public en quelque sorte au pillage ; les impôts ou changés ou accrus selon le caprice du souverain ; les honneurs refusés à la science ; le génie industriel privé d'excitations et d'aliment ; nul respect pour la liberté de l'esprit, pour la dignité de l'homme : pas de vie publique, en un mot.

Dans cet état de choses, les cinq grandes Puissances, sur l'invitation de la France et de l'Autriche, avaient cru devoir interposer entre le Pape et ses sujets leur médiation pacifique. Par une note en date du 21 mai 1831, elles avaient fait connaître au Saint-Siége que le meilleur moyen de rétablir la tranquillité en Italie et d'épargner à l'Europe le danger de commotions nouvelles, était d'introduire dans les États romains quelques-unes des réformes si impatiemment attendues. Que le principe de l'élection populaire fût admis comme base des assemblées communales et provinciales ; qu'une junte centrale fût chargée de la révision de toutes les branches administratives ; qu'on admît les laïques à toutes les charges de l'État ; qu'un conseil d'État fût institué, et qu'on eût soin de le composer des citoyens les plus notables : telles étaient les mesures conseillées au Pape dans la note présentée par les ambassadeurs de France, d'Angleterre, d'Autriche, de Prusse et de Russie.

Grégoire XVI répondit à cette note par un édit où il se bornait à déclarer que désormais la nomination des conseils appartiendrait au chef de chaque province ; qu'aucune proposition ne pourrait être mise en délibération dans le conseil sans avoir été préalablement soumise à l'autorité supérieure, et qu'il dépendrait toujours du délégué de la province d'approuver ou non le procès-verbal des séances. Le même édit portait que les séculiers seraient exclus du gouvernement des légations, et que chaque province pourrait être déclarée légation. Ainsi, Grégoire XVI repoussait et le principe de l'élection populaire, et l'institution d'un conseil d'État, et la participation des laïques à la gestion des affaires. C'était éluder, sur tous les points, les conclusions du mémorandum des Puissances.

Le mécontentement de la population fut d'autant plus vif qu'elle s'était abandonnée à l'espérance. Dans la Romagne, l'indignation se montra si menaçante, que les prolégats n'osèrent pas publier l'édit dans leurs provinces. Mais ce qui mit le comble à l'exaspération des esprits, ce fut, d'une part, l'accroissement des impôts; de l'autre, la publication de cinq règlements qui, sous prétexte d'améliorer la procédure civile et criminelle, consacraient, entre autres abus, les empiétements du tribunal ecclésiastique sur le tribunal civil, sanctifiaient tous les priviléges des tribunaux ecclésiastiques, établissaient, par disposition spéciale, qu'à égalité de délit, les prêtres devaient être condamnés à une peine moins forte, conservaient enfin cette ancienne et sauvage tyrannie : le tribunal de l'inquisition.

Toutefois, l'ordre, maintenu sévèrement par la garde civique, n'avait pas encore été troublé, lorsqu'on apprit que des troupes soldées se mettaient en mouvement pour occuper les provinces. Ces troupes se composaient en grande partie de brigands réunis aux environs de Rome. La nouvelle de leur entrée à Rimini et des excès auxquels ils s'y étaient livrés ne tarda pas à se répandre. On parlait en même temps d'une conspiration ourdie par les prêtres, et ayant pour but le meurtre des principaux chefs du parti libéral. Frappé à la fois de colère et de frayeur, le peuple prit les armes, tandis que des députés partaient de Bologne en toute hâte pour aller demander au Pape la retraite des soldats.

Les députés furent d'abord accueillis favorablement, et leur retour ranima l'espoir dans l'âme des malheureux Italiens. Des pétitions circulèrent, signées par les hommes les plus recommandables, et signalant les abus des nouveaux règlements, dont l'exécution fut conséquemment suspendue par les autorités de chaque légation. D'un autre côté, le cardinal Bernetti avait écrit que des députés seraient admis à exposer les vœux des populations; et les prolégats de Bologne, de Ravenne, de Forli, avaient eux-mêmes indiqué d'après quelles règles l'élection devait être faite. Mais tout à coup la scène change. La Cour de Rome fait savoir qu'elle désapprouve hautement toutes ces démarches; qu'aucune députation ne sera reçue; que les institutions concédées par le Pape sont excellentes; qu'il faut qu'on s'y soumette. Un emprunt réalisé avec l'aide de l'Autriche expliquait ce langage impérieux qu'allait appuyer un corps de cinq mille bandits.

Le 10 janvier 1832, le cardinal Bernetti notifia aux quatre représentants d'Autriche, de France, de Prusse et de Russie, la résolution prise par Sa Sainteté d'envoyer ses troupes dans les légations et de dissoudre les gardes civiques. L'Angleterre réprouva hautement la conduite du

Pape[1]. Les autres Puissances, au contraire, s'accordèrent, dans leurs réponses, à glorifier la sagesse du souverain pontife, et à blâmer les Romagnols, abandonnés à sa vengeance comme ingrats et rebelles. « S'il arrivait, disait « l'ambassadeur de France, M. de Saint-Aulaire, que, dans « leur mission toute pacifique, les troupes exécutant les « ordres de leur souverain rencontrassent une résistance « coupable, et que quelques factieux osassent commencer « une guerre civile aussi insensée dans son but que fu- « neste dans ses résultats, le soussigné ne fait nulle diffi- « culté de déclarer que ces hommes seraient considérés « comme les plus dangereux ennemis de la paix générale « par le gouvernement français. » Le langage des ambassadeurs d'Autriche, de Prusse et de Russie ne fut pas moins significatif : tous ils promirent au souverain pontife l'appui de leurs Cours, dans le cas où ses ordres ne rencontreraient pas « une soumission immédiate et sans condi- « tion. »

A la lecture de ces réponses, publiées dans le journal officiel de Rome, les Romagnols, surpris et désespérés, s'animent à la résistance. Quelques-uns parlaient encore de céder à la force, mais la plupart n'écoutaient déjà plus que les conseils de leur indignation. Ils faisaient remarquer que, non contents de les vouloir opprimer, leurs ennemis les calomniaient. Ne les avait-on pas appelés, jusque dans la note du représentant de la France, de la France de juillet, des insensés, des factieux ? Et pourquoi ? Ce n'était pas probablement parce qu'ils avaient refusé de porter la cocarde pontificale : aucun ordre de Rome, à cet égard, ne leur

---

[1] Voir aux Pièces justificatives, n° 2.

était parvenu ; et puis, pour quelle raison une garde, qui n'est ni soldée ni enrôlée par le Pape, serait-elle soumise à l'obligation de porter sa livrée? N'avait-on pas osé dire de la garde civique, gardienne si zélée de l'ordre public et des propriétés, qu'elle s'était érigée en corps délibérant, qu'elle avait prêché la désobéissance l'épée à la main, qu'elle avait pillé les caisses publiques? Qu'attendre d'un Pouvoir qui procédait ainsi par le mensonge, comme si ce n'était pas assez pour lui de recruter ses armées dans les prisons de Civita-Castellana, du fort Saint-Ange et de Saint-Leo? Si la liberté italienne était destinée à périr, il ne fallait pas, du moins, qu'elle mourût sans avoir trouvé de défenseurs. Était-il possible, d'ailleurs, que la France souscrivît au pacte qu'on signait en son nom, pacte odieux que n'avait pas voulu signer le représentant de l'Angleterre? Les actes se joignant à ces imprécations, les gardes civiques prirent les armes.

Le cardinal Albani avait été nommé commissaire extraordinaire, et il avait chargé un officier autrichien, le baron Marchal, de diriger les opérations militaires. Les troupes pontificales, qui s'étaient portées à Rimini, s'ébranlèrent ; de leur côté, les gardes civiques étaient en marche : la rencontre eut lieu dans la plaine de Césène. De moitié inférieurs en nombre, dépourvus de cavalerie, et n'ayant que trois pièces de campagne, les Romagnols soutinrent le combat avec vigueur, mais la partie était trop inégale : après une résistance opiniâtre, ils durent céder le terrain, et, dans l'espoir d'amener l'ennemi à disséminer ses forces, ils évacuèrent successivement Césène et Forli. Alors se passèrent, dans le berceau de la chrétienté et au nom du chef miséricordieux des fidèles, des scènes dignes de la barbarie des anciens âges. Les papalins se précipitèrent sur Césène comme des forcenés, saccagèrent le faubourg, envahirent un couvent où ils commirent des horreurs. Ayant pénétré dans l'église de Saint-Étienne du Mont, ils profanèrent les vases sacrés, foulèrent aux pieds les saintes hosties, poursuivirent jusque dans un souterrain de l'église un malheureux qui fut égorgé tenant un crucifix dans ses bras. De là, se répandant sur la ville, ils se firent un jeu du pillage et du meurtre, ne justifiant que trop bien le langage de ceux qui s'étaient écriés à l'approche d'une telle invasion : La Cour de Rome nous livre à des brigands.

Le lendemain, les magistrats de Forli étaient députés au cardinal Albani pour lui offrir l'entrée de la ville. Les pontificaux, en effet, occupèrent Forli, sans qu'on leur opposât la moindre résistance. Les habitants s'étudièrent même à leur faire bon accueil, espérant adoucir par là ces âmes farouches. Mais une rixe s'étant élevée par hasard entre un soldat et un homme du peuple, celui-ci fut tué. Aussitôt un cri terrible s'élève de la place où les papalins étaient rangés en bataille : Tue! Tue! Pille! Pille! Ce fut une affreuse boucherie. Le cardinal Albani, qui était attendu dans la soirée, arriva quand le carnage fumait encore. Il fit son entrée à Forli au milieu des plaintes des mourants et à travers des rues jonchées de cadavres. Puis, dans une proclamation publiée le jour suivant, cet exécrable massacre prit le nom de *triste accident*, et, pour indemniser tant de pauvres familles plongées dans le deuil, le cardinal n'eut pas honte de proposer une somme de 1,500 fr. à prendre sur la caisse de la ville [1].

---

[1] De semblables abominations ne seraient pas croyables au XIXe siècle, si les faits ne reposaient ici sur des témoignages irrécusables. On peut voir, à

Comment peindre la fureur qui, à ces nouvelles funestes, s'empara des Romagnols? Les gémissements des victimes de Forli et de Césène éveillèrent dans toute l'Italie un écho formidable ; et, malheureusement, le nom du gouvernement français se trouvait au fond de chaque cri de malédiction ou d'angoisse.

Le cardinal Albani n'osa pas marcher sur Bologne sans autre armée que celle qui venait de se signaler par de tels exploits. Le secours des Autrichiens fut, pour la seconde fois, invoqué. Leur intervention était, depuis longtemps, chose convenue entre la Cour de Vienne et la Cour de Rome. Ils fondirent donc sur Bologne, au nombre de six mille, traînant au milieu d'eux les papalins, devenus l'objet d'une haine si universelle et si juste. La plus sévère discipline avait été prescrite aux troupes autrichiennes : elle fut strictement observée ; de sorte que les Autrichiens parurent presque des amis à ceux qu'ils venaient de repousser dans la servitude. On fit honneur de ce résultat à la dextérité de M. de Metternich ; on lui attribua l'intention d'accoutumer les Italiens à la domination autrichienne. Mais sa politique fut soudainement déjouée par une mesure qu'on était loin d'attendre du gouvernement français.

Depuis quelque temps, Casimir Périer avait l'œil fixé sur les affaires d'Italie. Non qu'il fût touché de l'oppression qui pesait sur les États du Pape, mais l'ambition de la Cour de Vienne l'inquiétait : il aurait voulu prouver au prince de Metternich que, pour mettre le pied en Italie, les Français n'avaient nul besoin de traverser le Piémont, surtout quand l'alliance anglaise leur permettait de tenir librement la mer.

ce sujet, une excellente brochure de M. le comte Mamiani, intitulée : *Précis politique sur les derniers événements des États romains.*

Déjà, dès le commencement du mois de février, M. Ditmer avait été envoyé secrètement dans les États de l'Église, pour y sonder les dispositions des esprits et y étudier le véritable caractère des événements. Il n'était pas encore de retour à Paris, lorsqu'on y apprit que les Autrichiens avaient fait leur entrée à Bologne.

Casimir Périer prit sur-le-champ son parti, au risque de déplaire au roi et de jeter l'alarme au sein de la diplomatie.

Dans les premiers jours de février 1832, le capitaine de vaisseau Gallois reçut l'ordre de prendre le commandement d'une division navale composée du vaisseau le *Suffren*, des frégates l'*Arthémise* et la *Victoire*, et d'un brick; il dut embarquer sur ces bâtiments le 66ᵉ de ligne, commandé par ce même colonel Combe qu'attendait en Afrique une mort si glorieuse. La mission du commandant Gallois était de se présenter devant Ancône et d'y attendre un délégué de M. de Saint-Aulaire, ambassadeur de France à Rome. Dans le cas où ce délégué ne lui apporterait pas un ordre de débarquement, le commandant Gallois devait transporter le 66ᵉ à Oran et revenir lui-même à Toulon. En même temps, le général Cubières, commandant en chef de l'expédition, dut partir pour Rome en passant par Livourne, afin de s'entendre avec le Pape sur l'occupation d'Ancône par les Français. L'escadre ayant à tourner toute l'Italie, on calculait que le général Cubières aurait eu le temps de voir le souverain pontife, de lui communiquer ses instructions, d'obtenir son assentiment, et d'arriver à Ancône avant que le capitaine Gallois et le colonel Combe y eussent paru. Or, il advint que, d'une part, le général Cubières fut retardé dans son voyage par les vents contraires, et, de l'autre, que l'escadre fit sa traversée avec une célérité tout à fait imprévue. Aussi le général Cubières trouva-t-il, en arrivant à Rome, M. de Saint-Aulaire en proie au plus grand trouble. Le Pape venait de tomber dans un violent accès de colère, et le cardinal Bernetti s'était écrié : « Non, depuis les Sar-« rasins, rien de semblable n'avait été tenté contre le « Saint-Père ! » On savait, depuis quelques heures, la nouvelle de l'occupation d'Ancône.

Cette audacieuse occupation avait eu lieu dans la nuit du 22 au 23 février 1832. Le commandant Gallois était un homme de résolution et de coup-d'œil, qui, dès l'enfance, s'était toujours montré amoureux de l'impossible et prêt à l'oser. Ne trouvant pas à Ancône le délégué de M. de Saint-Aulaire, il prit hardiment sous sa responsabilité personnelle le parti le plus conforme à l'honneur du drapeau. Il fit tout préparer pour le débarquement et pour l'assaut, et prévint le colonel Combe qu'il aurait à s'emparer d'Ancône soit par voie d'accommodement, soit par les moyens militaires. Le colonel, après avoir hésité un instant à obéir, sans doute à cause de l'inégalité des grades, descendit à terre dans la nuit, et gagna la ville au pas de course. Les portes étaient fermées ; sur le refus des pontificaux de les ouvrir, les sapeurs du 66ᵉ en enfoncent une à coups de hache ; le commandant Gallois escalade les remparts avec son équipage, et bientôt les Français, se répandant de toutes parts, désarment les postes, mettent aux arrêts le colonel Lazzarini, qui était tranquillement endormi, et se rendent maîtres de la ville. Le lendemain, à midi, toutes les troupes étaient débarquées, et le colonel Combe, à la tête d'un bataillon, s'avançait sur la citadelle. Les Français se livraient à l'espoir d'un combat avec leur fougue ordinaire et brûlaient de monter à l'assaut. Mais les troupes pontificales cédèrent, et, après quelques pourparlers, les Français furent reçus dans la forteresse, sur laquelle flotta aussitôt le drapeau tricolore, si cher aux Italiens [1].

Ce jour fut pour les habitants d'Ancône un jour de fête et de triomphe. En peu d'instants, les trois couleurs brillèrent sur toutes les places. Vive la liberté ! criaient les

---

[1] Le commandant Gallois raconte lui-même son expédition dans une lettre adressée par lui à son frère, le colonel Gallois, qui, après avoir noblement combattu dans la campagne de Pologne, était alors à Vienne, sollicitant auprès de M. de Metternich, avec l'appui du maréchal Maison, la translation en France des officiers et soldats du corps de Ramorino. Voici la lettre autographe du capitaine Gallois, depuis contre-amiral :

« Ancône, 8 mars 1832.

« Mon cher Auguste,

« Tandis que tu me crois à Toulon, je t'écris d'Ancône, où je viens de conduire, avec une célérité remarquable (14 jours), une division de deux frégates et d'un vaisseau de 90 canons, transportant le 66ᵉ régiment de ligne. J'avais ordre d'attendre ici un délégué de M. de Saint-Aulaire, ambassadeur de France à Rome ; mais, cet envoyé ne s'étant pas présenté, j'ai jugé convenable de débarquer sans lui, ce qui s'est opéré dans la nuit, en escaladant le rempart, et en brisant une des portes de la marine. Il faisait beau voir ton frère, à trois heures du matin, allant, avec une compagnie de grenadiers, prendre dans son lit le légat du pape, qui paraissait plus fâché d'être dérangé dans son sommeil que de la prise de sa ville, dont il ne se doutait pas, le priant, du reste, d'excuser la *liberté grande*. Le désarmement des postes de la ville s'est fait sans résistance, et pas une amorce n'a été brûlée. La forteresse a été prise par capitulation. Le secret a été si bien gardé, que nous étions à cinq lieues d'Ancône que personne ne savait encore où nous allions, pas même le colonel du 66ᵉ, qui a prétendu plus tard que l'expédition était sous ses ordres, quoiqu'il m'écrivît : *Au commandant des forces françaises*. Ce conflit d'amour-propre a manqué de nous faire couper la gorge ; mais enfin le général Cubières, arrivé de Rome pour prendre le commandement supérieur, nous a un peu rapatriés.

« Je n'ai point encore de nouvelles de France. J'ai écrit par estafette, par M. Bertin de Vaux fils, qui est auprès de M. Sébastiani, et je lui ai remis une dépêche télégraphique qu'il doit faire transmettre à Paris par le télégraphe de Lyon. Je pense que le gouvernement me saura gré de lui avoir donné l'initiative sans responsabilité, car il peut me désavouer, ou accepter l'opération et ses conséquences.

Français, et ce cri était répété par les patriotes italiens avec attendrissement et avec orgueil. Le gouverneur de la province et le commandant de la place, faits d'abord prisonniers, furent relâchés ensuite et sortirent d'Ancône. Les prisons d'État furent ouvertes, la liberté fut rendue à Marco Zaoli, de Faenza et à Angelo Angelotti, d'Acquaviva. Le soir, le théâtre retentissait de chants patriotiques, et la ville était illuminée. Dans tous les lieux publics, les habitants fraternisaient avec les soldats. Dans un des principaux cafés d'Ancône, un officier d'état-major monta sur un banc, et, tenant l'épée nue, il dit que le 66e n'était qu'une avant-garde envoyée par la France pour annoncer l'affranchissement du pays. A ces mots, d'unanimes applaudissements éclatèrent, et l'on vit, comme à l'époque de la révolution de juillet, des citoyens verser des pleurs d'enthousiasme.

Toute l'Europe s'émut de cet événement. Le Pape exhala son ressentiment dans une protestation amère. L'ambassadeur d'Autriche en France, M. d'Appony, demanda des explications. Le général Grabowski, commandant les troupes autrichiennes à Bologne, publia une proclamation dans laquelle il disait que les Français étaient certainement venus à Ancône, guidés par les mêmes motifs que les

« Les habitants de toute la Romagne nous aiment beaucoup, et désirent que le gouvernement papal s'amende un peu. Il est temps que ces malheureux peuples respirent avec un peu de liberté, car jusqu'à ce jour ils ont été opprimés sans relâche.

« Je crois que tu dois être guéri de tes honorables blessures, mon cher ami, et que j'aurai au moins le bonheur de te savoir en France, si je n'ai pas celui de t'embrasser.

« Ton frère qui t'aime,
GALLOIS,
« *commandant la division navale à Ancône.* »

Autrichiens. En Angleterre, les ministres furent vivement interpellés sur la tolérance de leur politique par les chefs du torysme, interprètes infatigables de tous les soucis d'une haine jalouse.

Il semble que cette inquiétude universelle aurait dû devenir, en France, pour Casimir Périer, une cause de popularité. Il n'en fut rien. Ses ennemis rejetèrent tout l'honneur du coup de main sur le capitaine Gallois et le colonel Combe, qui n'étaient parvenus à faire briller dans tout son jour la hardiesse française qu'en outrepassant leurs pouvoirs, et ils reprochèrent au ministère de n'avoir envoyé nos soldats en Italie que pour les y faire servir de sbires au despotisme pontifical, comme le prouvaient et le langage, bien connu, de M. de Saint-Aulaire, et sa réponse à la note-circulaire du cardinal Bernetti, et le voyage du général Cubières à Rome, alors que sa place était à la tête de l'escadre, et, tout récemment encore, la proclamation du commandant des Autrichiens campés à Bologne. Les plus modérés d'entre les adversaires du ministre trouvaient sa conduite étourdie jusqu'à l'extravagance ou, plutôt, inexplicable. Ils y voyaient un sujet d'humiliation et de colère pour le souverain pontife, de mécontentement pour l'Autriche, d'alarme pour l'Angleterre, et se demandaient quels avantages on pouvait attendre d'une expédition de ce genre. Forcer les Autrichiens à évacuer l'Italie ? Mais il aurait fallu pour cela plus de douze ou quinze cents hommes. Protéger la liberté des peuples contre les entreprises du Saint-Siège ? Mais le gouvernement français avait pris manifestement parti pour le Pape, de concert avec l'Autriche, la Prusse et la Russie. Sous tous ces rapports, l'expédition paraissait sans but, et il n'en restait plus alors que l'irrégularité et le danger.

L'attitude hostile prise par la Cour de Rome vint donner de l'autorité à ces reproches de l'Opposition. Le général Cubières eut beau annoncer aux habitants d'Ancône, dès son arrivée dans cette ville, que sa mission était de nature à resserrer les liens qui existaient entre la France et les États de l'Église, le Pape fit évacuer la ville par ses troupes, et donna ordre qu'on transportât ailleurs le gouvernement de la province. Nous dirons plus bas à quelles tristes conditions le Cabinet des Tuileries obtint du Pape l'autorisation de prolonger le séjour des Français à Ancône, et quel rôle y fut imposé à nos soldats. La vérité est que l'occupation, prise à son origine, avait eu un résultat utile : celui de mater les vues ambitieuses de la Cour de Vienne, en lui montrant qu'on n'entendait pas qu'elle changeât en droit de conquête sa sollicitude pour le souverain pontife.

Quoi qu'il en soit, le redoublement d'attaques auquel l'exposaient même les mesures dont il espérait le mieux, avait jeté Casimir Périer dans un état d'exaspération qui le rendait pour tous les siens un objet de compassion ou de terreur. Tantôt abattu et se traînant à peine, tantôt exalté jusqu'au délire, il semblait n'avoir plus de vie que pour la haine. Rien n'avait pu apaiser la soif de despotisme qui était en lui : ni l'humilité de ses collègues, qu'il faisait mouvoir d'un signe, ni son empire sur la Chambre, dont sa voix soulevait et calmait tour à tour les passions, ni l'insolence des courtisans par lui seul enchaînée, ni les égards du roi lui-même, forcé de subir en lui l'injure de son dévoûment. Ainsi, martyr de son orgueil, il lui arriva souvent de donner à ceux qui l'approchaient des spectacles singuliers et terribles. Une nuit, mandé par lui secrètement, M. le docteur De Laberge accourt au ministère de l'intérieur. Casimir Périer était au lit. Des bougies brûlaient dans l'appartement du ministre et éclairaient son visage profondément altéré. « Lisez, dit-il à M. de « Laberge, en lui tendant un cahier ; voici ma réponse « aux attaques dirigées hier contre moi par M. Laffitte. « Lisez et donnez-moi votre avis. » M. De Laberge trouva le discours empreint d'une animosité blâmable, s'en expliqua franchement, et fut prié par le ministre d'adoucir ce que pouvaient avoir de trop acerbe des expressions échappées à la colère. Tout à coup, la porte s'ouvre, un officier de dragons paraît, apportant une lettre du roi ; Casimir Périer saisit la lettre, la lit rapidement, la froisse, la roule entre ses mains, et la jetant loin de lui avec violence : « Il n'y a pas de réponse, crie-t-il à l'officier, qui « se retire interdit. — On croit le président du conseil « fou, dit M. De Laberge ; voici un homme qui pourra « le certifier. » Casimir Périer ne s'offensa point de la rudesse de ces paroles, et se tournant vers M. De Laberge, dont il honorait le patriotisme et la franchise : « Si vous « saviez ce que contient cette lettre ! Ramassez-la et lisez. « — Dieu m'en garde ! répondit le docteur, qui con« naissait l'esprit soupçonneux du ministre ; dans l'état « d'irritation où vous êtes, vous pourriez confier ce secret « à d'autres, et m'en imputer ensuite la violation. » Alors Casimir Périer parla des chagrins amers et mystérieux dont sa vie politique était semée : « La Chambre ignore, « dit-il, à qui j'ai affaire ! » et, après quelques instants de silence : « Que n'ai-je des épaulettes ! — Eh ! qu'avez-

« vous besoin d'épaulettes ? » s'écria M. De Laberge. A ces mots, Casimir Périer se dresse sur son séant, la lèvre pâle, l'œil enflammé, repousse vivement la couverture de son lit, et montrant ses jambes amaigries, dont ses doigts déchiraient la peau. « Eh ! ne voyez-vous pas que je ne suis plus « qu'un cadavre ? »

Il était impossible que la politique de Casimir Périer ne se ressentît pas de cet étrange état d'exaltation. Et, comme les subalternes se plaisent toujours à outrer les défauts de leurs supérieurs, le Pouvoir avait revêtu, à tous les degrés, un déplorable caractère de haine et de brutalité. Des troubles attristèrent successivement les villes d'Alais, de Nîmes, de Clermont, de Carcassonne. Mais plus les populations se montraient mécontentes, plus l'autorité se montrait impitoyable.

Le 11 mars 1832, une mascarade représentant le budget et les deux *crédits supplémentaires*, sortit de Grenoble par la porte de France, se dirigeant vers l'Esplanade, où le général Saint-Clair passait en ce moment la revue de la garnison. Cette mascarade était interdite par les règlements, mais fondée sur un ancien usage ; elle ne se composait, d'ailleurs, que de dix ou douze jeunes gens dont la plupart étaient seulement déguisés. Après s'être répandus gaîment sur la route de Saint-Martin, ils se disposaient à rentrer dans la ville, suivis d'une foule nombreuse, lorsqu'ils aperçurent, rangés devant la porte, des grenadiers qui leur barraient le passage. Grenoble avait pour préfet M. Maurice Duval, administrateur d'un caractère absolu, élevé à l'école de l'Empire, et fanfaron d'impopularité. Quelques jeunes étourdis parcourant la ville avec des emblèmes politiques, lui avaient paru sans doute une éclatante occasion de faire étalage de force; car, sans convoquer la garde nationale, sans avertir le maire, il s'était adressé aux commissaires de police et avait requis le lieutenant général Saint-Clair de se tenir prêt à faire prendre les armes aux soldats. Sur son ordre, transmis au commissaire de police Vidal, les grenadiers s'étaient mis en mouvement pour empêcher la rentrée des masques. Ceux-ci insistant, les soldats croisent la baïonnette. Pressée entre les soldats, les chevaux et les voitures, la foule s'irrite; des cris retentissent, quelques pierres sont lancées, et, pour éviter une collision, l'adjudant de la place fait fermer la porte. Mais, au dehors, la foule s'entassait et grondait. Le colonel Bosonier de Lespinasse accourt, ordonne que la porte soit ouverte, et, la multitude se précipitant dans la ville, les masques disparaissent.

Le préfet se montra fort irrité de ce dénoûment. Un bal masqué était annoncé pour la soirée : il fut prohibé. Le maire combattit en vain une mesure qui, coupant court à des plaisirs promis et attendus, pouvait enfanter un dangereux tumulte. M. Duval persista; et le bruit ne tarda pas à se répandre qu'il avait dit au maire : « Si le peuple jette « des pierres aux soldats, les soldats lui jetteront des « balles. » Vraies ou supposées, ces paroles n'étaient point démenties par l'attitude ordinaire de M. Maurice Duval. On y crut : cependant, rien ne faisait présager de prochains malheurs. Le soir, au spectacle, quelques voix s'élevèrent pour réclamer contre la prohibition du bal masqué; mais la tranquillité publique ne fut pas autrement troublée.

Le lendemain, même calme dans la ville. Seulement, on annonçait pour le soir un charivari dont M. Duval était destiné à recevoir l'outrage. Il fut informé dans la matinée, et il écrivit au maire de Grenoble de réunir un bataillon de la garde nationale. Le bataillon devait se réunir à six heures. Or, par une singularité qui est restée sans explication, la lettre du préfet ne fut remise à la mairie qu'entre quatre heures et demie et cinq heures : elle arrivait trop tard ; la convocation ne put avoir lieu.

Le commandant de la place, M. Bosonier de Lespinasse, s'était rendu chez le général Saint-Clair pour prendre ses instructions. « Je n'en ai pas à vous donner, » lui avait répondu le général. Plus tard, vers quatre heures, le commandant reçoit l'ordre écrit de consigner les troupes. Inquiet, il court de nouveau chez le général, et lui demande quels ordres il faut transmettre aux soldats. Le général ne répondit rien.

A huit heures du soir environ, un rassemblement, dans lequel se trouvaient des enfants et des femmes, se forma devant l'hôtel de la préfecture. La foule criait *à bas le préfet!* cri auquel se mêlaient des rires et des huées. Il y y avait là certainement un désordre qu'il était dans le droit et du devoir de l'autorité de ne point tolérer. Mais, pour le faire cesser, il eût suffi d'une simple sommation, du genre de celles que la loi prescrit. Car, pas une arme ne brillait dans les groupes, et les dispositions du peuple étaient si peu hostiles, que, pour lui faire évacuer la cour dans laquelle il s'était répandu, on n'eut besoin que d'y envoyer cinq soldats. Refoulés dans la rue et grossis à chaque instant par le flot des passants et des curieux, les groupes continuèrent à crier : *A bas le préfet!* sans essayer toutefois de violer la consigne, et sans changer leur gaîté en menace. Ils commençaient même à se disperser, lorsque l'arrestation brutale d'un jeune homme par un agent de police vint donner au tumulte un aliment inattendu.

Cependant, les commissaires de police Vidal et Jourdan étant venus annoncer au préfet que le bataillon de la garde nationale convoqué par lui ne s'est point rassemblé, M. Duval leur enjoint de se rendre à la caserne, d'y prendre chacun une compagnie, et de *cerner* les perturbateurs. Ordres funestes qui ne furent que trop bien compris ! Au moment où, resserrée dans la rue qui la contenait, la foule réclamait à grands cris le prisonnier qui s'était endormi dans le corps de garde, parce qu'il était ivre, et que le premier adjoint du maire allait faire élargir, deux compagnies marchaient vers l'hôtel de la préfecture par deux routes diverses, et de manière à ne laisser à la multitude, soudainement attaquée, aucun moyen de se dissiper, ni aucune issue pour s'enfuir. Les soldats marchaient par files et s'avançaient en silence, les tambours portant leur caisse sur le dos. Ici, à travers la place Saint-André, les grenadiers, conduits par le commissaire de police Vidal ; là, le long de la rue du Quai, les voltigeurs conduits par le commissaire de police Jourdan. Tout à coup, du côté de la place Saint-André, un cri terrible se fait entendre : « Soldats, en avant ! » Le commissaire de police a disparu, aucune sommation n'est faite ; les grenadiers entrent dans la rue au pas de charge et la baïonnette croisée. Saisie d'étonnement et d'épouvante, la foule se précipite du côté opposé ; mais à l'instant même paraissent, à dix pas d'elle, les voltigeurs qui s'avancent rapidement, et que le commissaire de police Jourdan ne peut parvenir à arrêter. « Cernez et piquez, » tel est l'ordre féroce qui s'échappe de la bouche d'un officier. Les soldats s'élancent, se déployant, des deux côtés, sur toute la largeur de la rue, et perçant de leurs baïonnettes les malheureux qu'ils peuvent atteindre. Ce fut bientôt un spectacle abominable et déchirant. Des femmes sont renversées et foulées aux pieds, des enfants qui fuient sont frappés par derrière. Les cris *grâce! au secours! on m'assassine!* se font entendre de toutes parts. Les uns cherchent à se glisser le long des maisons, mais ils vont se heurter aux fusils du troisième rang plantés dans le mur ; les autres se pressent contre les fenêtres d'un cabinet littéraire, où un asile leur est promis, mais ils ne peuvent tous échapper au danger. Un conseiller à la cour royale de Grenoble, M. Marion, n'a que le temps de se jeter dans l'allée du magasin Bailly, où il trouve un homme dont la chemise est couverte de sang. Un jeune homme veut protéger une femme, il a le bras percé d'outre en outre. Un ébéniste, nommé Guibert, se voyant entouré, dit au grenadier qui marche sur lui : « Je « ne fais pas de bruit : ne me frappez pas. » Il reçoit aussitôt un coup de baïonnette dans l'aine, et, poursuivi par deux autres grenadiers, il va tomber sans connaissance au pied de la statue de Bayard !

Un long et morne silence suivit cette sanglante agression. Toutes les places, toutes les rues, avaient été occupées militairement, et l'indignation se renferma d'abord dans les cœurs.

Mais, le lendemain, Grenoble présentait l'aspect le plus sinistre. Dès la pointe du jour, les habitants étaient sortis de leurs maisons : bientôt une foule immense inonda la ville. Sur tous les visages se peignaient à la fois l'inquiétude et la colère. On disait le nom de chaque blessé, le nombre et la gravité de ses blessures ; on racontait avec exaltation, dans leurs plus affreux détails, les événements de la veille, et de toutes les bouches sortaient des paroles de malédiction.

Il n'y avait donc plus de sécurité pour les citoyens, s'il était permis à un préfet, au protecteur naturel de la cité, de faire succéder à la licence d'une partie de plaisir les horreurs d'une guerre civile ! Mais quoi ! il n'y avait pas eu guerre ici : des hommes, pour la plupart inoffensifs, des passants, des curieux, s'étaient vus entourés, chargés, sans qu'on les eût avertis, sans qu'on leur eût même laissé le moyen de se disperser. Par quelle fatalité avait-on adressé à la garde nationale un appel si tardif? On voulait donc faire intervenir les troupes. Au moins, aurait-on dû prévenir le commandant de place : pourquoi lui avait-on laissé ignorer des mouvements qu'il devait, en sa qualité, connaître et commander? Pourquoi, enfin, les sommations, rigoureusement prescrites par la loi, n'avaient-elles pas été faites ? Et, l'eussent-elles été, à quoi, hélas ! auraient-elles servi, puisque l'ordre avait été donné, non de dissiper le rassemblement, mais de le cerner ?

A ces imprécations, qui rejetaient sur M. Maurice Duval toute la responsabilité du sang versé, la plupart mêlaient le nom du 35ᵉ de ligne, trop fidèle exécuteur d'ordres barbares; mais ceux qui appréciaient les choses avec plus de calme, voyaient dans les soldats des malheureux plus à plaindre qu'à blâmer. Ils faisaient remarquer que les exigences de la discipline militaire sont absolues, impitoyables; qu'il est facile d'égarer des hommes rompus à une obéissance passive; que tant de malheurs provenaient plutôt d'un système qui, pour se défendre, préférait à la garde nationale, spécialement chargée du maintien de l'ordre, des bataillons dont les baïonnettes ne devraient jamais être tournées que contre l'ennemi; qu'il n'était pas juste, d'ailleurs, de rendre tous les soldats responsables d'excès qui n'avaient été, qui n'avaient pu être que le crime de quelques-uns.

Augmentée par ces discours, la colère publique allait croissant, et elle était partagée par les autorités elles-mêmes. Le procureur général, M. Moyne, ne se cachait pas pour exprimer son indignation. Une enquête était réclamée de toutes parts : la cour royale évoqua l'affaire. En même temps, sur la réquisition du préfet, qu'avaient devancée leurs propres inspirations, les conseillers municipaux convoquaient la garde nationale, et le rappel battait dans tous les quartiers. Des jeunes gens, non incorporés à la garde, couraient çà et là demandant des armes. Plusieurs d'entre eux, tous républicains, se réunissent sur la place Saint-André, se donnent pour chef M. Vasseur, connu pour sa résolution, pour son courage, et s'organisent en compagnie franche. L'autorité municipale avait publié une proclamation conciliante et noble : on y applaudit avec transport. Une autre proclamation du préfet, conçue en termes violents, est arrachée avec insulte, et quelques exemplaires qui passent de main en main, ne servent qu'à exaspérer davantage les esprits. Tout semblait annoncer une lutte terrible. Des voltigeurs paraissent soudain sous la voûte de l'Hôtel de Ville, et on reconnaît en eux quelques-uns des soldats de la veille ! La mesure des imprudences était comblée : dans toute la ville s'éleva ce cri menaçant : « Nous ne vou-« lons plus du préfet; nous ne voulons plus du 35ᵉ de « ligne ! »

Déjà les principaux membres du conseil municipal, MM. Ducruy, Buisson et Aribert, s'étaient rendus chez le préfet, qu'entouraient le lieutenant général Saint-Clair et ses officiers d'état-major. Le but de cette visite était d'obtenir la remise des postes que le 35ᵉ ne pouvait plus occuper qu'au risque d'une effroyable collision. Pas de concession ! disait le préfet, aveuglé par le fanatisme du pouvoir. Mais le lieutenant général Saint-Clair comprit bien qu'un refus de sa part serait le signal de la guerre civile, et il consentit à remettre à la garde nationale tous les postes de moins de douze hommes, y compris celui qui veillait à la porte de son hôtel. Quelques instants après, on entend un grand bruit dans la cour de la préfecture. La foule s'y est précipitée et frappe la porte à coups redoublés. « Que si-« gnifie cela, » demande le général? « Cela signifie, » répond le préfet, « que sous peu vous et moi serons jetés par la « fenêtre. » Ils passèrent alors l'un et l'autre dans la salle de la mairie, où s'étaient rassemblés un grand nombre de gardes nationaux. Là, on fit savoir au général que ses concessions étaient insuffisantes; que, pour éviter une collision, il était urgent de faire occuper par la garde nationale tous les postes, à l'exception de trois portes de la ville, que pourraient occuper conjointement la garde nationale, l'artillerie de la ligne et les sapeurs du génie. Le général dut se rendre aux instances de tant de citoyens parlant au nom de l'humanité, et, comme la cour était remplie d'une multitude impatiente, il fut invité à descendre au milieu d'elle pour la calmer. Le tumulte était immense. A la vue du général, un jeune homme, nommé Huchet, s'avance et prend rapidement la parole. Blessé la veille, il avait le bras en écharpe, et se montrait fort animé. Il rappela en termes passionnés des malheurs dont lui-même était victime; il représenta les malheurs, plus grands encore, qu'engendrerait une obstination téméraire et que pouvait seul conjurer le renvoi du 35ᵉ de ligne. La multitude répondit par une acclamation bruyante. La compagnie franche stationnait à quelques pas de là : son chef arrive, il aperçoit Huchet, blessé ; il court à lui et l'embrasse aux applaudissements de tous. On insistait pour le renvoi du 35ᵉ : un jeune homme s'avance vers M. Saint-Clair, et le déclare prisonnier. Le général est aussitôt conduit à son hôtel, la compagnie franche s'y présente, et des factionnaires sont placés à toutes les portes.

La situation était critique. Provoquée par une violation sanglante de la loi, et ne paraissant elle-même qu'un tumultueux triomphe de la légalité, l'insurrection allait devenir maîtresse de la ville. M. Jules Bastide ayant marché droit à la citadelle, accompagné seulement d'un artilleur : « Qui « êtes-vous, lui demanda le factionnaire? — C'est le com- « mandant de la place, » répondit l'artilleur. On présenta les armes à M. Jules Bastide ; il entra, prit possession de la citadelle, et fit sortir une batterie sur la place. Les habitants des campagnes voisines commençaient à se porter sur Grenoble, dont ils épousaient la querelle. Des citoyens en armes cherchaient le préfet, qui, gagné par la frayeur, se tenait caché dans son appartement, et s'était, disait-on, réfugié dans une armoire. Le tocsin pouvait sonner, et déjà des hommes hardis parlaient de constituer un gouvernement provisoire, projet d'une exécution facile et sûre ; car, en de telles circonstances, qui a l'audace du commandement en acquiert le prestige et en exerce les droits.

Quoi qu'il en soit, les moins ardents s'alarmèrent. Les membres de la compagnie franche, malgré la modération qu'ils avaient déployée, parurent des auxiliaires dangereux à tous les hommes timides. Deux compagnies de la garde nationale marchèrent donc à l'hôtel du gouvernement, où elles relevèrent le poste des jeunes gens, après quelques pourparlers entre les deux chefs.

De son côté, le lieutenant général Saint-Clair s'était décidé à envoyer au lieutenant général Hulot, qui commandait à Lyon la division militaire, une députation chargée de demander le renvoi du 35ᵉ. Cette mission fut confiée à M. Julien Bertrand et à M. Jules Bastide, qui, arrivé le 13 au matin à Grenoble, avait joué dans tous ces événements un rôle important et honorable. M. Bress, aide de camp du général Saint-Clair, leur fut adjoint, et ils partirent, autorisés par le conseil municipal.

Pendant ce temps, le préfet s'échappait de son hôtel pour aller chercher refuge dans une des casernes, et la garde nationale se faisait délivrer des cartouches par la municipalité. La soirée et la nuit du 13 furent calmes, mais solennelles. Un seul pouvoir était debout, le pouvoir municipal. La bourgeoisie était en possession des arsenaux et de la poudrière. Consigné dans ses casernes, le 35ᵉ s'étonnait du silence lugubre dont il était entouré. Toute la population était sous les armes et attendait.

Le 14, pendant que les envoyés des montagnes descendaient à Grenoble, et que des cavaliers partaient en toute hâte de cette ville pour porter dans les communes environnantes les exhortations pacifiques de la municipalité, le 6ᵉ régiment de ligne, un régiment de dragons et une demi-batterie d'artillerie partaient de Lyon et se dirigeaient sur Grenoble.

On commençait à y concevoir quelque inquiétude sur le sort de MM. Jules Bastide et Julien Bertrand, représentants d'une ville soulevée. MM. Ducruy et Repellin, l'un, premier adjoint, l'autre, conseiller municipal, se mirent en route pour Lyon, avec mission d'éclairer le général Hulot sur le véritable caractère des événements. En arrivant, ils apprirent que MM. Bastide et Bertrand avaient été accueillis convenablement par le général; que les réclamations de la ville de Grenoble avaient été chaudement appuyées par le préfet de Lyon, M. Gasparin, et que le général d'Uzer avait reçu l'ordre d'entrer à Grenoble en pacificateur, d'y faire effectuer le départ du 35º, mais seulement après sa réinstallation dans tous les postes. Les conseillers municipaux firent ressortir tout ce que cette réinstallation avait de dangereux. Fallait-il flétrir la garde nationale? Était-il prudent de mettre de nouveau face à face des soldats et des gardes entre lesquels existait la plus ardente inimitié? Le général Hulot fut touché de ces considérations, et, modifiant ses premières instructions, il décida que le 35ᵉ de ligne ferait sortir un de ses bataillons, lequel se placerait à la porte de France; que, cette porte ainsi occupée, le 6ᵉ de ligne, destiné à tenir garnison à la place du 35ᵉ, ferait son entrée, se rangerait en bataille sur la place d'Armes et relèverait tous les postes; qu'immédiatement après, le 35ᵉ quitterait Grenoble.

Ces instructions furent ponctuellement suivies. Le 16 mars 1832, les soldats du 35ᵉ sortirent de cette ville, où ils laissaient de si douloureux souvenirs; ils sortirent au travers d'une population morne, silencieuse, et commandant à sa colère.

A la nouvelle des événements qui venaient de se passer dans sa ville natale, Casimir Périer donna un libre cours à sa fureur. Une défaite de l'autorité était pour son orgueil une humiliation impossible à dévorer. Le 19 mars, et sans attendre que les faits eussent été au moins éclaircis, le

Moniteur publia un article où il était dit : que le 35ᵉ, dont le concours avait été légalement requis, avait fait son devoir avec sagesse et dévoûment ; que colonel, officiers et soldats méritaient des éloges ; que toutes sortes d'outrages avaient été adressés aux soldats, qui s'étaient trouvés de la sorte dans le cas de légitime défense ; que de graves blessures avaient été reçues par des militaires, et qu'on avait perfidement exagéré le nombre de celles qu'avaient reçues les perturbateurs.

Ces étranges inexactitudes, qu'attendait, comme on le verra plus bas, un inévitable et victorieux démenti, avaient pour effet de calomnier les victimes. MM. Félix Réal et Duboys-Aimé, députés des arrondissements de Grenoble, protestèrent contre des allégations aussi imprudentes que mensongères, dans une lettre dont le *Moniteur* retarda l'insertion ; et, dans la séance du 20 mars, M. Duboys-Aymé se leva pour interpeller à ce sujet le ministère. Les passions étaient vivement excitées, et la lutte qui s'engagea fut terrible. Dans un discours plein d'émotion et de fermeté, Garnier-Pagès repoussa le blâme dont on osait frapper une ville qu'on avait ensanglantée ; il demanda si les sommations avaient été faites, et déclara que, dans le cas contraire, des citoyens ayant été égorgés... A ces mots, il s'élève des clameurs ; Casimir Périer s'emporte et bondit sur son banc ; toute l'assemblée s'agite en sens divers. Mais Garnier-Pagès, reprenant : « Oui, dit-il, s'il n'y a pas eu de somma-
« tions préalables, nul doute que le petit nombre d'hommes
« qui ont porté les armes contre des citoyens, les ont
« égorgés. » Une longue interruption succède à ces déclarations énergiques.

M. Dupin aîné prend ensuite la parole. Il s'étonne que

l'émeute trouve jusque dans le sein du parlement des défenseurs et des apologistes. Insultés, attaqués, sur le point de se voir désarmés, les soldats pouvaient-ils ne pas se défendre ? Et quels étaient les hommes dont on plaidait si chaleureusement la cause, au profit de qui on lançait sans preuves, contre le gouvernement, une accusation atroce ? C'étaient des hommes qui, dans une criminelle mascarade, avaient figuré l'assassinat du roi ; c'étaient des factieux réunis comme par miracle, comme par un coup de sifflet. Et on appelait population une escouade qui s'était jetée entre la garde nationale et la troupe ! M. Dupin finissait en exprimant l'espoir que le jury ne se laisserait pas intimider, que la Cour royale de Grenoble vengerait la société offensée, et qu'on rendrait justice à la justice.

Renchérissant sur les assertions audacieuses de ce discours, auquel M. Odilon Barrot venait de répondre avec beaucoup de sens, de mesure et de dignité, Casimir Périer affirma qu'on avait crié sous les fenêtres de M. Duval : *A bas le gouvernement ! Vive la République !* et il adressa hautement à la garde nationale de Grenoble le reproche de n'avoir pas répondu à la convocation qui plaçait l'ordre sous son égide.

En lisant dans le *Moniteur* le compte rendu de la séance du 20 mars, la population de Grenoble se sentit calomniée et se répandit en plaintes amères. Une enquête fut ouverte ; une protestation appuyant l'œuvre de la municipalité et démentant les accusations du président du conseil, fut couverte, en peu de temps, de deux mille cent soixante-six signatures ; le conseil municipal prépara un rapport destiné à faire connaître la vérité à la France ; enfin, M. Maurice Duval lui-même fut obligé de reconnaître publiquement qu'il avait été induit en erreur, et qu'on n'avait poussé devant la porte de son hôtel aucun des cris séditieux dont Casimir Périer avait entretenu la Chambre.

Mais la colère des ministres croissait avec leur confusion. Une ordonnance prononça la dissolution de la garde nationale de Grenoble, et en prescrivit le désarmement. Le lieutenant général Saint-Clair, qui, pour éviter l'effusion du sang, avait autorisé la remise des postes à la garde nationale, fut brutalement destitué. On mit en disponibilité le commandant de la place, M. Lespinasse. Le colonel d'artillerie Chantron fut admonesté et remplacé. Le lieutenant général Hulot, qui avait donné l'ordre de faire partir de Grenoble le 35e, dut partir pour Metz, où les honneurs du commandement couvrirent mal sa disgrâce. D'un autre côté, M. Maurice Duval fut élevé dans la faveur du maître. Et, pour mieux marquer que la puissance des baïonnettes allait devenir dominante, le maréchal Soult, ministre de la guerre, publia un ordre du jour adressé à l'armée, manifeste hautain qui commençait par des témoignages de satisfaction donnés au 35e de la part du roi, et qui se terminait par ces mots, étonnants chez un peuple libre : « Soldats! « le roi et la France vous remercient. »

Il était temps que la voix de la vérité fût opposée aux inspirations de la violence. Dans un rapport, remarquable par la précision des énoncés et la modération du langage, l'administration municipale de Grenoble prouva péremptoirement que la mascarade du 11 mars ne figurait en rien l'assassinat du roi ; que la garde nationale avait été convoquée trop tardivement pour pouvoir se rassembler[1] ;

---

[1] « Je soussigné, employé à la mairie de Grenoble, certifie que la lettre « adressée par M. le préfet de l'Isère à M. le maire de Grenoble, le 12 mars

qu'aucun cri hostile au gouvernement ou au roi, n'avait été poussé sous les fenêtres du préfet — le préfet en était lui-même convenu ; — que le commandant de place n'avait pas été averti [1] ; que M. Duval avait bien réellement donné aux commissaires de police l'ordre de CERNER le rassemblement [2] ; qu'aucune sommation légale n'avait été faite [3] ;

« courant, contenant l'ordre de convoquer un bataillon de la garde nationale,
« n'est parvenue à la mairie qu'entre quatre heures et demie et cinq heures
« du soir. En foi de quoi j'ai signé le présent.

« Grenoble, le 15 mars 1832.

« LABORDE. »

(Extrait du rapport de la municipalité de Grenoble.)

[1] « C'est avec la plus vive peine que je vois que nombre de mes compa-
« triotes croient que j'ai été chargé du mouvement des troupes, dans la nuit
« du 12 de ce mois ; je puis attester sur l'honneur qu'aucun avis, qu'aucun
« ordre ne m'a été donné pour faire agir les troupes, et que, par conséquent,
« je n'ai pu rien prévoir, ni rien prévenir. L'autorité n'a-t-elle pas eu con-
« fiance en moi ? Je l'ignore. Maintenant, que mes compatriotes me jugent.

« Votre dévoué compatriote,
« Le commandant de la place,

« LESPINASSE. »

[2] « M. le préfet nous ordonna de nous rendre à la caserne; de prendre,
« mon collègue et moi, une compagnie chacun, de cerner et d'arrêter les
« perturbateurs. »

(Extrait du rapport du 12 au 13 mars 1832, du
commissaire de police Jourdan.)

« M. le préfet nous dit d'aller prendre la troupe de ligne. Mon collègue et
« moi, nous sommes allés à la caserne de Bonne, nous avons demandé une
« compagnie chacun, puis, nous nous sommes séparés ; mon collègue a passé
« par le quai d'Orléans, et moi par la Grande-Rue, pour cerner l'attrou-
« pement. »

(Extrait du rapport du 12 au 13 mars 1832 du
commissaire de police Vidal.)

[3] « Les voltigeurs, guidés par je ne sais quel sentiment, et aussi prompts
« que l'éclair, croisent la baïonnette et refoulent l'attroupement, qui cher-
« chait sans doute à se frayer un passage, et cela, sans commandement, de

qu'un seul militaire du 35ᵉ était entré à l'hôpital, quatre jours après les événements du 12, et pour inflammation, suite d'un coup de pied[1]; que le lieu du rassemblement n'offrait pas de pierres qu'on pût jeter aux soldats; que, parmi les blessures faites aux citoyens, quatorze avaient été reçues par derrière[2]; que les événements du 13 étaient le résultat inévitable de l'exaspération des esprits, causée par une flagrante violation des lois; que la conduite, soit de l'autorité municipale, soit de la garde nationale de Grenoble, avait été non-seulement sans reproche, mais digne de la reconnaissance des citoyens.

Par ce faux point d'honneur, commun à tous les gouvernements qui veulent faire prévaloir dans un pays le culte de la force, le ministère jura de réduire ses adversaires, ne les pouvant convaincre, et il eut recours aux mesures les plus acerbes. Alors parut tout ce qu'il y a de naturellement servile au fond de la plupart des ambitions humaines. Pour être fort, il suffit de le paraître : les hommes pusillanimes coururent à ceux qui disposaient des baïonnettes et parlaient le langage de la dictature; l'enquête commencée contre les agresseurs fut poursuivie contre la population attaquée. Comme il était impossible de mettre en cause toute la garde nationale de Grenoble, et qu'on voulait se donner la satisfaction d'un triomphe judiciaire, on choisit, pour les faire juger, les deux frères

« leur propre mouvement, sans attendre les sommations, et malgré mes
« représentations et mes cris de relever leurs armes. »
(*Rapport du commissaire de police Jourdan.*)

[1] Hôpital général de Grenoble. (Salle militaire.) Rapport de MM. Fournier et C. Silvy.

[2] Rapport de MM. Romain Bally et Joseph Breton, docteurs en médecine.

Vasseur, MM. Bastide, Gauthier, Dubost et Huchet. Un d'eux, M. Bastide, était étranger à la ville ; un autre, M. Huchet, était une des victimes de la funeste journée du 12. De leur côté, tremblant de déplaire aux dépositaires de la force, aux dispensateurs de la fortune, des fonctionnaires publics, qui avaient d'abord pris parti pour la ville de Grenoble, se prononcèrent contre elle, à l'aspect des étendards flottants et au bruit des bataillons en marche.

Dans son ordre du jour à l'armée, le maréchal Soult avait dit : « Sa Majesté n'a point approuvé que le 35e fût retiré « de Grenoble. » Le lieutenant général Delort, chargé du commandement supérieur de la 7e division, se fit précéder à Grenoble par une proclamation menaçante ; et dans cette ville de 25,000 âmes, qu'occupaient 8,000 hommes de toutes armes, le 35e rentra, tambours battant, musique en tête, canons au centre et mèche allumée.

Pleins d'une douleur contenue, mais exempte de crainte, les habitants assistaient à cette entrée sinistre et triomphale. Quelques-uns souriaient de pitié à la vue de cet appareil militaire. Un citoyen s'approcha d'un des canonniers qui portait la mèche allumée, et lui dit en tendant son cigare : « Un « peu de feu, camarade, s'il vous plaît. »

Quelques jours après, un événement qui empruntait des circonstances une imposante solennité, tenait la ville de Grenoble attentive. Il avait été convenu qu'un combat singulier aurait lieu entre un jeune homme de la ville, nommé Gauthier, et un officier du 35e. A l'heure du duel, toute la population se porta sur le lieu de la rencontre. Un détachement de dragons avait été commandé pour tenir la multitude à distance. D'autres cavaliers et des trompettes furent échelonnés de façon à protéger le champ clos où allait se prononcer, comme au moyen âge, le *jugement de Dieu*. Les deux adversaires entrèrent en lice. Rien ne saurait peindre l'émotion, l'anxiété des spectateurs. Car ce n'était pas une querelle particulière qui allait se vider, et l'altération des visages disait assez que, dans l'issue de ce duel, était engagée la cause d'une ville entière. Le combat avait lieu au sabre. Quoique inhabile à manier cette arme, Gauthier fondit résolûment sur son adversaire, évita le sabre levé sur sa tête, et d'un coup de pointe étendit le militaire à ses pieds.

Pendant deux mois, des duels presque quotidiens mirent aux prises les militaires du 35° et les habitants. Et, toujours, ce fut aux habitants que demeura l'avantage du combat : circonstance à laquelle les croyances populaires se plurent à attacher une signification toute providentielle ! Le 9 mai, à la suite d'un nouveau duel et à l'occasion d'un drapeau blanc arboré par un officier du 35° et arraché à celui-ci par un habitant, la querelle devint générale à l'esplanade de la porte de France. Malgré l'intervention conciliante des dragons et de quelques officiers, des soldats et des citoyens furent blessés. L'irritation était aussi grande que dans les journées des 11 et 12 mars : le général Delort fut obligé de consigner, comme l'avait fait le général Saint-Clair, le 35° dans ses casernes, dont des soldats des autres régiments durent garder les avenues. La municipalité écrivait sur-le-champ au ministère une lettre énergique, déclarant que, si le 35° n'était pas immédiatement éloigné, elle était déterminée à donner sa démission. Il fallait un terme à cette cruelle situation. Le 20 mai, le 35° quitta Grenoble pour la seconde et dernière fois.

Le sang du citoyen versé par la main du soldat ; une généreuse cité plongée dans le deuil, poussée ensuite jusqu'aux confins de la révolte ; l'autorité vaincue, et réduite à se dédommager de la perte de sa force morale par l'étalage grossier de sa force matérielle ; une armée loyale et brave détournée violemment de sa mission ; la haine semée entre des citoyens et des militaires, faits pour s'aimer et tous enfants de la même patrie : voilà par quels résultats la politique de Casimir Périer se recommandait à l'admiration des hommes !

Et à cette humiliante anarchie se joignaient les péripéties d'une lutte opiniâtre entre les deux premiers corps de l'État. Voyant que l'indissolubilité du mariage, combinée avec la séparation de corps, n'était que l'adultère légalisé, la Chambre des députés, sur la proposition de M. de Schonen, avait voté le rétablissement du divorce : la Chambre des pairs le repoussa. La Chambre des députés avait voulu abroger, comme injurieuse à la nation, la fête expiatoire du 21 janvier : la Chambre des pairs regarda cette abrogation comme attentatoire à la royauté ; et après des tiraillements pleins de périls, la question, ajournée, laissa dans le doute si le principe monarchique vaut que, pour un roi mis à mort, tout un peuple subisse l'outrage d'une expiation sans fin.

Cette rivalité des pouvoirs, qui accusait si formellement le vice du régime constitutionnel, tendait à rendre impossibles toutes les grandes choses. Aussi, depuis quelques mois, la Chambre des députés se tenait-elle pour ainsi dire renfermée dans la discussion du budget, sur laquelle, du reste, un vol fameux appelait l'attention publique. Le caissier général du trésor, M. Kœsner, avait disparu, laissant dans la caisse qui lui était confiée un déficit de plusieurs millions. Indépendamment du désordre que semblait révéler dans la comptabilité ce déficit, dont le public ignora longtemps le véritable chiffre, il découvrait une des plus hideuses plaies de la civilisation moderne. Car M. Kœsner, doué de qualités recommandables et connu pour sa bienfaisance, n'avait été entraîné à l'abîme que par la manie des opérations de Bourse. La Bourse, on le sait, n'est pas seulement un hospice ouvert aux capitaux sans emploi, elle est aussi le repaire de l'agiotage. L'occasion était belle pour examiner quelle influence la Bourse exerce sur le mouvement des capitaux, de quelle nature est l'élan qu'elle imprime à l'esprit de spéculation, s'il est bon de la tolérer, et s'il n'appartient pas, du moins, à un gouvernement digne de ce nom, d'intervenir activement, et sous sa responsabilité, là où les fureurs du jeu sont si fécondes en malheurs, en fraudes, en succès odieux et en scandales. Nous exposerons dans le cours de cet ouvrage l'état des finances du royaume, sans négliger l'étude des importants problèmes qu'un pareil exposé soulève. Ces problèmes, la Chambre aurait dû les résoudre ; mais détruire les abus était au-dessus du courage d'une assemblée dans laquelle siégeaient tant d'hommes dont ces abus mêmes avaient fait la fortune et constituaient la puissance. La Chambre vota donc le budget, après une discussion aussi stérile que laborieuse. Le budget des dépenses ordinaires et extraordinaires de l'exercice de 1832 s'élevait à 1 milliard 106 millions 618,270 francs. Le dernier budget de la Restauration ne s'était élevé qu'au chiffre de 983 millions 185,597 francs ! Le vote des lois de finances était attendu comme le terme des travaux de la Chambre. Le 21 avril, parut la proclamation royale qui déclarait close la session de 1831. Cette session n'avait fait qu'ajouter les débats irritants de la tribune aux troubles de la place publique, et la Chambre se séparait après avoir traversé une période de complots.

CHAPITRE V.

Le Choléra-Morbus. — Mort de Cuvier. — Mort de Casimir Périer. —
Jugement sur le ministère de Casimir Périer.

De plus grandes calamités menaçaient la France : le choléra-morbus approchait.

Depuis la fin du mois d'août 1817 jusqu'au commencement du mois d'avril 1832, le choléra, né dans le delta du Gange, avait au loin, et dans toutes les directions, porté ses affreux ravages. Il s'était étendu jusqu'à l'île de Timor, vers le sud ; jusqu'à Pékin, vers l'orient ; jusqu'aux frontières de Sibérie, vers le nord. Au nord-ouest, il avait envahi Moscou, Saint-Pétersbourg, et suivi la ligne qui s'étend de Dantzig à Olmutz. Attaché aux Russes, il avait paru avec eux sur les champs de bataille de la Pologne, plus meurtrier que la guerre elle-même. Il s'était répandu parmi les Polonais, immédiatement après la bataille d'Iganie. Puis, on l'avait vu fondre en Bohême, en Gallicie, en Hongrie, en Autriche, moissonnant les peuples, franchissant en peu de jours d'énormes distances, allant par bonds d'un royaume à l'autre, mais revenant ensuite sur ses pas, comme pour ramasser et frapper les victimes oubliées. Au mois de février 1832, il avait passé par-dessus l'Europe occidentale, et il occupait Londres.

Dès ce moment, Paris vécut dans une attente muette et formidable. Nous mesurions d'avance avec angoisse le dernier pas, le pas inévitable que l'épidémie allait faire vers nous. Cependant, il y avait quelque chose de rassurant en apparence dans les circonstances atmosphériques. Le ciel était clair; un vent sec soufflait du nord-est avec persévérance; le baromètre n'était pas descendu au-dessous de 28°, et rien n'annonçait une surcharge électrique. Mais l'attente ne fut pas longue. Le 26 mars 1832, la fatale maladie avait atteint dans la rue Mazarine sa première victime. Presque aussitôt, elle se déclara dans plusieurs quartiers : au faubourg Saint-Antoine, au faubourg Saint-Honoré, au faubourg Saint-Jacques. Le 29 mars, les passants ne s'abordaient plus qu'avec ces mots : Le choléra-morbus est à Paris!

Dans les premiers moments, la terreur parut moindre que le danger. La peste venait surprendre les Parisiens au milieu de la fête de la mi-carême; et l'intrépide gaieté du caractère français sembla d'abord braver le fléau. Dans les rues, sur les boulevards, les masques circulèrent comme de coutume. La foule des promeneurs était nombreuse. On se montrait du doigt, suspendues devant les magasins d'estampes, des caricatures dont le choléra-morbus avait fourni le sujet. Le soir, les théâtres se remplirent de spectateurs. Il y eut des jeunes gens qui, par un raffinement d'audace, se livrèrent à des excès inaccoutumés. « Puisque « nous devons mourir demain, disaient-ils, épuisons au- « jourd'hui les joies de la vie. » La plupart de ceux-là passèrent du bal masqué à l'Hôtel-Dieu, et succombèrent, le lendemain, avant le coucher du soleil.

Du reste, le courage des plus téméraires ne tarda pas à céder aux horreurs de la maladie et de tout ce qu'on en racontait. Car le malade était cadavre, avant même d'avoir perdu la vie. Sa face maigrissait avec une promptitude extraordinaire. On comptait ses muscles sous sa peau, devenue subitement noire, bleuâtre. Ses yeux étaient excavés, secs, réduits de moitié, et comme retirés à l'aide d'un fil vers la nuque et dans l'intérieur du crâne. La respiration du malade était froide, sa bouche blanche et humide, son pouls d'une faiblesse extrême. Sa parole était un souffle.

Des étourdissements, des bourdonnements d'oreille, des vomissements répétés, un sentiment étrange de prostration, et en quelque sorte de vacuité générale, le froid gagnant tout le corps par les extrémités, des dérangements d'estomac excessifs, des crampes violentes dans les membres, une respiration pénible, une angoisse inexprimable dans la région précordiale, la peau couverte d'une moiteur glacée : tels étaient les principaux symptômes du mal. Abandonné à lui-même, il lui fallait trois jours à peine pour anéantir les malheureux dont il avait pris possession ; souvent, deux ou trois heures lui suffisaient.

On reconnaissait en général cinq périodes dans le choléra : celle du choléra léger ou *cholérine*, celle de l'invasion du mal, celle du *choléra algide ou bleu*, la *période de réaction*, et enfin *la période typhoïde*. Dans la troisième de ces périodes, la plus terrible de toutes, on voyait les malades bondir, se pelotonner sur leur lit, et quelquefois se coucher à plat sur le ventre en gémissant d'une façon lamentable, ou jeter leurs membres à droite et à gauche, en accusant des douleurs très-vives le long de la colonne vertébrale. La sensation du froid que l'on éprouvait en touchant le malade, dans la *période bleue*, se pouvait comparer à celle qu'on ressent lorsqu'on applique les mains sur une grenouille. L'altération de la face, les crampes du dos, des mollets, des avant-bras; les rides profondes, le rétrécissement de la peau des doigts, l'absence du pouls radial, la froideur de l'haleine, étaient autant de signes auxquels on reconnaissait la *période bleue*. Dans la période suivante, lorsqu'elle était forte, le pouls reparaissait, la fièvre s'emparait du malade; ses yeux s'injectaient, sa face s'animait, se colorait, et il courait risque d'être emporté par des accidents cérébraux. Dans la *période typhoïde*, les narines et la langue étaient sèches, les yeux chassieux : il y avait prostration, rêvasseries, délire.

Sous le coup de cette effroyable maladie, l'administration prit les mesures d'urgence. On s'occupa de l'assainissement de la ville. On songea enfin à faire entrer un peu d'air et de lumière dans ces quartiers fangeux où l'on avait sans remords laissé vivre et mourir le pauvre, quand tous n'étaient pas encore menacés. Le nombre des bornes-fontaines fut augmenté; les ruelles les plus étroites, les plus infectes, furent pavées et fermées; des travaux rapides nettoyèrent les immondices de l'île Louviers; des ambulances s'élevèrent; sur la décision prise par la commission centrale de salubrité, on créa dans chaque quartier un bureau de secours, auquel furent attachés des médecins, des pharmaciens, des infirmiers, des gardes-malades, et dans lequel on eut soin de réunir divers ustensiles, des médicaments et des brancards. Les prisons ne furent pas oubliées, et M. Gisquet fit distribuer aux détenus des aliments plus abondants et des vêtements plus chauds.

En même temps, on publiait une instruction concernant la conduite à tenir pour se préserver du choléra. On y recommandait aux citoyens de se maintenir dans une grande tranquillité d'âme, d'éviter les émotions fortes et la fatigue, de s'abstenir de tout excès, de favoriser et d'agrandir dans leurs demeures l'action bienfaisante de la lumière, de faire usage de bains tempérés et de ceintures de flanelle, de ne manger que des mets d'une digestion facile, de se mettre en garde contre tout refroidissement subit, et de ne pas coucher en trop grand nombre dans la même pièce. Prescriptions fort sages sans doute, mais dérisoires pour cette portion du peuple à laquelle une civilisation inique mesure avec tant d'avarice le pain, le gîte, le vêtement et le repos!

Ajoutez à cela que les mesures prises n'étaient pas de nature à mettre l'autorité à l'abri de tout reproche d'imprévoyance. MM. Londe, Alibert, Dalmas, Sandras, Dubled, Boudard, membres de la commission médicale envoyée en Pologne pour y étudier le choléra, ne furent appelés par l'administration que sur les réclamations qui s'élevèrent dans quelques feuilles publiques. Les bureaux de secours, qui auraient dû être organisés à l'avance, ne s'établirent que successivement, et au plus fort du trouble causé par l'invasion de la maladie. On remarqua que le bienfait des travaux de salubrité avait manqué aux onzième et douzième arrondissements. Le charnier des Innocents, foyer d'une infection continuelle, n'avait pas cessé de rester ouvert tout le jour et une partie de la nuit. Le coin des rues Saint-Denis et de la Féronnerie était obstrué par les étaux des marchandes de poisson. Dans plusieurs mairies, on ne trouva, pour constater les décès, ni assez d'employés, ni assez de registres. Enfin, l'hôpital temporaire du Grenier d'abondance ne devait recevoir les cholériques que longtemps après l'apparition du fléau.

Il s'attaqua, d'abord, aux classes pauvres, et les feuilles de la Cour s'empressèrent de constater les prédilections de la peste, en enregistrant les noms et les professions des victimes, soit pour dissiper les craintes des heureux, soit pour flatter leur orgueil. Toujours est-il que ce furent des hommes en veste ou en haillons qui ouvrirent cette horrible marche de Paris vers la mort.

Dans chaque hôpital, on avait affecté exclusivement deux salles au traitement des cholériques, une pour les hommes, une pour les femmes ; et il avait été décidé qu'au lieu de confier la direction du service à un seul homme, on le distribuerait par portions égales entre tous les médecins et tous les chirurgiens de l'établissement. De là un immense désordre et des spectacles pleins de terreur. Les services se croisaient en tous sens dans la même salle ; les médecins n'étant d'accord ni sur la nature ni sur les causes de la maladie, les mêmes infirmiers avaient à faire exécuter pour des cas identiques des ordres tout à fait contraires ; le malade qu'on traitait avec du punch voyait administrer de la glace au malade gisant sur le grabat voisin, et ne se considérant plus que comme une matière à expériences, il mourait la rage dans le cœur. Il mourait, d'ailleurs, loin des soins et des consolations de l'amitié ; car, pour éviter l'encombrement, on avait interdit au public l'entrée des hôpitaux, et des soldats, veillant aux portes, repoussaient la foule plaintive des amis et des mères.

Cependant, peu de jours s'étaient écoulés, et déjà le mal était monté jusqu'aux riches. L'épouvante alors devint universelle et dépassa même le péril ; chacun fut ou se crut malade. La plus légère indisposition prenait, dans les imaginations effrayées, les proportions du choléra. Les médecins à grande clientèle n'eurent plus un instant de repos ; on assiégeait leurs maisons à toute heure, et il arriva que plusieurs ayant tardé à ouvrir aux visiteurs nocturnes, leur porte fut enfoncée. De sorte que le malheur des cholériques fournis par la pauvreté s'aggrava de tous les secours et de tout le temps que dérobaient à leurs souffrances réelles des symptômes imaginaires et les hallucinations de l'opulence troublée.

Et ce qui rendait l'épidémie plus effrayante encore, c'était la bizarrerie de ses effets et sa nature mystérieuse. Était-elle contagieuse ? On le crut d'abord ; mais l'opinion contraire ne tarda pas à prévaloir, les médecins, les infirmiers, les gardes-malades, n'ayant payé qu'un léger tribut à la maladie. Quelques praticiens distingués persistèrent, néanmoins, à affirmer qu'ils avaient vu des cas de contagion ; et peut-être pourrait-on concilier ces assertions contradictoires, en faisant observer que, les maladies qui sont contagieuses ne l'étant toutes ni de la même façon ni au même degré, le choléra possédait probablement une action contagieuse extrêmement faible, et à laquelle ne cédaient qu'un très-petit nombre de personnes, particulièrement prédisposées à la subir. Mais où était le véritable siége du choléra ? Quel était son mode de propagation ? Quelles lois avaient réglé son passage à travers le monde ? Quelles limites probables assigner à sa durée ? Par quels moyens le combattre ? Il n'y avait sur tout cela dans les meilleurs esprits que ténèbres et incertitude. Il fut un moment question de tirer des coups de canon dans les rues pour ébranler l'atmosphère, le doute suggérant l'emploi des moyens les plus bizarres. Mais le choléra résultait-il d'une altération de l'air? Un membre de la commission centrale de salubrité, M. Julia de Fontenelle, s'occupa de recueillir ce fluide sur divers points de la capitale, et l'analyse qu'il fit de l'air en démontra la pureté. Les observations générales tendaient à prouver, et tout le monde paraissait convaincu, que la misère, les habitations malsaines, la malpropreté, les écarts de régime, la débauche, la faiblesse de complexion, la terreur, étaient autant de prédispositions au choléra. Cependant, on eût dit que le fléau se plaisait à déconcerter la science humaine et à déjouer l'expérience. Des hommes robustes et sains, des femmes brillantes de jeunesse et de santé, succombaient misérablement, tandis qu'à côté d'eux étaient épargnés de faibles vieillards, des êtres infirmes et usés, des hypocondriaques. Des hommes insouciants ou courageux eurent un sort funeste, auquel échappèrent des personnes livrées à tous les tourments de la peur. A Passy, où l'air est si pur, le nombre des décès s'éleva à vingt-six par mille habitants, tandis qu'il y eut à peine seize morts par mille habitants dans l'atmosphère empestée de Montfaucon. Parmi les communes rurales, si quelques villages, remarquables par leur salubrité, tels que Châtenay, Vitry, le Plessis-Piquet, Rosny, Sceaux, Châtillon, eurent peu ou point de cholériques, d'autres, qui se trouvaient dans les mêmes conditions de bonne tenue et d'édilité, tels que Saint-Ouen, Fontenay-sous-Bois, Asnières, Puteaux, Suresnes, comptèrent de trente-cinq à cinquante-cinq morts sur mille habitants. Certaines professions, jugées mortelles, se trouvèrent privilégiées. C'est ainsi que, parmi les ouvriers employés à disséquer des animaux en putréfaction, pas un ne fut sérieusement menacé. Tantôt, ravageant l'étage supérieur et l'étage inférieur d'une maison, le fléau laissait intact l'étage intermédiaire; tantôt, s'abattant sur toute la longueur d'une rue, il en respectait un côté, et remplissait l'autre de morts ou de mourants. Fléau capricieux, insaisissable, inexpliqué, que n'avaient pu arrêter les cordons sanitaires et les quarantaines, qui avait dominé les températures les plus opposées, résisté aux influences atmosphériques les plus diverses, et qui ajoutait à l'horreur de ses ravages celle du mystère dont il marchait enveloppé !

Un fait dominant ressortait, néanmoins, de toutes ces poignantes singularités : lorsqu'on en vint à dresser la statistique de l'épidémie, il se trouva que dans les quartiers de la place Vendôme, des Tuileries et de la Chaussée-d'Antin, la mortalité avait été de huit à neuf sur mille, tandis qu'elle avait été de cinquante-deux et cinquante-trois sur mille dans les quartiers de l'Hôtel de Ville et de la Cité, qui sont ceux de la misère.

Quoi qu'il en soit, bientôt l'image de la désolation fut partout. Ici, c'étaient des cholériques qu'on transportait à l'hôpital sur des matelas ou sur des brancards ; là c'étaient des passants qui, préoccupés des calamités de la veille ou de celles du lendemain, s'en allaient muets et pâles comme des fantômes, et presque tous vêtus de noir. Les corbillards ne suffisant plus, on en avait commandé de nouveaux, dont la construction occupait sept cents ouvriers : mais la besogne n'allait pas assez vite, les morts attendaient. Alors on voulut faire travailler les ouvriers pendant la nuit; il répondirent : « Nous aimons mieux la « vie que votre haute paie. » On imagina de faire transporter les cadavres par les fourgons d'artillerie ; mais ce bruit de chaînes dans les ténèbres agitait douloureusement le sommeil de la cité ; d'ailleurs, les secousses imprimées à ces voitures non suspendues déclouaient les planches des cercueils, et les corps s'en échappaient, maculant le pavé de leurs entrailles découvertes. Il fallut consacrer à la collecte des trépassés de vastes tapissières qu'on peignit de la couleur du deuil. Elles roulaient de porte en porte pour réclamer les morts que chaque maison avait à leur livrer, puis elles se remettaient en route, laissant apercevoir sous leurs draperies funèbres, que le vent soulevait, des bières entassées et tellement lourdes, mal assurées, que le passant tremblait de les voir se rompre, et répandre sur la voie publique leur chargement sépulcral. Mais c'était la nuit, surtout, qui était sinistre; car les plus nombreux ravages de la maladie avaient lieu ordinairement de minuit à deux heures. Les débris de feux allumés, dans le douteux espoir de purifier l'atmosphère, les lanternes brûlant à la porte des bureaux de secours, ces courses inquiètes à travers l'obscurité pour des motifs trop connus, les cris étouffés qui, partant du fond des maisons, montaient dans le silence des rues solitaires : tout cela était d'un effet terrible.

Pour fournir temporairement des voitures aux médecins et aux élèves, appelés au nom des malades, la préfecture de police eut à dépenser, en moins d'un mois, la somme de 19,915 fr. Les procès politiques suivant leur cours, plus d'une fois le personnel des audiences fut changé du jour au lendemain : on annonçait que tel juré, tel défenseur, tel prévenu, était mort pendant la nuit. La confusion s'étant introduite aux municipalités, M. Taboureau, maître des requêtes, fut chargé de rétablir les tables négligées ; et, dans certains hôpitaux, l'affluence des moribonds devint si considérable, qu'on cessa de les inscrire : on se contentait de marquer leur arrivée par des raies faites sur le mur.

Mais d'aussi grands maux ne furent pas sans trouver quelque adoucissement dans la charité publique. Les aliments substantiels ayant été indiqués comme préservatifs, le duc d'Orléans faisait distribuer depuis trois mois, aux indigents, quatre ou cinq mille rations de riz par jour, si bien que, pour beaucoup de pauvres, l'approche du choléra avait presque été un bienfait ! Le choléra une fois entré à Paris, les actes de générosité se multiplièrent, par un phénomème assez nouveau dans les annales de la peste. Ainsi, dans cette ville où tant de luxe a coutume d'insulter à tant de misère, où l'on calomnie si volontiers la souffrance pour se dispenser de lui tendre la main, dans ce Paris sans âme, il y eut tout à coup je ne sais quel impétueux élan de philanthropie. Les bureaux de bienfaisance redoublèrent de sollicitude. Des souscriptions furent ouvertes partout et remplies avec empressement. La manufacture des glaces de Saint-Gobain fit don à la capitale de 12,000 kilogrammes de chlorure. On put citer des traits touchants d'abnégation et de zèle. Le curé de Saint-Germain-l'Auxerrois, par exemple, vivait à la campagne depuis la dévastation de son église ; à la nouvelle du choléra, il revint à Paris en toute hâte, malgré son grand âge, pour aller reprendre sa place dans son presbytère et porter les secours de la religion aux agonisants. Les élèves de l'École de médecine offraient de toutes parts leurs services. Plusieurs femmes du peuple se présentèrent pour remplir gratuitement l'office d'infirmières. On apportait aux mairies du linge, des chaussons, des couvertures, des ceintures de flanelle. Peut-être le dévouement avait-il sa source, chez plusieurs, dans une frayeur superstitieuse, dans un secret espoir de conjurer la destinée. Peut-être aussi de semblables crises, quand elles ne tournent pas à l'endurcissement des cœurs, ont-elles pour effet de commander la fraternité aux hommes, en leur rappelant leur égalité devant la mort.

Le fléau enfanta d'ailleurs, en même temps que des actes louables, des actions viles et odieuses. La passion du gain sema sans pudeur dans ce vaste champ de désolation. Les préparations chlorurées montèrent à un prix excessif. Comptant sur l'ordinaire crédulité de la peur, des spéculateurs cyniques commencèrent à prôner et à répandre des remèdes insignifiants ou nuisibles, et ce genre de vol fut poussé si loin, que le gouvernement dut se réserver la surveillance provisoire des annonces. Comme les actions honorables cherchent volontiers le grand jour, celles-là seules furent rendues publiques; mais l'intérieur des familles montrait assez tout ce que, dans une société telle que la nôtre, le passage d'une épidémie peut remuer d'impureté et de limon. Car, les uns se félicitaient à voix basse de voir diminuer une foule au milieu de laquelle ils se sentaient étouffés, et ils s'élançaient en espérance vers ces emplois dont les avenues jusqu'alors avaient été encombrées. Les autres, avec cette cupidité dont le venin de mêle aux affections de famille sous l'empire de la loi ses héritages, les autres étendaient déjà la main sur une fortune depuis longtemps convoitée. Les symptômes de l'empoisonnement ayant avec ceux du choléra une ressemblance funeste, on assure que plus d'un crime fut commis, dont l'horreur ne pouvait que se perdre dans l'immensité d'un tel désastre.

On doit cette justice au roi et à sa famille, qu'ils n'allèrent pas chercher au loin un refuge contre le danger. Mais la plupart des gens riches fuyaient, les députés fuyaient, les pairs de France fuyaient. Les messageries royales emportaient de Paris, à elles seules, plus de sept cents personnes par jour. Quand les diligences regorgeaient de pâles voyageurs, on partait dans des voitures de place, on partit ensuite dans des charrettes. Et en vain criait-on à tant de hauts fonctionnaires que leur place était là où il y avait un si grand nombre de malheureux à rassurer et à secourir!

Aussi le peuple tomba-t-il, en se voyant abandonné, dans le plus violent désespoir. Des proclamations furieuses circulèrent. Les douleurs, mal contenues jusque-là, s'exhalèrent en discours tout remplis de révolte. Ainsi donc, les riches fuyaient, emportant avec eux le travail, le pain, la vie de l'ouvrier! Entre le choléra et la faim, qu'allait devenir le peuple? Quoi! pendant que les moribonds s'entassaient dans les hôpitaux, pendant que l'étroite et malsaine demeure du pauvre se remplissait de malades; pendant qu'une portion du peuple en était réduite à n'avoir d'autre asile que le pavé des rues infectes, on laissait vides des maisons spacieuses et salubres! Quoi! il y avait dans Paris des milliers de prolétaires sans abri, et des milliers d'hôtels sans habitants!

Une mesure, fatale dans la circonstance, fit sortir un

soulèvement de ces imprécations. Un nouveau système avait été adopté pour l'enlèvement des boues, et l'entrepreneur avait reçu l'autorisation d'enlever les immondices dans la soirée, c'est-à-dire avant que les chiffonniers eussent eu le temps d'y ramasser ces objets où l'indigence sait trouver encore quelques vestiges d'utilité. C'était porter atteinte aux moyens d'existence de plus de dix-huit cents personnes, non compris les boueurs, privés de leur bénéfice par une mesure qui laissait les anciens tombereaux sans emploi. Des attroupements nombreux couvrent les rues et les places. On s'empare des tombereaux de forme nouvelle, on les lance à la rivière ou on les brûle. Les agents de la force publique accourent : des luttes s'engagent. Mais voilà que tout à coup un bruit sinistre se répand parmi ce peuple en émoi. On raconte qu'un complot infernal a été formé; que le choléra n'est point à Paris; que des scélérats s'en vont partout jetant du poison dans les aliments, dans le vin, dans l'eau des fontaines. Le peuple ouvre l'oreille à ces discours, charmé, dans l'excès de ses maux, de trouver devant lui, au lieu d'un fléau qui échappe à toute vengeance, des ennemis vivants et saisissables. Puis, au milieu des groupes que la passion aveugle, se glissent ceux qui ont coutume de pousser au désordre, parce qu'ils s'y plaisent, et ceux qui l'excitent pour en profiter. L'anxiété gagne de proche en proche : il n'est bientôt plus question dans Paris que d'empoisonnements et d'empoisonneurs.

Cette fable serait peut-être tombée d'elle-même, ou, du moins, elle ne serait pas devenue la source de tant d'assassinats, si, dans le but de satisfaire des haines politiques ou pour faire preuve de vigilance, le préfet de police, M. Gisquet, n'eût publié une circulaire dans laquelle on lisait ces

mots d'une inconcevable imprudence : « Je suis informé
« que, pour accréditer d'atroces suppositions, des misé-
« rables ont conçu le projet de parcourir les cabarets et
« les étaux des bouchers, avec des fioles et des paquets de
« poison, soit pour en jeter dans les fontaines ou les brocs,
« et sur la viande, soit même pour en faire le simulacre et
« se faire arrêter en flagrant délit par des complices qui,
« après les avoir signalés comme attachés à la police, favo-
« riseraient leur évasion, et mettraient tout en œuvre pour
« démontrer la réalité de l'odieuse accusation portée contre
« l'autorité. »

Il n'en fallut pas davantage pour confirmer le peuple dans ses soupçons. Alors fut, pour un instant, soulevé le voile qui dérobe aux yeux du riche le fond hideux de l'état social dont il veut jouir; alors, au travers de cette société mise en mouvement dans toute son étendue, on put entrevoir ce que la civilisation moderne recèle en ses abîmes. De l'ombre de ces quartiers où la misère se laisse oublier, sortirent soudain, pour inonder la capitale, des masses d'hommes aux bras nus, au visage sombre, au regard plein de haine. Que cherchaient-ils ? Que demandaient-ils ? Nul ne le disait. Seulement, ils exploraient la ville d'un œil défiant, et s'agitaient avec des murmures farouches. Les meurtres ne tardèrent pas. Passait-on muni d'une fiole ou d'un paquet, on était suspect. Un jeune homme fut massacré rue du Ponceau, pour s'être penché à la porte d'un marchand de vin, dans le but de savoir l'heure; un autre eut le même sort, près du passage du Caire, pour un motif à peu près semblable; un troisième fut mis en lambeaux, dans le faubourg Saint-Germain, pour avoir regardé dans un puits; un juif périt, parce que, marchandant du poisson à la halle, il s'était mis à rire d'une manière étrange, et qu'on avait trouvé sur lui, en le fouillant, un petit sachet de poudre blanche, laquelle n'était autre chose que du camphre; sur la place de Grève, un malheureux fut arraché du poste de l'Hôtel de Ville, où il avait cherché asile : on l'égorgea, et ses restes sanglants, un charbonnier les fit déchirer par son chien. Scènes affreuses qui sont le crime de la société, partout où règne un injuste partage des jouissances et des lumières!

Et mille circonstances déplorables se réunissaient pour entretenir le peuple dans l'erreur. On aperçut dans plusieurs rues de longues traînées de vin et de vinaigre; des dragées colorées furent semées dans différents quartiers; des mains inconnues glissèrent pendant la nuit sous les portes cochères des morceaux de viande; on parlait de gâteaux empoisonnés donnés, sur divers points, à de petites filles. Comment tout cela n'aurait-il pas agi sur l'imagination du peuple, surtout après la publication d'une circulaire où une conspiration d'empoisonneurs était officiellement dénoncée par la police?

Car une sorte de vertige semblait s'être emparé de tous les esprits. Douze mille francs, offerts aux cholériques par M. de Chateaubriand, au nom de la duchesse de Berri, furent refusés durement par le préfet de la Seine : calcul aussi injuste que mesquin, espèce de coup d'État contre la charité! Jamais plus de fiel n'était entré dans les récriminations réciproques des partis; jamais les passions politiques n'avaient paru plus prêtes pour le combat. Ici, des jeunes gens étaient impitoyablement chargés sur la place Vendôme, pour avoir couronné d'immortelles les aigles impériales; là, une bande courait attaquer Sainte-Pélagie, et les prisonniers se soulevaient, pendant que, de leur côté, les agents de la force publique pénétraient dans la prison, faisaient feu, et renversaient mort un infortuné détenu, nommé Jacobéus. Puis, souvent, avec une animosité égale, avec une égale injustice, les partis se renvoyaient mutuellement la responsabilité de tous les maux. Après avoir accusé les « éternels « ennemis de l'ordre » — injure officielle, — d'empoisonner le peuple pour se ménager le moyen de calomnier le gouvernement, la police fut accusée à son tour d'avoir excité l'émeute de Sainte-Pélagie, pour avoir occasion de l'étouffer dans le sang ; et de ces accusations, parties des deux camps, on ne saurait dire laquelle était la plus absurde, la plus inique.

Mais là ne se bornèrent pas les désordres. Le peuple, qui croyait aux empoisonnements, se mit à maudire les médecins. Il se rassemblait en tumulte à la porte des hôpitaux, et se répandait en plaintes ou en menaces. Un jour, on transportait un cholérique à l'Hôtel-Dieu, et la foule, en le voyant passer, se précipitait en tumulte. Le médecin qui accompagnait le malade s'avance alors, soulève la couverture qui cachait la victime, et montrant au peuple, qui recule d'épouvante, cette face livide, ces yeux éteints, cette bouche béante : « Vous ne croyez pas au « choléra, s'écria-t-il, eh bien, voici un cholérique ! » Pour passer par de pareilles épreuves, il fallait une singulière force d'âme ; mais le courage ne manqua pas aux médecins, dont la conduite fut en général digne d'éloge et quelquefois d'admiration. Exposés aux coups d'une colère aveugle, ils la bravèrent avec le même sang-froid qu'ils mettaient à affronter la maladie, et l'on en vit qui, pour éviter le risque d'être arrêtés et retardés dans leurs visites aux malades, traversèrent la ville en veste et en casquette, comme de simples ouvriers.

Malheureusement, les avis différaient d'une manière extraordinaire sur la nature du traitement à employer. M. Magendie prescrivait du punch dans une infusion de camomille. La base du traitement de M. Récamier consistait dans les affusions d'eau froide. Le médecin en chef de l'hôpital temporaire du Grenier d'abondance, M. Rostan, faisait plonger le malade dans un bain à 32 degrés Réaumur; au sortir du bain, une saignée au bras était pratiquée et des sangsues étaient appliquées sur la région épigastrique. M. Rostan prescrivait en même temps une infusion aromatique de mélisse, de menthe ou de camomille. Le président de la commission envoyée en Pologne, M. Londe, consultait les inspirations de l'organisme et pratiquait la médecine du symptôme; M. Gerdy employait, dans la *période algide*, trois vésicatoires le long de la colonne vertébrale, au cou, au dos et aux lombes; des synapismes à l'épigastre et aux membres, l'eau de Seltz. Dans la *période de réaction*, il eut recours aux saignées, mais rarement. MM. Touzet et Coster proposaient la méthode de l'oxygénation du sang. M. Andral administrait à ses malades une potion d'acétate, composée d'ammoniaque, de sulfate de quinine, d'éther sulfurique et de camphre, et faisait opérer des frictions sur les membres avec la teinture de cantharides. Le traitement anti phlogistique avait été adopté par M. Bouillaud, qui, comme moyen auxiliaire, employait les excitants de la peau et les opiacés. M. Gendrin faisait usage de l'opium à forte dose. Application de ventouses scarifiées à l'épigastre, extraction de deux ou trois onces de sang, plus ou moins, suivant l'âge, la force du malade et l'état du pouls ; frictions avec de la flanelle, décoction de têtes de pavots, fumigations : tels étaient les éléments du traitement de M. Dupuytren. Dans un mémoire publié sur le choléra-morbus, M. le baron Larrey indiquait, comme les meilleurs topiques, les ventouses scarifiées, les vésicatoires volants, composés de cantharides et de camphre ; les frictions sèches avec de la laine, les onctions avec les huiles aromatiques. En sa qualité de premier médecin du quartier général de l'armée polonaise, M. Wolowski avait fait sur le choléra des études approfondies : il en distinguait de deux sortes, le choléra asthénique et le choléra inflammatoire, et il combattait le premier par l'eau de menthe poivrée très-chaude, par l'opium à haute dose, par des frictions avec de la flanelle, par des synapismes et des ventouses sèches, appliqués sur les extrémités, sur le ventre et sur l'estomac ; contre le second, il avait recours aux saignées, à l'usage d'une potion composée, dans des proportions déterminées, de salep, d'eau commune et de laurier-cerise, et aussi à l'application de ventouses mouchetées sur le ventre, la poitrine et l'épine dorsale. Cette énumération, qu'il serait inutile et fastidieux de prolonger, suffit pour montrer combien les médecins étaient loin de s'entendre sur le choix des meilleurs moyens curatifs à employer.

Il y avait alors, parmi eux, un homme hardi et puissant, qui, continuateur de Bichat, n'avait pas aspiré à moins qu'à introduire une révolution complète dans la médecine. Convaincu que le fondement de la science médicale ne saurait être ailleurs que dans la connaissance du corps humain et du jeu de ses organes, dans la physiologie, il voulait qu'au lieu de juger seulement les maladies par leurs effets, on les étudiât dans leur cause, et cette cause, il croyait l'avoir trouvée dans une altération du tube intestinal et de l'estomac. Son principe était celui-ci : toutes les fois qu'il y a désordre dans les fonctions de la vie, il y a lésion matérielle dans un organe. Partant de là, il rapportait tout à l'inflammation de l'intestin, repoussait comme dangereux et funeste au plus haut point l'usage des stimulants à l'intérieur, ne les admettait dans certains cas que pour l'extérieur, et faisait consister principalement l'art de guérir dans la méthode anti phlogistique, c'est-à-dire dans un judicieux emploi des débilitants et des saignées.

Ce système avait déjà fait grand bruit dans le monde médical, où il était devenu, entre M. Broussais et M. Chomel, le sujet de luttes passionnées, lorsque le choléra fit invasion en France. M. Broussais étudia cette terrible épidémie sous l'empire des idées qu'il était impatient de faire prévaloir, et remarquant que, dans la plupart des cas, l'estomac, l'intestin grêle, ou le gros intestin, offraient, depuis le degré le plus simple jusqu'au degré le plus composé, des traces manifestes d'inflammation, il n'hésita pas à condamner les boissons chaudes, les substances irritantes, ne les jugeant propres qu'à attiser le feu intérieur dont les malades étaient consumés. Les sangsues et la glace[1] lui parurent les seules armes que la science pût opposer efficacement au fléau, et c'est ce qu'il essaya de démontrer dans des leçons publiques qui, faites en présence de la peste, produisirent à Paris une émotion profonde.

Pendant les quinze premiers jours de son invasion, l'épidémie avait suivi une progression croissante et rapide;

---

[1] La glace cependant est un tonique.

arrivée à son plus haut point de violence, elle sembla s'arrêter pendant cinq ou six jours, après quoi elle entra dans sa période de décroissance. Mais le 17 juin elle se ranima tout à coup, et cette recrudescence fut marquée journellement par 226 décès, maximum bien inférieur, du reste, à celui de la première période, qui, suivant les calculs les plus modérés, avait été, par jour, de 800, et suivant la pluralité des témoignages, de 13 ou 1,400. Dans le seul mois d'avril, plus de 12,700 personnes succombèrent. Il résulte d'un savant rapport fait par MM. Benoiston de Chateauneuf, Chevalier, Devaux, Millot, Parent-Duchatelet, Petit, Pontonnier, Trébuchet, Villermé et Villot, que, pendant la durée totale de l'épidémie, qui fut de cent quatre-vingt-neuf jours, les morts atteints du choléra s'élevèrent à 18,402 ; mais il ne s'agit ici que des décès qui ont pu être administrativement constatés : or, on conçoit qu'au sein de la confusion, toutes les déclarations n'aient pas été faites, et qu'il y ait eu beaucoup d'omissions involontaires. Aussi le chiffre officiel a-t-il paru généralement bien au-dessous du chiffre réel.

Au surplus, le choléra n'était pas resté renfermé dans Paris, il avait gagné plusieurs départements : l'Aisne, la Côte-d'Or, l'Eure, l'Indre, l'Indre-et-Loire, le Loiret, la Marne, le Nord, l'Oise, le Pas-de-Calais, le Rhône, la Seine-et-Marne, la Seine-Inférieure, la Somme ; mais le bulletin sanitaire de tous ces départements réunis ne présentait, au 20 avril, qu'un chiffre de 904 malades, sur lesquels 405 morts. C'était une mortalité peu considérable, eu égard à celle qui avait désolé la capitale. Toutefois, quelques communes situées sur les bords de la Seine furent cruellement ravagées : dans le département de l'Aube, le petit village de Courteron perdit 96 habitants, sur une population de 500 âmes; et plusieurs exemples de ce genre servirent à confirmer cette observation, déjà faite, que le choléra trouvait un puissant véhicule dans le cours des eaux.

Enfin, la maladie s'apaisa, mais non sans avoir étendu sur le domaine de la politique son invincible influence.

Il avait été décidé, à la Cour, que le duc d'Orléans visiterait les hôpitaux. Casimir Périer accompagna le prince; et cette démarche était un acte incontestable de courage, de la part d'un homme qui portait en lui depuis longtemps un germe funeste, dont les nerfs étaient irritables à l'excès, et que l'idée seule d'un cadavre faisait tressaillir. Le fait est que Casimir Périer garda de sa visite aux cholériques une impression ineffaçable, et ne cessa, depuis ce jour, de pencher de plus en plus vers le tombeau. On le sut; et par suite de cette importance exagérée que, dans toute monarchie, on attribue à l'action individuelle, les souffrances de Casimir Périer devinrent l'objet de toutes les préoccupations. Les partis se donnèrent, pour ainsi dire, rendez-vous autour de son lit de douleur; on mit en discussion son agonie; ses ennemis firent tout haut le compte de minutes qu'il avait encore à vivre; quelques-uns même semblèrent regretter qu'une mort sans éclat vînt reléguer le châtiment d'un tel homme dans l'histoire.

Et lui, pendant ce temps, il ajoutait à ses maux physiques les tourments de sa pensée, averti qu'il était du déclin de son ascendant. Car la volonté patiente du roi avait fini par lasser l'impétuosité du ministre. Casimir Périer, dans les derniers temps, s'était vu souvent contraint de plier sous un pouvoir supérieur au sien ; et chez lui, les blesssures de l'orgueil étaient les plus cuisantes. Alors, il s'étudia plus que jamais à couvrir ses humiliations secrètes par le faste et l'arrogance de son dévoûment; alors, plus que jamais, il se plut à dénigrer le maître. Mais, pour une nature aussi altière, le dénigrement n'était pas une vengeance suffisante. D'ailleurs, Casimir Périer sentait bien que, si l'anarchie continuait, ce ne serait pas sans le dévorer; que si, au contraire, l'autorité parvenait à s'affermir, la Cour le briserait comme un instrument dont on cesse d'avoir besoin.

Ce n'est pas qu'entre le monarque et lui, la dissidence portât sur des questions de principe ou de système. Au fond, leur politique était la même. Mais chacun d'eux cherchait à s'en attribuer tout l'honneur aux yeux de la bourgeoisie. Le roi voulait gouverner; Casimir Périer voulait que le roi se contentât de régner. D'un autre côté, le roi jugeait volontiers les choses humaines au point de vue du résultat, tandis que son ministre n'était pas indifférent à la pompe des moyens, et attribuait beaucoup d'importance aux formes. Casimir Périer n'aurait pas souffert, par exemple, qu'on blessât en paroles l'honneur de la France, cet honneur qu'il n'avait, pourtant, jugé compromis, ni par nos défaites diplomatiques à Londres, ni par l'atteinte portée, dans Varsovie, à nos sympathies les plus chères.

Une scène qui précéda de peu de jours la mort de Casimir Périer donnera une idée de sa susceptibilité, dans laquelle, à l'inconséquence et à l'emportement, se mêlait une certaine grandeur. C'était dans une des crises de sa maladie. Un de ses amis, M. Milleret, ancien député sous la Restauration, était allé lui rendre visite. Il trouva le président du Conseil en conférence avec l'ambassadeur de Russie, et fut retenu dans le salon d'attente. Bientôt de grands éclats de voix retentissent, la porte s'ouvre, et M. Pozzo di Borgo sort de l'appartement avec tous les signes de la plus vive émotion. Le ministre était plus agité encore, sa bouche écumait, et M. Milleret apprit de lui, à l'instant, que l'ambassadeur de Russie ayant osé se servir de cette expression hautaine : « L'empereur, mon maître, ne veut « pas... » il lui avait répondu : « Dites à votre maître « que la France n'a pas d'ordres à recevoir, et que, « Casimir Périer vivant, elle ne prendra conseil, pour « agir, que d'elle-même et de son honneur. » En prononçant ces mots, Casimir Périer avait le visage extrêmement animé. Il retomba épuisé sur son fauteuil; et comme M. Milleret essayait de le calmer, il fut pris d'un attendrissement soudain, et s'écria, en montrant sur sa personne les empreintes déjà visibles de la mort : « Ah ! je suis perdu ! Ils m'ont tué ! »

La maladie du président du conseil s'aggravant de jour en jour, il fallait lui choisir un successeur temporaire : M. de Montalivet fut chargé par intérim du ministère de l'intérieur. L'ordonnance rendue à ce sujet était en date du 17 avril; le 16 mai Casimir Périer n'était plus. Le roi écrivit à la famille en termes convenables, et il dit à un de ses intimes : « Casimir Périer est mort : est-ce un bien, « est-ce un mal ? L'avenir nous l'apprendra. »

Le jour même où Casimir Périer mourut, on ensevelissait Georges Cuvier, victime d'une maladie qui n'était point le choléra-morbus. Georges Cuvier fut l'honneur de son pays, l'honneur de son siècle, et il y aura place, à la fin de cet ouvrage, pour l'exposition de ses travaux immortels. Ses funérailles, cependant, n'eurent pas l'éclat de celles que les passions politiques avaient préparées au président du Conseil. Plusieurs personnages considérables, parmi lesquels M. Royer-Collard, prononcèrent des discours pleins de tristesse sur la tombe de Casimir Périer. Une souscription fut ouverte dans le but d'élever un monument à sa mémoire. La douleur fut profonde, surtout parmi les commerçants, dont plusieurs fermèrent leurs boutiques le jour du convoi, en signe de deuil. La Bourse, cet impassible pouvoir, la Bourse s'émut.

Telle fut la fin de Casimir Périer. Il avait vu dans la société, non pas des hommes à diriger, mais des ennemis à détruire ; car c'était un ministre à grandes haines et à petites vues, vigoureux d'âme et malade. Homme d'affaires et banquier, il voulut la paix ; mais les Puissances la voulaient aussi, et avec d'autant plus de fougue, qu'elles voyaient le génie des révolutions tout prêt à suivre l'itinéraire des armées. Voilà ce que Casimir Périer ne comprit pas : sa peur l'empêcha de profiter de la peur d'autrui, et il contraignit la France à subir les conditions du repos européen, alors qu'il lui eût été loisible de les dicter, comme le prouva bien l'aventure impunie d'Ancône, aventure dans laquelle il s'engagea avec une énergie de volonté que ne purent vaincre ni l'opinion de MM. Sébastiani et de Rigny, ni celle du roi lui-même. Malheureusement l'expédition d'Ancône était une violation brusque et insuffisamment motivée de tous les principes de la politique jusqu'alors suivie. Or, cette politique avait eu pour résultats l'occupation de Varsovie par les Russes, la première entrée des Autrichiens à Bologne, l'anéantissement de notre influence en Belgique, l'abaissement continu de la France, l'atonie du monde. Alors, grondèrent au dedans les forces vives que la révolution de 1830 avait éveillées et qui étaient impatientes d'une issue. On aurait pu leur donner satisfaction en prenant l'initiative des vastes réformes que réclamait un état social livré à tous les désordres de la concurrence ; mais Casimir Périer était puissant, il était riche, et la nécessité d'un changement lui échappait. D'ailleurs, eût-il possédé le désintéressement d'un réformateur, il n'en avait ni la science, ni l'audace, ni le génie : il fut donc condamné à fouler aux pieds des forces qu'il était incapable de discipliner et de conduire. C'est ce qu'il essaya, aux applaudissements de la bourgeoisie, et certes, nul n'était plus propre que lui à cette œuvre de haine. Lutter convenait à son tempérament, et le dispensait d'avoir des idées. Du reste, sa politique, qui avait eu pour point de départ l'égoïsme, avait fini par devenir sincère en devenant fanatique, et il mit à la défendre une ardeur qui revêtit quelquefois les apparences de l'héroïsme. Mais l'adoucissement des mœurs refusait une arme à sa violence : l'échafaud lui manquait. Casimir Périer se fit beaucoup haïr et fort peu redouter ; au lieu de gouverner le royaume, il le troubla ; il créa bien plus d'obstacles qu'il ne parvint à en surmonter ; et son énergie, désarmée, ne servit qu'à irriter ses ennemis jusqu'au délire. Après avoir de la sorte enfanté le mal, Casimir Périer ne sut lui opposer que des remèdes d'empirique, et il jeta la société dans un état de surexcitation d'où elle ne devait sortir que pour tomber, de secousse en secousse, dans l'épuisement et la léthargie. Aussi Casimir Périer mourut-il désespéré du néant de ses victoires misérables, l'âme bourrelée d'inquiétudes, l'esprit tout plein du souvenir de deux villes ensanglantées, convaincu enfin que son ministère allait être continué par le chaos, et laissant en effet pour héritage à son pays deux guerres civiles.

CHAPITRE VI.

Divisions du parti légitimiste : Paris, Massa, Holy-Rood. — Secrètes conférences de Lucques. — Lettre de M. de Kergorlay à Charles X.— Dispositions des petites Cours d'Italie à l'égard de la duchesse de Berri. — Mésintelligence entre Massa et Holy Rood. — M. de Blacas éloigné. — Détails de la conspiration royaliste. — Politique de l'Autriche : le prince de Metternich opposé aux projets de la duchesse de Berri. — Instructions adressées au représentant de la duchesse de Berri en Espagne. — Relations diplomatiques de cette princesse avec le Cabinet de la Haye, avec celui de Saint-Pétersbourg. — Situation de la Vendée. — Constitution et ordonnances préparées à Massa. — La duchesse de Berri s'embarque secrètement. — Sa traversée sur le *Carlo-Alberto*. — Tentative d'insurrection à Marseille. — Voyage de la duchesse de Berri à travers la France. — Prise du *Carlo-Alberto*. — Mlle Lebeschu. — La duchesse de Berri en Vendée; divisions intestines. — La prise d'armes ordonnée; contre-ordre; engagements partiels; visite à la Chaslière. — Combat du Chêne; siége de la Pénissière. — L'insurrection étouffée. — La duchesse de Berri à Nantes.

Nous avons laissé la duchesse de Berri méditant à Massa le hardi projet de relever le trône de son fils; mais les forces du parti légitimiste ne répondaient pas à l'audace d'un tel dessein.

Le parti légitimiste, en effet, était alors en proie à de graves dissentiments, et il se partageait en trois fractions bien distinctes :

La première ne voulait marcher au rétablissement de Henri V que par les voies légales et parlementaires. Son centre était Paris, son organe la *Gazette de France*, et elle avait pour principaux représentants le duc de Bellune, le vicomte de Chateaubriand.

La seconde n'attendait rien que de l'intervention armée des Puissances. Elle dominait à Holy-Rood, et recevait son impulsion du duc de Blacas.

La troisième repoussait comme impopulaire et funeste l'intervention de l'étranger; mais elle rejetait en même temps tout système d'opposition légale, et comptant sur les ressources des royalistes à l'intérieur, elle n'aspirait qu'à soulever les provinces. Les yeux fixés sur Massa, elle applaudissait aux sentiments aventureux de Marie-Caroline, et avait pour chefs le maréchal Bourmont, le comte de Kergorlay, le duc d'Escars, le vicomte de Saint-Priest.

Cette division du parti rendait le rôle de Marie-Caroline très-difficile et très-périlleux, car elle avait de la sorte à lutter, non-seulement contre la prudence timide des notabilités légitimistes de la capitale, mais encore contre le mauvais vouloir des grandes Cours, qu'irritait le désir affiché par la princesse de se rendre indépendante de leur appui.

Dès son arrivée à Massa, Marie-Caroline avait pu entrevoir les difficultés de son entreprise. Nous avons dit que le duc de Blacas lui avait été donné comme mentor politique. L'attachement qu'elle témoignait à M. de Mesnard, son premier écuyer, et à M. de Brissac, son chevalier d'honneur, fit ombrage au favori de Charles X, et ces messieurs ne tardèrent pas à apprendre qu'on cherchait à les éloigner. M. de Brissac, dans sa droiture, n'en voulut rien croire; mais M. de Mesnard, moins incrédule, engagea la duchesse à s'entourer de conseillers capables de ruiner auprès d'elle l'influence de M. de Blacas. Le maréchal Bourmont était arrivé à Massa, ainsi que MM. de Pastoret, d'Escars, de Kergorlay. Ils surent de la duchesse de Berri qu'elle n'avait qu'une connaissance très-imparfaite des pouvoirs que M. de Blacas avait reçus de Charles X; ils contraignirent le favori à les montrer; et leur étonnement fut au comble lorsqu'ils virent que ces pouvoirs, tout en accordant à la mère de Henri V le titre de régente, en conféraient à M. de Blacas toutes les fonctions et toute l'autorité. Des conférences secrètes eurent lieu à Lucques. M. de Kergorlay y combattit avec beaucoup d'énergie le droit que s'arrogeait Charles X de disposer de la régence après une abdication volontaire et formelle. MM. de Bourmont et d'Escars se rangèrent de l'avis de M. de Kergorlay. M. de Pastoret, dont ces ardents débats alarmaient la modération, se contenta de faire remarquer que l'acte relatif à la régence était de plusieurs mois postérieur à l'abdication, et conséquemment irrégulier. Seul, M. Billot soutint les prétentions de M. de Blacas, sur la demande duquel on l'avait mandé à Massa. Au sortir de ces discussions brûlantes, M. de Kergorlay écrivit à Charles X, pour lui exprimer sa conviction, une lettre pleine à la fois de respect et de fermeté [1]. Quant à M. de Blacas, il sortait vaincu des

---

[1]
A SA MAJESTÉ CHARLES X.

Sire,

J'ai assisté ici à quelques conférences qui ont été tenues dans les intérêts de Henri V et de la France, en présence de la mère de son jeune roi. Dans une de ces conférences, il a été donné lecture de deux déclarations : l'une, en date du 24 août 1830, l'autre postérieure, par lesquelles Votre Majesté an-

228   HISTOIRE DE DIX ANS.

conférences de Lucques. M. de Metternich eut beau l'appuyer chaudement auprès de la duchesse de Berri, elle n'attendit plus qu'une occasion pour l'éloigner.

A l'embarras de ces démêlés intérieurs se joignait, pour

nonce son intention de nommer Madame régente, et de régler les conditions de cette régence.

Personne ne saurait avoir appris avec plus de douleur que moi, le malheureux acte du 2 août 1830, par lequel Votre Majesté abdiqua la couronne de France. Cet acte, par sa nature, ne semblait pas rétractable; il ne fut pas d'ailleurs rétracté après l'arrivée de Votre Majesté sur la terre étrangère. Il ne resta à vos fidèles sujets qu'à se résigner. Ils comprirent que Votre Majesté, n'ayant soumis à aucune réserve ce dernier acte de volonté souveraine, avait abdiqué à la fois toutes les fonctions de la royauté. J'émis donc, dans la conférence dont je viens de parler, l'opinion que Votre Majesté, en abdiquant la couronne, n'avait pu conserver ni le pouvoir de nommer à la régence, ni celui d'en régler les conditions.

Il est vrai que Votre Majesté, par l'acte même de son abdication, nomma Monseigneur le duc d'Orléans lieutenant général du royaume, et l'on peut dire aussi que cette nomination funeste ne fut pas contestée. Je ne me propose pas d'examiner ici si elle devait l'être : les exemples, au reste, que les dispositions testamentaires de nos rois, relatives à la régence, n'aient pas été suivies après leur mort, ne manquent pas dans notre histoire. Mais quand on admettrait comme incontestable la validité de la nomination d'un lieutenant général du royaume contenue dans l'acte même d'abdication, il ne résulterait pas de là que l'on pût soutenir la validité de nouvelles dispositions du roi, relatives à la régence, qui porteraient une date postérieure à celle de son abdication. A la vérité, Monseigneur le duc d'Orléans s'étant, par le crime de son usurpation, rendu à jamais indigne de la lieutenance générale du royaume que Votre Majesté lui avait confiée, on pourrait concevoir qu'au moment même où le roi aurait appris cette indignité, il eût cru devoir se reporter à l'époque, antérieure de peu de jours, à laquelle il avait fait cette nomination, et suppléer à son annulation nécessaire, en lui en substituant une nouvelle, sans prendre en considération quelques jours écoulés dans l'intervalle; mais la fiction par laquelle on se reporterait à un temps écoulé depuis peu de jours ne peut s'étendre avec la moindre vraisemblance à un délai de plus d'un an, et il faut bien qu'après un silence si prolongé la réalité remplace la fiction.

La réalité est que, l'abdication d'un roi étant sa renonciation volontaire à l'exercice des fonctions royales, il a renoncé en abdiquant à tout exercice ultérieur de la fonction royale de disposer de la régence. La renonciation de Monseigneur le Dauphin à ses droits à la couronne de France en faveur de la princesse, celui des frayeurs diplomatiques que sa présence inspirait. Parmi les petits princes d'Italie, les ducs de Modène et de Lucques étaient les seuls qui eussent offert à la mère du duc de Bordeaux une hospitalité courageuse et

son neveu, équivaut pendant la durée de la vie de Henri V, à son abdication complète, et doit en conséquence avoir, relativement à la régence actuelle, les mêmes effets.

Que si, de l'examen de la validité, on passe à celui de l'opportunité, je crois ne devoir pas reculer devant le douloureux devoir de dire que, dans la disposition actuelle des esprits en France, la publication d'ordonnances par lesquelles Votre Majesté conférerait la régence et en réglerait les conditions, aurait un effet funeste. Le public n'y verrait qu'un effort pour associer le nouveau règne au système qui a perdu le règne précédent.

Ce système avait perdu Jacques II en Angleterre : il consiste dans la supposition d'un pouvoir constituant, fondé sur le droit divin, qui unirait en soi la triple faculté d'octroyer une Charte, de la jurer, et de la retirer ensuite. Je sais bien que Votre Majesté n'a voulu ni cru violer la Charte, et que, se fondant sur l'ambiguïté de l'article 14, elle a cru demeurer fidèle à la Charte même en adoptant l'interprétation de cet article qui lui a semblé la meilleure. Je crois que ses ministres en ont adopté avec la même sincérité la même interprétation ; mais je sais aussi que cette interprétation n'a été adoptée que par une bien petite partie de la nation, et qu'elle a paru, au plus grand nombre des Français, trop paradoxale, et contradictoire avec le principe même de la Charte, ainsi qu'avec l'adage connu, exprimé dans nos anciennes coutumes par ces paroles concises : DONNER ET TENIR NE VAUT.

J'ai souvent eu occasion, et notamment dans les Cent-Jours, de m'expliquer publiquement sur la préférence à donner aux Constitutions octroyées ou aux Constitutions extorquées. J'ai toujours exprimé, avec autant de force que j'en ai été capable, mon indignation contre l'ignoble système des Constitutions extorquées, et j'ai toujours ajouté, avec la même chaleur, que les Constitutions octroyées reposent sur la base la plus sûre de toutes les garanties, l'honneur royal.

La malheureuse controverse sur l'interprétation de l'article 14 a gravement altéré, dans la généralité des esprits, la sûreté de cette garantie. Je n'ai pas cessé, depuis la dernière révolution, d'être convaincu que le seul obstacle qui s'oppose au rétablissement de Henri V sur le trône de ses pères, par acclamation, est la difficulté de persuader à la nation que ni lui ni sa mère n'adopteront jamais le système qui attribue à un roi un pouvoir constituant également capable d'octroyer une Charte, de la jurer, et de la retirer ensuite.

Les diverses considérations, fondées sur notre droit public et sur l'utilité de l'État, que je viens d'exposer, m'ont déterminé à émettre, dans les confé-

franche. Le roi de Sardaigne lui écrivait des lettres affectueuses, lui donnait des conseils utiles, mais tout cela dans l'ombre. Le grand-duc de Toscane lui refusa l'autorisation d'aller à Pise prendre les bains. Enfin, elle fut au moment de se voir fermer les portes de la ville même où régnait son frère. « Si la duchesse de Berri, avait dit le général Sébas-
« tiani, prétend faire de Naples le théâtre de ses intrigues,
« la France a des soldats, elle a des vaisseaux, et Toulon

rences auxquelles j'ai assisté ici, l'opinion que la mère de Henri V devait se proclamer elle-même régente du royaume en vertu de son droit, que personne ne lui pouvait contester, sauf à accepter, si les états généraux du royaume lui en faisaient la demande, telles limitations à ses fonctions de régente qui, d'accord entre elle et eux, seraient jugées convenables. J'ai cité, à l'appui de mon opinion, que Madame devait et aurait dû depuis longtemps se proclamer elle-même régente, à l'exemple de Louis XVIII, qui se proclama régent pendant la minorité de Louis XVII, aussitôt après la mort de Louis XVI. Plusieurs personnes sans doute, et j'étais du nombre, n'approuvèrent pas M. le comte de Provence d'avoir, en prenant le titre de régent, enfreint les droits de la reine mère captive, et pensaient qu'il eût agi plus convenablement s'il eût pris seulement le titre de lieutenant général du royaume; mais s'il s'éleva des contestations sur la convenance du titre qu'il prenait, il ne s'en éleva aucune sur son droit à le prendre par sa propre autorité : il fut approuvé grandement et unanimement de n'avoir pas attendu son retour en France pour proclamer son droit et son devoir, comme premier héritier du trône, de pourvoir autant qu'il était en lui au gouvernement de l'État, soit pendant la durée de la captivité de la reine, soit après la malheureuse issue de cette captivité.

J'ai cru d'autant plus de mon devoir d'exposer respectueusement à Votre Majesté l'opinion que j'ai émise relativement à la régence, qu'il a été refusé aux membres de la conférence de dresser procès-verbal des opinions qu'ils ont émises à ce sujet.

Je suis, Sire,

De Votre Majesté,

Avec la vénération profonde que je lui portais quand j'osais me compter au nombre de ses plus fidèles sujets,

Le plus humble, le plus obéissant et le plus dévoué serviteur,

Le comte F. de KERGORLAY.

Des bains de Lucques, le 27 septembre 1831.

« n'est pas loin de Naples. » Ces paroles, transmises par le prince de Castelcicala au gouvernement napolitain, lui causèrent les plus vives alarmes. Il n'ignorait pas que la Cour de France, si facile sur tout le reste, ne manquerait pas sur une question purement dynastique, et vis-à-vis d'une petite puissance, de se montrer intraitable. Sur ces entrefaites, le roi de Naples étant revenu de Sicile, quelques-uns de ses conseillers, et entre autres le ministre de la guerre Fardella, lui firent peur du Cabinet des Tuileries, et il résolut de refuser à sa sœur l'entrée de son royaume, ce qui serait arrivé si le prince Cassaro n'eût fait sentir à Sa Majesté Sicilienne tout ce qu'il y aurait dans un pareil refus de déshonorant et de lâche. Il fut donc loisible à Marie-Caroline d'aller revoir Naples. A Rome, le pape l'accueillit avec beaucoup de bonté; mais le comte de Lutzow, ambassadeur d'Autriche, et, à son exemple, les ambassadeurs de Prusse et de Russie, s'abstinrent de paraître chez elle, négligence affectée à laquelle son orgueil de princesse et de mère fut extrêmement sensible! A Naples, elle trouva dans son frère une bienveillance démonstrative, mais avare et stérile; et, après un séjour que rendaient cher à son cœur quelques souvenirs de jeunesse, elle reprit la route de Massa, où M. de Saint-Priest, qu'elle avait rencontré à Naples, s'empressa de la suivre et où elle s'absorba tout entière dans les soucis de son ambition maternelle.

Mais ce qui se passait à Massa n'était pas vu sans peine à Holy-Rood, comme on en put juger par diverses missives du baron de Damas et par une lettre de Charles X à sa bru. Dans cette lettre, le vieux roi disait que la place de Madame était à Holy-Rood auprès de ses enfants; il y annonçait sa résolution de rappeler M. de Blacas, en attendant qu'il intimât à la duchesse de Berri elle-même l'*ordre de revenir.* Et cependant, c'était du mois de mars 1831 que datait l'élévation de la duchesse de Berri à la régence[1].

D'un autre côté, la petite Cour de Massa était informée des tentatives faites auprès de la Conférence de Londres par les conseillers de Charles X ; on savait que le baron de Damas était parti d'Édimbourg pour aller plaider devant les membres de la Conférence, et au nom de Charles X, la cause du jeune Henri. Dans cette situation, le maréchal Bourmont aurait désiré que la Cour de Massa ne négligeât point de se faire représenter à Londres par un agent chargé d'y neutraliser, en ce qu'elles pouvaient avoir de fâcheux, les démarches des envoyés d'Holy-Rood. La mission était délicate, et il avait été question de la confier à M. de Saint-Priest, ancien ambassadeur à Madrid, homme habile et modéré. Mais M. de Saint-Priest pensa qu'avant d'accréditer des ambassadeurs auprès des Puissances, il était nécessaire que la duchesse de Berri fît régulariser sa position et définir clairement son autorité.

En tout état de cause, éloigner M. de Blacas était indispensable. Après de longues tergiversations qui, chez la princesse, avaient leur source dans la crainte de déplaire à Charles X, on s'arrêta au parti que voici : La duchesse de Berri, dans une lettre ferme et mesurée, représenta au

---

[1] Voici la teneur de l'acte qui fut confié à M. Feuillant :

« Le comte de. ... que nous avons nommé chef de l'autorité civile dans
« les provinces de l'Ouest, se concertera avec les principaux chefs militaires,
« pour rédiger et publier, au moment de la prise d'armes, une proclamation
« en faveur de Henri V, dans laquelle on annoncera que Madame, duchesse
« de Berri, sera régente du royaume pendant la minorité du roi son fils.
« Car telle est notre volonté.

« *Signé* : CHARLES.

« *Édimbourg*, 8 *mars* 1831. »

duc de Blacas qu'il y avait d'immenses inconvénients dans la coexistence de deux centres d'action placés, l'un en Écosse, l'autre en Italie; que la plus grande unité devait présider aux efforts des royalistes, et que, pour ce qui la concernait, elle était inébranlablement décidée à rester au poste que lui assignaient les plus chers intérêts de son fils. Elle finissait en demandant au duc de Blacas, comme un service d'ami, de partir pour l'Écosse et d'y porter toutes ces considérations à la connaissance de Charles X. Le duc se soumit, et, quelque temps après, il était en route pour Édimbourg.

Ainsi délivrée d'une tutelle importune, Marie Caroline poursuivit son entreprise avec une suite et une vigueur surprenantes chez une femme, et en présence d'aussi nombreux obstacles. Les correspondances avec le Midi et la Vendée redoublèrent d'activité. Le duc d'Escars parcourait les provinces méridionales dont il devait prendre le commandement; des proclamations et des ordonnances furent préparées [1]; un acte, daté de Massa, établit à Paris

---

[1] PROCLAMATION DE S. A. R. RÉGENTE DU ROYAUME.

Soldats!

Une funeste révolution a violemment séparé de la France la famille de ses rois; cette révolution s'est faite sans vous; elle s'est faite contre vous : fidèles au devoir et à l'honneur, vous vous êtes soumis par nécessité; vos cœurs n'ont pas adhéré à l'usurpation.

Soldats, les intérêts de la patrie me ramènent au milieu de vous, la petite-fille de Henri IV vient demander votre appui. Elle le demande au nom des malheurs de la France, au nom de vos familles désolées; c'est à votre amour, à celui de tous les bons Français, des Français seuls, que Henri V veut devoir sa couronne. Française et mère, je vous confie l'avenir de la France et les droits de mon fils. Le gouvernement usurpateur vous appelle maintenant à sa défense, et naguères encore il vous insultait..... Vous ne l'aurez pas oublié, soldats de l'armée d'Espagne; c'est lui qui a détruit les monuments élevés à vos victoires; soldats de nos légions d'Afrique, la moun gouvernement provisoire, dont M. de Chateaubriand, M. de Kergorlay, le duc de Bellune, M. de Latour-Maubourg, devaient faire partie, et donc M. de Floirac fut nommé secrétaire [1]; enfin, on ouvrit avec certains chefs

narchie légitime vous préparait des arcs de triomphe et des récompenses, la révolution a méconnu vos services et vous a poursuivis de ses calomnies; ils ne sont pas Français ces hommes qu'importune la gloire de vos exploits, séparez-vous de leur cause avilie, ralliez-vous au drapeau blanc : c'est celui de vos pères, c'est le vôtre; c'est le signe glorieux qui a conquis ou su conserver nos plus belles provinces, qui est honoré dans toutes les parties du monde et respecté sur toutes les mers; vous l'avez planté naguères aux colonnes d'Hercule, sur les ruines d'Athènes, sur les remparts d'Alger.

La France et l'Europe s'apprêtent à le saluer de nouveau comme un gage de sécurité, comme l'étendard de l'honneur et du courage. Soldats, vos droits seront reconnus, la noble profession des armes reprendra son rang. votre avancement, vos avantages justement acquis vous seront rendus ou conservés. Henri V vient récompenser le mérite et le dévouement, reconnaître tous les services et rechercher toutes les capacités honorables.

Je me place avec confiance au milieu de vous : vous aurez des armes contre les ennemis de l'État, vous n'en avez point contre vos frères, contre la fille de vos souverains, contre un enfant que vous avez vu naître, l'héritier légitime de trente-cinq rois; accourez donc, que l'amour de la patrie vous rallie à la mère de Henri V, vous me trouverez à la tête des braves qui s'avancent l'arme au bras au milieu de la patrie reconnaissante; accourez tous vous mêler aux populations fidèles qui se pressent au-devant de nos pas, et, comme elles, répétez avec transport ce cri si cher à la France :

VIVE LE ROI! VIVE HENRI V!

Donné le 1832,

Pour le roi, la régente du royaume,

MARIE-CAROLINE.

(*Pièces relatives au procès des passagers du Carlo-Alberto, à Montbrison.*)

[1] ORDONNANCE POUR L'ORGANISATION D'UN GOUVERNEMENT PROVISOIRE A PARIS.

« Nous, Marie-Caroline, régente du royaume,

« Considérant la gravité des circonstances et des dangers qui menaceraient
« la France, si, dans ce moment de crise, les droits et les intérêts de tous
« ne se trouvaient placés sous la sauve-garde de l'autorité légitime qui peut
« seule mettre un terme aux maux de la patrie; pénétrée de la nécessité où
« nous sommes d'organiser dans Paris un gouvernement provisoire qui

du parti bonapartiste une négociation qui mérite d'être rapportée avec quelques développements, parce qu'elle montre quelles étaient, à cette époque, les secrètes pensées de l'Autriche.

La première nouvelle de la révolution de juillet avait douloureusement affecté le prince de Metternich. Mais, quand cette nouvelle lui parvint, il se trouvait à Carlsbad, avec le comte de Nesselrode. Or, le comte de Nesselrode ayant, par une interprétation erronée des sentiments de son maître, émis l'opinion que la Russie reconnaîtrait, à l'exemple de l'Angleterre, le gouvernement français, le prince de Metternich trembla que l'Autriche n'eût à soutenir toute seule le choc de la révolution française. Il ne tarda pas à être détrompé par le comte Orloff, envoyé de Saint-Pétersbourg pour s'entendre avec le Cabinet autrichien.

« puisse, en notre absence et au nom de notre bien-aimé fils Henri V, prendre
« les mesures les plus propres à assurer le rétablissement de l'ordre et de
« la tranquillité;

« Désirant en même temps que ces importantes fonctions ne soient con-
« fiées qu'à des hommes recommandables par leur amour pour le bien
« public;

« Agissant, enfin, en vertu de nos pouvoirs comme régente du royaume,
« Nous avons ordonné et ordonnons ce qui suit :

« Art. 1er. A dater de la publication de la présente ordonnance, un gou-
« vernement provisoire est institué dans Paris, à l'effet d'y faire reconnaître
« et proclamer l'autorité de notre bien-aimé fils Henri V, et de l'exercer en
« son nom, pendant son absence.

« Art. 2. Le marquis de Pastoret, le duc de Bellune, le vicomte de Cha-
« teaubriand et le comte de Kergorlay, sont nommés membres du gouver-
« nement provisoire : en l'absence de l'un d'eux, les autres membres sont
« autorisés à pourvoir à son remplacement.

« Art. 3. Le comte de Floirac est nommé secrétaire du gouvernement
« provisoire, et en exercera les fonctions, sous la direction des membres
« dudit gouvernement.

« *Fait à Massa, le 5 février* 1832.

« La régente du royaume »

Mais il n'était plus temps. Il avait donc tenu à fort peu de chose que Louis-Philippe ne fût pas reconnu par l'Autriche, et en donnant son audience de congé au général Belliard, le prince de Metternich n'avait pas craint de lui dire : « L'empereur abhorre ce qui vient de se passer en France. « Son sentiment profond est que l'ordre actuel ne peut pas « durer. Il est également convaincu que le chef du nouveau « gouvernement et ses ministres ne doutent pas de cette « vérité. Dès lors, ils devront se livrer avec anxiété à la « recherche des moyens de se soutenir le plus longtemps « possible, et ces moyens, ils ne les pourront trouver qu'en « revenant aux règles et aux principes sur lesquels reposent « tous les gouvernements. » Ainsi, l'Autriche n'avait reconnu le gouvernement français que dans l'espérance d'arriver par lui à l'anéantissement du principe révolutionnaire. Voyant le Cabinet des Tuileries marcher vers ce but avec persévérance, et n'ayant plus de doute sur la résolution prise par Louis-Philippe de maintenir intacts les traités de 1815, le Cabinet autrichien en était venu à considérer, comme un gage de sécurité pour l'Europe monarchique, l'affermissement de Louis-Philippe sur le trône. Le principe de l'usurpation n'avait pas cessé d'être maudit à Vienne, mais on s'y félicitait de la sagesse de celui qu'on y appelait l'usurpateur. De là le refus d'appuyer toute entreprise tentée contre le gouvernement français. Tenir des prétendants en réserve pour en menacer au besoin Louis-Philippe, et imposer à ces prétendants, à travers mille égards hypocrites, une inaction soigneusement calculée, tel était le double aspect de la politique autrichienne à l'égard de la dynastie d'Orléans.

Diverses circonstances, si elles n'avaient été jusqu'ici

tenues dans l'ombre, auraient découvert le fond de cette politique.

Il y avait alors en Suisse un général de l'Empire. Ennemi du gouvernement qui avait prévalu en France, ce général fit passer sous les yeux du prince de Metternich, par l'intermédiaire de M. de Bombelles, diverses propositions ayant trait au rétablissement du duc de Reichstadt, et suivies d'un projet de constitution impériale. Mais, non content de fermer l'oreille à ces propositions, le prince de Metternich en donna communication à un correspondant de la duchesse de Berri, et ce fut là le point de départ de la négociation dont nous avons parlé. La Cour de Massa n'hésita pas à se mettre en rapport avec quelques bonapartistes, dans le dessein, qui leur était commun, de renverser Louis-Philippe. Mais il était difficile qu'on s'entendît : les uns ne voulaient rien tenter qu'avec le drapeau tricolore; la Cour de Massa ne pouvait renoncer au drapeau blanc. Les pourparlers aboutirent à la note suivante :

« Par estime pour les sentiments que vous nous avez
« exprimés, nous vous acceptons, et nous vous donnons
« entière liberté d'agir avec les vôtres pour le but convenu
« et expliqué dans la note du 19 novembre, par laquelle,
« déclarant que nous ne pouvions transiger sur la couleur
« du drapeau, nous avons promis et promettons d'ac-
« cueillir tous ceux qui, dans l'intérêt de la France, com-
« battraient pour replacer Henri V sur le trône, et de
« reconnaître leurs services.

« Marie-Caroline. »

Un pareil langage n'était nullement conforme aux sentiments de ceux des bonapartistes auxquels on l'adressait.

Un d'eux s'en expliqua en termes énergiques : « Les « blancs, dit-il, voudront toujours mollement les bleus. « Ceci en est une nouvelle preuve. »

Pendant ce temps, M. de Metternich faisait écrire à la duchesse de Berri que sa présence à Massa était dangereuse ; que le gouvernement français avait l'œil sur toutes ses démarches ; qu'elle devait craindre de nuire à la cause de son fils par la témérité de ses projets ; que ce serait compromettre cette cause à coup sûr que de fournir à ses ennemis l'occasion de s'emparer d'un otage précieux, etc..... Toute la politique de M. de Metternich était dans ces conseils, dont la prudence déguisait mal l'égoïsme.

La duchesse de Berri n'avait donc pas à compter sur le Cabinet de Vienne. Elle espérait mieux de celui de Madrid, où elle avait, dans la reine Christine, un puissant appui ; mais M. de Saint-Priest n'eut pas de peine à lui faire comprendre que le gouvernement espagnol était trop faible pour que son intervention pût être efficace ; que le mérite du résultat ne compenserait pas ici l'odieux du principe ; qu'il fallait, avant tout, éviter la honte et le péril d'une troisième invasion ; que, pour servir utilement la cause, la légion organisée à Valladolid devait être composée de soldats français et commandée par des officiers français ; qu'il importait, en un mot, qu'aucun Espagnol ne franchît la frontière. Cet avis prévalut, et M. de Saint-Priest fut autorisé à écrire dans ce sens au représentant de la petite Cour de Massa, en Espagne. Voici en quels termes étaient conçues ces instructions :

« Deux choses dans vos rapports ont particulièrement fixé mon attention : ce que vous dites de la légion étrangère et du refus de laisser entrer MADAME en Espagne.

« Relativement au dernier point, il est très-essentiel que vous vous assuriez positivement de la force de ce corps et de sa composition. S'il est en effet formé de Français, et s'il compte au moins quelques centaines d'hommes, il pourrait être très-utile dans le cas où MADAME réussirait à opérer un grand changement dans le Midi; mais il faudrait pour cela que le gouvernement espagnol permît qu'il fût rapproché des frontières, de manière à pouvoir opérer par la vallée de l'Ariége..... Toutefois, en vous indiquant combien cette coopération serait désirable, MADAME ne s'en dissimule pas les difficultés. Il est douteux, d'une part, que le gouvernement espagnol vous accorde cette autorisation; et, de l'autre, il faudrait, pour que cette diversion fût utile, que ce corps fût réellement composé de Français et n'agît que sous votre commandement et sous la cocarde blanche. L'intention de MADAME n'est point en effet de recourir à une intervention étrangère. Elle désire et elle espère pouvoir l'éviter, et si elle avait des secours de ce genre à demander, ce serait à d'autres Puissances que l'Espagne qu'elle s'adresserait. Il ne faut donc pas qu'un soldat espagnol passe la frontière. Veuillez ne pas perdre cela de vue. Toutes vos démarches doivent se borner à obtenir un meilleur emploi de la légion étrangère et un asile en cas de revers. »

M. de Saint-Priest aurait voulu davantage. Il pensait avec raison que, puisqu'on renonçait à demander à l'étranger des secours de troupes, il était au moins inutile d'entretenir avec les Puissances des relations diplomatiques quelconques. Mais cette opinion n'était celle ni du roi de Sardaigne, ni du maréchal Bourmont. Un fils du maréchal fut donc envoyé au prince d'Orange, et M. de Choulot, à l'empereur de Russie.

M. de Bourmont fils était chargé de faire connaître au prince royal de Hollande les projets et les espérances de la duchesse de Berri, qui, instruite des difficultés soulevées par la question belge, comptait sur une diversion propre à attirer vers la frontière du nord les troupes de Louis-Philippe. Le prince d'Orange parut très-étonné de la confiance que la duchesse de Berri avait dans les forces du parti légitimiste, et l'on ne put lui arracher que ces mots : « Pour nous, nous sommes prêts. »

Quant à M. de Choulot, il ne dut qu'à son énergique

persistance d'être admis auprès de l'empereur de Russie. Les plus minutieuses précautions avaient été prises pour dérober au corps diplomatique le secret de cette entrevue. L'empereur accueillit d'abord M. de Choulot avec quelque froideur; mais, quand il sut quelles étaient les idées et les ressources de la duchesse de Berri, il se montra moins réservé, promit l'appui moral qu'on lui demandait, et s'ouvrit librement de ses griefs contre Louis-Philippe, ajoutant qu'il avait les mains liées par la timidité du Cabinet de Berlin, non moins que par les oscillations de l'Autriche.

Telles étaient, par rapport au parti légitimiste, les dispositions des monarchies absolutistes du continent. On risquait de les irriter en agissant en dehors de leur influence; on risquait, en subissant cette influence, de déshonorer la cause de Henri V. Funeste alternative qui, pour la mère du prétendant, se compliquait, à l'intérieur, de mille obstacles et de mille dangers. Le dénoûment de la conspiration de la rue des Prouvaires avait, en effet, découragé les royalistes et compromis quelques-uns d'entre eux. Le rôle joué dans cette affaire par un homme attaché au maréchal Bourmont, était devenu la source des plus fâcheux malentendus, et avait profondément offensé le duc de Bellune. M. de Chateaubriand avait demandé, sans pouvoir l'obtenir d'une manière précise, l'autorisation de se rendre auprès de Madame en Italie, où il savait qu'on pouvait lui garder rancune de certaines phrases contenues dans ses derniers écrits, de celle, par exemple, où il déclarait qu'il irait combattre l'étranger, dût l'étranger ramener Henri V dans ses bras. De leur côté, les comités royalistes de Paris ne négligeaient rien pour entraver le mouvement ; le Midi était incertain ; les rapports concernant l'état de la Vendée étaient contradictoires, et annonçaient parmi les divers chefs de corps des opinions divergentes : ceux-ci repoussant, comme M. de Charette, toute intervention de l'étranger; ceux-là jugeant, comme M. de Coislin, « que le jour viendrait, peut-être, si on « avait la patience d'attendre, où l'on pourrait tout faire « par la France et rien par l'étranger, ce qui serait sans « doute beaucoup mieux; mais que ce jour n'était pas « encore venu. »

Du reste, ces dissidences n'empêchaient pas qu'on ne fît secrètement dans l'Ouest tous les préparatifs d'une insurrection prochaine ; et si, dans certaines contrées, les démarches étaient fausses, les mesures mal prises, dans d'autres, l'organisation était vraiment redoutable. C'est ainsi que, dans le seul pays situé entre la Sarthe et la Mayenne, on était parvenu en peu de temps à former vingt-six compagnies de cinquante hommes chacune, bien pourvues de fusils, disposant de vingt mille cartouches, et n'attendant plus que le signal.

Il fallait un terme à cette situation, car elle portait dans ses flancs tous les désordres ; et les scènes qui en résultaient avaient quelque chose de terrible. La prise d'armes n'avait pas encore été ordonnée que déjà, dans ce pays désolé, la guerre civile apparaissait partout avec son escorte ordinaire de meurtres et de perfidies. Rendus furieux par le danger, les partisans du régime nouveau étaient sans pitié pour leurs ennemis ; les visites domiciliaires se multipliaient à l'infini et portaient la terreur au sein des familles ; la chasse aux chouans se faisait avec une activité passionnée. Mais ils s'étaient eux-mêmes rendus coupables des plus criminelles agressions, et ils exerçaient maintenant d'horribles représailles : ici, c'étaient des gendarmes qu'ils tuaient au coin d'un bois ou au détour d'un chemin ; là, des diligences qu'ils arrêtaient sur la grande route ; plus loin, des fonctionnaires qu'ils forçaient à livrer des vivres ou des armes. Les monuments de Quiberon et de Savenay dégradés, la statue de Cathelineau mutilée par ordre de l'autorité, les insultes adressées à la colonne du garde-chasse Stofflet dans la cour du château de Maulevrier, le désarmement opéré dans les chaumières, tout cela avait envenimé les ressentiments, devenus cruels et inexorables. Il serait trop long d'énumérer ici les crimes qui, dans cette mêlée des passions, furent commis et couverts d'une impunité fatale. Non loin d'Ancenis, un jeune réfractaire, nommé Bernard, fut assassiné par des gendarmes au moment où il tendait des collets pour prendre des perdrix. Un autre réfractaire, de la bande de Diot, fut trouvé travaillant au champ de son père : on pouvait l'arrêter, on l'égorgea. Un habitant de Saint-Julien fut pendu à un arbre par un officier qui le soupçonnait de faire des guêtres pour les chouans. Des épisodes touchants se mêlent au récit de ces atrocités. Un chef de bande, Delaunay, ayant été atteint d'une maladie mortelle, on l'avait transporté dans une ferme où il recevait les secours de la religion, lorsqu'on vint annoncer l'approche des soldats. Les paysans se hâtèrent d'envelopper le mourant dans une couverture, et l'allèrent déposer au milieu d'un champ de genêts, dans un épais buisson d'aubépine. Il y rendit le dernier soupir après une longue agonie solitaire. C'était un vieillard, et son testament commençait par ces mots : « Mes très-chers enfants, je

« vous laisse, en remplacement de ma fortune, le zèle
« qui l'a anéantie. »

Les choses en étaient à ce point qu'il fallait, ou que la duchesse de Berri renonçât définitivement à son entreprise, ou qu'elle courût sans retard en France tenter la fortune. Elle prit le second parti. Le lendemain de la lutte avait été prévu, et voici d'une manière sommaire les bases du régime que Marie-Caroline se proposait de faire prévaloir, dans la prévision d'une victoire complète.

On aurait fait revivre, en les modifiant, l'institution des États généraux et celles des assemblées provinciales. Les États généraux se seraient composés de deux Chambres. On aurait créé dans toutes les provinces des pairs qui, siégeant dans les assemblées provinciales, auraient député un certain nombre d'entre eux pour former la première Chambre des États généraux. On avait proposé d'appeler ces pairs *Barons des États*, dénomination conforme aux anciens usages, et qui, aux yeux de Marie-Caroline, avait le mérite de rappeler les barons de Sicile. Les *Barons des États* auraient été choisis par le roi parmi les notabilités de la province, avec cette restriction que la dignité aurait été conférée de droit à certaines fonctions, la question de l'hérédité étant d'ailleurs réservée. Les évêques, les premiers présidents de cour royale, auraient siégé de droit aux assemblées provinciales. Seulement, la baronnie aurait été attachée à la place et non pas à la personne. Lors de la convocation des États généraux, un tiers ou un quart des barons de province auraient été désignés par le sort, et à tour de rôle, pour former la première Chambre des États généraux, et le privilége d'y siéger de droit aurait été conféré aux maréchaux de France, aux cardinaux, aux archevêques, aux présidents des cours de cassation et des comptes, aux titulaires des grandes charges de la couronne, réduites à quatre. Pour la composition des assemblées provinciales, on adoptait le principe de l'élection à divers degrés. Un gouverneur choisi par le roi, et ayant sous ses ordres l'intendant général et le commandant des troupes, aurait présidé l'assemblée provinciale, et l'aurait maintenue, au besoin, dans le cercle de ses attributions. Ce n'étaient là que ses données générales, il est vrai. Une fois en France, la duchesse de Berri devait confier à des personnages éminents le soin de coordonner les diverses parties de la constitution nouvelle. Mais, aux yeux des conseillers de Marie-Caroline, le point essentiel était d'arriver, sans trop affaiblir le lien commun, à la décentralisation.

Il fut en même temps proposé et à peu près décidé que la garde royale serait rétablie; que les deux régiments suisses seraient supprimés et remplacés par deux nouveaux régiments d'infanterie; que le génie et la marine seraient admis à participer aux avantages de la garde; qu'on réduirait à une seule les quatre compagnies des gardes du corps, et qu'on formerait, pour le service intérieur du palais, un bataillon de gardes du corps à pied, lequel serait recruté parmi les caporaux et sous-officiers de l'infanterie de la garde. Des réformes devaient être introduites dans la maison du roi. Il fut établi en principe que les places de gentilhomme de la Chambre et d'écuyer seraient gratuites; que les pages ne seraient plus élevés au frais du roi; que les subventions aux théâtres seraient supprimées; que les artistes attachés au cabinet du roi ne seraient plus rétribués; que le nombre des personnes chargées des différents services serait réduit au moins de moitié ; qu'au lieu d'une liste civile votée à chaque changement de règne, on obtiendrait des États généraux une dotation fixe, composée, à part les domaines et les forêts, de dix ou douze millions de rentes, appartenant au roi, mais inaliénables, et prises sur les rachats de la caisse d'amortissement. Pour populariser l'avénement de Henri V, on aurait supprimé les impôts sur le vin et sur le sel [1], sauf à les remplacer plus tard par des impôts moins abhorrés. En principe, on déclarait nuls tous les actes du gouvernement de Louis-Philippe, considérés comme des actes d'usurpation, mais en se réservant de faire

---

[1] ORDONNANCE SUR LES VINS ET SUR LE SEL.

Henri, par la grâce de Dieu, roi de France et de Navarre, à tous présents et à venir, salut :

Considérant que, depuis plusieurs années, il s'est élevé des réclamations sur le mode de perception de l'impôt sur les vins, et sur l'inégalité des charges qui en résulte pour les contribuables ; voulant faire cesser ces entraves également nuisibles au commerce et à la consommation ; prenant aussi en considération les plaintes non moins justes sur l'énormité des droits mis à l'extraction des sels, et voulant donner à cette branche d'industrie tous les développements dont elle est susceptible, en ouvrant de nouveaux débouchés à cette denrée ;

De l'avis de notre mère bien-aimée, nous avons ordonné et ordonnons ce qui suit :

Art. 1er. Sont abolis, à compter de ce jour, les droits perçus à la circulation des vins et à la vente en détail (vulgairement connus sous le nom de droits réunis).

Art. 2. A compter du 1er janvier 1833, l'impôt existant à l'extraction des sels sera réduit à dix francs par quintal métrique.

Donné à   le   1832.

Pour le Roi, la régente du Royaume,

MARIE-CAROLINE.

(*Pièces relatives au procès des passagers du Carlo-Alberto, à Montbrison.*)

subir au principe toutes les modifications nécessaires. Quant aux biens personnels de Louis-Philippe, ils devaient être mis sous le séquestre, jusqu'à ce que les États généraux eussent prononcé.

Pour ce qui est des mesures de vengeance et de réaction, l'opinion dominante à Massa était qu'il fallait soigneusement les éviter. La duchesse de Berri s'étant un jour permis à ce sujet un geste qui était celui du ressentiment, M. de Kergorlay lui saisit le bras avec vivacité, en lui disant : « Je vous supplie, Madame, de ne plus faire un « pareil geste. »

Le sort en était jeté : le départ avait été fixé au 24 avril. On ne négligea rien pour s'entourer du mystère indispensable. Dès le 22, la duchesse de Berri avait prévenu par une lettre le duc de Modène. On prétexta un voyage à Florence, mais une partie de ceux qui devaient s'embarquer avec la princesse se rendirent secrètement à Livourne. Le 24, à la nuit tombante, une voiture, sortie du palais ducal, et attelée de quatre chevaux de poste, s'arrêtait non loin de la porte de Massa, à un endroit où l'ombre du mur est très-épaisse. Cette voiture renfermait la duchesse de Berri, Mme de Podenas, Mlle Lebeschu et M. de Brissac. Profitant du moment où le postillon n'était occupé que de ses chevaux, un valet de pied ouvrit la portière; la femme de chambre de Mme de Podenas monta dans la voiture, Marie-Caroline en descendit avec Mlle Lebeschu et M. de Brissac; puis, la portière se ferma, et les chevaux prirent la route de Florence, sans que le postillon se fût douté de rien, et pendant que la princesse, se glissant le long du mur, se hâtait vers le lieu de l'embarquement. A onze heures du soir, la duchesse de Berri et ses compagnons se trouvaient tous réunis sur la plage. Le major des troupes, qu'il avait fallu mettre dans la confidence ainsi que le chef de la police, fit apporter un fanal et recommanda le plus grand silence, car tout était perdu si l'on eût réveillé les soldats et les douaniers qui dormaient dans les environs.

On attendait, pour s'y embarquer, le *Carlo-Alberto*, petit bateau à vapeur acheté en 1831 pour le compte de Marie-Caroline, et que devait conduire près de Massa, au jour et à l'heure convenus, M. Adolphe Sala, ancien officier de la garde. Il y avait deux mois à peine que ce même navire avait transporté de Livourne à Gênes les membres fugitifs du gouvernement révolutionnaire de Bologne. L'attente fut longue et inquiète. Enfin, une faible lumière brilla au loin : c'était le *Carlo-Alberto* qui approchait. Les matelots avaient cru faire route pour l'Espagne, et le capitaine génois fut très-surpris, lorsque M. Sala le prévint qu'il fallait se rapprocher de la côte, près de Massa, pour embarquer des passagers en retard. Il s'y refusa d'abord, n'osant braver la rigueur des lois sanitaires; mais il avait à bord des jeunes gens déterminés, dont il dut subir la loi. Ce fut un vif sujet de joie pour les compagnons de Marie-Caroline que la présence du bâtiment désiré. On réveilla la princesse, qui s'était endormie sur le sable, enveloppée dans son manteau ; et, à trois heures du matin, la duchesse de Berri, Mlle Lebeschu, le maréchal Bourmont et son fils Adolphe, MM. de Saint-Priest, de Mesnard et de Brissac, se réunissaient, sur le pont du *Carlo-Alberto*, à MM. de Kergorlay père et fils, Charles de Bourmont, Ledhuy, Sabatier et Sala.

Durant la traversée, la duchesse de Berri fut toujours

calme, toujours souriante. Se souvenant trop bien de la lettre foudroyante de Charette sur la fuite du comte d'Artois en vue des côtes de Bretagne, elle était manifestement dominée par la pensée de laver les Bourbons de ce reproche de pusillanimité si souvent encouru par eux. C'était aussi la pensée de MM. de Bourmont, de Kergorlay et de Saint-Priest : ils sentaient bien qu'ici, à côté d'un trône à reconquérir, il y avait en quelque sorte une affaire d'honneur à vider ; mais ils ne se dissimulaient pas la gravité de l'entreprise, et ils avaient besoin, pour espérer, de croire aux promesses du hasard. M. Florian de Kergorlay, cependant, apportait beaucoup de confiance dans son dévoûment, et il s'inquiétait de la réserve de quelques-uns de ses compagnons, réserve dans laquelle son impatience croyait voir le désir secret de faire échouer ou retarder l'aventure.

La traversée se fit sans encombre, grâce à l'aveuglement et à l'impéritie de la police de Paris. En vue d'Antibes, le *Carlo-Alberto* passa tout près d'un bâtiment de la croisière française, sans attirer son attention, et, après avoir traversé le golfe d'Hyères, il s'approcha tellement de Toulon, que les passagers pouvaient compter les sabords des frégates en rade. La navigation, du reste, fut beaucoup plus lente qu'elle n'aurait dû l'être, d'abord parce qu'on fit la faute de gouverner trop au large et de ne point profiter des courants, qui, près des côtes, auraient rendu plus rapide la marche du navire ; ensuite parce que, faute d'une provision de charbon suffisante, on fut obligé de relâcher à Nice. Ce fut le 28 seulement, vers minuit, que le *Carlo-Alberto* aperçut le *Phare de Planier*, aux environs duquel était fixé le rendez-vous. A deux heures du matin, deux lanternes furent hissées, l'une au mât de misaine, l'autre au mât d'artimon, et la barque attendue ne tarda pas à répondre à ce signal. Aussitôt, et pour déjouer toute surveillance, MM. de Kergorlay, de Bourmont, de Mesnard, de Brissac, qui devaient accompagner à terre Marie-Caroline, revêtirent des costumes de pêcheurs. Le vent du midi s'était levé, le ciel se couvrait de nuages, la mer était houleuse, et le voisinage d'un bâtiment croiseur, chargé de surveiller la côte de Carry, ajoutait un péril de plus à tous les périls de la tempête. Cependant, conduite par M. Spitalier, la barque approche, le mot d'ordre est échangé. Tel était le ballottement causé par l'agitation de la mer, que la barque fut lancée violemment contre le tambour d'une des roues du *Carlo-Alberto*, et l'on eût dit qu'à tout instant elle allait disparaitre sous les flots. Le transbordement ne s'opéra donc pas sans difficulté. Marie-Caroline s'y montra intrépide et alerte, et ce fut avec une inquiétude mêlée d'orgueil que ceux de ses chevaliers qui restaient à bord la virent s'éloigner sur un frêle esquif à travers les ténèbres d'une nuit sinistre.

La côte avait été reconnue longtemps à l'avance. Marie-Caroline aborda sans accident. Mais, pour parvenir jusqu'à la chaumière où on lui avait préparé un asile, il y avait à gravir des rochers que n'escaladaient pas sans crainte les contrebandiers les plus hardis. La princesse parcourut gaîment ce chemin difficile, préparée qu'elle était à tous les dangers, pourvu qu'elle arrivât au triomphe.

Pendant ce temps, un singulier concours de circonstances répandait à Marseille le bruit du débarquement de la duchesse de Berri. Dans la soirée du 28, un de ses plus dévoués partisans, inquiet du retard dont nous avons dit les causes, avait loué au patron Tarteiron un bateau dans lequel il déposa des filets et des fusils pour faire croire à une partie de pêche et de chasse. Ce bateau, sorti du port de Marseille, se porta vers les îles de Riou dans la direction du *Phare de Planier*. L'inconnu qui l'avait loué donnait des signes non équivoques d'anxiété; il demanda de la lumière pour lire un papier et regarda sa montre. Mais bientôt un autre bateau pêcheur ayant paru, il y eut échange de paroles mystérieuses, et la barque de Tarteiron reçut tout à coup l'ordre de regagner la côte. Or, par un fâcheux hasard, les gens de cette barque entrèrent, pour se sécher, dans le même cabaret que ceux qui venaient de débarquer la duchesse de Berri. Des mots imprudents furent prononcés; on but à la santé de la princesse, et, en peu de temps, l'autorité fut informée par la rumeur publique d'une nouvelle qu'il eût été si important de cacher.

Aussitôt tout fut préparé dans la prévision d'un soulèvement, et, pendant la nuit du 29 au 30 avril, tous les postes furent doublés à Marseille. Les conjurés, de leur côté, se voyaient forcés de précipiter le dénoûment. Le 30, vers cinq heures du matin, un appel fut fait à trois ou quatre cents pêcheurs réunis sur l'esplanade de la Tourette, qui domine la mer et la rade. Ils répondirent par des cris confus, mais aucun d'eux ne se mit en mouvement. Armés de sabres ou de pistolets, quelques-uns des conjurés parcouraient les groupes, cherchant à les exciter. Ce fut en vain. Plusieurs barques qui se trouvaient dans le port s'éloignèrent à la hâte. Une sommation menaçante adressée à la consigne n'eut d'autre effet que d'amener le douanier à abaisser le drapeau tricolore, qui fut mis en pièces. Le tocsin sonnait à l'église de Saint-Laurent, et déjà le drapeau de la légitimité flottait sur le clocher. Pendant ce temps, la foule grossissait, mais elle se composait surtout de femmes. Sur presque tous les visages on ne lisait que la curiosité, l'indifférence ou le soupçon. « C'est un mouvement ordonné « par la police, » murmuraient quelques voix. Les conjurés commençaient à se décourager. Après avoir fait quelques pas sur le port, ils prirent le parti de remonter le quartier Saint-Jean. Les portes, les fenêtres, se fermaient de toutes parts sur leur passage, et les personnes mêmes qui les encourageaient par leurs cris s'abstenaient de les suivre. Ils comprirent alors que le mouvement était manqué et résolurent de se disperser. Mais, en ce moment, la tête du rassemblement parut vis-à-vis du Palais de justice. Un peloton du 13e de ligne y était de garde, sous les ordres du sous-lieutenant Chazal. Cet officier aperçoit une petite troupe arrivant en désordre et, au premier rang, un jeune homme qui agitait un mouchoir au bout d'un sarment. Il ordonne à ses soldats de se former, se porte lui-même en avant, et, tandis que le rassemblement se dispersait, on arrêtait MM. de Candole, de Bermond et de Lachau, qui s'étaient trouvés séparés de leurs compagnons. A une heure, un billet fut remis à la duchesse de Berri, dans sa retraite; il ne contenait que cet avertissement laconique : « Le mou- « vement a manqué, il faut sortir de France. »

La duchesse de Berri fut attristée, mais non pas abattue. Elle voulait d'abord gagner l'Espagne pour se rendre de là en Vendée. On lui représenta que la tempête grondait encore, qu'aucune barque ne pouvait en un pareil moment se risquer sur les flots; que, d'ailleurs, l'éveil ayant été donné, le rivage était couvert de douaniers attentifs. Elle résolut alors de parvenir dans la Vendée en traversant la France, et rien ne fut capable d'ébranler sur ce point sa

résolution. A Massa, elle avait eu un songe dans lequel le duc de Berri lui était apparu et lui avait dit : « J'ap-
« prouve vos projets; mais vous ne réussirez pas dans le
« Midi; vous n'aurez du succès qu'en Vendée. » Ce songe avait produit sur elle une impression profonde que les derniers événements n'étaient pas de nature à affaiblir. Elle quitta donc son asile, s'égara dans les bois, fut obligée de passer la nuit dans une misérable hutte dont il fallut enfoncer la porte, et alla enfin se réfugier chez un républicain, auquel elle se présenta en disant : « Je suis
« la duchesse de Berri. » Le républicain offrit une hospitalité discrète et généreuse à cette mère fugitive d'un prétendant. Le 2 mai, à cinq heures du soir, elle entrait dans le château de M. de Bonrecueil, un de ses partisans les plus zélés, et, dans la soirée du 4, elle était en route pour l'Ouest avec MM. de Mesnard, de Villeneuve et de Lorge, dans une calèche attelée de chevaux de poste. Elle avait laissé pour adieux à ses amis ces trois mots : « Mes-
« sieurs, en Vendée ! »

Cependant, le 3 mai, dans la soirée, les passagers du *Carlo-Alberto* aperçurent à l'horizon une longue colonne de fumée. Bientôt ils virent paraître un bateau à vapeur, le *Sphynx*, qui s'avançait rapidement. Une de ses embarcations se détacha, et deux officiers montèrent à bord du *Carlo-Alberto*. MM. de Saint-Priest, Adolphe de Bourmont, de Kergorlay fils, Sala, et M*lle* Lebeschu, étaient à table sur le pont. Ils firent bonne contenance pendant que l'un des deux officiers examinait les papiers de bord. Mais sur l'objet d'une visite semblable, toute illusion était évidemment interdite. Le *Sphynx* remorqua le *Carlo-Alberto* jusqu'à Toulon. En quelques instants, le bruit courut dans toute la ville que la duchesse de Berri était prise. N'osant pas se rendre sur le *Carlo-Alberto* pour s'en assurer, l'amiral Rosamel y envoya le lieutenant Sarlat. Celui-ci demanda donc à être introduit auprès de la dame qui était à bord. A l'aspect de Mlle Lebeschu, qui avait pris le nom de Rosa-Staglieno, M. Sarlat ne put se défendre d'un certain trouble; ce fut à peine s'il prit le temps de la considérer avec attention, et il se retira convaincu que la duchesse de Berri était à bord du *Carlo-Alberto*. La nouvelle en fut immédiatement transmise à Paris par le télégraphe, et le *Carlo-Alberto* fut dirigé sur Ajaccio. Il y resta jusqu'au 8 mai, sous le coup de la surveillance la plus active. Le 8, quatre des passagers suspects furent transférés à bord du *Nageur*, et conduits à Marseille, où on les plaça sous mandat de dépôt après les avoir interrogés. Quant à la fausse duchesse de Berri, on se disposait à lui faire prendre, sur la *Bellone*, la route d'Holy-Rood, lorsqu'un aide de camp du roi, M. d'Houdetot, qui était accouru de Toulon pour voir la princesse, découvrit l'erreur, et sauva ainsi le gouvernement du ridicule d'une mystification complète.

Mais déjà l'erreur propagée par le télégraphe avait porté ses fruits; et tandis qu'à Paris on s'occupait exclusivement de la dame voilée du *Carlo-Alberto*, tandis qu'on y discutait avec une vivacité sans égale la question de savoir si on ferait peser sur la duchesse de Berri, factieuse et prisonnière, le niveau de l'égalité, la princesse traversait la France en chaise de poste, passant inaperçue au milieu des gendarmes, présentant ici M. de Lorge comme son mari, le faisant passer ailleurs pour son domestique, et s'amusant de toutes ces ruses, de tous ces périls.

C'est ainsi qu'elle arriva au château de Plassac, près de Saintes, et là fut rédigé l'ordre qui fixait au 24 mai la prise d'armes.

Un avocat de Nantes, M. Guibourg, partit porteur de cet ordre, et la duchesse de Berri ne tarda pas à le suivre. Le 17 mai, à neuf heures du matin, elle arrivait au château de la Preuille, près de Montaigu. Une substitution semblable à celle qui avait eu lieu à Massa trompa le postillon, qui partit pour Nantes sans savoir qu'il laissait derrière lui la guerre civile.

Quelques jours après, la duchesse de Berri montait en croupe de M. de la Roche Saint-André, et, suivie de M. de Mesnard, elle se rendait aux Mesliers, métairie qui allait lui servir d'asile. Elle avait revêtu le costume des jeunes paysans de la Vendée; une perruque noire cachait ses cheveux blonds, et elle avait nom *Petit Pierre*. Heureuse si la fortune ne l'eût condamnée qu'aux privations et aux accidents d'un pèlerinage dont la singularité même charmait son cœur !

Mais de graves soucis l'attendaient. Car tous les chefs vendéens ne partageaient pas l'ardeur dont se sentaient animés MM. de Charette, de Bordigné, de Pontfarcy, de la Roché-Macé, Gaullier, de Tilly, Clinchamp. A côté de ceux qui croyaient tout possible à leur enthousiasme et à leur audace, il y avait ceux qui jugeaient la Vendée incapable de prendre avec succès l'initiative de la révolte. Ces derniers étaient soutenus par les comités de Paris, et avaient pour principaux représentants, dans l'Ouest, MM. de Goulaine, de la Roche Saint-André, de Goyon, de Tinguy.

Le soir du 21 mai, la duchesse de Berri eut, aux Mesliers, avec ces chefs qu'elle avait mandés auprès d'elle, un entretien dont elle devait conserver longtemps l'impression. En présence de M. de la Roche Saint-André, qui gardait le silence, pour ne pas rendre amère à la duchesse de Berri l'hospitalité qu'il lui offrait, MM. de Goulaine, de Goyon et de Tinguy rappelèrent que, d'après les engagements pris à la Fételliere, la Vendée ne devait prendre les armes qu'en cas d'invasion étrangère, de république proclamée, ou d'insurrection dans le Midi. Aucune de ces conditions ne s'étant réalisée, ajoutèrent-ils, le découragement a germé dans les esprits, et les paysans ne se lèveront pas. A cette déclaration inattendue, la duchesse de Berri laissa éclater tout son trouble; elle exposa les divers motifs qu'elle avait de compter sur le dévoûment actif de la Vendée, et combattit d'une voix émue des opinions qui lui défendaient l'espérance. Mais, les trois chefs vendéens se montrant inébranlables : « Eh bien ! s'écria-t-elle, je vous « demande une déclaration écrite. » Ils la promirent, et tinrent parole.

Voici ce qui se passait pendant ce temps parmi les légitimistes de Paris. Une lutte sourde et obstinée y existait entre le parti du mouvement et celui de la résistance. La conspiration ourdie au sein du premier avait survécu à l'échec de la rue des Prouvaires, qui en fut la révélation, non le dénoûment. Depuis la nuit du 2 février, les conspirateurs avaient mis plus de discrétion dans leurs démarches, plus de réserve dans le choix de leurs auxiliaires. Essayant l'application d'un plan uniforme, ils avaient partagé leurs adhérents à Paris en cinq grandes divisions, dont la cinquième se composait principalement des gardes forestiers du département. Une sixième division avait son centre à Versailles, et comprenait un assez grand nombre de Suisses de la garde. Mais l'organisation était loin d'être régulière ; les sommes d'argent distribuées avaient provoqué des mécontentements égoïstes, ou fait naître des exigences jalouses, avec lesquelles on ne pouvait se dispenser d'entrer en compromis ; les sacrifices pécuniaires devenaient de jour en jour plus considérables et de jour en jour plus insuffisants ; bien que la police fût très-mal informée, il ne lui avait fallu que quelques arrestations faites au hasard pour troubler la direction du complot ; enfin, et c'était là pour les conspirateurs un obstacle à peu près invincible, l'idée d'un mouvement hardi était improuvée et combattue par les personnages les plus notables du parti. Les membres du gouvernement provisoire n'agissaient pas, n'en ayant ni la faculté ni le désir ; car le seul qui, parmi eux, fût animé d'un zèle impatient, avait été arrêté, et son successeur était un ancien ministre de la Restauration, homme modéré, quoique plein de dévoûment. Et à ceux qui condamnaient toute tentative insurrectionnelle par sagesse et prévoyance, se joignaient ceux que possédait la peur ou que l'égoïsme conseillait. De là, l'avortement d'une insurrection préparée pour le 9 avril. Toutes les mesures étaient prises, les ordres donnés, lorsque, la veille de l'exécution, le mouvement avait été soudain arrêté par un contre-ordre. Une seule brigade, à laquelle ce contre-ordre n'était point parvenu, et qui se composait de trente-cinq hommes, se trouvait réunie le 9 avril au point désigné. Louis-Philippe passa au milieu d'elle, en voiture, sans escorte, et ne se doutant guère que la mort était à dix pas de lui.

C'était au plus fort des embarras et des tiraillements de cette situation indécise que les légitimistes de Paris avaient reçu la nouvelle de l'arrivée de Marie-Caroline en Vendée.

Aussitôt les Chateaubriand, les Fitz-James, les Bellune, les Hyde de Neuville, les Pastoret, prirent l'alarme, et M. Berryer fut député par eux à la princesse pour la détourner de son dessein.

Conduit secrètement aux Mesliers, il trouva la mère de celui qu'il appelait son roi dans une chambre triste et dépouillée. Enveloppée d'un châle écossais, la duchesse de Berri était couchée sur un lit de pauvre apparence. Près d'elle était une table couverte de papiers et supportant deux paires de pistolets. Là, en présence de MM. de Charette et de Mesnard, M. Berryer supplia la princesse de quitter la Vendée, et pour l'y décider, il employa toutes les ressources de son éloquente parole. Mais céder la victoire avant le combat; s'enfuir obscurément d'un pays où semblaient l'avoir appelée les ombres de Cathelineau, de Bonchamps, de d'Elbée, de Lescure; abandonner, sans même avoir essayé de la fortune, ceux qui s'étaient compromis pour la querelle de son fils; souffrir enfin que l'Europe mît en doute si la légitimité avait succombé à force d'impuissance.... la duchesse de Berri ne s'y pouvait résoudre, et quelques mots violents échappés à son dépit, le feu de son regard, l'altération de ses traits, montraient assez combien la prudence coûtait à sa nature passionnée. Elle céda pourtant, après une résistance très-animée, très opiniâtre, et il fut convenu qu'elle sortirait de France, à l'aide d'un passe-port que M. Berryer mettait à sa disposition.

Mais, le lendemain, M. de la Roche Saint-André lui ayant apporté une lettre cachetée de cire rouge, timbrée de Toulon, et à l'adresse de *Bernard*, nom qu'elle portait dans le Midi : « Oh mon Dieu ! s'écria-t-elle en y jetant les yeux, « tout le Midi est en feu ! Non, non, je ne partirai pas ! »

Était-ce une ruse de sa part? Était-ce une fausse nouvelle que certains partisans du mouvement lui faisaient parvenir pour la retenir en Vendée [1]? Quoi qu'il en soit, elle écrivit sur-le-champ à M. Berryer que sa résolution de la veille était changée, et elle se hâta d'adresser au baron de Charette une lettre qui se terminait par ces mots : « Mon cher « ami, ne donnez pas votre démission, puisque *Petit Pierre* « ne donne pas la sienne. »

Mais, par une fatalité qu'expliquent suffisamment les divisions du parti royaliste, le maréchal Bourmont, arrivé à Nantes le 19 mai, avait jugé intempestive la prise d'armes ordonnée par la duchesse de Berri, et un contre-ordre venait d'être expédié aux différents chefs. Il est vrai que, dans une entrevue subséquente du maréchal et de la princesse, la prise d'armes fut de nouveau ordonnée, et fixée à la nuit du 3 au 4 juin. Vain retour! le contre-ordre avait tout désorganisé ; il avait porté parmi les insurgés l'incertitude, la défiance, le découragement, la confusion. Ceux qui n'eurent pas le temps de le recevoir commencèrent leur mouvement

---

[1] Le fait dont il s'agit ici, et qui repose sur le double témoignage de MM. de Goulaine et de la Roche Saint-André, a été consigné dans un ouvrage de M. Johanet, intitulé la *Vendée à trois époques*. Voici ce que nous lisons à ce sujet dans une brochure publiée par M. de Charette en réponse au livre de M. Johanet : « Je ne dis pas que M. de la Roche Saint-André « n'ait remis à son altesse royale une lettre timbrée de Toulon ; mais je nie « positivement qu'elle fût fausse, et qu'elle portât avec elle le caractère de « gravité que nos antagonistes, pour ne pas dire nos accusateurs publics, « veulent lui donner. Il est fort possible que MADAME ait reçu, pendant mon « absence, une lettre de Toulon : ses amis lui écrivaient souvent, et lui « laissaient l'espérance d'une insurrection prochaine ; mais aucun n'avait « mission de lui annoncer que les provinces méridionales fussent en feu. « Non, monsieur, la détermination prise par MADAME de rester en Vendée « ne peut être due au contenu de cette dépêche : autrement, elle eût pris « soin d'en informer tous ses amis. » (*Quelques Mots sur les événements de la* « *Vendée en* 1832, par le baron de Charette, p. 56.)

et furent écrasés, n'étant pas appuyés par ceux qui l'avaient reçu. Dans les départements de la Sarthe, de la Mayenne, d'Ille-et-Vilaine, quelques désarmements furent opérés et n'aboutirent qu'à des arrestations. A Chemiré-le-Gaudin, à Chanay, à la Gravelle, à la Gaudinière, les chouans et les soldats en vinrent aux mains avec un courage égal, avec des succès divers ; mais chacun de ces engagements partiels ne servait qu'à épuiser l'insurrection. Informé d'ailleurs de la présence de la duchesse de Berri en Vendée, par le rapport d'un officier que le fils de M. de Coislin avait mis dans la confidence, croyant le gagner, le général Solignac concentrait toutes ses forces. Une visite faite par le général Dermoncourt au château de la Chaslière porta le dernier coup au parti royaliste. Un grenadier ayant trouvé dans un cellier une bouteille remplie de papiers, ces papiers furent examinés : ils contenaient le plan de la conspiration. Pour comble de malheur, quand la duchesse de Berri apprit cet événement, il n'était plus temps de révoquer efficacement le second ordre qui appelait les Vendéens à l'insurrection. On devine les suites. Les rassemblements qui se formèrent étaient incomplets : on les dispersa. Les insurgés qui se levèrent en armes n'étaient pas assez nombreux : leurs efforts furent perdus. A Riaillé, M. de la Roche-Macé, à la tête de sa division, exécuta une brillante charge à la baïonnette ; mais il ne put tenir la campagne. Au combat du Chêne, les royalistes, sous les ordres de M. de Charette, se battirent bravement ; mais ils durent céder au nombre, et ils eurent à pleurer, entre autres victimes de ces luttes funestes, MM. d'Hanache, de Trégomain et de Bonrecueil. Ce dernier avait eu la jambe traversée d'une balle ; après s'être traîné sanglant de porte en porte, dans un village où l'hospitalité fut partout refusée à son agonie, il tomba aux mains des soldats, et mourut entouré de visages ennemis.

Parmi les faits d'armes qui eurent lieu dans cette triste période de guerres de parti, le siége soutenu au château de la Pénissière mérite qu'on le signale. Là, quarante-cinq Vendéens soutinrent les attaques d'une troupe nombreuse, avec tant de constance et de vigueur, qu'il fallut recourir contre eux à l'incendie. Or, la flamme était sur leurs têtes, la flamme était sous leurs pieds, qu'ils combattaient encore au son de deux clairons et au cri de *Vive Henri V!* Six d'entre eux seulement furent tués, les autres firent retraite en se défendant, et ne laissèrent aux assiégeants que des ruines fumantes et des morts.

Mais la guerre civile ne se prolonge pas dans un pays sans y exalter les passions jusqu'à la fureur. De lamentables excès furent commis par les chouans, d'une part; et de l'autre, par les agents de l'autorité. Le fils du célèbre Cathelineau fut tué à bout portant par un officier, au moment où, découvert dans une cachette avec deux de ses amis, MM. Moricet et de Civrac, il se présentait en criant : « Nous sommes désarmés, ne tirez pas. » Un château appartenant à M. de la Roberie fut envahi, dévasté; on massacra le fermier et sa femme, et une fille de M. de la Roberie, âgée de seize ans, fut tuée d'un coup de fusil. Il arriva aussi à la victoire d'être cruelle, impitoyable. Le 8 juin, l'avis qu'un parti de chouans s'était formé au village de la Hautière ayant été transmis à la commune d'Aigrefeuille, un détachement composé de gardes nationaux et de soldats marcha vers le village indiqué, sous la conduite de M. Roch, capitaine de la garde nationale d'Aigrefeuille. Les chouans furent dispersés, et M. Charles de Bascher, fait prisonnier, allait être fusillé par les soldats, lorsque M. Roch, accourant, parvint à le dérober à leur vengeance. On reprit le chemin d'Aigrefeuille. Des groupes nombreux couronnaient les coteaux qui bordent la route. A un endroit où elle se resserre jusqu'à ne pas permettre à deux hommes de marcher de front, le capitaine se porta en avant avec les gardes nationaux pour éclairer la route et veiller à la sûreté de la colonne. Il avait rendu responsables du prisonnier un caporal et les soldats. Mais à peine avait-il pris la tête du détachement, qu'une décharge se fait entendre sur les derrières. M. Roch s'élance de ce côté, et il apprend qu'en violation de ses ordres, les soldats venaient de fusiller Charles de Bascher, parce qu'il refusait de marcher. Il avait demandé l'heure à plusieurs reprises ; et cette question, souvent répétée, avait fait craindre qu'il n'attendît du secours.

Quant à la duchesse de Berri, elle avait quitté sa retraite des Mesliers, et elle fuyait d'asile en asile, tantôt s'égarant dans les bois pendant la nuit, tantôt traversant des marais sur les épaules de son guide, ou bien passant plusieurs heures de mortelle attente dans un fossé couvert de broussailles, pendant que les soldats lancés à sa poursuite erraient furieux dans les environs. Éviter longtemps les dangers de cette vie errante était évidemment impossible. Chaque jour d'importantes arrestations venaient consterner les légitimistes ; les têtes les plus hautes du parti n'étaient pas à l'abri des coups du gouvernement, qui avait tout l'orgueil de la force. Après avoir déclaré en état de siége les arrondissements de Laval, Château-

Gontier et Vitré, ce gouvernement, par une mesure aussi arbitraire que violente, venait de mettre en état de siége quatre départements : ceux de Maine-et-Loire, de la Vendée, de la Loire-Inférieure, des Deux-Sèvres. Et en même temps, comme pour montrer aux légitimistes que la dynastie qu'ils attaquaient ne manquerait pas d'appui au dehors, le *Moniteur* annonçait l'entrevue du roi des Français et du roi des Belges à Compiègne, et le mariage prochain de la princesse Louise d'Orléans avec Léopold. Le moment était donc venu pour la duchesse de Berri de ne plus songer qu'à sauver ses jours ou sa liberté. Nantes était hostile à sa cause : il était peu probable que le gouvernement pensât à diriger de ce côté sa surveillance. Ce fut ce motif qui poussa la princesse à choisir la ville de Nantes pour refuge. Elle y entra vêtue en paysanne, et accompagnée de Mlle Eulalie de Kersabiec, que protégeait un déguisement semblable. Plus tard, nous la retrouverons dans l'asile où un misérable devait la livrer à ses ennemis.

Ainsi fut étouffé le soulèvement de l'Ouest. Coïncidant avec une insurrection républicaine, nul doute qu'il n'eût mis la dynastie d'Orléans à deux doigts de sa perte, s'il y avait eu accord entre les chefs. Mais, dans ce cas, que serait-il arrivé ? Le parti légitimiste aurait-il profité de la victoire ? Pour faire revivre l'aristocratie, une aristocratie, ayant son symbole dans la royauté et ses bases dans une constitution nouvelle de la propriété territoriale ; pour substituer le système de l'élection indirecte à celui de l'élection directe, et les États généraux aux modernes assemblées ; pour détruire, au profit des grandes influences locales, la centralisation politique fondée par la Convention et la centralisation administrative établie par l'Empire, aurait-il donc suffi que la mère du duc de Bordeaux se présentât tenant d'une main un drapeau blanc, et de l'autre les ordonnances préparées à Massa, ordonnances qui, ramenant la France à 1788, tendaient à supprimer dans notre histoire quarante ans de révolutions et de combats? Et sur quelles forces se serait appuyée cette Restauration, un moment victorieuse? Sur les intérêts matériels? Ils constituaient la puissance de la bourgeoisie, par qui la légitimité s'était vue renversée. Sur les passions guerrières? Dans un pays où la République et Napoléon avaient passé, la guerre n'était plus possible qu'avec le drapeau tricolore. Les légitimistes armés n'auraient donc pu arriver, même par le succès, qu'aux satisfactions d'une revanche éphémère : ils auraient préparé leur troisième défaite. Eussent-ils voulu transiger avec les passions et les idées de la révolution, on peut mettre en doute s'ils en auraient eu la faculté. Il est bien vrai que les jeunes gens du parti, n'ayant point pris part à l'émigration, étaient prêts à en secouer les préjugés; mais ces jeunes gens, que leur âge éloignait des affaires, l'auraient-ils emporté sur les hommes mûrs et les vieillards? Les souvenirs de l'émigration étaient-ils à ce point condamnés par le gros du parti, que leur influence n'eût point pesé sur les commencements d'un règne? Dans tous les cas, les partisans de Henri V ne pouvaient réussir qu'à force de dévoûment et d'enthousiasme. Or, la duchesse de Berri, si prodigue de son courage, ne fut pas sans doute longtemps à comprendre que, chez une nation conquise par la passion du repos et le génie du calcul, le temps était passé des entraînements chevaleresques, des folies qui réussissent et des entreprises dont on cherche moins le profit que l'éclat. Acceptée et voulue comme garantie de certains intérêts continuellement en émoi, la monarchie n'existait plus en France, ni comme principe, ni comme symbole.

CHAPITRE VII.

Compte rendu. — Mort du général Lamarque. — Ses funérailles. — Situation des divers partis. — Insurrection des 5 et 6 juin. — Cloître Saint-Méry. — État de siége.

Les légitimistes venaient de pousser leur cri de guerre dans la Vendée : les républicains allaient pousser le leur à Paris. Or, à ce mouvement de colère qui emportait les partis extrêmes, répondaient, chez les hommes les plus modérés de l'opposition, une vague impatience et un sentiment profond d'inquiétude. M. Laffitte aurait voulu, ressaisissant le pouvoir à l'aide d'une majorité parlementaire, faire triompher les inspirations d'une politique clémente. Donner définitivement la monarchie pour tutrice à la liberté, tel était le rêve de M. Odilon Barrot et de tous les députés qui, marchant à sa suite, représentaient, dans ce qu'il avait de plus étroit mais de plus honnête, le libéralisme de la Restauration. Quant aux députés radicaux, quoique impatients du joug de la royauté, ils ne croyaient pas le moment encore venu de tirer le glaive, et ils n'aspiraient qu'à devenir le centre d'une ligue qui, par eux excitée, aurait fait insensiblement capituler la monarchie.

Ainsi, l'ébranlement imprimé aux esprits était devenu général, et tous les mécontents sentaient la nécessité d'associer leurs ressentiments, leurs espérances, dans un éclatant et suprême effort.

Ce fut sous l'empire de ces dispositions que, dans le courant du mois de mai, M. Laffitte convoqua chez lui tous les députés de l'opposition présents à Paris. Ils se réunirent au nombre de quarante environ, et M. Laffitte proposa une adresse au roi. Mais M. Garnier-Pagès combattit cette proposition par des raisons décisives. Était-il raisonnablement permis d'espérer que la royauté s'avouerait coupable? Pourquoi se donner le tort d'une démarche inutile? Pourquoi s'exposer à une humiliation trop prévue? Il n'y avait qu'un tribunal auquel l'opposition pût s'adresser avec dignité : le tribunal de la nation. Ces motifs furent goûtés. Sur la proposition de M. Charles Comte, on décida que l'Opposition présenterait ses griefs au pays, sous forme de compte rendu; on nomma une commission composée de MM. de Lafayette, de Cormenin, Laffitte, Odilon Barrot, Mauguin, Charles Comte; et cette commission chargea MM. de Cormenin et Odilon Barrot de rédiger, chacun séparément, un projet de compte rendu. Entre les deux rédacteurs choisis l'accord était difficile. Le manifeste de M. de Cormenin parut trop hardi aux députés de l'Opposition dynastique; dans celui de M. Odilon Barrot, M. Garnier-Pagès releva certaines expressions qui semblaient enchaîner à la monarchie l'avenir de la France. Il fallut fondre les deux projets. MM. de Cormenin et Barrot partirent pour Saint-Cloud, et ce fut dans le parc, à quelques pas du château d'où Charles X était sorti vaincu, que fut préparée, contre son successeur, cette protestation devenue si célèbre. Assis au pied d'un arbre, M. de Cormenin tenait la plume ; mais, à l'indécision du style et à sa couleur un peu terne, on put juger que ce n'était pas l'étincelant et vigoureux auteur des *Lettres sur la liste civile* qui avait le plus contribué à la rédaction du compte rendu.

Quoi qu'il en soit, l'effet produit fut très-remarquable. Les griefs de l'Opposition étaient exposés avec mesure et gravité; on reprochait aux ministres leur tendance à s'engager dans les voies fatales où la Restauration s'était égarée sans retour : ce n'était pas une menace, mais c'était un avertissement austère et solennel[1]. Les écrivains de cour répondirent à ce manifeste par de froides railleries, et la polémique soulevée à ce sujet occupait tous les esprits, quand les journaux annoncèrent tout à coup que le général Lamarque venait de mourir.

La popularité du général Lamarque donnait à sa mort une importance particulière. Napoléon expirant l'avait nommé maréchal de France ; les officiers des Cent-Jours avaient eu en lui un zélé défenseur, et les réfugiés un protecteur persévérant; son nom était gravé dans l'âme de tout Polonais fidèle; la Vendée gardait de son passage un souvenir ami ; le parti démocratique l'avait compté au nombre de ses orateurs..... Que fallait-il de plus ? Tribun et soldat, il possédait ce mélange de qualités qu'adore la partie vive du peuple français, la partie turbulente et guerrière. Il y avait, d'ailleurs, quelque chose d'héroïque dans ce qu'on racontait de son agonie. Sentant la vie se retirer de lui, on l'avait vu recueillir en quelque sorte toutes ses forces dans une préoccupation amère des maux et

[1] Voir aux Documents historiques, n° 3.

des humiliations de son pays. A l'un il disait : « Je meurs « avec le regret de n'avoir pas vengé la France des infâmes « traités de 1815. » A un autre : « Ce duc de Wellington! « je suis sûr que je l'aurais battu! » Il se fit apporter l'épée que les officiers des Cent-Jours lui avaient donnée, et l'embrassa avec exaltation, ne voulant plus s'en séparer. Puis, comme il parlait de sa fin prochaine, et qu'on cherchait à détourner de lui cette pensée funeste : « Qu'im-« porte, s'écria-t-il, que je meure, pourvu que la patrie « vive? » Et le mot patrie fut le dernier qui s'échappa de ces lèvres éloquentes, glacées pour jamais.

Le 5 juin, date mémorable, était le jour fixé pour les funérailles. Celles de Casimir Périer ayant fourni au gouvernement l'occasion d'un dénombrement injurieux, les partis, à leur tour, brûlaient de se compter.

Ceux des légitimistes qui étaient en conspiration permanente préparaient tout depuis longtemps pour une insurrection ; mais, comme ils rencontraient dans leur propre parti une résistance inflexible et hautaine, ils avaient fini par renoncer au périlleux honneur de l'initiative, et ils se bornaient à exciter par de secrets émissaires l'ardeur des sections républicaines où ils avaient pu pénétrer, prenant à leur solde des ouvriers malheureux, multipliant les démarches, prodiguant les promesses, distribuant des cartouches et des pistolets. Deux contre-maîtres, qu'ils avaient séduits, devaient leur ouvrir, quand il en serait temps, les portes d'une fabrique d'armes, et ils disposaient de quelques bandes d'hommes résolus qui furent d'avance distribuées sur divers points du boulevard : à la Madeleine, au Château-d'Eau, sur la place de la Bastille, c'est-à-dire sur toute la ligne du convoi.

Pour ce qui est du parti bonapartiste, il se livrait, à cette époque, aux démarches les plus actives. Quoique soumis à une surveillance assidue, le duc de Reichstadt avait trouvé moyen d'entrer en communication avec quelques-uns de ses partisans, auprès desquels il était représenté par le prince Louis-Bonaparte; et pendant que Joseph quittait l'Amérique pour revenir en Europe, un corps de troupes, gagné tout entier à la cause du fils de Napoléon, se disposait à le recevoir à la frontière. Nul doute que, dans un pareil état de choses, le parti bonapartiste n'eût pu faire tourner à son profit le soulèvement de la nation, s'il n'eût porté dans ses propres flancs la lutte et l'anarchie. Car, non moins divisé que le parti légitimiste, il comprenait trois fractions séparées par de graves dissidences : les *impérialistes* admirateurs aveugles de la monarchie napoléonienne ; ceux qui aimaient surtout dans Napoléon le soldat victorieux; et enfin, ceux qui, amis de l'égalité par sentiment, ne réservaient au duc de Reichstadt que le titre de *chef du pouvoir exécutif*, et résumaient leurs désirs dans ces mots : la république avec un nom. Ces derniers formaient la fraction sans contredit la plus intelligente et la plus généreuse du parti; mais, compromis à tout instant par l'imprudence des hommes d'action, ils étaient en outre combattus par une aristocratie militaire, à demi ralliée au gouvernement nouveau, et qui, à l'exception de quelques généraux d'un caractère élevé, n'avait gardé du régime impérial qu'un grossier mélange de servilisme et d'orgueil.

Restaient les républicains, doués presque tous d'une résolution extraordinaire et d'une bravoure impétueuse ; mais ils manquaient de centre, de mot d'ordre, de direction. Les associations que ce parti renfermait dans son sein étaient indépendantes l'une de l'autre, et obéissaient à des impulsions, sinon contraires, au moins divergentes. La *Société des Amis du Peuple* avait vu naître à côté d'elle la *Société des Droits de l'Homme*, si fameuse depuis ; et, en dehors de cette dernière, s'agitaient la *Société Gauloise* et le *Comité Organisateur des Municipalités*. Une grande hésitation résulta de ce défaut d'ensemble. Rien, d'ailleurs, n'était préparé pour une insurrection républicaine ; et bien que la *Société Gauloise* annonçât, par quelques-uns de ses membres, l'intention d'engager le combat, le parti se tenait dans l'expectative. Toutefois, dans la soirée du 4 juin, quelques membres de la *Société des Amis du Peuple* se réunirent au boulevard Bonne-Nouvelle, pour aviser aux choses du lendemain. Là il fut décidé, après d'assez vifs débats, qu'on ne commencerait pas l'attaque, mais qu'une collision paraissant inévitable, on se disposerait à soutenir la lutte avec vigueur. On se ménagea des communications le long du boulevard, et un citoyen dont le nom rappelait de grands souvenirs révolutionnaires se chargea, quoique désapprouvant l'insurrection, de rassembler, au delà du pont d'Austerlitz, un certain nombre d'ouvriers intrépides, avec lesquels il pouvait, en cas de trouble, soulever le faubourg Saint-Marceau.

Le 5, de bonne heure, tout Paris fut en mouvement. Ceux qui devaient composer le cortége s'étaient hâtés vers les lieux de rendez-vous d'avance indiqués, et dès neuf heures du matin, une foule impatiente se précipitait vers la maison mortuaire. On voyait rouler pêle-mêle, le long de la rue Saint-Honoré, gardes en uniforme, ouvriers, artilleurs, étudiants, anciens soldats ; sur la place Louis XV, les élèves en droit et en médecine, mêlés aux membres de la *Société des Amis du Peuple*, se formaient en pelotons et se choisissaient des chefs; cent bannières de forme et de couleur diverses flottaient dans les airs : ceux-ci portaient des flammes tricolores, ceux-là des rameaux de verdure, quelques-uns montraient leurs armes avec menace. Mais un même sentiment perçait à travers cette infinie variété d'attitudes et de mouvements. Chose étrange ! de toutes parts on se rendait à des funérailles, et c'étaient des pensées de guerre qui éclataient dans tous ces regards inquiets, sur tous ces visages pâles d'émotion. Les rumeurs les plus alarmantes circulaient; on se parlait à voix basse dans certains groupes, tandis que du milieu des groupes voisins sortaient des clameurs confuses ; et tous de supposer un vaste complot, les uns parce qu'ils le désiraient, les autres parce qu'ils en avaient peur. Car chacun sentait bien de quelle maladie était travaillée la société française, société si pleine en effet de trouble et de désordre, qu'il suffisait, hélas ! d'en rapprocher tous les éléments pour faire jaillir de leur contact une effroyable catastrophe !

Aussi le gouvernement avait-il eu soin de faire de Paris un champ de bataille. Quatre escadrons de carabiniers occupèrent la place Louis XV.; un escadron de dragons fut envoyé à la Halle aux vins; un autre couvrit, avec un bataillon du 3ᵉ léger, la place de Grève ; le 12ᵉ léger attendait le convoi sur la place de la Bastille ; il y avait des soldats dans la cour du Louvre ; il y en avait dans le quartier des étudiants ; la garde municipale était échelonnée sur toute la ligne qui s'étend de la préfecture de police au Panthéon, et un détachement de cette garde protégeait le Jardin des Plantes, non loin de la caserne des Célestins, où le

6ᵉ régiment de dragons tout entier se tenait prêt à monter à cheval. Le reste des troupes avait été consigné dans les casernes, et des ordres avaient été donnés pour faire venir au besoin des régiments auxiliaires de Rueil, de Courbevoie et de Saint-Denis. De sorte qu'à cette révolte, qui n'était encore que dans l'air, le gouvernement avait à opposer une armée soldée d'au moins vingt-quatre mille hommes [1].

Le cortége se mit en marche. Les coins du drap mortuaire étaient tenus par le général Lafayette, le maréchal Clauzel, M. Laffitte et M. Mauguin. Des jeunes gens traînaient le char funèbre, que suivaient des proscrits venus de tous les points de cette Europe esclave des rois. Deux bataillons seulement composaient les troupes d'escorte; mais les gardes nationaux faisaient partie du convoi, au nombre d'environ dix mille, ayant tous le sabre au côté. Les artilleurs de la garde nationale s'étaient munis de cartouches; ils avaient leurs mousquetons chargés, et parmi les membres des sociétés populaires, beaucoup portaient, à demi cachés sous leurs habits, des pistolets ou des poignards. Le temps, incertain et pluvieux, semblait ajouter à cette tristesse, mêlée de colère ou d'effroi, qui pénétrait toutes les âmes. Arrivé à la hauteur de la rue de la Paix, le cortége

---

[1] Les troupes appelées à concourir à l'action se peuvent évaluer ainsi :
Il y avait six régiments de ligne et trois régiments d'infanterie légère à 2,000 hommes. 18,000
Huit régiments de cavalerie, à 500 hommes. 4,000
Garde municipale à pied et à cheval. 2,000
                                                         ——
                                                         24,000

Indépendamment de ces forces, 30,000 soldats étaient échelonnés dans les environs de Paris, et le gouvernement pouvait compter sur le concours de 6,000 gardes nationaux environ.

est tout à coup détourné de sa route, et entraîné autour de la colonne Vendôme par quelques jeunes gens enthousiastes. La frayeur gagne le poste de l'état-major, rangé en bataille sur la place; il rentre précipitamment, les portes de l'hôtel se ferment. « On insulte aux mânes de Lamarque! » crient aussitôt des milliers de voix, et il faut que les soldats sortent du poste pour rendre les honneurs militaires au cercueil qui passe. Ce fut le premier épisode de cette fatale journée; et aux cris de *Vive la République!* poussés avec force devant l'hôtel des affaires étrangères, il fut aisé de prévoir ce qui se préparait. Le cortége avait repris sa marche le long du boulevard, dont une multitude innombrable couvrait les allées latérales, et il s'avançait à pas lents, dans une attitude sombre et formidable, lorsqu'au cercle de la rue de Grammont, le duc de Fitz-James parut, affectant une contenance altière, et le chapeau sur la tête. A cette vue, on s'indigne, on s'emporte; des sommations violentes partent du milieu de la foule émue, et le duc de Fitz-James est forcé à une prompte retraite par les pierres, qui, lancées de toutes parts, font voler en éclats les vitres de l'hôtel. Dès lors, l'agitation ne fit plus qu'aller croissant : née de l'ensemble des circonstances, mille accidents servirent à l'alimenter. Ici, un agent de police tombait frappé au visage; là, sur l'observation d'une femme, on renversait dans la boue l'image du coq gaulois, surmontant un étendard populaire, et à cet emblème, foulé aux pieds, l'on substituait une branche de saule. Les moins fougueux s'irritaient de la présence des sergents de ville, placés de distance en distance sur les flancs du convoi. Un de ces malheureux, blessé grièvement, fut obligé de chercher asile dans les rangs des artilleurs : ils lui sauvèrent la vie; un autre fut sur le point d'être immolé à la porte Saint-Denis, par un officier des Invalides qui avait mis l'épée à la main. Ainsi, tout concourait à rendre inévitables les malheurs prévus. Ces honneurs funèbres, où la douleur avait moins de part que l'espérance et la haine ; cette population immense, entassée sur les balcons, se pressant aux fenêtres, montée sur les arbres et jusque sur les toits ; ces drapeaux italiens, polonais, allemands, espagnols, qui rappelaient tant de tyrannies victorieuses et tant d'affronts impunis ; ces préparatifs de combat trop manifestes ; les précautions même d'un pouvoir réduit à avoir peur du passage d'un mort ; les hymnes révolutionnaires montant dans les airs au milieu des cris menaçants, des sons lugubres du tamtam et du roulement des tambours voilés : tout cela disposait les esprits à une exaltation pleine de périls, tout cela ne laissait aux passions qu'une sanglante issue. Déjà, témoins du morne enthousiasme qui se communiquait de proche en proche dans cette masse confuse et pressée, plusieurs jugeaient la partie perdue pour le gouvernement de Louis-Philippe. Dans un peloton d'étudiants, une voix ayant crié : « Mais enfin, où nous « mène-t-on ? — A la République, répondit un décoré de « juillet qui conduisait le peloton ; et tenez pour certain « que nous souperons ce soir aux Tuileries. » La révolution de juillet elle-même, à son origine, n'avait présenté rien d'aussi imposant et d'aussi terrible. L'idée d'un combat était tellement présente à tous les esprits, qu'on arrachait en passant, pour s'en faire une arme au besoin, les pieux et les branches d'arbres. Le gouvernement flottait donc au hasard, en dépit des mesures prises ; car la fidélité des troupes était chancelante, et l'on n'ignorait pas que l'épée de beaucoup d'officiers appartenait à la cause de la République ou à celle de l'Empire. Il est certain que, lorsque le cortége atteignit la place de la Bastille, un officier du 12ᵉ léger s'avança vers le chef du premier peloton d'étudiants et lui dit : « Je suis républicain ; vous pouvez compter « sur nous, » et l'on vit plusieurs sous-officiers répondre par des signes d'assentiment à l'invitation de fraterniser avec le peuple. Cependant, le bruit s'était répandu que les élèves de l'École polytechnique avaient été consignés ; on ajoutait qu'ils avaient demandé vainement qu'un seul de leurs camarades sortît pour aller tenir un des cordons du corbillard. Soudain ils paraissent, au nombre de soixante environ, la plupart tête nue et les habits en désordre. Forçant la consigne, ils avaient renversé le général Tholosé, qui voulait s'opposer à leur sortie, et ils accouraient, prêts à se jeter dans l'insurrection. Des salves d'applaudissements, des cris de *vive l'École ! vive la République !* saluèrent la présence d'un uniforme, depuis 1830 si cher au peuple, et la musique du régiment qui précédait le corbillard joua spontanément la *Marseillaise*. Le cortége avait traversé la place de la Bastille, il avait parcouru tout le boulevard Bourdon, entre le canal Saint-Martin et les Greniers d'abondance, et, passant le petit pont situé à l'extrémité du canal, il couvrait l'emplacement compris entre ce pont et celui d'Austerlitz : ce fut là qu'on fit halte.

Une estrade avait été préparée pour les discours d'adieu. Ceux que prononcèrent le général Lafayette, le maréchal Clauzel, M. Mauguin, les généraux étrangers Saldanha et Sercognani, furent, comme il convenait, tristes, graves et solennels. Mais aux paroles calmes ne tardèrent pas à succéder les harangues les plus véhémentes, et l'effervescence populaire s'en accrut. Des hommes, vêtus élégamment, couraient çà et là dans la foule et cherchaient à l'exciter par de fausses nouvelles, disant qu'on se battait à l'Hôtel de Ville, ou qu'un général venait de se déclarer contre Louis-Philippe, ou que les troupes, enfin soulevées, allaient marcher sur les Tuileries ; les artilleurs de la garde nationale se concertaient ; des cris de *vive la République !* se faisaient entendre... Tout à coup un inconnu arrive, monté sur un cheval qu'il fait mouvoir avec peine au milieu de la cohue immense. La figure de cet homme est sinistre ; il est vêtu de noir, et tient à la main un drapeau rouge surmonté d'un bonnet phrygien. C'était le souvenir de 93 qu'on faisait revivre aux yeux de la bourgeoisie. L'indignation fut grande, surtout chez les républicains, dont cette apparition effrayante tendait à calomnier les doctrines. Un même cri de réprobation partit de toutes les bouches, et pourtant, quelques-uns applaudirent, soit par l'effet d'un fanatisme imbécile, soit avec l'intention perfide de rendre odieuse la cause de la République. Le général Excelmans était dans le cortége. « Pas de drapeau rouge, s'écria-t-il avec force ; « nous ne voulons que le drapeau tricolore : c'est celui de « la gloire et de la liberté ! » Alors deux hommes suspects s'élancèrent vers lui, criant qu'il fallait le précipiter dans le canal. Il quitta la mêlée, rencontra le comte de Flahault, et se rendit avec lui en toute hâte aux Tuileries. Craignant, comme le général Excelmans, que le parti qui poussait au mouvement ne fût celui d'un jacobinisme sanguinaire, beaucoup de citoyens ne songèrent plus qu'à s'armer contre l'insurrection. Le drapeau rouge avait produit son effet : celui qui le portait disparut, et, dès ce moment, les républicains durent renoncer à l'espoir d'entraîner sur leurs pas le gros de la bourgeoisie.

Tandis que ces choses se passaient près du pont d'Austerlitz, et à l'extrémité de la rue Contrescarpe qui longe le canal Saint-Martin, des scènes non moins vives avaient lieu sur le boulevard Bourdon, situé de l'autre côté de ce canal ; et, pendant que les rues voisines du Grenier d'abondance se remplissaient d'hommes audacieux, incertains s'il valait mieux hâter l'heure du combat ou l'attendre, une colonne de dragons, sortie de la caserne des Célestins, débouchait sur le quai Morland, et se dirigeait vers le pont d'Austerlitz. Il importe de remarquer que ce fut sur un avis du préfet de police, M. Gisquet, et non sur l'ordre du général Pajol, commandant la première division militaire, que ce mouvement s'exécuta. Du reste, les dragons ne semblaient animés d'aucun sentiment hostile ; ils avaient leurs pistolets dans les fontes, et leurs fusils au porte-crosse. Ils s'avancèrent rapidement, et s'arrêtèrent à deux cents pas du pont. Une multitude frémissante leur faisait face ; sur leur flanc gauche régnaient des palissades ; à leur droite s'élevait, sur la Seine, l'île Louviers. Le tumulte, d'ailleurs, était au comble. Une voiture se présenta, traînée par des jeunes gens qui, après y avoir fait monter M. de Lafayette, le conduisaient en triomphe à l'Hôtel de Ville. L'escadron ouvrit ses rangs pour livrer passage au général, et, un instant après, plusieurs coups de fusil retentirent. En vain le commandant des dragons, M. Desolliers, déploya-t-il en cette circonstance une modération courageuse, on demandait de toutes parts que les soldats rendissent leurs armes, on leur lançait des pierres du haut d'un toit voisin, et les plus animés se glissaient jusque sous le poitrail des chevaux, couchant en joue les dragons, dont deux furent blessés. Si plus de sang ne coula pas sur ce point, ce fut grâce à l'énergique intervention de MM. Dufour, Devauchelles, Soubiranne et Larabit. Ce dernier, député de l'Opposition, jouissait d'une réputation méritée d'honneur et de civisme : ses efforts contribuèrent puissamment à prévenir, sur ce théâtre des événements, une collision qui, ailleurs, ne pouvait déjà plus être évitée.

Prévenu par un sous-officier déguisé de la situation critique des dragons du quai Morland, le colonel était sorti de la caserne à la tête d'un second détachement, et il se dirigeait, au bruit des fanfares, vers la place de l'Arsenal, pour aller rejoindre le premier détachement, par le boulevard Bourdon, de manière à tourner les insurgés. Mais à peine avait-il fait vingt pas hors de la caserne, qu'une décharge renversa quelques soldats. Les dragons alors prirent le galop, et traversant la place de l'Arsenal, vinrent charger sur le boulevard Bourdon. Le commandant Cholet y fut blessé à mort.

Cependant, du sein de la foule répandue autour du pont d'Austerlitz, dans la rue Contrescarpe, un cri s'élève : Voici les dragons ! Ils arrivaient en effet au grand galop, balayant tout sur leur passage. A cette vue, chacun de s'indigner : indignation légitime ! car le point sur lequel les dragons avaient été provoqués était bien éloigné du théâtre où la charge les conduisait, et où ils ne rencontraient plus devant eux que des milliers de citoyens inoffensifs. Une barricade est construite à la hâte ; ceux qui n'ont pas de fusils arrachent des pieux pour se défendre ; un jeune homme, frère d'un savant illustre, s'est écrié en élevant un drapeau tricolore : « Qui m'aime me suive ! » et plusieurs gardes nationaux tirent leurs sabres. Ils couraient furieux au-devant des cavaliers, lorsqu'à l'entrée du petit pont du canal, ceux-ci s'arrêtèrent, étonnés et comme interdits. L'insurrection en ce moment était flagrante. Un feu meurtrier partait de l'Arsenal, du pavillon Sully, du Grenier d'abondance. Le colonel des dragons avait eu son cheval tué sous lui, le lieutenant-colonel était blessé, une balle atteignit le capitaine Bricqueville. L'ordre de tourner bride fut alors donné aux dragons, qui se replièrent sur les rues de la Cerisaie et du Petit-Musc.

Les soldats de l'escorte ont disparu. On n'aperçoit plus dans tout ce quartier que citoyens se précipitant les uns sur les autres, saisis d'effroi ou transportés de fureur, et criant : Aux armes! aux armes! Au delà du pont d'Austerlitz, les jeunes gens qui accompagnent les dépouilles du général Lamarque, et veulent les conduire au Panthéon, attaquent la cavalerie municipale placée aux environs du Jardin des Plantes. Elle résiste avec énergie; mais poussée vivement dans la direction de la barrière d'Enfer, elle ne doit qu'à l'appui de deux escadrons de carabiniers de rester maîtresse du convoi. Déjà Paris est en feu. Les républicains se sont répandus dans toutes les directions, coupant les rues de barricades, désarmant les postes, sommant les troupes qu'ils rencontrent de se réunir à eux, les attaquant si elles refusent, menaçant les poudrières et les arsenaux, arrêtant les tambours qui battent le rappel, enfonçant les caisses; partout en petit nombre, mais se multipliant par leur audace, et partout présents à la fois. Rien de comparable à la rapidité de cette invasion : trois heures après le commencement de l'attaque, la moitié de la ville était au pouvoir des insurgés.

Sur la rive gauche de la Seine, deux cents hommes avaient investi la caserne des vétérans. Leur chef, artilleur

de la garde nationale, escalade la caserne; arrivé dans la cour, où les soldats sont rangés en bataille, il s'aperçoit qu'il n'est pas suivi, redouble de hardiesse, court au commandant, et lui demande son épée. « J'ai vingt ans de ser-
« vice, répond l'officier : on ne m'arrachera mon épée
« qu'avec la vie. — Gardez votre épée. Mais entendez-vous
« la fusillade? C'est à nous qu'est la force, et je commande
« ici. » Le jeune homme s'empare en effet du commandement, et déjà les soldats mettaient bas les armes, quand sept ou huit insurgés s'élancent dans la caserne, au milieu du plus effroyable désordre. Les vétérans se croient sur le point d'être massacrés; ils se mettent en défense, et repoussent les assaillants, dont la plupart n'étaient armés que de pistolets ou de bâtons. Deux détachements de gardes municipaux accouraient de Sainte-Pélagie, par deux routes différentes, pour délivrer la caserne. Le premier essuie dans la rue d'Orléans un feu très-vif et perd son capitaine, M. Turpin. Le second, commandé par le lieutenant Sénancourt, gagne la caserne, qu'il dégage; mais bientôt, apprenant que Sainte-Pélagie est menacée, les gardes municipaux y retournent à pas précipités emmenant avec eux les vétérans. Non loin de là, et sur la place Maubert, où un poste venait d'être en partie égorgé, un engagement avait lieu entre les insurgés et un peloton de cavalerie, soutenu par des fantassins; la poudrière des Deux-Moulins était emportée, et toute la ligne des barrières appartenait à la révolte.

Sur la rive droite, les progrès de l'insurrection n'étaient pas moins rapides. Les républicains s'étaient rendus maîtres de l'Arsenal; ils avaient enlevé le poste de la Galiote et celui du Château-d'Eau; ils dominaient tous les quartiers du Marais; la mairie du 8ᵉ arrondissement était en leur pouvoir; la fabrique d'armes de la rue Popincourt, envahie avec succès, leur avait livré douze cents fusils; ils s'étaient avancés jusqu'à la place des Victoires, et se préparaient à assaillir la Banque, l'Hôtel des Postes, la caserne des Petits-Pères. Mais ils s'étaient surtout attachés à rendre inabordables la rue Saint-Martin et les rues circonvoisines, voulant y établir le quartier général de l'insurrection, et ne se doutant guère que ce jour-là même MM. Thiers, Mignet, d'Haubersaërt, et autres personnages dévoués au gouvernement de Louis-Philippe, se trouvaient réunis à table dans le restaurant du *Rocher de Cancale*, à cinquante pas du camp où des républicains se fortifiaient, bien résolus à proclamer victorieusement la république ou à mourir.

Tels étaient, à six heures du soir environ, les avantages remportés par les insurgés, et tout dans ce moment semblait leur promettre la victoire. La classe ouvrière, il est vrai, ne s'était pas encore ébranlée en masse : déçus par cette révolution de juillet qui leur avait ouvert une perspective si belle, et n'avait fait qu'aggraver leurs maux, les hommes du peuple hésitaient à recommencer l'expérience; mais l'insurrection n'aurait pu se prolonger sans les attirer invinciblement dans son tourbillon, rien n'étant plus naturel que le pacte de la misère avec l'imprévu. Quant aux soldats, ils étaient en proie à une démoralisation manifeste, car le souvenir de 1830 revivait en traits de flammes dans leur esprit incertain; ils croyaient entendre les cris de reconnaissance et d'enthousiasme qui avaient accueilli au 29 juillet la défection du 53ᵉ de ligne; et l'uniforme de la garde nationale, qu'ils voyaient briller dans les groupes d'insurgés, les frappait de stupeur et de respect. Dans la rue Culture-Sainte-Catherine, les sapeurs-pompiers démontèrent et cachèrent leurs fusils, pour n'avoir pas à s'en servir contre une colonne qui venait s'emparer de la caserne. De leur côté, les gardes nationaux se réunissaient en petit nombre, et, quoique l'ensemble de la bourgeoisie fût opposé au mouvement, le rappel, dans beaucoup de quartiers, ne faisait qu'éveiller ce sentiment d'angoisse particulier aux guerres civiles. Et même parmi ceux qui descendaient dans la rue pour y combattre l'insurrection, les plus généreux avaient peine à se défendre de cette sympathie impérieuse qu'inspirent les grands courages. Il y en eut, dans cette soirée, des preuves singulières. Huit insurgés revenant de la place Maubert se présentent, au déclin du jour, à un des ponts de la Cité qu'occupe tout un bataillon de garde nationale. Ils réclament avec autorité le droit d'aller rejoindre leurs amis, combattants de l'autre rive ; et comme on hésite à leur livrer passage, ils s'avancent résolûment sur le pont la baïonnette en avant. Les gardes nationaux se rangèrent pour laisser passer ces huit hommes, admirant et déplorant leur folie héroïque. Voilà ce qu'étaient les insurgés, et l'on peut juger par ce trait de la puissance qu'ils tiraient de leur bravoure.

Aussi le gouvernement était-il dans un cruel état d'inquiétude. Pour rendre un peu de confiance aux soldats, sur lesquels on n'osait compter, on avait résolu de confondre leur action avec celle de la milice bourgeoise, et l'on avait concentré aux mains du maréchal Lobau, commandant en chef de la garde nationale, la direction de toutes les forces militaires de la capitale. Une réunion de généraux et de ministres eut lieu à l'état-major. Le maréchal Soult y parut, laissant voir sur son visage les traces d'une préoccupation étrange. Que décider? Recommencerait-on cette guerre de ruelles et de carrefours qui avait été si fatale en 1830 au duc de Raguse et à la monarchie? Un des assistants fut d'avis que le meilleur parti à prendre était de donner aux troupes l'ordre de la retraite; on les aurait rassemblées en masse au champ de Mars, sauf à rentrer plus tard dans Paris l'épée à la main. Mais cette opinion fut très-énergiquement réfutée par le préfet de police, M. Gisquet, qui déploya, dans ces événements, une remarquable fermeté. La discussion se prolongea au milieu des incertitudes, des imprécations inutiles, des vains projets, et l'on se sépara sans conclure, tant les têtes étaient troublées!

Il fallait agir, pourtant, car les moments étaient précieux. Or, le danger apparaissait à tous dans des proportions si formidables, que l'on expédia de tous côtés des ordres appelant dans la ville les soldats répandus dans les environs, bien que Paris regorgeât de troupes. Un bataillon du 12e léger partit de Saint-Denis; le 14e léger accourut de Courbevoie, après s'être mis en marche pour Saint-Cloud, que le roi venait de quitter; la batterie de l'École militaire fut dirigée sur le Carrousel; des munitions considérables furent apportées de Vincennes. En même temps, un bataillon du 3e léger et un détachement de la 6e légion étaient chargés d'éclairer le boulevard, qu'occupaient déjà, vers la porte Saint-Martin, deux escadrons de carabiniers, et où le général Schramm s'était établi avec quatre compagnies à l'entrée de la rue de Cléry. A six heures du soir, les dragons parvinrent à se rendre maîtres de la place des Victoires, et, appuyé par quelques compagnies d'infanterie, un détachement de garde nationale, que commandait M. Delessert, assura le départ des courriers.

Mais ce n'étaient là que de faibles succès, en comparaison de ceux qu'obtenaient alors les insurgés sur mille points divers. Ils enlevèrent successivement, et en faisant essuyer à la garde municipale des pertes considérables, les postes de la Lingerie, de la Bastille, du marché Saint-Martin, des Blancs-Manteaux. A huit heures, ils construisaient une barricade près du petit pont de l'Hôtel-Dieu, faisaient reculer un détachement du 25e de ligne, forçaient un détachement de garde municipale à battre en retraite par le quai aux Fleurs, et enveloppaient de toutes parts la préfecture de police.

La nouvelle de ces événements répandit la consternation au Château. On y eût en vain cherché cette affluence de visiteurs qui se voit autour des trônes, quand l'éclat des fêtes les entoure et que la force y est assise. La peur avait glacé les dévoûments les plus fastueux. Observation banale, en vérité, et presque superflue dans l'histoire des monarchies! Les employés des ministères avaient caché les papiers importants, et déjà l'on ne songeait plus aux Tuileries qu'à des préparatifs de fuite. On y craignait, surtout, que le général Lafayette et le maréchal Clauzel ne se jetassent dans le mouvement. Que n'auraient pu la popularité de l'un et la renommée de l'autre? La dynastie d'Orléans était perdue alors.

Le maréchal Soult, ministre de la guerre, partageait ces appréhensions. Depuis les récits qui avaient couru autrefois sur les intrigues de ses partisans et sur son désir secret d'être couronné roi de Portugal, on lui prêtait une ambition sans limites. Sa gloire militaire, sa science administrative, son activité infatigable, les brillantes destinées de Bernadotte, son émule, tout laissait supposer qu'il y avait place dans son âme pour les plus vastes desseins. On le savait, d'ailleurs, incapable de désintéressement dans ses affections politiques, incapable de constance dans ses choix, et lui qui s'était donné successivement à Bonaparte, à la Restauration, aux d'Orléans, il avait perdu le droit de faire croire à sa fidélité envers le dernier maître. Dans la circonstance, il fut en butte à de graves soupçons. On remarqua son attitude embarrassée pendant la lutte, la mollesse de sa résistance, l'injonction adressée par lui aux chefs de corps de ne se défendre qu'à la dernière extrémité, injonction que démentait la rudesse de son caractère. Ce fut lui qui donna le conseil d'abandonner Paris, chose extraordinaire assurément ! Enfin, l'on raconte — mais le fait n'est nullement prouvé — que, dans la nuit du 5 au 6, il eut, avec certains membres bien connus du parti républicain, une entrevue mystérieuse et importante. Ce qui ne saurait être contesté, c'est que, dans la soirée du 5 juin, on vit paraître au *National* un jeune homme nommé Guibert [1], qui souvent s'était présenté comme le protégé du ministre de la guerre. Ce jeune homme était allé sonder les dispositions du général Subervic, et il se disait autorisé à provoquer une entrevue entre Armand Carrel et le maréchal Clauzel. Carrel le suivit en effet chez le maréchal ; mais il trouva celui-ci très-froid, très-prudent, et manifestement dominé par la crainte de se livrer. A son tour, il se tint sur la réserve, et de cet entretien il résulta pour lui, ainsi que pour le maré-

---

[1] Le même qui, depuis, fut assassiné rue Louis-le-Grand.

chal, la conviction, erronée peut-être, mais profonde, que le ministre de la guerre avait voulu pénétrer leurs secrets, afin de s'associer à l'insurrection pour peu qu'elle eût des chances, ou de se ménager, dans le cas contraire, les moyens les plus sûrs de la déjouer.

Mais si l'hésitation était grande chez ceux qu'on attaquait, elle n'était pas moindre chez ceux que leur position appelait à diriger l'attaque. Deux élèves de l'École polytechnique avaient compté sur M. Mauguin : ils le surprirent troublé au plus haut point, et ne purent lui arracher que des paroles pleines de découragement. Le maréchal Clauzel ne se montrait pas plus résolu : il répondit à un artilleur qui le pressait, au nom du parti, de tirer l'épée : « Je me « joins à vous, si vous êtes assurés du concours d'un régi- « ment. — Eh ! monsieur, répliqua brusquement l'artilleur, « si, à l'heure où je vous parle, un régiment était à nos « ordres, nous n'aurions pas besoin de vous. » Seul, parmi les personnages qui avaient un long passé à compromettre et une fortune considérable à risquer, seul, M. de Lafayette s'offrit tout entier. De la voiture où on l'avait placé pour le conduire à l'Hôtel de Ville, tentative avortée, le noble vieillard avait entendu un de ceux qui le traînaient dire à son voisin, par manière de plaisanterie : « Si nous jetions le « général dans la Seine, comment le gouvernement repousserait-il le soupçon de l'avoir sacrifié ? » Et lui, faisant allusion à ces mots cruels, il disait avec cette grâce qui jamais ne l'abandonna : « Mais ce n'était pas une si mau- « vaise idée ! » Puis, comme on réclamait son concours, il s'écria, malade et fatigué qu'il était : « Mes amis, trouvez « un endroit où l'on puisse placer une chaise, et je vous y « suivrai. » Abreuvé de dégoûts, jouet d'une ingratitude qu'il rappelait sans cesse, plus que jamais irrité des outrages dont la Cour poursuivait sa vieillesse, il sentait en lui des haines vigoureuses qui, se mariant à son patriotisme et à son courage, le rendaient impatient de se venger. Mais il manquait absolument d'initiative, et ses amis n'osaient prendre sur eux de disposer d'une vie aussi précieuse. Sa popularité fut donc encore une fois inutile à son parti et à lui-même.

On aurait pu, il est vrai, s'emparer de sa réputation ; et il est à croire qu'une proclamation créant un gouvernement provisoire, et répandue, le 6 au matin, à plusieurs milliers d'exemplaires, aurait eu un résultat décisif. Car, dans ce cas, la révolution de 1830 revivait avec des circonstances semblables. Beaucoup de personnages marquants se laissaient entraîner par le grand nom de Lafayette; la moitié de la garde nationale passait du côté de son ancien chef; les troupes restaient indécises; et, commencée par des gens de cœur, l'insurrection, en prenant de la consistance, attirait à elle tous les égoïstes, tous les ambitieux, tous les lâches. Mais, au-dessus de ceux qui se battaient, rien ne fut tenté, rien ne fut osé. Les bureaux de la *Tribune* avaient été envahis par des agents de police mêlés à un détachement de gardes nationaux, et l'on avait mis les scellés sur les presses, malgré les protestations de MM. Sarrut et Boussi. Une mesure semblable frappa la *Quotidienne,* et aurait atteint le *National*, si ses bureaux n'eussent été situés précisément dans le voisinage des barricades. Ce fut donc au *National*, où s'étaient rendues quelques personnes étrangères au parti, qui se réunirent, le 5 juin, vers huit heures du soir, plusieurs des républicains les plus influents. Là fut agitée, au milieu de mille rumeurs confuses, la question d'un soulèvement général. Pour beaucoup, la question n'était pas douteuse. L'élan était imprimé au parti : que tardait-on à le seconder ? La révolution de 1830 n'avait pas commencé sous des auspices plus favorables. Tel ne fut pas l'avis d'Armand Carrel. De la part d'un homme réputé brave entre tous, et en présence d'un parti non moins soupçonneux que bouillant, une déclaration pareille demandait une fermeté de caractère peu commune. Mais il est permis d'affirmer qu'Armand Carrel, dans cette occasion, se pressa trop de juger en militaire ce qu'il avait à juger en conspirateur. Or, les principes qui assurent la victoire à une armée en campagne ne sont pas ceux qui décident du succès d'un soulèvement populaire. L'audace, qui fut le procédé de Danton et même son génie, l'audace est la prudence des partis en lutte. Car, en révolution, la confiance a tous les profits du hasard.

La réunion du *National* n'ayant abouti qu'à mettre en relief des dissidences funestes, les plus ardents se mirent en marche pour gagner le coin de la rue Ménilmontant, où ils se croyaient attendus par de nombreux amis, et où ils étaient résolus à se fortifier, ne doutant pas que la guerre ne recommençât le lendemain.

Mais déjà la face des choses commençait à changer. Le défaut de direction menaçait de tout compromettre. Dans le salon de M. Laffitte, quelques députés de l'Opposition étaient occupés à se répandre en vains discours, et donnaient des signes d'effroi que condamnait la sérénité de M. Laffitte, toujours calme dans le péril. Les ministres allaient être informés par leurs émissaires de l'inaction de Lafayette et des hésitations du maréchal Clauzel. Des mandats d'arrêt étaient lancés contre MM. Cabet, Laboissière et Garnier-Pagès. Les divers corps de l'armée immense qui pesait sur Paris, commençaient à ne plus croire à une seconde révolution de juillet, en entendant les cris de *Vive la troupe !* qu'avaient soin de pousser, en défilant devant eux, les bataillons bourgeois envoyés contre les insurgés. Ceux-ci, d'autre part, se décourageaient, se dispersaient, en apprenant que les chefs étaient peu disposés à jouer cette sanglante partie, et que l'autorité des noms manquerait, peut-être, à la révolte. Pour multiplier les défections et contenir le peuple, des agents de police firent partout circuler le bruit que l'insurrection était carliste. Hardi mensonge qui, repoussé par les uns, fut accueilli par les autres sans défiance, et enflamma de colère la garde nationale de la banlieue, que le gouvernement poussa dans Paris, rugissante et trompée.

D'un autre côté, parmi les plus hauts personnages de la Cour, les dignitaires, les députés ministériels, les généraux, la terreur était extrême. C'était M. Thiers qui, dans la soirée du 5 juin, semblait présider à tous les préparatifs de la défense. Entouré, pendant quelque temps, à l'état-major de la garde nationale, de MM. Béranger, Kératry, Madier de Montjau, Voysin de Gartempe, il faisait distribuer des cartouches et envoyait dire aux députés de se réunir en toute hâte, heureux de l'occasion que lui offrait la fortune de s'essayer à un rôle nouveau. Treize députés seulement se rendirent à l'état-major, y compris ceux que nous avons plus haut désignés, et tous ils attendaient avec impatience l'arrivée du roi, ne sachant s'ils allaient lire dans ses regards l'espoir du triomphe ou l'appréhension d'une défaite. Il arriva enfin de Saint-Cloud, après avoir donné à sa famille l'ordre de le suivre. L'état de Paris effraya la reine outre mesure ; elle jugeait la situation plus grave encore qu'en

1830, opinion que n'était pas loin de partager Mme Adélaïde elle-même, connue par la fermeté de son caractère. La question du départ fut agitée; mais il y avait à imiter l'exemple de Charles X un danger qui ne pouvait échapper à la pénétration de Louis-Philippe. S'il eut des craintes, il en garda le secret devant ceux qui allaient chercher auprès de lui un encouragement à l'espérance. Il les accueillit comme il convenait dans le moment, c'est-à-dire avec un visage rassuré, avec des paroles reconnaissantes ; et il parut ne pas s'apercevoir de la solitude que créait autour de lui la fortune incertaine.

L'insurrection, cependant, campait au milieu de la capitale. Deux barricades coupaient la rue Saint-Martin, l'une au nord, à la hauteur de la rue Maubuée, l'autre, beaucoup plus forte, au midi, à la hauteur de la rue Saint-Méry, et à quelques pas de la vieille église de ce nom. Dans l'espace compris entre les deux remparts, au coin de la rue Saint-Méry et faisant face à la rue Aubry-le-Boucher, s'élevait la maison n° 30, dont cent dix insurgés environ occupaient le rez-de-chaussée et les abords, et qui leur devait servir tout à la fois de quartier général, de citadelle, d'ambulance. La position était bien choisie : si on l'abordait de front par la rue Aubry-le-Boucher, on tombait sous le feu parti des croisées du quartier général; si on l'attaquait de revers, il fallait affronter les combattants postés dans l'intérieur des barricades, hommes exercés qui donnaient la mort d'une main sûre, et qu'animait un courage extraordinaire. Dans la soirée du 5 juin, une colonne de gardes nationaux, qui éclairait la rue Saint-Martin, vint se heurter à la barricade. « Qui vive? » crie la sentinelle. — Amis. — Êtes-vous républicains? « — Oui. » L'air fut ébranlé par de joyeuses acclamations;

et un insurgé, nommé Rossignol, s'avança pour conférer avec le chef de la colonne; mais, à l'instant même, des gardes nationaux s'élançaient sur la barricade en criant : « Ah ! bri-« gands, nous vous tenons enfin; » et, de son côté, le capitaine se disposait à faire prisonnier le parlementaire. Alors, celui-ci se retourne vers les siens, et quoiqu'un tel commandement semblât l'exposer à une mort inévitable, il s'écrie avec intrépidité : « Feu ! mes amis. » Une décharge partit de l'intérieur des barricades et renversa cinq hommes. Les assaillants ayant fait feu à leur tour, un des chefs de la barricade reçut une balle dans les reins; mais la colonne dut reculer et se dispersa. A cette première rencontre succédèrent deux attaques qui furent repoussées avec beaucoup de vigueur. Et ce n'étaient là que les préludes d'une lutte terrible. Les insurgés s'y préparèrent avec un sang-froid surprenant. Tandis que, sous les ordres d'un décoré de juillet nommé Jeanne, les uns s'établissaient au poste de la rue, les autres, installés dans la maison n° 30 et réunis dans la loge du concierge, attendaient avec impatience le moment de l'assaut, et abrégeaient par de gais discours ces heures formidables. Ceux qui n'avaient pas d'armes coulaient des balles dans une douzaine de moules avec les gouttières en plomb arrachées aux toits. Ces étranges préparatifs étaient présidés par quelques vieillards, anciens soldats, qui animaient leurs compagnons de la voix et du geste. Des enfants chargeaient les armes et se servaient, en guise de bourre, des affiches qu'ils avaient déchirées le long des murs. Plus tard, quand cette ressource vint à manquer, les insurgés, pour bourrer leurs fusils, déchirèrent leurs chemises. Ils attendirent ainsi, environnés de silence et d'obscurité, s'agitant seuls au milieu de cette grande cité devenue immobile;

et sachant bien, pour la plupart, qu'ils ne verraient pas le soleil du lendemain. Tout à coup des pas pressés retentirent sur le pavé de la rue, et un bruit d'armes se fit entendre. C'était un détachement d'infanterie qui arrivait par le bas de la rue Saint-Martin. Il était deux heures et demie du matin, et la barricade, en ce moment, se trouvait presque déserte. Mais déjà quelques insurgés étaient montés au troisième étage, et frappaient à coups redoublés les portes d'un appartement qui donnait sur la rue. On leur ouvrit, et à leurs yeux parurent deux jeunes femmes qui, tremblantes, éplorées, demandaient qu'on leur fît grâce de la vie. « Ne crai-
« gnez rien, répondirent en souriant les républicains, nous
« ne venons ici que comme ennemis du roi; et si vos meu-
« bles sont endommagés par les balles, le gouvernement
« provisoire vous indemnisera. » Ceux qui avaient des fusils s'embusquèrent à l'angle des croisées ; les autres se tinrent prêts à faire rouler sur la tête du soldat des moellons et des pavés. Aussi les troupes ne purent-elles que traverser à la hâte les barricades, où leur passage laissa pour tout vestige une longue traînée de sang. Bientôt après, avertis que, dans la cour de la maison par eux occupée, il y avait une boutique d'armurier, les républicains s'en firent ouvrir l'entrée. Cette boutique contenait une cinquantaine de fusils de chasse. La distribution en fut faite au milieu du plus vif enthousiasme; mais la fraternité qui régnait entre les combattants ne les empêcha point de se disputer ces armes, trop rares, avec toute la jalousie du courage. Sur ces entrefaites, on annonce l'approche de la garde municipale. Alors les insurgés descendent en masse dans la rue, laissent approcher la garde municipale à la portée du pistolet, et la repoussent trois fois de suite au cri de vive la République! Leur exalta-

tion était immense et semblait croître avec leurs dangers. Un enfant de douze ans, qui combattait parmi eux, ayant été cruellement blessé à la tête, Jeanne ne put, malgré les sollicitations les plus pressantes, lui faire quitter la barricade. Du reste, ce bouillant courage s'alliait, chez les combattants de Saint-Méry, à un sentiment profond d'humanité. Après chaque engagement, ils sautaient par-dessus la barricade, prenaient les blessés dans leurs bras, et les portaient à l'ambulance, où leurs ennemis n'étaient plus que leurs frères.

Non loin de là, une autre troupe d'insurgés gardait une barricade construite à l'entrée du passage du Saumon, et dont les approches étaient défendues par des sentinelles vigilantes, échelonnées le long de la rue Montmartre. Là aussi des combats opiniâtres marquèrent une nuit à jamais déplorable, car le maréchal Lobau avait ordonné aux soldats de fouiller ce quartier de manière à ce qu'il fût libre à la pointe du jour; et, de leur côté, les républicains étaient décidés à n'en sortir vivants que s'ils en sortaient vainqueurs. Longtemps ils se maintinrent au poste choisi, s'enflammant par des exhortations mutuelles, inaccessibles au découragement, supérieurs à la crainte. Un café, situé à l'angle de la rue Montmartre et du passage [1], recevait les mourants; et, du haut des fenêtres voisines, qui s'ouvraient de minute en minute et se refermaient avec précipitation, des mains inconnues jetaient des cartouches aux républicains. Mais ils n'étaient qu'une poignée. Pressés par des forces considérables et qui se renouvelaient sans cesse, tout homme qui tombait dans leurs rangs était pour eux

---

[1] Ce café n'existe plus.

une perte irréparable. A quatre heures du matin, une plus longue résistance était devenue absolument impossible. Le café était rempli de blessés ; sur la table de billard, inondé de son sang, gisait un élève de l'École polytechnique, et derrière la barricade, on comptait moins de combattants que de cadavres. Un dernier assaut termina la lutte sur ce point. Quelques insurgés, en très-petit nombre, s'échappèrent comme par miracle ; les autres se firent tuer sur la brèche.

Le poste du petit pont de l'Hôtel-de-Dieu avait été, dans la soirée du 5, le théâtre d'une lutte acharnée. Dix-sept insurgés, qui l'occupaient pendant la nuit, s'étant laissé surprendre par une nombreuse colonne de garde nationale, quinze de ces malheureux furent mis en pièces et jetés dans la Seine ; deux furent atteints dans les rues voisines et égorgés. Quant aux républicains réunis à la rue Ménilmontant, après avoir fait le coup de feu toute la nuit, ils durent battre en retraite aux approches du jour, à cause de leur petit nombre, et parce que la position était trop faible pour qu'il fût possible de la défendre.

Le 6 juin, il n'y avait plus d'insurgés que sur la place de la Bastille, à l'entrée du faubourg Saint-Antoine, et dans les rues Saint-Martin, Saint-Méry, Aubry-le-Boucher, Planche-Mibray et les Arcis. Or, pour vaincre l'insurrection ainsi refoulée dans deux quartiers, le gouvernement s'épuisait en efforts prodigieux. Dès six heures du matin, la place Louis-XV était encombrée par l'artillerie ; deux bataillons accouraient de Saint-Cloud pour se joindre à ceux dont la capitale était inondée ; enfin, un régiment d'infanterie et trois régiments de cavalerie entraient à Paris, venant de Versailles et traînant du canon.

Mais tout cela ne suffisait pas encore pour rassurer entièrement la Cour. Les Tuileries avaient à peu près le même aspect que la veille. On y comptait les hommes marquants qui étaient venus offrir leurs services, et il régnait sur le visage des personnes présentes je ne sais quel air de contrainte. Quand on fut pour distribuer les commandements des diverses brigades, la plupart des chefs se trouvaient absents. Un général, connu pour son énergie, le général Excelmans, refusa de servir sous les ordres du général Pajol, son égal, regardant l'invitation qu'on lui adressait à cet égard comme une insulte à ses épaulettes ; et, entre lui et le maréchal Soult, il s'éleva, dans la galerie de Diane, une altercation très-vive, dont la famille royale put entendre les éclats. Le roi montrait beaucoup de sérénité. Rompu à l'art de veiller sur lui-même, il apportait une aisance parfaite dans ses manières et dans ses discours, soit qu'il voulût répandre autour de lui la confiance, soit qu'il comprît que la révolte touchait à sa fin. L'incendie néanmoins pouvait à tout instant se rallumer. Dans cette même matinée, M. Marchais passant sous les fenêtres du maréchal Lobau : « Eh bien ! » lui cria ce dernier, d'un ton moitié plaisant, moitié sérieux, « de vous ou de nous, qui s'en
« va ? »

Les députés de l'Opposition s'étaient, dans l'intervalle, réunis chez M. Laffitte, et l'on y délibérait sous l'empire de la colère ou de la peur. La plupart de ces hommes pusillanimes avaient pâli au seul nom de la république, et déjà devant eux s'étaient dressés tous les noirs fantômes, effroi de leur souvenir. Mais, grâce au ciel ! ils n'entendaient plus que les derniers cris de la révolte expirante, et furieux de leur frayeur désormais évanouie, ils disaient :

« Que tardons-nous ? Le moment est venu pour chacun d'exprimer tout haut sa pensée. Plus de milieu possible entre adopter l'insurrection et rompre avec elle. Détournons de nous une solidarité fatale, et qu'une solennelle manifestation témoigne de notre éloignement pour les fauteurs de l'insurrection, pour leurs actes, pour leurs doctrines. » Mais cette opinion trouva dans l'assemblée des contradicteurs énergiques. Convenait-il aux auteurs de la loi de s'armer du réquisitoire ? Et dans quel moment ! Était-ce donc lorsque le sang versé fumait encore, lorsque tous les esprits étaient en fermentation et que la moindre étincelle y pouvait porter l'embrasement ; était-ce au bruit de la fusillade qu'il fallait fulminer l'arrêt des insurgés ? Vainqueurs, l'histoire seule les aurait jugés ; vaincus, l'excès de leur malheur était là pour les sauver de l'insulte. Ce fut l'avis des plus généreux, de M. de Bryas entre autres. M. de Bryas avait un fils à l'École polytechnique, où la révolte avait trouvé plus d'un intrépide auxiliaire. Père et citoyen, il combattit avec une louable véhémence l'idée d'une manifestation qui eût été, en effet, sans avantage et sans dignité. Il fut ensuite question d'envoyer au roi des commissaires chargés de lui montrer dans la politique suivie depuis 1830 la source de tous les désordres. On objecta que la démarche était inutile ; que le roi avait, comme Charles X, comme tous les rois, une volonté immuable ; qu'il y avait folie à en douter ; et que les députés de l'Opposition se devaient de ne pas affronter les dédains d'une camarilla gonflée en ce moment de haine et d'orgueil. Le mot république ayant retenti au milieu de ces débats, et plusieurs ayant demandé qu'à la critique des actes du gouvernement, on associât une franche réprobation de ces principes terribles qui avaient 93 pour date, et pour symbole le drapeau rouge, M. de Lafayette prit la parole. Il ne descendit pas à repousser des rapprochements aussi frivoles qu'injustes, et il se déclara, sans détour, républicain. Ces mots, qu'une malveillance habile s'était plu à lui attribuer : « Le duc d'Or-« léans est la meilleure des républiques, » il affirma que jamais sa bouche ne les avait prononcés. Et, rappelant, avec une noble désapprobation de lui-même, les journées de juillet, éternel enseignement des peuples, sa confiance trompée, ses illusions misérablement détruites, son aveuglement châtié, il rejeta tout ce qui, dans une monarchie, pouvait ressembler à l'espérance. Mais ce vieillard courageux et sincère parlait à des hommes que la monarchie retenait à son service par d'invincibles séductions. Les députés nommèrent trois commissaires : M. François Arago, le maréchal Clauzel, M. Laffitte. Le maréchal ayant refusé, M. Odilon Barrot prit sa place dans la commission. Sur ces entrefaites, on avait apporté la nouvelle de l'insurrection vaincue, et les députés se séparèrent, jugeant leur rôle fini.

En sortant, M. Arago rencontra dans la cour M. Savary et M. Alexandre Dumas, un savant et un poëte. Très-animés l'un et l'autre, ils n'eurent pas plutôt appris ce qui venait d'avoir lieu chez M. Laffitte, qu'ils éclatèrent en discours pleins d'emportement et d'amertume, disant que Paris, pour se soulever, n'avait attendu qu'un signal, et qu'ils s'étaient rendus bien coupables envers leur pays, ces députés si prompts à désavouer les efforts du peuple, si ardents à lui envier de plus hautes destinées, dignes assurément de la grandeur de son courage.

De fait, l'insurrection n'était pas étouffée. Il est vrai qu'un détachement de lanciers avait dégagé la porte Saint-Martin ; que trois colonnes, sous la direction du général Schramm, avaient emporté l'entrée du faubourg Saint-Antoine, et que le boulevard était libre depuis la Madeleine jusqu'à la Bastille. Mais le tocsin sonnait à l'église Saint-Méry, les combattants du cloître tenaient encore, et malheur aux bataillons qui, s'engouffrant dans la rue Saint-Martin, osaient attaquer de trop près ces hommes indomptables. Car jamais place d'armes ne fut mieux défendue. Lorsque, vigoureusement repoussées, les troupes se repliaient en désordre, les républicains franchissaient la ligne des barricades, couraient dépouiller les morts de leurs gibernes, et renouvelaient ainsi leurs munitions épuisées. Placée aux fenêtres d'un café voisin, une jeune fille [1], dont l'amant était dans les barricades, avertissait, par des signes intelligents, de l'arrivée des soldats ; ou bien, elle entourait les blessés de soins pieux, et venait offrir du bouillon aux combattants qu'allaient trahir leurs forces défaillantes. Les blessés ne trouvèrent pas une ressource moins précieuse dans l'active charité d'une autre femme, épouse de l'armurier dont les combattants avaient envahi le magasin. Il était impossible, pourtant, qu'une pareille lutte se prolongeât, parce que chaque nouvelle attaque laissait dans les rangs des insurgés des vides qui ne se remplissaient point. Jusque-là ils avaient cru que leur audace, à force de bonheur, deviendrait contagieuse ; que, de tous les points de Paris, l'insurrection répondrait au redoutable appel de leurs décharges, et que, s'ils de-

---

[1] Elle a figuré depuis au procès des vingt-deux, et a été acquittée.

vaient succomber, leurs corps, du moins, n'appartiendraient qu'à la république. Un moment, leur confiance fut entière : deux inconnus leur amenèrent un petit baril de poudre, et on vint leur annoncer que des amis étaient en marche pour les secourir. Mais cet espoir ne tarda pas à leur manquer. Vainement ils prêtent l'oreille, c'est à peine si le vent leur apporte les rumeurs ordinaires de la cité ; leurs voix s'éteignent sans écho : Paris autour d'eux fait silence. Un soldat du 62e, nommé Vigouroux, dirigeait les combattants postés aux fenêtres. « Nous sommes perdus, « dit-il à ses compagnons, du ton d'un homme qui a fait le « sacrifice de sa vie ; s'il en est, parmi vous, qui aient « autre chose à faire ici qu'à y mourir, il en est temps : « qu'ils se retirent. » Chacun demeura ferme à son poste. Pour la plupart, race insouciante et belliqueuse, il y avait dans un tel combat une sorte d'étourdissement généreux dont ils ne voulaient point perdre l'émotion ; et quant à ceux qui obéissaient à des convictions réfléchies, ils pensaient que, si la république était condamnée à périr, il importait que, de sa défaite, il restât dans l'esprit de tous d'ineffaçables impressions et un souvenir immortel.

Vers le milieu du jour, un détachement d'infanterie s'étant présenté par la rue Aubry-le-Boucher, un sergent cria d'une voix forte qu'il désirait parlementer. Un des insurgés s'avança aussitôt, son espingole à la main. « Si « je suis tué, avait-il dit, ce ne sera qu'un soldat de « moins, et vous me vengerez. » Il échangea quelques paroles avec un lieutenant, et, de retour vers ses compagnons, il leur apprit que les soldats demandaient seulement à traverser les barricades, promettant de ne pas tirer un seul coup de fusil. Mais Jeanne craignit un piége, et, s'avançant à son tour : « Vous ne passerez, dit-il, au « milieu de nous qu'après avoir posé les armes. » Puis, étendant la main vers les barricades, il ajouta qu'elles étaient inviolables, gardées par des hommes qui avaient juré de ne les abandonner qu'inondées de leur sang. Et, en achevant ces mots, il adjurait les soldats, au nom de la patrie en deuil, de se souvenir qu'enfants du peuple, ils devaient leurs bras et leur vie au triomphe de sa liberté. Le commandant répondit avec émotion qu'il ne s'écarterait pas de ses devoirs ; mais il donna l'ordre de la retraite, et les soldats se retirèrent à pas lents, au cri de *Vive la ligne!* parti du fond des barricades.

Quelques instants après, la garde nationale de la banlieue déboucha par le bas de la rue Saint-Martin. Ivres de vin et de colère, quelques-uns se hâtaient, remplissant l'air d'imprécations, et croyant marcher à une victoire facile. Accueillie par un feu roulant, la garde s'arrête, recule. Exposés à des coups d'une précision surprenante, les premiers rangs sont culbutés en un clin d'œil, tandis que, de toutes les fenêtres du quartier général, la mort s'abat au milieu de la colonne. Alors une frayeur inexprimable s'empare des assaillants ; ils prennent la fuite, gagnent les quais et se dispersent dans toutes les directions, jetant au loin, les uns leurs shakos, d'autres leurs armes.

Ainsi, au milieu de cette cité de plus d'un million d'habitants, dans le quartier le plus populeux de Paris, à la face du soleil, on vit soixante citoyens défier un gouvernement, tenir en échec une armée, parlementer, livrer bataille. Et, pendant ce temps, ceux qui auraient voulu leur porter secours restaient condamnés au tourment de leur impuissance. Plusieurs furent aperçus autour de ces quartiers funestes. La tête baissée, l'air morne et des pleurs dans les yeux, ils erraient livrés au deuil muet de leur âme, et quelquefois ils s'arrêtaient avec angoisse pour écouter le bruit de la fusillade et les sons inégaux du tocsin. Car la fortune leur refusait l'occasion d'un dévoûment utile à leurs amis. Il est, dans la mêlée des passions politiques, une heure suprême où se fixe le sort des empires. Cette heure précieuse, décisive, les républicains l'avaient perdue; et maintenant ils rencontraient sur leur chemin non-seulement les hommes qu'animaient contre eux de loyales inimitiés, mais encore cette immense foule, cette foule inexorable d'êtres vils pour qui la défaite est un crime et le malheur une proie. D'ailleurs, nul centre où les républicains désormais se pussent rallier, nul chef pour les conduire : partout des soldats, partout des traîtres, des ennemis partout! Et telle était déjà la confiance inspirée aux indifférents par cet étalage de forces, que les affaires avaient repris leur cours. Ici le commerce, ses préoccupations exclusives, ses calculs; là, le pavé tout couvert du sang de la veille, les maisons tendues de noir, la fusillade, le tocsin, des mourants sur des civières, et, enfin, des prisonniers chancelant sous les coups, moins redoutés que l'insulte. Car qui les aurait oubliées ces scènes de colère et d'acharnement? Sur la place de Grève, remplie le 6 juin de gardes nationaux et de soldats, il y eut des actes de férocité que l'historien de ces jours néfastes se refuse absolument à décrire; et c'est une consolation pour son cœur attristé de pouvoir au moins rendre hommage à la noble conduite du général Tiburce Sébastiani, par qui fut réprimé l'excès de ces lâches fureurs.

A midi, le roi sortait du château des Tuileries, accompagné des ministres de la guerre, de l'intérieur et du commerce, et il passait en revue les troupes réunies sur la place Louis XV et dans les Champs-Élysées. De là, il se rendit par les boulevards jusqu'à la Bastille, parcourut le faubourg Saint-Antoine, et, longeant les quais, rentra dans son palais par le Louvre. Quoique la révolte en ce moment fût presque entièrement vaincue, la longue promenade du roi était un acte de courage ; et la garde nationale qui, rangée sur la route, le saluait de ses acclamations, ignorait elle-même jusqu'à quel point, dans plusieurs quartiers, la mort s'était trouvée près de lui. Sur le quai, par exemple, et non loin de la place de Grève, une jeune femme le coucha en joue du haut d'une fenêtre, et elle ne s'abstint de tirer que parce que la pesanteur de l'arme faisait trembler sa main. Le roi, dans cette occasion, n'hésita donc pas à payer de sa personne, montrant à tous un visage calme et souriant, adressant des paroles de consolation aux gardes nationaux qu'il rencontrait blessés, s'avançant vers les groupes silencieux ou hostiles, écartant même ceux de l'escorte qui, soit affectation de zèle, soit sollicitude sincère, cherchaient à le couvrir de leur corps.

Trois heures sonnaient lorsqu'une calèche découverte, dans laquelle se trouvaient MM. Arago, Odilon-Barrot et Laffitte, entra dans la cour des Tuileries. Un inconnu, s'étant alors élancé à la tête du cheval, le saisit par la bride, en s'écriant : « Prenez garde, Messieurs ! M. Guizot sort « de l'appartement du roi : vos jours ne sont pas en sû- « reté. » Plus surpris qu'effrayés de cette rencontre inattendue, les trois commissaires se firent annoncer. Une longue intimité avait permis à M. Laffitte d'étudier le monarque, et, sur le seuil de l'appartement royal, il dit à ses

collègues : « Tenons-nous bien : il va essayer de nous faire
« rire. »

Admis auprès du roi, les députés lui exposèrent que la
victoire qu'il allait remporter était légale et ne devait pas
être cruelle ; que le moment était favorable pour réparer
les fautes commises, pour calmer l'irritation devenue générale, et qu'il y aurait sagesse à donner le triomphe des
lois pour point de départ à un changement de système reconnu nécessaire ; que la popularité du roi ébranlée, les
haines politiques portées à un degré de violence inouï, la
guerre civile dans l'Ouest, la guerre civile dans Paris,
montraient assez combien était condamnable le système
du 13 mars ; que de ce système étaient découlés, comme
autant de conséquences inévitables, les malheurs de Grenoble, le désarmement non motivé de la garde nationale
dans plusieurs villes, des mesures de rigueur sans exemple,
l'obligation de livrer quatre départements aux rigueurs de
l'état de siége ; qu'au tort de cette politique, furibonde à
l'intérieur, se joignait celui d'une politique dénuée, au
dehors, de franchise, d'énergie et de dignité.

La réponse du roi fut telle qu'on devait la prévoir. Si le
sang coulait, la faute en était aux factieux, qui seraient
châtiés, mais sans que le cours régulier de la justice fût interrompu. Si le roi de France n'avait pas la popularité du
duc d'Orléans, il ne fallait pas s'en étonner après tant de
calomnies et d'outrages, fruit des haines de l'esprit de parti.
Les rigueurs déployées étaient un moyen de gouvernement
que rendaient indispensables des attaques sans cesse renaissantes. Le compte rendu, après tout, n'était qu'un exposé
de griefs imaginaires, qu'un tissu d'accusations injustes,
comme celle où l'on reprochait au roi d'être insatiable de

richesses. Quant à la politique extérieure, elle avait été ce que permettaient nos intérêts et nos ressources : le langage de M. de Saint-Aulaire, blâmable peut-être en apparence, se justifiait par le résultat; l'affaire de la Belgique était finie, et si l'on ne pouvait voir aussi clair dans celle d'Italie, cela tenait à la difficulté de rendre un pape raisonnable.

Des incidents curieux marquèrent cette entrevue. Dès les premiers mots, un bruit sinistre s'étant fait entendre : « C'est le canon, dit le roi, qu'on a fait avancer pour forcer, « sans perdre trop de monde, le cloître Saint-Méry. » En prenant la parole, M. Arago s'était nettement expliqué sur sa résolution de n'accepter du gouvernement aucun emploi. M. Odilon-Barrot ayant commencé une déclaration à peu-près semblable, le roi l'interrompit et lui dit en lui frappant le genou d'un geste amical : « M. Barrot, je n'accepte pas « votre renonciation. » Comme on reprochait à sa politique des ménagements singuliers à l'égard des légitimistes : « Je « me suis toujours rappelé, répondit-il, le mot de Kersaint : « Charles Ier eut la tête tranchée, et l'Angleterre vit son « fils remonter sur le trône; Jacques II ne fut que banni, et « sa race s'est éteinte sur le continent. » Mais ce qui domina dans le langage du roi, ce fut la crainte qu'on n'attribuât à Casimir Périer l'honneur du système suivi jusqu'alors. Cet honneur, il le revendiqua pour lui tout entier, avec insistance, à plusieurs reprises, et dans l'intention manifeste de faire passer son ancien ministre pour l'instrument docile d'un esprit supérieur. Il appuya beaucoup aussi sur l'inébranlable constance de sa volonté, volonté qui n'avait fléchi qu'une fois, lorsqu'il s'était agi d'abandonner les fleurs de lis, propriété de la branche cadette aussi bien que de la branche aînée. Enfin, parmi les paroles échappées à une improvisation abondante, les députés remarquèrent celles-ci, un peu hasardées dans la bouche d'un roi diplomate : « Chez toutes les nations de l'Europe, l'élément des révo-« lutions existe, et toutes n'ont pas l'étoffe d'un duc d'Or-« léans pour les terminer. »

A l'issue de cet entretien, voici en quels termes Louis-Philippe s'exprima sur les trois commissaires, devant quelques-uns de ses familiers qui l'attendaient dans une pièce voisine : « M. Odilon Barrot a été sentencieux et doux, M. Laffite solennel, M. Arago extrêmement vif. »

Cependant, autour de Saint-Méry, les attaques succédaient aux attaques. Pressés avec acharnement, cernés, réduits presque de moitié, et n'ayant plus qu'une centaine de cartouches, les insurgés déployaient une intrépidité devenue l'objet d'un étonnement universel. Un vieillard au front chauve, à la barbe grise, tomba mort dans l'intérieur des barricades, au moment où il élevait un drapeau tricolore en conviant ses compagnons à un effort désespéré. Près de lui, un jeune homme, qui battait la charge, eut la main gauche fracassée par une balle; on voulut le transporter à l'ambulance : « Quand ils seront partis, dit-il, » et il continua de la main droite. Un des combattants de la rue se plaignant de la faim et demandant qu'on fît apporter des vivres : « Des vivres ! répondit Jeanne; il est trois heures, et, à quatre heures, nous serons morts ! » Il fallut recourir à l'artillerie; il fallut former le siége de ces quelques monceaux de pierres défendus par une poignée d'hommes. Deux pièces de canon, placées en avant de Saint-Nicolas-des-Champs, furent pointées contre la petite barricade du nord, dont les boulets, dans leur volée, emportaient des pans entiers. On fit avancer en même temps une pièce de canon par la rue Aubry-le-Boucher, de manière à réduire la maison n° 30. Les insurgés n'en firent pas moins bonne contenance. Seulement, ils clouèrent des matelas devant les glaces, émus qu'ils étaient par le désespoir des deux femmes dont ils avaient envahi la demeure. Enfin, vers quatre heures, les barricades furent attaquées de tous les côtés à la fois : par des gardes nationaux et des soldats venant du haut de la rue Saint-Martin ; par un bataillon du 42ᵉ de ligne débouchant de la rue de la Verrerie ; par une colonne du 1ᵉʳ de ligne, lancée, sous les ordres du général Laidet, dans le prolongement de la rue des Arcis. Les républicains espéraient qu'en forçant encore une fois les assaillants à la retraite, ils auraient des morts à dépouiller de leurs cartouches ; mais, les soldats arrivant de toutes parts avec beaucoup d'impétuosité et de résolution, toute résistance devenait impossible. Alors, de ceux qui combattaient dans la rue, les uns, sur les pas de Jeanne, percèrent audacieusement à la baïonnette une première ligne de soldats, et firent retraite, après avoir perdu seulement trois hommes, par la rue Maubuée ; les autres se précipitèrent, pour s'y défendre, dans la maison n° 30, dont la porte, refermée sur eux, était intérieurement soutenue par plusieurs piles de pavés. Or, tel était l'acharnement de quelques-uns des insurgés, qu'un des panneaux inférieurs de cette porte ayant été enfoncé, un jeune homme, qui était tombé mourant dans la cour, se mit à ramper jusqu'à l'ouverture pour décharger sur les soldats son dernier coup de pistolet. Un instant après, la maison était envahie et ne retentissait plus que de cris furieux ou de gémissements. Poursuivis de chambre en chambre, dix-sept insurgés périrent, tués à coups de baïonnette. Un de ceux qui s'étaient

battus au troisième étage, où les assaillants allaient paraître, donna ordre à ses compagnons de couper l'escalier ; mais, comme il était déjà trop tard, et que les fusils résonnaient sur les marches : « Le baril de poudre ! s'écria-t-il, et faisons sauter la maison. » Le baril de poudre avait disparu. Les combattants du troisième étage parvinrent alors à grimper sur les toits et pénétrèrent par une fenêtre dans la maison n° 48 de la rue Saint-Méry. Ce fut là qu'on les découvrit, car on fouillait toutes les maisons voisines des barricades, et ils eussent été infailliblement égorgés si, avec cette générosité naturelle au caractère français, le capitaine Billet, du 48°, n'eût protégé leur vie. « Faites des prisonniers, dit-il no-
« blement à ses soldats, et non des victimes. »

Chacun croyait le combat fini, et déjà des milliers de curieux entouraient les abords de la maison n° 30, lorsque, d'une boucherie attenante et donnant sur la rue Saint-Méry, partit tout à coup une nouvelle décharge. Étonnés, les soldats qui se trouvaient à l'entrée de la rue Saint-Méry refluent dans la rue Saint-Martin : les curieux prennent la fuite. Profitant alors du tumulte, cinq ou six insurgés s'élancent hors de la boucherie, où ils s'étaient réfugiés, et se perdent dans les flots de cette foule agitée.

Il ne restait plus dans la maison que deux insurgés vivants. Un officier de la garde nationale, que les combattants avaient fait prisonnier, s'était enfui, avant la prise de la maison, déguisé en femme ; mais les deux insurgés n'eurent pas même le temps d'essayer de ce moyen d'évasion. Cachés l'un et l'autre sous un lit, dans l'appartement où ils avaient combattu, ils furent condamnés au supplice d'entendre les imprécations du soldat vainqueur se mêler aux derniers râlements de leurs compagnons égorgés. Eux-mêmes, plus d'une fois, ils se sentirent effleurés par la pointe des baïonnettes cherchant quelques victimes oubliées. Enfin, convaincus que les soldats prolongeraient leur séjour dans la maison, parcourue en tous sens, et las sans doute d'une prudence que désavouaient leur fierté et leur audace, ils prirent le parti de quitter leur asile, bien décidés, s'il le fallait, à vendre chèrement leur vie. Mais un médecin de l'Hôtel-Dieu survint qui les sauva. De leurs mouchoirs, trempés dans une vaste mare de sang, ils s'enveloppèrent la tête, et, conduits par le médecin, qui réclamait pour eux le respect dû à des blessés, ils passèrent impunément à travers les lignes des soldats.

Cette victoire fut célébrée par des transports qui ne furent exempts ni de cruauté ni de scandale. Il y avait eu du côté de la garde nationale des actes éclatants de courage, et l'adjudant Bellier, tué sur la barricade de la rue Saint-Martin, prouvait qu'en France la bravoure est de tous les partis; mais, comme il arrive toujours, ce furent les moins braves qui troublèrent la ville du bruit de leurs chants de triomphe. Presque désert dans la matinée du 6, le Château fut encombré, dans la soirée du même jour, par la foule des visiteurs. Chacun revenait de la campagne, chacun se désolait d'avoir manqué l'heure du dévoûment.

Le lendemain, un calme profond régnait dans la plupart des quartiers de Paris; toutes les boutiques y étaient ouvertes : les citoyens y vaquaient à leurs travaux accoutumés. Il y avait toutefois, dans cette ville distraite, un point où se reconnaissaient les traces de la guerre civile, un point vers lequel couraient des mères en pleurs : la Morgue.

La résistance des insurgés de Saint-Méry avait été opiniâtre et presque inconcevable. Aussi plusieurs ont-ils cru que le gouvernement l'avait favorisée, pour agrandir sa victoire et rattacher plus étroitement à sa cause, par l'épouvante, la majorité de la bourgeoisie. Il est certain que deux traîtres combattaient dans les barricades. Mais outre que le calcul supposé est complétement invraisemblable à force d'atrocité et d'infamie, comment admettre que des hommes sensés eussent pu juger habile une aussi misérable combinaison? Un gouvernement ne saurait être intéressé à faire croire que, pour mettre en question son existence, il suffit de cent hommes élevés par leur enthousiasme au-dessus des terreurs de la mort.

Quoi qu'il en soit, les ministres tirèrent parti de leur victoire avec une impatience farouche. Du sein des familles que l'insurrection venait de plonger dans le deuil, il s'échappait des cris de malédiction, triste encouragement aux rigueurs. Un mandat d'arrêt avait été lancé contre le rédacteur en chef du *National*, Armand Carrel; plusieurs journaux furent saisis; le domicile des citoyens les plus honorables fut brutalement violé; les arrestations devinrent si nombreuses, que, pour transporter les prisonniers, on dut mettre les voitures publiques en réquisition. Et de quelles couleurs peindre l'aspect hideux que présentèrent, durant ces heures consacrées à la vengeance, les cours de la préfecture de police? A peine un prisonnier paraissait-il, qu'on voyait ces êtres impurs que la civilisation charge du soin de protéger la morale, se précipiter vers le malheureux avec des hurlements sauvages et l'accabler de coups impunis. L'exemple, au reste, venait des chefs. Une ordonnance de M. Gisquet, préfet de police, enjoignit aux médecins et chirurgiens de dénoncer les blessés qui réclameraient leurs secours. Mais cette indigne prescription fut annulée par le mépris public.

Le roi s'était fait honneur, devant MM. Arago, Odilon Barrot et Laffitte, de ses projets de modération ; il avait promis que le cours de la justice régulière ne serait pas interrompu. Et cependant, à côté de trois ordonnances qui prononçaient la dissolution de l'École polytechnique, de l'École vétérinaire d'Alfort, et de l'artillerie de la garde nationale parisienne, le *Moniteur* publia une ordonnance qui mettait la capitale en état de siége, coup d'État inopportun dû à l'initiative étourdie de M. Thiers !

L'opinion gronda aussitôt. La Cour royale de Paris eut beau, sur les réquisitions du procureur général Persil, se déclarer incompétente pour tout ce qui touchait aux troubles des 5 et 6 juin, les conseils de guerre, établis en permanence dans la capitale, ne firent que paraître sur la scène. Saisie du pourvoi d'un jeune peintre nommé Geoffroy, qu'un de ces conseils de guerre avait condamné à mort, la Cour de cassation décida, sur la plaidoirie de M. Odilon Barrot, et contrairement aux conclusions de M. Voysin de Gartempe fils, avocat général, que le conseil de guerre de la première division militaire avait commis un excès de pouvoir; que les règles de la compétence avaient été violées ; qu'on avait forfait à la Charte [1].

Une approbation universelle, immense, accueillit cet arrêt mémorable, devant la majesté duquel le gouvernement dut s'incliner, quoiqu'il se reconnût par là coupable du même attentat que la révolution de juillet avait fait expier à Charles X.

[1] Voir aux pièces justificatives, n° 4.

Ce fut, par conséquent, devant le jury que comparurent tous les vaincus du mois de juin. Et alors se firent jour ces grands caractères, ces natures d'élite, qui, dans les temps calmes et les civilisations imparfaites, restent à jamais comprimés sous un inflexible niveau. C'est ainsi que, dans un des procès auxquels donna lieu l'insurrection, on remarqua l'attitude courageuse et noble, l'éloquence simple, mâle et entraînante d'un tailleur nommé Prospert.

On a vu de quelle manière Jeanne était sorti des barricades. Depuis, la police n'avait cessé d'avoir l'œil sur lui, avertie qu'elle était de ses moindres démarches par un traître dont elle soldait probablement le déshonneur. Mais, comme Jeanne était en rapport avec plusieurs sociétés politiques, on lui laissait une liberté compromettante pour ses amis et pour lui-même. On l'arrêta enfin, et il fut traîné devant ses juges. C'était un de ces hommes que créent les circonstances. Plus passionné dans ses sentiments que scrupuleux dans sa conduite, et trop esclave de ses besoins pour avoir mené une jeunesse irréprochable, Jeanne portait en lui ce fonds de poésie et de sensibilité qui fait les héros d'un jour. Il s'était montré généreux et brave au plus haut point dans les barricades : après avoir étonné ses ennemis, il étonna ses juges. Voici son interrogatoire :

« Le 5 du mois de juin, vous assistiez au convoi? — Oui, Monsieur. — Sur les cinq heures, n'étiez-vous pas au carrefour Saint-Méry? — Oui, avec l'arme que j'étais allé prendre chez-moi. — Vous avez travaillé à la barricade? — Oui. Deux gardes nationaux avaient été tués près de moi sur le boulevard; on avait tiré sur nous sans provocation : je courus à mes armes. — N'avez-vous pas, le premier commandé le feu? — Non, une balle venait de m'atteindre au milieu des reins et m'avait renversé. Je me suis levé toutefois, et j'ai tiré un coup de fusil, un seul, car ils avaient fui. — N'êtes-vous pas resté toute la nuit derrière la barricade? — Oui, et je faisais feu. — Ne distribuiez-vous pas des cartouches? — Oui, quand il en était besoin. — Le lendemain, vous avez tiré toute la journée? — Toute la journée. — N'êtes-vous pas un de ceux qui tiraient, des croisées de la maison n° 30, à la fin de l'attaque? — Oui. Quand on se rendit maître de la barricade, nous n'avions plus de cartouches; sans cela nous y serions restés! Nous nous sommes retirés en traversant à la baïonnette la troupe de ligne. »

Vingt-un accusés avaient comparu devant les juges : seize furent déclarés non coupables et acquittés. De ce nombre était la jeune fille dont nous avons parlé. N'ayant pas entendu prononcer, à côté du sien, le nom de celui des prévenus qui allait devenir son époux, et craignant pour lui un sort funeste, elle sortit de l'audience, toute pâle, toute tremblante, et en maudissant l'indulgence qui lui rendait la liberté. Les cinq autres accusés ayant été ensuite introduits, la cour se retira pour délibérer. Jamais procès n'avait attiré une foule plus considérable, n'avait excité un intérêt plus puissant. On remarquait, surtout, la fermeté de la mère de Jeanne, qui, fière de son fils, ne cessait de l'encourager. Au moment où la cour allait rentrer en séance, on vit la sœur de M. Rossignol se précipiter tout à coup au banc des accusés et tomber entre les bras de son frère en s'écriant : Les lâches! ils m'enlèvent mon frère! Des armes! Rendez-moi mon frère! On l'emporta évanouie, et ce fut au milieu de l'agitation produite par cette scène que fut prononcé l'arrêt qui condamnait : Jeanne à la déportation ; Rossignol, à huit années de reclusion ; Goujon et Vigouroux, à six années de la même peine ; Ronjon à dix ans de travaux forcés sans exposition, et Fourcade à cinq ans de prison [1].

Tel fut le dénoûment de cette crise, la plus extraordinaire, peut-être, dont il soit fait mention dans l'histoire. Que serait-il advenu si la république l'eût emporté ? Il faut le reconnaître, l'Europe était revenue, à cette époque, de la stupéfaction immense où 1830 l'avait plongée ; elle possédait le secret de nos divisions inévitables ; elle savait combien passagères sont nos ardeurs, et ce ne pouvait plus être désormais pour nous une affaire de coup de main que cet empire du monde ! Et, d'autre part, combinée avec la domi-

[1] Voici les noms des vingt-deux accusés : Leclerc, Jules Jouanne, Jeanne, Rossignol, Goujon, Jean Vigouroux, Fradelle, Falcy, Ronjon, Fourcade, Métiger, Bouley, Conilleau, Dumineray, Mulette, Maris, Renouf, Coiffu, Grimbert, Gentillon, Fournier, Louise-Antoinette Alexandre.

Nous avons sous les yeux, écrite de la main même de la mère de Jeanne, une lettre que, pendant le procès, elle adressait à son fils ; la voici :

« Ta mère va t'entendre aujourd'hui et tout le reste de la plaidoirie. Tu n'as encore rien emprunté à personne de ce que tu as prononcé ; la personne qui étudie un discours ne peut se pénétrer de l'émotion que ressent au fond du cœur celle qui ne parle que d'après ses convictions. Je rends la plus grande justice aux bonnes intentions de M. P. et autres. La crainte de te voir échouer les fait douter de tes moyens, mais moi je les connais !... du moins j'en connais assez pour savoir ce dont tu es capable !..... Une injuste défiance de toi-même, dans ce moment suprême, serait une tache à une si belle réputation ; défends ton bon droit, fais connaître autant qu'il sera en ton pouvoir que tu étais dans le cas de légitime défense, sois simple et généreux, ménage tes ennemis le plus qu'il te sera possible, mets le comble à mon bonheur. Que j'entende l'opinion publique dire : Il a été aussi grand dans sa défaite que brave dans le péril. Que ton âme s'élève à la hauteur de tes actions ; ah ! si tu savais combien je suis fière de t'avoir donné le jour ! Ne crains pas de faiblesse de ma part, ta grande âme a le don d'élever la mienne.

« Adieu, quoique séparée de toi, mon cœur ne te quitte pas. »

nation d'une classe toute carthaginoise, une monarchie, fille de l'esprit de révolte, avait couvé, depuis deux ans, beaucoup de mauvais instincts et de passions turbulentes : ici, un égoïsme sans entrailles, une cupidité sans scrupule, un désir de conservation fanatique et lâche; là, et parallèlement aux aspirations les plus louables, aux entraînements les plus généreux, l'envie, le goût du désordre, la haine des hommes injustes plutôt que celle de l'injustice, et, sous prétexte de détruire la tyrannie, l'espoir impatient de la déplacer. Un gouvernement républicain aurait donc eu tout à la fois la société à refondre, les partis à modérer, le peuple à satisfaire et à contenir, la classe opulente à soumettre sans la dépouiller, l'Europe à vaincre, l'Europe sur ses gardes, vigilante, armée. Or, pour suffire à une situation semblable, quelles étaient les forces du parti républicain ? Parti de minorité, il était en butte à des préventions, injustes pour la plupart, mais opiniâtres; il se laissait plus volontiers gouverner par ses sentiments que par ses idées; son chef nominal, M. de Lafayette, avait besoin et avait peur d'être dépassé; et quant à ses véritables chefs, outre qu'ils auraient eu à compter avec les rivalités du dedans et les haines du dehors, ils n'avaient pas encore fait sur l'état social des études assez approfondies pour puiser dans la régénération de la société les éléments de leur influence et leurs moyens de gouvernement. Donc, au point où deux ans de règne avaient conduit les choses, et à n'interroger que les apparences, le despotisme en 1832 était plus probable que la liberté, et il eût été, ce semble, plus facile de recommencer Bonaparte que Washington. Mais quoi! n'est-il jamais arrivé aux révolutions de tirer de leur propre fonds les ressources qui leur conviennent? En général, on ne tient pas assez compte de tout ce que les sociétés mal organisées recèlent d'idées prêtes à éclore, de tout ce qu'elles renferment de grands hommes sans emploi. Cet homme qui a vécu et qui meurt sous un habit de paysan ou de soldat, c'était mieux que Cromwell, peut-être! D'ailleurs, quelque orageuses qu'eussent pu être les destinées faites à notre pays par la république, jamais, du moins, elles ne nous auraient amenés à ce qu'il nous était réservé de voir : l'abaissement des caractères, l'indifférence dans le mal et la honte, l'altération du génie national, la mort enfin par épuisement et pourriture.

CHAPITRE VIII.

Mort du duc de Reichstadt. — Les Saint-Simoniens à Ménilmontant ; leurs pratiques ; réhabilitation de la domesticité. — Procès du 27 août. — Importance capitale de ce procès. — Incidents. — Débats. — Dissolution de la famille saint-simonienne. — Intrigues pour la formation du ministère du 11 octobre. — Ministère du 11 octobre. — Portrait de M. Thiers. — Arrestation de la duchesse de Berri à Nantes. — Affaire du coup de pistolet. — Luttes parlementaires.

La défaite des républicains avait enflé le cœur de leurs ennemis. Lorsqu'un parti est vainqueur, il est rare qu'il ne se hâte pas d'épuiser son triomphe : autant la terreur de la Cour avait été profonde, autant sa joie se montrait insultante et emportée. Déjà beaucoup cherchaient à masquer, sous les dehors du fanatisme, la honte de leur bassesse, et, prosternés devant une dynastie née de la veille, ils l'eussent volontiers proclamée impérissable. Or, il arriva que, dans ce temps-là même, le duc de Reischtadt mourut.

Par une belle et calme journée, on vit s'avancer, à travers une foule muette, dans cette capitale de l'Autriche où Napoléon avait jadis fait entrer ses aigles, un cercueil que précédaient une voiture et quelques cavaliers. Des hommes marchaient à côté, portant des torches. Quand on fut arrivé à l'église, le commissaire de la Cour, suivant un usage remarquable du pays, se mit à décliner le nom et le rang du défunt; puis, frappant à la porte, il sollicita l'entrée du temple. Les princes et les princesses de la maison d'Autriche attendaient le mort, et l'accompagnèrent dans le caveau où allait pour jamais descendre la fortune de l'Empire.

La mort du fils de Napoléon ne causa aucun étonnement parmi les peuples. On le savait d'une santé très-languissante. D'ailleurs, on avait parlé d'empoisonnement, et ceux qui croient tout possible à la frayeur ou à l'ambition des princes, ceux-là disaient : Il porte un trop grand nom pour vivre !

Quoi qu'il en soit de ces bruits, inépuisable aliment de la crédulité populaire, les hommes dévoués à la maison d'Orléans se trompaient, s'ils ne virent dans la mort du duc de Reischtadt que l'éclipse d'un prétendant. Car cette mort ne faisait que signaler la fatalité d'une loi terrible, en cours d'exécution dans ce pays. Pour trouver un successeur à Louis XIV, il avait fallu descendre jusqu'à son arrière-petit-fils. Il y avait eu la mort d'un héritier présomptif entre Louis XV et Louis XVI. Un autre héritier présomptif, Louis XVII, avait cessé de vivre presque sans qu'on le sût. Le duc de Berri était tombé sanglant à la porte d'un spectacle. Le duc de Bordeaux venait de faire le fatal voyage de Cherbourg, et maintenant, c'était sur l'héritier présomptif de Napoléon lui-même que s'accomplissait l'arrêt inexorable que Dieu, depuis plus d'un demi-siècle, semblait avoir prononcé contre l'orgueil des dynasties qui se prétendent immortelles. Je n'achève pas par respect pour un deuil qui dure encore; mais la mort du duc de Reichstadt ne devait point fermer la série......

Un des premiers actes qui révélèrent l'empressement du Pouvoir à tirer parti de sa victoire, fut la suspension violente du culte saint-simonien.

Depuis que Bazard et Enfantin s'étaient séparés, un nouveau schisme avait affligé la famille saint-simonienne. Nous avons exposé les idées d'Enfantin sur la mission du couple-prêtre relativement au mariage. Ces idées, M. Olinde Rodrigues ne les partageait point. Il admettait bien le divorce dans certains cas et après certaines épreuves ; mais, tant que le mariage subsistait, il le voulait sacré, inviolable, et indépendant de l'autorité du prêtre en tout ce qui concerne l'intimité du cœur ou des sens. D'autre part, M. Olinde Rodrigues était loin de s'en remettre d'une manière absolue à la décision de la femme qui, la première, viendrait s'asseoir sur le trône pontifical. Il ne niait pas qu'à la prêtresse il n'appartînt de révéler le code de la pudeur, la loi des convenances ; mais cette loi, suivant lui, devait satisfaire à des conditions rigoureuses ; il demandait que l'enfant pût toujours reconnaître son père, et il repoussait d'avance, comme inconciliable avec l'essence du mariage, toute formule conduisant à une profanation quelconque de l'*intimité* des époux.

De tels dissentiments étaient trop graves pour ne pas amener une rupture. Elle eut lieu avec beaucoup de retentissement et d'éclat. Olinde Rodrigues appela les Saint-Simoniens à lui comme à l'héritier direct des doctrines du maître, ce fut en vain. Alors l'emprunt qu'il avait émis se trouva naturellement discrédité, les embarras financiers s'accumulèrent. Bientôt la famille de la rue Monsigny dut se dissoudre.

Dans cette crise, le calme d'Enfantin ne se démentit pas.

Il possédait à Ménilmontant, au point culminant de la côte, une maison et un jardin : il résolut d'en faire un lieu de retraite, d'étude et de travaux, pour lui et pour ses plus fidèles disciples. Le 20 avril 1832, il annonçait en ces termes sa nouvelle détermination et la cessation du *Globe* : « Chers enfants, ce jour où je parle est grand depuis dix-« huit siècles dans le monde. En ce jour est mort le divin « libérateur des esclaves. Pour en consacrer l'anniversaire, « que notre sainte retraite commence, et que, du milieu de « nous, la dernière trace du servage, la domesticité, dispa-« raisse. »

Quarante disciples suivirent Enfantin à Ménilmontant ; et là commença pour eux, combinée toutefois avec un sentiment profond de la hiérarchie, la pratique de la vie commune. Poëtes, musiciens, artistes, ingénieurs, officiers du génie, tous ils se livrèrent gaîment, à tour de rôle, aux travaux les plus rudes et les plus grossiers. Ils réparèrent la maison, balayèrent et frottèrent les salles communes, les appartements, les cours ; défrichèrent des terrains incultes ; couvrirent les allées du sable extrait d'une mine qu'ils avaient creusée péniblement. Pour prouver que leurs idées sur la nature du mariage et l'émancipation des femmes n'étaient point le calcul d'un égoïsme voluptueux, ils s'étaient imposé la loi du célibat. Le matin et le soir ils nourrissaient leur esprit de la parole du Père, ou bien ils cherchaient dans la vie d'un des Saints du Christianisme, lue en commun, des exemples, des encouragements, des préceptes. Des hymnes, dont un d'eux, M. Félicien David, avait composé la musique, servaient à exalter leurs âmes en charmant leurs travaux. A cinq heures, le cor annonçait le dîner. Alors les ouvriers disposaient leurs outils en faisceaux, rangeaient les brouettes autour de l'ellipse du jardin, et prenaient place après avoir chanté en chœur la *prière d'avant le repas*. Voilà ce que le public fut admis à contempler. Spectacles dont une nation moqueuse a bien pu ne remarquer que la singularité tour à tour emphatique et naïve, mais qui ne manquaient assurément ni de portée, ni de grandeur. Car, dans ces pratiques, toutes de circonstance, les apôtres de Ménilmontant allaient fort au delà de leurs propres théories, et ils semaient autour d'eux, sans le savoir, des doctrines qui un jour devaient faire oublier les leurs.

Ce fut le 6 juin, au bruit du canon tiré de Saint-Méry, et non loin du sanglant théâtre d'où s'élevaient les cris des combattants, ce fut le 6 juin que, pour la première fois, la famille saint-simonienne ouvrit les portes de sa retraite. A une heure et demie, elle était réunie en cercle devant la maison, et, en dehors d'un second cercle, formé par ceux que les hôtes de Ménilmontant appelaient la famille extérieure, se formait un petit groupe d'assistants qu'attirait la curiosité. Une cérémonie bizarre, en effet, devait avoir lieu ce jour-là : la *prise d'habit*.

En adoptant un costume distinctif, les Saint-Simoniens avaient pour but non-seulement de constater leur originalité comme secte, mais encore de conserver quelque influence sur une société qu'il ne leur était plus loisible d'émouvoir par des publications quotidiennes ou d'infatigables prédications. C'était, d'ailleurs, une excellente épreuve à faire subir aux convictions de chacun d'eux; car il fallait un courage tout viril et une croyance singulièrement audacieuse, pour revêtir les insignes d'un apostolat qu'allaient sans doute attendre au passage l'incrédulité, l'ironie et l'insulte.

Il avait donc été décidé qu'on prendrait un costume particulier. M. Edmond Talabot en avait fait le dessin et surveillé l'exécution. Rien de plus élégant, de plus simple et de plus commode que cet uniforme : un justaucorps bleu qui s'ouvrait par devant sur un gilet dont l'ouverture était cachée, une ceinture de cuir, un pantalon blanc, une toque rouge, voilà ce qui le composait; le cou était nu, et l'on devait porter la barbe longue, à la manière des Orientaux.

La cérémonie de la prise d'habit fut le sujet de scènes étranges, mais qui donnent une idée assez juste de la seconde phase du Saint-Simonisme. Le Père Enfantin, qui, depuis trois jours, s'était absenté, parut à deux heures, le 6 juin, aux yeux de la famille qui l'attendait avec émotion et recueillement. A sa vue, il y eut parmi les fidèles comme un élan soudain d'admiration et d'amour, et tous se mirent à chanter en chœur :

> Salut, Père, salut,
> Salut et gloire à Dieu !

Et lui, pendant ce temps, il s'avançait d'un pas lent et majestueux, la tête nue, la figure rayonnante. Il avait confié la direction de la communauté, pendant son absence, à MM. Michel Chevalier, Fournel et Barrault. Ce dernier prit la parole pour rendre compte au Père de tout ce qui s'était passé. Enfantin s'exprima ensuite en ces termes :
« Pendant mon absence, je me suis occupé avec Bouffard
« et Hoart de la division de notre apostolat en deux bran-
« ches, apostolat régulier et apostolat séculier, comme le
« chrétien distinguait son clergé. J'ai chargé Bouffard et
« Hoart de suivre tous nos intérêts passés avec le monde
« que nous quittons. Aujourd'hui même, j'ai donné à Bouf-
« fard le pouvoir de disposer pleinement de ce que, selon

« la loi du monde, je possède ; je ne veux plus et ne peux
« plus signer un acte en ce monde, et les hommes qui
« marcheront à côté de moi, portant le même habit que
« moi, n'en signeront pas davantage : tous nous serons
« libres des entraves du monde; nous aurons renoncé à ce
« que les chrétiens appellent Satan et ses pompes, afin
« d'être mieux préparés à gagner notre pain de chaque
« jour nous-mêmes, afin d'être dignes de recevoir, comme
« le peuple, le SALAIRE. »

Ces mots expriment très-bien quelle était alors la grande préoccupation des hôtes de Ménilmontant. Ils voulaient, eux qui s'étaient livrés aux exercices les plus subtils de l'esprit, réhabiliter le travail du corps; et cela revenait à professer dans la pratique ce qu'ils avaient reconnu dans la théorie, l'égalité de l'intelligence et de la chair rapprochées et réunies par le sentiment ou la religion.

Après avoir parlé, le Père Enfantin, assisté d'un de ses disciples, revêtit l'habit apostolique. Puis, aidant à son tour celui qui l'avait assisté : « Ce gilet, dit-il, est le symbole
« de la fraternité; on ne peut le revêtir à moins d'être
« assisté par un de ses frères. S'il a l'inconvénient de rendre
« un aide indispensable, il a l'avantage de rappeler chaque
« fois au sentiment de l'association. » A l'exemple du Père, les apôtres de Ménilmontant s'empressèrent de revêtir l'habit. Quelques-uns, cependant, déclarèrent qu'ils ne se sentaient pas encore pour cela toute la force nécessaire. Au moment d'accomplir cet acte de renonciation au monde, à ses idées, à ses plaisirs, M. Moïse Retouret s'exprima ainsi en s'adressant au Père Enfantin : « Je vous ai dit un jour
« que je voyais en vous la majesté d'un empereur, et pas
« assez pour ma faiblesse la bonté d'un Messie. Vous m'ap-

« paraisssiez formidable. Aujourd'hui j'ai senti profondé-
« ment tout ce qu'il y a de tendresse et de douceur en vous.
« Père, je suis prêt. »

Que tout cela se soit produit au XIXᵉ siècle, en France, à Paris, là même où le souffle de Voltaire avait passé, là où rien n'existait plus qui ne rappelât le règne du sarcasme triomphant et la longue domination du libéralisme, les esprits légers peuvent n'y voir que la matière d'un piquant contraste, mais le philosophe y découvre autre chose. Comprimé à l'excès, le sentiment religieux et démocratique réagissait enfin, et cette réaction ne devait pas être stérile, bien qu'elle s'annonçât au milieu de circonstances bizarres, sous les formes d'un mysticisme trop ingénu, et avec une solennité dont l'exagération avait quelque chose de puéril. Et ce qui rend le fait plus extraordinaire, plus digne d'être enregistré, c'est que les fidèles ici étaient presque tous des hommes instruits, studieux, spirituels, éloquents, et fort habiles eux-mêmes à saisir les ridicules d'une société dont ils avaient dénoncé les injustices avec tant de force, de hardiesse, et quelquefois de bon sens.

Toujours est-il que le gouvernement jugea les Saints-Simoniens trop dangereux pour les laisser jouir des derniers bénéfices de la tolérance. Depuis quelques mois, on instruisait contre eux. Après les avoir longtemps tenus sous le coup d'un procès scandaleux, après avoir fait plus d'une fois briller les baïonnettes au milieu de leurs paisibles cérémonies, le gouvernement se décida enfin à les traîner devant les tribunaux. Le 27 août, le Père Enfantin et MM. Michel Chevalier, Barrault, Duveyrier, Olinde Rodrigues, furent appelés à comparaître devant la cour d'assises. On les accusait : 1° du délit prévu par l'article 291 du

Code pénal, lequel interdit les réunions de plus de vingt personnes ; 2° du délit d'outrage à la morale publique et aux bonnes mœurs. Voulant donner à ce procès le plus d'éclat possible, Enfantin fit assigner comme témoins, non-seulement tous les membres de la famille de Ménilmontant, mais encore quelques-uns de ceux qui, en dehors de cette étroite communauté, professaient les doctrines saint-simoniennes. Le jour étant venu, les disciples de Saint-Simon se rangèrent dans un ordre symétrique ; M. Michel Chevalier fit sonner le départ, et la petite colonie se mit en marche.

La grandeur des questions qui allaient être débattues et le talent des accusés donnaient à la lutte judiciaire qui se préparait plus d'importance que n'en ont la plupart des combats diplomatiques ou parlementaires. Mais ce n'était pas à cause de cela que la curiosité publique était vivement excitée ; ce que les Parisiens recherchaient, du spectacle promis à leur impatience, c'était moins sa signification véritable que sa singularité : on s'attendait à une mise en scène divertissante et neuve. Aussi la foule se pressait-elle sur le passage des Saint-Simoniens.

Lorsqu'ils entrèrent dans la salle, tous les yeux se fixèrent sur Enfantin. Il portait un habit semblable à ceux de la famille, mais d'une couleur plus claire, et ces mots : LE PÈRE, étaient écrits sur sa poitrine. Deux femmes, Mmes Aglaé Saint-Hilaire et Cécile Fournel, étaient derrière lui. Debout, à l'extrémité supérieure du banc des prévenus, il promenait lentement ses regards sur l'assemblée, et les assistants remarquaient avec surprise la vénération profonde dont ses enfants l'entouraient. Les interrogatoires firent d'abord connaître au public la jeunesse des accusés : M. Barrault avait trente-trois ans, M. Duveyrier vingt-neuf,

M. Michel Chevalier vingt-six ; le Père lui-même n'était âgé que de trente-six ans. Cependant, lorsque le président, M. Naudin, lui demanda : « Ne vous qualifiez-vous pas Père « de l'humanité ? Ne professez-vous pas que vous êtes la « Loi vivante ? » Il répondit avec beaucoup de sang-froid et d'assurance : « Oui, Monsieur. » Il se passa alors une scène tout à fait nouvelle dans les fastes judiciaires. Le premier témoin appelé, M. Moïse Retouret, ayant été sommé de prêter serment, il se tourna du côté d'Enfantin et dit : « Père, puis-je prêter serment ? » Enfantin répondit que non, et le président ordonna au témoin de se retirer. Tous les témoins appartenant à la famille comparurent, tous reçurent sommation de prêter serment, tous déclarèrent qu'ils ne le pouvaient sans l'autorisation du Père suprême.

L'avocat général, M. Delapalme, commença son réquisitoire. Après un rapide exposé de l'origine et des progrès du Saint-Simonisme, il essaya de flétrir, dans les pratiques saint-simoniennes, une sorte de fétichisme où le mensonge se mêlait à la niaiserie. Il montra le Père Enfantin comme un homme en qui l'amour de la célébrité était devenu de l'extravagance. Il reprocha aigrement à l'association saint-simonienne l'appel qu'elle avait adressé aux capitalistes et sa fastueuse mendicité. Il affirma qu'une pareille association n'avait rien de commun avec une société religieuse, parce qu'elle n'avait ni dogme, ni culte, ni cérémonies, et qu'elle se gardait bien de reléguer son action hors du monde matériel, ce qui est le caractère distinctif de toute religion. De là cette conséquence : que les Saint-Simoniens n'avaient nullement à invoquer le principe de la liberté des cultes, et s'étaient rendus coupables, en se réunissant au nombre de plus de vingt personnes, d'une violation flagrante de l'article 291 du Code pénal. Passant à la prévention d'outrage à la morale publique, l'avocat général demanda s'il n'y avait rien de contraire aux bonnes mœurs dans une doctrine qui glorifiait l'inconstance, qui tendait, par la réhabilitation de la chair, à élever sur les ruines de la pudeur le règne du plaisir, qui soumettait le mariage à l'exercice d'un droit qui rappelait le *droit du seigneur*, qui confiait enfin au PRÊTRE la mission de régulariser, de développer et les appétits intellectuels et les appétits charnels. « Mais, Messieurs, continua l'avocat général, « ces doctrines perverses n'ont point passé sans obs- « tacle. Quand le Père Enfantin a promulgué ces doc- « trines, une femme s'est trouvée là, qui a senti son âme « pure se révolter contre ces conceptions hideuses ; et « elle, faible, timide, elle s'est levée, elle a protesté avec « énergie. »

Au moment où l'avocat général prononçait ces mots, Mme Cécile Fournel (c'était elle que le ministère public venait de désigner à son insu), Mme Cécile Fournel se lève vivement et s'écrie : « Je suis ici pour protester contre « le rôle que... Taisez-vous, s'écrie à son tour le prési- « dent. » Et, comme Mme Fournel déclarait que, mieux éclairée, elle avait reconnu la moralité de la doctrine : « Si vous parlez encore, lui dit le président avec colère, « je vous ferai mettre à la porte. » Une semblable menace, publiquement adressée par un magistrat à une femme, causa parmi les auditeurs un étonnement pénible, et ce fut sous cette impression qu'ils attendirent la défense des accusés.

M. Olinde Rodrigues, on l'a vu, avait fait scission ; il n'avait pas suivi Enfantin à Ménilmontant, il n'avait pas revêtu l'habit apostolique. Sa position dans le procès était donc toute particulière. Aussi se borna-t-il à venger la mémoire de Saint-Simon, son maître, de quelques attaques imprudemment hasardées par l'avocat général, et il le fit en termes clairs, précis, incisifs. MM. Michel Chevalier, Duveyrier, Barrault, et leurs conseils, MM. Simon, Lambert, d'Eichtal, prirent ensuite la parole :

On déniait à la société saint-simonienne le caractère religieux. On lui reprochait d'avoir remplacé par des hommages superstitieux rendus à un homme le culte dû à la Divinité. Il y avait dans une telle accusation ou une bien grande ignorance ou une bien grande injustice. Qu'avait dit, en effet, le Père Enfantin ? Il avait dit : DIEU EST TOUT CE QUI EST ; donc, plus de guerre entre les deux principes, l'esprit et le corps, l'intelligence et la chair : NUL DE NOUS N'EST HORS DE DIEU, MAIS NUL DE NOUS N'EST DIEU ; donc plus d'esclaves, plus de réprouvés, plus d'adoration servile de l'homme à l'égard de l'homme, plus d'exploitation despotique : CHACUN DE NOUS VIT DE LA VIE DE DIEU, ET TOUS NOUS COMMUNIONS EN LUI ; donc plus d'antagonisme entre l'individu et la société, entre l'intérêt et le devoir. Harmonie, égalité, fraternité : voilà les trois vastes idées sociales qu'embrassait la définition donnée par Enfantin de la Divinité, et l'on accusait les Saint-Simoniens de n'être pas une société religieuse, de n'avoir sur Dieu d'autres notions que celles d'un panthéisme confus ! Quant à leurs cérémonies, le gouvernement n'était guère excusable de les ignorer, lui qui avait envoyé à Ménilmontant, pour s'en instruire, et ses commissaires de police, et ses gendarmes, et ses soldats. Il est vrai que les Saint-Simoniens s'occupaient tout autant de l'ordre temporel que de l'ordre spirituel. Mais comment l'avocat général avait-il osé prétendre que le propre de toute religion est de laisser en dehors de son influence les intérêts sociaux et politiques de l'humanité? Est-ce que la religion des Hindous, celle des Égyptiens, celles des Guèbres, celle des Hébreux, celle des Druides, celle des adorateurs d'Odin, est-ce que le fétichisme africain, est-ce que l'Islamisme, n'avaient pas embrassé la morale et la politique, n'avaient pas réglé les relations de peuple à peuple, de caste à caste, d'individu à individu? Le catholicisme lui-même n'avait-il pas fait de la politique, en changeant la condition des femmes et en poussant les sociétés à détruire l'esclavage? Les beaux temps du christianisme ne s'étaient-ils pas composés d'une série de tentatives sur l'ordre temporel, sur César? Et l'avocat général ignorait-il d'aventure ce mot d'un savant historien : « Le royaume de France est un royaume fait « par des évêques? » Après cela, que prétendait-on quand on reprochait aux Saint-Simoniens d'avoir demandé de l'argent? De l'argent! il en avait fallu aux premiers chrétiens, eux qui, suivant les Actes des Apôtres, « mettaient « en commun tout ce qu'ils possédaient, vendant leurs « terres et leurs biens pour les distribuer à tous, selon le « besoin que chacun en avait. » De l'argent! il en avait fallu aux diacres de la primitive Église, chargés spécialement de recueillir les dons des fidèles; il en avait fallu à la religion chrétienne depuis saint Paul, depuis Jésus; il lui en fallait encore : témoin le budget, où on la voyait figurer tous les ans. Les Saint-Simoniens étaient donc des hommes religieux; et certes ils l'avaient prouvé, lorsqu'à la face d'une société égoïste, sceptique, moqueuse, préoccupée de ses intérêts matériels, ils avaient abandonné, pour obéir à leur foi, famille, carrière, habitudes chéries, espérances de fortune, vues d'avenir ; lorsqu'à la face d'une société qui ne garde à la vie du prolétaire que dédains et mépris, ils s'étaient volontiers assujettis aux travaux les plus répugnants et les plus durs; lorsqu'enfin ils étaient venus affronter les railleries de la multitude, revêtus d'un costume distinctif, et offrant à l'injure leur nom écrit sur leur poitrine. Puis, quels étaient les hommes qui osaient dénier à la famille saint-simonienne un caractère religieux? Des hommes qui, faisant profession ouverte d'indifférence en matière de religion, avaient mis l'athéisme dans la loi ; des hommes qui avaient fait disparaître de l'enceinte de ce même tribunal où ils siégeaient la majesté de Jésus crucifié; des hommes qui couvraient d'une toile verte l'image de leur Dieu, ainsi qu'une chose mauvaise à voir! Du reste, et à supposer qu'on ne voulût pas reconnaître dans la famille saint-simonienne une société religieuse, quels désordres avait-on à lui imputer, pour que toute la rigueur de l'article 291 lui fût devenue applicable? Les Saint-Simoniens n'avaient cessé de déclarer la guerre impie et de protester contre l'esprit de révolte. S'ils avaient décrit les maux du peuple, ce n'avait été que pour en indiquer le remède; et dans le temps même où le gouvernement ne savait qu'envoyer contre l'insurrection lyonnaise des canons et des soldats, ils avaient demandé, eux, à l'étude et à la science la guérison des plaies sociales que révélaient ces troubles mortels. Restait le reproche d'immoralité. Or, qu'y avait-il d'immoral à demander que les relations entre époux fussent soumises à un règlement nouveau qui leur ôtât ce caractère d'exclusion, et conséquemment de violence ou de ruse, que leur imprimait la loi chrétienne? Aurait-on aboli le mariage, quand l'homme et la femme le plus capables de diriger l'humanité, quand le prêtre et la prêtresse auraient été investis du droit de consacrer par leur sanction les peines et les plaisirs de l'hymen? Que voyait-on de monstrueux à ce que, dans un sacerdoce obéi volontairement, l'empire de la beauté se trouvât associé au pouvoir de l'intelligence? Cet empire de la beauté, après tout, il était absolu, irrésistible; et ceux-là le subissaient en secret qui affectaient en public de nier sa légitimité. Car enfin, même sous l'influence de la loi chrétienne, la société s'était bien donné de garde de proscrire les joies de la chair; le peuple, on le savait de reste, allait plus volontiers au bal qu'au sermon; et les députés, personnages graves, venaient de voter moins de huit cent mille francs aux évêques, et près d'un million à l'Opéra. Mais quoi! cet Opéra n'était-il pas un temple élevé au culte de la beauté? Au milieu des parfums s'exhalant de la chevelure dénouée de ses danseuses, sous la pluie de lumière tombant de son lustre, devant ces gracieuses phalanges de femmes légères passant au travers des riches peintures et des sons d'une musique enivrante, les sens manquaient-ils d'excitations fortes, la chair manquait-elle d'adorateurs? La loi chrétienne n'était donc pas observée. Eh! comment aurait-elle pu l'être? En disant anathème à la chair, le christianisme l'avait poussée à la révolte, et à une révolte pleine d'affreux désordres. Quel spectacle, en effet, présentait au moraliste cette société au nom de laquelle on accusait les Saint-Simoniens d'immoralité? Sur vingt-neuf mille enfants nés dans Paris, près de dix mille avaient été conçus dans des embrassements illégitimes; les colléges étaient infectés de vices par qui les enfants étiolés devenaient vieux avant d'avoir atteint l'adolescence; les amours étaient souillés d'un horrible venin qui empoisonnait jusqu'aux mamelles des nourrices; on ne pouvait faire un pas dans les rues sans s'y heurter au libertinage patenté, et naguère encore, au Palais-Royal, dans le même palais qui abritait la reine et sa jeune famille, la prostitution avait son sanctuaire impur. Que parlait-on de la famille dans une société où l'adultère était enseigné sur tous les théâtres, chanté par tous les poëtes, représenté avec charme par tous les artistes, paré dans tous les romans des grâces de l'imagination et couvert par la sainteté de l'amour? On avait cru flétrir le Saint-Simonisme en prononçant ce mot: *le droit du seigneur. Le droit du seigneur!* Il existait dans la société que les Saint-Simoniens voulaient régénérer, et c'était *le droit du plus riche!* Car, dans cette société, il était amplement pourvu aux plaisirs des *honnêtes gens*, et il y avait, à côté de l'armée des fils du peuple, chair à canon jetée à l'agression étrangère, l'armée des filles du peuple, malheureuses que la pauvreté condamnait au plaisir comme à une corvée infâme, chair banale et vénale livrée d'avance à l'assouvissement de tous les appétits matériels. Ainsi, le vice avec l'hypocrisie, ou le vice avec l'impudeur et la faim; au défaut de la corruption poétisée, la corruption patentée; en haut l'adultère, en bas la prostitution.

Tel fut, au fond et en raccourci, le système de défense présenté par les prévenus, dans l'audience du 27 août. Ils venaient de soulever des questions d'une portée incalculable. Mais la société qu'ils attaquaient voulait être obéie et non discutée. Pendant qu'ils parlaient, il arriva plus d'une fois aux juges de donner des marques d'impatience, et un sourire railleur ne cessa d'errer sur les lèvres de l'avocat général, heureux de pouvoir échapper par l'affectation du dédain au trouble et à l'embarras de son impuissance.

Le lendemain, 28 août, Enfantin prit la parole à son tour. Il s'exprimait avec gravité, avec lenteur, et s'arrêtait de temps en temps pour fixer ses regards, tantôt sur le président et les deux conseillers, tantôt sur l'avocat général, tantôt sur l'auditoire. La Cour ne tarda pas à s'en montrer fort irritée, et comme le président demandait à l'accusé s'il avait besoin de se recueillir : « J'ai besoin, répondit-il, de
« voir qui m'entoure et d'être vu. Je sais tout ce que
« donnent de puissance le recueillement et la solitude ;
« mais je sais aussi que le recueillement n'est pas la seule
« manière de s'inspirer; et, d'ailleurs, je désire apprendre
« à M. l'avocat général l'influence de la chair, de la forme,
« des sens, et pour cela lui faire sentir celle du regard. »
Puis, sans s'arrêter à l'impression produite par ces paroles, où à une pensée sérieuse se mêlait une sorte de bouffonnerie tout à fait imprévue, Enfantin continua : « On trouve
« mauvaise, immorale, et pleine de fatuité, cette pensée
« que j'ai émise, savoir : que le Prêtre devait être beau :
« telle est, en effet, notre foi. Le Prêtre doit être beau,
« sage et bon : bonté, sagesse et beauté résument très-net-
« tement notre dogme. Eh bien, l'Église chrétienne elle-
« même, qui réprouvait la chair, qui regardait la beauté
« comme l'arme privilégiée de Satan, n'aurait toutefois
« jamais ordonné prêtre un homme difforme ou mutilé. Et,
« à notre époque, lorsque, dans l'armée, il s'agit de former
« un corps qui représente dignement, noblement, qui puisse
« inspirer par la seule vue le respect, l'admiration ou la

« crainte, certes, quelque indifférent qu'on prétende être
« pour la beauté, on est loin de la négliger. Ne dit-on pas
« que, pour être dans les carabiniers, il faut être bel
« homme : pourquoi ne saurait-on le dire des prêtres sans
« blesser les oreilles de M. l'avocat général? Il est vrai, la
« mission du soldat n'est pas la même que celle de notre
« sacerdoce : l'un donne la mort, l'autre la vie. Mais je ne
« vois pas que ce soit un argument contre ce que j'avance. »
La comparaison ne manquait ni de justesse ni d'esprit;
mais l'accusé s'étudiant de nouveau à déconcerter le tribunal par la fixité de son regard, le président déclara tout à coup la séance suspendue, et dit à Enfantin : « Nous ne
« sommes pas ici pour attendre le résultat de vos contem-
« plations. » Alors, se tournant vers les siens avec le plus
inaltérable sang-froid : « Encore, dit le Père, une justifica-
« tion de leur incompétence! Ils nient la puissance morale
« des sens, et ils ne comprennent pas que, par mon seul re-
« gard, j'ai pu leur faire perdre le calme qui convenait à
« leur rôle. » A la reprise de l'audience, Enfantin annonça
que, puisque c'était un discours qu'on attendait de lui, il
allait parler, et, après avoir tracé un tableau énergique de
tous les désordres engendrés par l'anathème que le christianisme avait lancé contre la chair : « Vous qui nous
« accusez, s'écria-t-il, si vous voulez vraiment nous juger,
« il faut que vous présentiez un remède meilleur que le
« nôtre. Or, je ne vois, d'une part, que les *Madelonnettes*,
« les *Filles repentantes*, la *Salpêtrière*; de l'autre, que la *Force*
« ou *Sainte-Pélagie*... Quant à nous, voici nos remèdes :
« sanctification de la beauté et réhabilitation de la chair;
« direction et règle des appétits physiques; réorganisation
« de la propriété : car la misère du travailleur et la ri-

« chesse de l'oisif sont les causes matérielles de l'adultère
« et de la prostitution. Mais voyez : lorsque nous venons
« dire que la misère héréditaire, et l'oisiveté héréditaire,
« résultats de la constitution actuelle de la propriété, qui
« est fondée sur le droit de naissance, doivent cesser, on
« nous accuse de vouloir bouleverser l'État. Nous avons
« beau dire que cette transformation de la propriété ne
« peut se faire que progressivement, pacifiquement, volon-
« tairement ; qu'elle peut se faire beaucoup mieux que ne
« s'est opérée la destruction des droits féodaux, avec tous
« les systèmes d'indemnité imaginables, et avec plus de
« lenteur même que vous n'en mettez dans les expropria-
« tions pour cause d'utilité publique : on n'écoute pas, on
« condamne, nous sommes des perturbateurs ! Sans nous
« lasser, nous montrons que cette transformation est appe-
« lée par tous les besoins actuels et futurs de la société ;
« qu'elle est signalée d'une manière palpable par la créa-
« tion du Code de commerce et par toutes les habitudes
« industrielles qui favorisent la mobilisation de la propriété,
« sa transmission de la main oisive ou peu capable à la
« main laborieuse et capable ; nous montrons cela, et vous
« vous écriez que notre association est dangereuse ! Il faut
« bien, cependant, substituer à un ordre mauvais un ordre
« bon, car le but de la société n'est pas seulement de *main-*
« *tenir*, elle veut s'améliorer, *progresser*. C'est ce que nous
« voulons faire également en morale... Il est vraiment re-
« marquable que ce soient précisément les hommes qui exer-
« cent le plus absolu despotisme à l'égard de la beauté et
« de la femme, qui nous accusent avec le plus de violence de
« vouloir rétablir dans le monde un despotisme abrutissant.
« Ils disent que notre sacerdoce abusera de sa puissance.

« Mais cette objection peut être élevée contre toute auto-
« rité. Le chef d'une société, par cela seul qu'il est chef, a
« du pouvoir, c'est une vérité de définition. Or, quelle est
« la garantie contre l'abus du pouvoir? Nous n'en connais-
« sons qu'une, savoir que la puissance soit acquise à la
« capacité et non à la naissance. Tant que le principe de
« la transmission du pouvoir politique et de la richesse
« sera celui de la naissance, nous aurons droit de dire que
« tous vos systèmes de garanties engendrent ou maintien-
« nent le plus abrutissant despotisme, puisqu'ils confèrent
« fortuitement la puissance. » A ces développements, l'accusé ajouta diverses explications, celles-ci d'une bizarrerie extrême, bizarrerie naïve ou calculée, celles-là pleines de sens, de sagacité et de finesse. On lui avait refusé le droit de choisir deux femmes pour conseils : il s'en plaignit et en témoigna sa surprise ; car, disait-il, quel est celui de nous qui oserait se prétendre plus capable que sa sœur ou sa mère de parler sur la morale ?

Au discours d'Enfantin succédèrent de vifs débats entre l'avocat général, d'une part, et de l'autre MM. Duveyrier, Barrault, Michel Chevalier. Ce dernier émut fortement l'assemblée, lorsque, rappelant ce mot de Robespierre :
« La Convention ne permettra pas qu'on persécute les mi-
« nistres paisibles des diverses religions, » il s'écria : « Vous
« savez, Messieurs, si nous sommes des hommes paisibles;
« nous vous demandons la tolérance de Robespierre. »
Mais depuis longtemps déjà la cause des prévenus était perdue. Enfantin, Duveyrier, Michel Chevalier, furent condamnés à un an de prison et à cent francs d'amende chacun ; Rodrigues et Barrault à cinquante francs d'amende seulement. La famille avait écouté l'arrêt avec le plus

grand calme; elle reprit la route de Ménilmontant, à travers une foule immense qui s'étendait du Palais de justice à l'Hôtel de Ville. La plupart regardaient passer les Saint-Simoniens avec un étonnement muet; quelques-uns murmuraient le nom du Père; d'autres poussaient des cris injurieux.

Les condamnés se pourvurent en cassation; mais le rejet du pourvoi et l'emprisonnement d'Enfantin devinrent bientôt le signal de la dispersion de la famille. Elle ne fut pas dissoute, néanmoins. Elle avait profité de l'intervalle qui s'écoula entre le jugement de la cour d'assises et le rejet du pourvoi en cassation, pour envoyer dans diverses parties de la France des missionnaires revêtus de l'habit apostolique, et l'épreuve qu'elle venait de traverser semblait avoir accru son ardeur. Dispersée, et plus tard absorbée par le milieu social qu'elle avait si hardiment combattu, elle continua en quelque sorte son existence collective, grâce au lien mystérieux des sentiments et des idées. Or, cette parenté indestructible fut le résultat de la réunion des Saint-Simoniens à Ménilmontant. Jusqu'alors, et quoiqu'ils eussent déjà donné à leur association le nom de *Famille*, ils n'avaient formé qu'une école : ce fut dans la maison d'Enfantin que commença pour eux la famille. Dans la rue Monsigny, bruyant laboratoire de leur doctrine, ils n'avaient eu ni le temps ni le repos nécessaires pour s'étudier mutuellement comme individus : c'est ce qu'ils firent à Ménilmontant, au milieu du silence et de la solitude. Après leur séparation, les uns restèrent en France, où ils embrassèrent différentes carrières; les autres partirent pour l'Orient, qui, remué alors de fond en comble par d'audacieux essais de réforme, semblait appeler les conquêtes de l'intelligence.

Que si on cherche de bonne foi quelle a été l'action du Saint-Simonisme sur la société française, on verra que cette action est loin d'avoir été stérile. La bourgeoisie, à la vérité, était trop solidement assise, quand les Saint-Simoniens parurent, pour laisser entamer les principes en vertu desquels sa domination s'était établie ; elle n'accepta donc et ne garda de l'influence des Saint-Simoniens que ce qui convenait à ses instincts et à ses intérêts, c'est-à dire un penchant plus prononcé pour les études économiques, une meilleure entente des travaux publics, une manière moins étroite d'envisager l'importance de l'industrie. Quant aux idées des Saint-Simoniens sur la réhabilitation du principe d'autorité, sur le crédit de l'État, sur l'abolition de tous les priviléges de naissance, sur la destruction du prolétariat, et, dans la seconde phase du Saint-Simonisme, sur la mission religieuse du pouvoir combinée avec l'émancipation des femmes, la bourgeoisie ne pouvait admettre de pareils systèmes, sans prononcer sa propre déchéance. Aussi les repoussa-t-elle avec un emportement sincère et un mépris simulé ; mais ils ne périrent point tout à fait pour cela, et ils restèrent comme en dépôt dans les esprits d'élite, où ils devaient germer et subir de fécondes modifications.

La session approchait. Le ministère, composé d'hommes sans autorité et d'un talent médiocre, pourrait-il se maintenir devant la Chambre et la dominer ?

La victoire du mois de juin avait, comme on l'a vu, exalté les ministres à un point extraordinaire. Ils croyaient affermi pour longtemps leur pouvoir qu'un choc aussi rude n'était point parvenu à renverser. Le roi, de son côté, désirait avec ardeur conserver dans son Conseil des hommes qu'asservissait à ses volontés leur insuffisance et le caractère peu élevé de leur dévoûment. Mais le langage des députés qui commençaient à se réunir dans la capitale, fit évanouir les espérances de la Cour ; et bientôt il devint manifeste qu'un Cabinet placé sous la dépendance absolue du roi trouverait dans la Chambre une résistance invincible. Le vice des combinaisons sur lesquelles se fonde le régime constitutionnel apparaissait ainsi dans tout son jour, et les destins de la nation allaient flotter entre deux pouvoirs aspirant l'un et l'autre à la souveraineté, et que la seule rivalité de leurs prétentions rendait d'avance ennemis.

Les trois hommes appelés par leur talent à tenir le sceptre de la majorité parlementaire étaient alors MM. Thiers, Guizot et Dupin aîné. Parmi ces trois candidats, il fallait choisir un premier ministre.

Les sympathies du roi étaient pour M. Dupin, qu'il avait engagé depuis longtemps au service de ses intérêts privés, dont il connaissait les secrètes faiblesses, et dont il n'avait pas à redouter le puritanisme. Ce fut donc à M. Dupin aîné qu'on s'adressa d'abord. La négociation fut longue, et elle était au moment de se conclure, lorsque tout à coup le bruit se répandit qu'une scène extrêmement vive avait eu lieu entre le monarque et le sujet. La nouvelle était fondée : ils s'étaient séparés fort mécontents l'un de l'autre : soit que M. Dupin, comme quelques-uns l'ont pensé, n'eût pas consenti à se soumettre à la théorie du gouvernement personnel, soit qu'à propos d'une question de moindre importance, le roi se fût offensé de la brusquerie que M. Dupin apportait quelquefois dans ses manières et dans ses discours.

Restaient M. Guizot et M. Thiers. Mais le premier était d'une impopularité dont les inconvénients étaient sentis même par ceux dont il avait le plus chaudement défendu les intérêts ; et quant au second, quoiqu'il eût déployé un grand talent, il n'avait pas encore assez de consistance pour qu'on le mît à la tête des affaires.

Dans cet embarras, le roi jeta les yeux sur M. de Broglie. Le nom de ce personnage, sa clientèle, la noblesse de son caractère, la considération dont il jouissait, étaient en effet de nature à donner du relief à un Cabinet dont il aurait fait partie; et sous son égide, M. Thiers aurait pu rendre à la monarchie de très-utiles services.

Cette combinaison parut excellente à la plupart des membres influents de la majorité parlementaire. Mais le roi goûtait peu M. de Broglie, homme à principes inflexibles, d'une volonté ferme, d'une vertu roide, se faisant honneur de sa persistance dans les mêmes idées, et repoussant comme contraire à la dignité humaine toute politique d'expédients, susceptible d'ailleurs et irritable.

Différer, pourtant, était périlleux. M. de Rémusat eut mission d'aller trouver M. de Broglie à sa maison de campagne, et de lui proposer un portefeuille, avec M. Thiers pour collègue.

M. de Broglie hésita d'abord, et finit par déclarer qu'il n'entrerait dans le Cabinet qu'à la condition d'y être suivi par M. Guizot. En vain lui fit-on observer que M. Guizot avait soulevé contre lui l'opinion publique; que, dans la situation des esprits, les services de cet homme seraient funestes à la monarchie ; que c'était ainsi qu'en jugeaient les députés les plus dévoués au trône, et, par exemple, MM. Jacques Lefèvre, Fulchiron, Jacqueminot; que, s'il convenait quelquefois de se mettre au-dessus des clameurs de la presse, au moins se devait-on de ménager les répugnances du parlement..... M. de Broglie se montra inébranlable. Il fallut subir ses conditions. Et le 11 octobre, le *Moniteur* publiait la fameuse ordonnance qui appelait : *aux affaires étrangères*, M. de Broglie ; à *l'intérieur*, M. Thiers ; à *l'instruction publique*, M. Guizot ; *aux finances*, M. Humann. Le maréchal Soult garda le portefeuille de la guerre avec le titre de président du Conseil, et M. Barthe fut ministre de la justice.

Voilà comment fut formé ce ministère du 11 octobre, qui devait continuer le combat terrible engagé par Casimir Périer, et dont l'existence ne fut qu'une longue tempête.

A ne considérer que l'importance personnelle ou le talent de ceux qui le composaient, le ministère dans lequel M. Thiers entrait à côté du duc de Broglie et de M. Guizot, était sans contredit le plus fort qu'on pût créer pour la circonstance. Mais cela même était pour le roi un sujet d'affliction. Convaincu avec raison que, dans un pays tel que la France, où l'esprit d'examen avait fait de si rapides conquêtes, où les grandes positions n'étaient plus entourées de leur ancien prestige, où l'on n'obéissait volontiers qu'à une autorité active et vigoureuse, une royauté fainéante tomberait tôt ou tard dans le mépris et finirait par n'être plus considérée que comme une superfluité coûteuse, le roi voulait tout à la fois régner et gouverner. Or, il sentait bien qu'une alliance intime entre des ministres aussi importants que MM. de Broglie, Guizot et Thiers, le condamnerait à un rôle passif. Les empêcher de faire faisceau était dans les nécessités de sa position ; et les divisions qui, dans la suite, armèrent l'un contre l'autre M. Thiers et M. Guizot, furent l'ouvrage de la Cour. Avec une remarquable habileté, elle s'étudia, dès l'abord, à verser dans l'âme de deux hommes, dupes tous deux de leurs passions, le venin d'une ambition jalouse. M. Thiers s'était élevé d'une condition fort obscure, et, jusque dans ses grandeurs nouvelles, il était poursuivi par la fatalité de certaines circonstances de famille qui, sans atteindre sa considération personnelle, pouvaient néanmoins jeter plus d'un obstacle dans sa carrière. M. de Talleyrand pensa qu'il n'en serait que plus propre à remplir en sous-ordre les fonctions de premier ministre. On résolut donc de mettre à profit contre M. Thiers les difficultés de sa position et les torts du hasard. On lui fit entendre qu'il lui était permis d'aspirer à tout, et qu'il était digne par son talent d'occuper dans l'État la première place au-dessous du trône; mais qu'il avait besoin pour cela du plus haut de tous les patronages, et qu'il serait perdu le jour où la main du roi cesserait de le soutenir.

Ce qu'il fallait à la Cour, c'était un président du conseil qui consentît à s'effacer de la manière la plus complète, et qui fût doué néanmoins d'une capacité assez grande, d'un talent oratoire assez distingué, pour exercer dans le parlement une influence durable. Il était arrivé souvent à Louis-Philippe d'exprimer son regret de ne pouvoir prendre part aux délibérations de la Chambre, desquelles sa dignité de roi l'excluait et dont il semblait croire que sa parole, en plus d'une occasion, aurait modifié le résultat. La Cour aurait donc voulu qu'avec le titre de président du Conseil, M. Thiers ne fût en réalité que l'orateur de la couronne. De sourdes manœuvres furent pratiquées en vue de ce dénoûment, et comme M. Guizot se trouvait naturellement sur le chemin de la présidence, on n'eut pas de peine à semer dans le Conseil les germes de cette mésintelligence qui devait éclater plus tard, et rendre le gouvernement parlementaire tout à fait impossible.

Nul, du reste, n'était plus propre que M. Thiers à conduire la bourgeoisie. Son esprit délié, sa figure fine mais bienveillante, le sans-façon de ses manières, son caquetage, la grâce nonchalante avec laquelle il faisait, au besoin, bon marché de son importance, tout cela rendait sa supériorité légère et en assurait d'autant mieux l'empire ; tout cela le servait auprès d'une classe qui veut des chefs d'un abord facile et d'un mérite complaisant. Il s'était élevé de fort bas, et c'était un titre à la faveur des parvenus, qui saluaient en lui la légitimité de leur propre fortune. Et puis, quelle fécondité d'expédients ! quelle vivacité d'intelligence ! quelle aptitude à tout comprendre, à tout expliquer ! M. Thiers était journaliste, homme de lettres, financier : il se fût fait, le cas échéant, général d'armée. Et même, en dépit de la direction de ses études, il enviait par-dessus tout le rôle de l'homme de guerre. Dans son histoire de la *Révolution française*, il avait affecté de grandes connaissances stratégiques, et il n'eût aimé rien tant que de monter à cheval, de passer des troupes en revue, de se mettre auprès du soldat en quête de popularité. Éloquent, il ne l'était pas ; et sa petite taille lui donnait, à la tribune, un désavantage marqué. Mais il exposait les affaires avec tant de lucidité ; il parlait avec tant d'abandon de son amour pour son pays ; sa pantomime était si expressive ; sa voix aigre et impuissante empruntait de la fatigue quelque chose de si touchant, qu'il arrivait au succès par ses défauts mêmes : l'absence de noblesse, la diffusion, l'excès de négligence, la trivialité. Dans une assemblée, personne ne savait mieux que lui se faire médiocre. Ses idées étaient manifestement tournées vers l'Empire. Il voulait le pouvoir actif et respecté, il le méprisait scrupuleux. Les principes, il les dédaignait avec étourderie, quelquefois avec impertinence ; car, en politique, il ne reconnaissait d'autre divinité que la force, et il l'adorait dans ses manifestations les plus opposées, pourvu, toutefois, qu'elle ne se présentât point sous les traits du rigorisme. Il l'aimait indifféremment comme moyen de tyrannie et comme instrument de révolte ; il l'avait admirée dans Bonaparte, il l'avait admirée dans l'impétueux Danton, il l'eût admirée jusque dans Robespierre, si dans Robespierre il ne l'eût trouvée unie à l'austérité. Du reste, pas de tenue dans la conduite, peu de profondeur dans les sentiments, plus d'inquiétude que d'activité, plus de turbulence que d'audace, de la suffisance quelquefois, et de l'élévation dans l'esprit s'il en avait eu davantage dans le cœur. Sous beaucoup de rapports, M. Thiers était un Danton en miniature. Il avait, néanmoins, beaucoup plus de probité qu'on ne lui en supposait, et ses ennemis lui adressaient à cet égard des accusations injustes. Mais, homme d'imagination, aimant les arts avec une passion enfantine, dévoré de besoins frivoles, capable d'oublier les affaires d'État pour la découverte d'un bas-relief de Jean Goujon, fougueux dans ses fantaisies, pressé de jouir, il donnait aisément prise à la calomnie. Quoiqu'il n'eût pas de fiel, comme particulier, il répugnait bien moins que M. Guizot, comme ministre, aux mesures violentes. Il est vrai qu'il n'avait pas, ainsi que M. Guizot, un despotisme de parade : il eût volontiers fait peur à ses ennemis, sans éprouver le désir de s'en vanter, l'essentiel étant pour lui de mettre en œuvre le système d'intimidation que M. Guizot mettait en formules. Car l'un brûlait d'agir, l'autre de paraître. Quelquefois, après avoir combattu, dans le Conseil, des desseins funestes, M. Guizot courait en faire l'apologie à la tribune, et y prononçait des mots implacables, de ces mots qui restent. Il n'en était pas de même de M. Thiers, corrupteur infatigable de la presse, habile à ruser avec l'opinion, et courtisan heureux de cette portion de la bourgeoisie qui se piquait de libéralisme et d'orgueil national. Quoi qu'il en soit, M. Thiers n'avait ni l'amour de l'humanité, ni l'intelligence de ses progrès possibles ; ne devinant rien au delà de l'horizon, il n'avait nul souci du peuple, ne l'admirait que sur les champs de bataille où il court se faire décimer, et ne le jugeait bon qu'à servir de matière aux combinaisons de ces spéculateurs insolents qui, sous le nom usurpé d'hommes d'État, jouent entre eux les dépouilles du monde.

Les ministres du 11 octobre trouvaient, en arrivant aux affaires, deux grands actes à accomplir : il fallait que le trône nouveau fût consolidé par l'arrestation de la duchesse de Berri, et la paix générale assurée par la soumission du roi Guillaume.

Depuis que l'insurrection vendéenne étouffée avait réduit la duchesse de Berri à chercher un asile dans la ville de Nantes, les provinces de l'Ouest étaient restées silencieuses, immobiles ; et pourtant les frayeurs du pouvoir ne s'étaient point calmées. Trompés par de faux rapports, jouets des impressions les plus diverses, se croyant toujours sur le point d'être trahis par ceux qu'ils avaient choisis pour instruments, les ministres n'avaient jamais su adopter, à l'égard de la Vendée, une politique nette et suivie. L'insurrection vendéenne avait été combattue, en dehors de la direction du Pouvoir, par suite d'inspirations qui ne venaient pas de lui, et sous la responsabilité personnelle des généraux chargés de la pacification de l'Ouest. Cette pacification s'étant accomplie sous le commandement du lieutenant général Solignac, il était naturel que le pouvoir lui en gardât quelque reconnaissance. Cependant, le lendemain même de sa victoire sur la chouannerie, le lieutenant général Solignac voyait arriver à Nantes, investi d'un commandement supérieur au sien, le lieutenant général Bonnet, sous les ordres duquel il avait une fois déjà refusé de servir. Et cette mesure venait frapper le général Solignac, alors que s'éteignaient les dernières rumeurs de la Vendée, où il ne restait plus guère que des morts à ensevelir et des prisonniers à juger. Il y avait là, pour un vétéran distingué des guerres de l'Empire, pour un homme signalé par des services récents, une injure dont la convenance des formes et une hypocrite affectation d'éloges ne suffisaient point pour adoucir l'amertume. A ce trait, le général Solignac crut reconnaître la haine que le maréchal Soult lui avait vouée. Il protesta, écrivit au ministre de la guerre une lettre véhémente, fit monter ses plaintes jusqu'au trône. Et elles avaient d'autant plus d'autorité, que le général était en droit de rappeler de quelles précautions offensantes on avait entouré son commandement. Car, tandis qu'il faisait la guerre aux Vendéens, plusieurs des autorités placées sous lui correspondaient avec un aide de camp de Louis-Philippe, M. de Rumigny, envoyé dans le Morbihan pour y exercer, au nom de la Cour, une influence occulte, que servait à Nantes, d'une manière plus directe, la contre-police de M. Carlier. Voilà ce qu'avait été, à l'égard de la Vendée, la politique du ministère : politique dépourvue d'initiative, de décision, de franchise, de loyauté.

Au reste, le général Bonnet n'occupa qu'en passant le poste qui venait de lui être assigné, et il ne tarda pas à être remplacé lui-même par le lieutenant général d'Erlon.

Ce fut sous le gouvernement militaire de ce dernier, et peu de jours avant la formation du ministère du 11 octobre, qu'eut lieu, devant la cour d'assises de Blois, le procès de Caqueray fils, de Sortant, de Condé, de Cresson et autres chouans, au nombre de vingt-deux. La plupart furent acquittés, quelques-uns condamnés à la détention. La modération de ce jugement était remarquable, au sortir d'une guerre civile qui avait soulevé de si violentes passions; mais, outre que les accusés avaient été fort éloquemment défendus par M. Janvier, homme d'un talent élevé et du caractère le plus généreux, les dépositions avaient jeté une vive lumière sur la situation de la Vendée et sur la nature du soulèvement. Au milieu de tant d'exagérations et de mensonges répandus par l'esprit de parti, ce ne fut pas sans surprise et sans émotion qu'on entendit un des témoins, capitaine du 41e, dire la vérité sur ceux qu'il avait combattus comme sur ceux qu'il avait servis. Ce loyal officier se nommait Galleran; il déclara que l'opinion avait été égarée par les récits des journaux et les rapports des agents du pouvoir; qu'on avait fait sonner bien haut des victoires purement imaginaires, et dénoncé à l'indignation publique des faits mensongèrement présentés; que les paysans vendéens étaient en général de braves gens, animés d'un vrai patriotisme, et républicains, sinon par leurs idées politiques, du moins par leurs mœurs, leurs habitudes, leur vie intérieure; que les prétendues distributions d'argent faites aux chouans se bornaient à des sommes de 10, de 20 sous données aux plus pauvres; que le seul système à employer,

vis-à-vis de tels hommes et dans un tel pays, était un système de modération et d'équité. Mais à ces déclarations le témoin en ajouta d'autres où les bandes étaient formellement accusées de brigandage. « Les bandes, dit-il, ne
« manifestaient leur présence que par des vexations de toute
« espèce ; elles n'entraient chez le métayer que le fusil à la
« main, et ne se faisaient servir qu'à coups de crosse ;
« elles répandaient adroitement le bruit que la ligne était
« avec elles et avait ordre de ne les point arrêter. Aussi
« avaient-elles acquis par la terreur une telle influence, que
« les métayers maltraités n'osaient ouvrir la bouche, et que
« les pères ou les enfants des individus cruellement assas-
« sinés n'osaient donner des renseignements à la justice...
« En général, les bandes ne faisaient pas de mal aux sol-
« dats. Un de mes soldats, le jeune Valleret, fut pris dans
« une battue. — « N'es-tu pas, lui dirent les chouans, de
« ceux qui nous ont envoyé des balles ce matin ? — Oui,
« répondit Valleret, j'ai fait mon devoir. » Et ils le lais-
« sèrent aller. Il n'en était pas de même pour les gendarmes
« et les gardes nationaux. Les bandes ne leur faisaient pas
« de quartier. »

Au procès des vingt-deux Vendéens succéda celui de M. Berryer. Mais la politique qui traînait l'illustre orateur sur le banc des accusés n'avait fait, en réalité, que lui fournir l'occasion d'un éclatant triomphe. Lorsqu'il parut devant le tribunal, jurés et spectateurs se levèrent par un mouvement spontané. Plusieurs avocats étaient venus s'asseoir à côté du prévenu. Le président leur ayant fait observer que là n'était pas leur place, un d'eux, M. Vallon, répondit : « Le banc des accusés est aujourd'hui tellement
« honoré, que nous avions cru nous honorer nous-mêmes

» en y prenant place. » Quelques paroles nobles et émouvantes suffirent à M. Berryer pour repousser l'accusation, que le ministère public s'empressa d'abandonner. Il était bien étrange, en effet, qu'on eût arrêté, comme instigateur de la guerre civile, celui qui en avait combattu la pensée, en présence de la duchesse de Berry, avec tant d'énergie, d'entraînement et d'éloquence.

Réfugiée à Nantes, dans la maison des demoiselles Duguigny, Marie-Caroline nourrissait, au sein de ses douleurs et de ses périls, des espérances hautaines. Du fond de son asile, protégé par la fidélité la plus vigilante et la plus discrète, elle entretenait avec quelques-uns de ses partisans une correspondance active, et se tenait prête à tirer parti des événements. Parmi les lettres qu'elle écrivit durant son séjour à Nantes, il en est une qui mérite d'être rapportée; elle était adressée à la reine des Français.

La voici :

« Quelles que soient les conséquences qui peuvent résulter pour moi de la
« position dans laquelle je me suis mise en remplissant mes devoirs de mère,
« je ne vous parlerai jamais de mon intérêt, madame. Mais des braves se
« sont compromis pour la cause de mon fils, je ne saurais me refuser à
« tenter pour les sauver ce qui peut honorablement se faire.

« Je prie donc ma tante, son bon cœur et sa religion me sont connus,
« d'employer tout son crédit pour intercéder en leur faveur. Le porteur de
« cette lettre donnera des détails sur leur situation ; il dira que les juges
« qu'on leur donne sont des hommes contre lesquels ils se sont battus.

« Malgré la différence actuelle de nos situations, un volcan est aussi sous
« vos pas, madame, vous le savez. J'ai connu vos terreurs, bien naturelles,
« à une époque où j'étais en sûreté, et je n'y ai pas été insensible. Dieu seul
« connaît ce qu'il nous destine, et peut-être un jour me saurez-vous gré
« d'avoir pris confiance dans votre bonté et de vous avoir fourni l'occasion
« d'en faire usage envers mes amis malheureux. Croyez à ma reconnaissance.

« Je vous souhaite le bonheur, madame. Car j'ai trop bonne opinion de
« vous pour croire qu'il soit possible que vous soyez heureuse dans votre
« situation.

« MARIE CAROLINE. »

Cette lettre, si touchante et si digne, fut portée à Saint-Cloud par un officier royaliste, et remise décachetée à M. de Montalivet, qui en donna connaissance à la reine. L'officier attendait la réponse au bas de l'escalier. On lui rendit la lettre, en lui disant que la reine ne pouvait la recevoir. Ce qui est certain, c'est qu'elle ne pouvait y répondre. Malheureuse reine, qu'on avait pour jamais condamnée au supplice d'étouffer la voix de son cœur, et pour qui le plus terrible des anathèmes se cachait dans une prière affectueuse, dans un vœu de parente et d'amie !

Déjà près de cinq mois s'étaient écoulés depuis l'entrée de la duchesse de Berri à Nantes, et le lieu de sa retraite était encore un secret : soit qu'à force de prudence, elle fût parvenue à déjouer tous les efforts de ses ennemis, soit que le gouvernement eût apporté dans ses poursuites une mollesse calculée. Car la duchesse de Berri, prisonnière, était un embarras et un danger. Son impunité, en effet, désignait Louis-Philippe au mépris des peuples, sa mort le vouait à l'exécration des rois. Rendre la princesse à la liberté, c'était la rendre aux complots et à la guerre civile; la faire juger, c'était mettre en action le principe de l'égalité devant la loi, principe fatal aux monarchies. Qui, d'ailleurs, la jugerait dans un pays qu'on voulait monarchique, cette mère d'un enfant devenu roi par l'abdication de son aïeul ? La Pairie ? Devant une telle responsabilité, elle aurait évidemment reculé d'épouvante. Un jury ? Quelques hommes pris au hasard auraient donc pu, en montrant la justice désarmée devant la royauté de la veille, condamner par cela seul, comme coupable d'usurpation et de félonie, la royauté du lendemain ? Invoquer, dans de semblables circonstances, le principe de la souveraineté du peuple, on ne le pouvait sans attacher en quelque sorte le mineur au pied du trône. Frapper dans la duchesse de Berri le crime de la révolte, on ne le pouvait sans rappeler sous quel effort avait succombé la plus fondamentale des lois de la monarchie, l'inviolabilité de Charles X.

C'étaient là des considérations d'une haute importance. Elles durent prévaloir tant que la guerre étrangère ne fut pas imminente. Mais bientôt l'on crut toucher au moment où l'Europe devait s'embraser. Guillaume, avec un orgueil croissant, bravait les décisions de la Conférence, remplissait le Nord du bruit de ses préparatifs militaires, et, du haut de la citadelle d'Anvers, occupée par ses soldats, menaçait de réduire en cendres la seconde ville de la Belgique. Alors la présence de la duchesse de Berri en France prit un caractère de gravité vraiment formidable. Il était permis de prévoir qu'au premier coup de canon tiré sur la frontière, les royalistes du Midi et ceux de la Vendée, pour la seconde fois, se lèveraient en armes; qu'on aurait devant soi la guerre, derrière soi l'anarchie; que le nom du prince d'Orange et celui de Henri V se mêleraient dans les mêmes vœux, dans le même cri, et que, pressée entre deux tentatives de restauration, la dynastie de Louis-Philippe serait étouffée au berceau. S'emparer de la duchesse de Berri devenait dès lors la plus impérieuse des nécessités du moment. Mais, pour conduire le gouvernement jusqu'à la mère de Henri V, il fallait trouver un traître : on ne put le trouver, sur cette noble terre de France, que dans un juif, un renégat.

Admis, pour avoir renié son Dieu, dans la confiance du pape, et dans celle de la duchesse de Berri, pour avoir su masquer la noirceur de son âme, ce misérable s'était offert depuis longtemps à M. de Montalivet, lorsque le ministère du 11 octobre se forma. M. de Montalivet laissa au nouveau ministre de l'intérieur l'hypocrisie de Deutz à employer. On savait la duchesse de Berri à Nantes : Deutz se chargea de découvrir l'asile de la princesse, et, pour tirer parti plus sûrement des services de cet homme, on nomma préfet de la Loire-Inférieure M. Maurice Duval, le même dont l'administration avait pesé si cruellement sur Grenoble.

[1] Deutz était loin d'avoir auprès de la mère du duc de Bordeaux l'influence dont il s'est vanté depuis. Mais il avait accompagné de Londres en Italie Mmes de Bourmont; il avait vu la princesse en passant à Massa pour se rendre à Rome; il l'avait revue après le voyage à Rome, et, grâce aux recommandations du Saint-Père, il avait été chargé de remettre des missives importantes à la reine d'Espagne et à don Miguel. Il avait donc été naturellement initié de la sorte à de graves secrets, dont la révélation devait peu coûter à son âme perfide et lâche. Il est vrai que, lorsqu'au mois d'avril il avait quitté Massa, M. de Choulot l'avait contraint à s'arrêter à une lieue environ de la ville, dans une vallée plantée d'oliviers, et lui avait fait prêter là un serment solennel et redoutable [2]; mais que valent les serments? L'honneur les

---

[1] Le récit qu'on va lire présente, sur l'arrestation de la duchesse de Berri, certains détails qui s'écartent de ceux qui ont été déjà publiés, mais qui viennent d'une source authentique. Notre récit s'appuie sur des notes fournies au général Dermoncourt, postérieurement à la publication de son livre, la *Vendée et Madame*. Ces notes, qui rectifient quelques inexactitudes échappées à M. Dermoncourt, il a bien voulu lui-même nous les transmettre.

[2] C'est ce que Deutz raconte lui-même dans une brochure qu'il a publiée touchant sa trahison; et, sur ce point, il est permis de l'en croire, puisqu'il s'accuse. Car, du reste, sa brochure est remplie de mensonges cyniques.

rend superflus, la bassesse les viole. Deutz trahissait le parti légitimiste, par correspondance, depuis près de cinq mois, lorsqu'il fut envoyé mystérieusement à Nantes par M. Thiers. Comme on se défiait de lui, on lui avait donné, pour l'accompagner, le commissaire de police Joly, celui qui, sous la Restauration, avait arrêté Louvel. Arrivé à Nantes, Deutz se présente à quelques légitimistes influents, il parle de dépêches pressantes à communiquer, il sollicite avec instance la grâce d'être admis auprès de Madame, dont son unique but était de découvrir l'asile. Mais déjà certains bruits alarmants avaient couru dans le parti légitimiste sur le compte de ce juif ; et, d'ailleurs, il était à craindre que la police, qui surveillait les démarches de tous les étrangers, ne parvînt sur les traces de celui-ci jusqu'à Marie-Caroline. Deutz redoubla de prières, et ce ne fut pas en vain. Le 30 octobre, la duchesse de Berri disait au frère des demoiselles Duguigny : « Demain au soir, à six heures, vous
« vous rendrez *à l'hôtel de France*. Vous y demanderez
« M. Gonzague. Vous l'aborderez par ces mots : Monsieur,
« vous arrivez d'Espagne. Voici la moitié d'une carte dé-
« coupée, M. Gonzague a l'autre moitié. Vous le reconnaî-
« trez à ce signe et me l'amènerez. » Le lendemain, en effet, à l'heure dite, M. Duguigny se rendit à l'hôtel de France, reconnut Deutz par le moyen de la carte partagée, et s'offrit à lui pour guide. Pendant qu'ils descendaient tous deux la rue Jean-Jacques, et suivaient la route qui conduit du port Maillard à la rue Haute-du-Château, Deutz paraissait inquiet, il aurait voulu savoir d'une manière précise dans quelle maison il allait être reçu. « Dans une maison, lui dit
« M. Duguigny, où Madame ne se rend que pour vous don-
« ner audience, et qu'elle quittera aussitôt après. » A quel-

ques pas de la maison, M. Duguigny fit observer à Deutz que l'une des deux domestiques de Madame, Marie Boissy, n'était pas très-discrète, quoique d'une fidélité à toute épreuve ; que devant elle, par conséquent, il fallait se tenir sur la réserve. Aussi Deutz s'empressa-t-il de demander, à l'aspect de la domestique qui vint ouvrir la porte : « Est-ce « de celle-là que vous m'avez parlé? » Et sur la réponse affirmative de M. Duguigny, il ajouta : « Et l'autre, est-ce « qu'elle est discrète ? » Introduit par son guide, Deutz fut reçu dans une chambre où se trouvaient les deux demoiselles Duguigny, Mlle Stylite de Kersabiec et M. Guibourg. M. Duguigny affecta de demander si Madame était arrivée, et on lui répondit qu'on le croyait, parce qu'on avait entendu du bruit dans la pièce voisine. A l'instant même, M. de Mesnard entrait. Ne le reconnaissant pas, bien qu'il l'eût vu en Italie, Deutz se trouble, recule, et s'écrie avec un accent d'effroi : « Qu'est-ce donc? Où suis-je ? » Le malheureux se rappelait sans doute le serment prêté entre les mains de M. de Choulot! La duchesse de Berri parut à son tour, et, s'adressant à Deutz, elle lui demanda d'un ton affectueux des nouvelles de sa santé. Deutz ne put répondre qu'en s'inclinant; puis, sans avoir prononcé une seule parole, il suivit la duchesse de Berri et M. de Mesnard dans la mansarde qu'il désigna plus tard à la police sous le nom de salon de réception. L'entrevue se prolongea jusqu'à huit heures et demie du soir. Deutz s'y ménagea des prétextes pour demander un second entretien, car il croyait la duchesse de Berri dans une maison tierce, et il n'en douta plus lorsqu'il vit la princesse chercher son châle et son chapeau, comme pour sortir. Dans ce moment, M. Duguigny s'étant présenté pour prendre les ordres de Madame : « Si

« vous avez, dit-il à Deutz, quelque chose à faire parvenir
« à S. A. R., je m'en charge. Vous me trouverez *place de la
« Préfecture*, n° 2, au troisième étage. Mais, auparavant, et
« de peur de surprise, tâchons de nous bien reconnaître ! »
Regardé en face, Deutz fut déconcerté, fit un mouvement
convulsif, et dit en balbutiant : « Avez-vous remarqué com-
« bien j'étais troublé en arrivant ici ? C'est une chose ex-
« traordinaire. » Alors, montrant à Deutz M. Duguigny, la
duchesse de Berri dit : « C'est un bon Breton, celui-là,
« d'un dévoûment absolu et sans bornes. »

Réduit à solliciter une nouvelle entrevue, Deutz, pour
l'obtenir, eut recours à une religieuse en qui la duchesse
de Berri avait beaucoup de confiance, et dont il sut, par
d'odieux mensonges, abuser la crédulité.

Cette seconde entrevue fut fixée au 6 novembre. Or, ce
jour-là, Deutz, pour donner encore plus de prix à ses perfidies, Deutz alla trouver le maréchal Bourmont, lui apprit
que le soir même il devait voir la duchesse chez Mlles Duguigny, et le pressa fortement d'y venir. La police aurait
pu s'emparer du maréchal pendant la visite de Deutz ; mais
c'eût été compromettre le succès d'une arrestation bien
plus importante. Et voilà pourquoi Deutz aurait voulu entraîner le maréchal chez la duchesse de Berri. Quoi qu'il
en soit, M. de Bourmont fut assez heureux pour échapper
à ce piége. Dans la soirée, il sortait de Nantes, accablé de
chagrin, en proie à une fièvre ardente, et soutenu sur le
bras d'un ami.

Cependant, l'heure fatale allait sonner pour la duchesse
de Berri ; car, cette fois, toutes les mesures avaient été
prises. Des troupes, sous le commandement du général
Dermoncourt, avaient été chargées de l'investissement du

quartier. Deutz est introduit auprès de la duchesse de Berri, sa bienfaitrice. Le visage de ce misérable est calme; ses paroles ne respirent que le dévoûment et le respect. Cependant un jeune homme entre, et remet à la princesse une lettre dans laquelle on lui annonce qu'elle est trahie. Elle se retourne alors vers Deutz, lui fait part de la nouvelle reçue, l'interroge du sourire. Lui, maîtrisant son trouble, il répond par des protestations plus vives de gratitude, de fidélité. Mais, à peine s'est-il retiré, que des baïonnettes brillent de toutes parts; des commissaires de police se précipitent dans la maison, le pistolet à la main. Avertie de l'approche des troupes, la duchesse de Berri n'a que le temps de se réfugier avec Mlle Stylite de Kersabiec, MM. de Mesnard et Guibourg, dans une petite cachette pratiquée à l'extrémité de la chambre de la duchesse, cachette formée par l'angle du mur et dont la plaque de la cheminée masquait l'entrée. Ne trouvant dans la maison que les deux demoiselles Duguigny, Mme de Charette et Mlle Céleste de Kersabiec, qui toutes quatre font bonne contenance, les commissaires de police, et M. Maurice Duval à leur tête, se livrent aux perquisitions les plus minutieuses. Des sapeurs et des maçons ont été appelés : on ouvre les meubles ou on les enfonce; on sonde les murs à coups de hache, de marteau ou de merlin. La nuit était venue et l'œuvre de démolition continuait. Dans l'étroit espace où ils étaient emprisonnés, la duchesse et ses compagnons n'avaient, pour respirer, qu'une mince ouverture à laquelle il fallait que chacun d'eux vînt successivement coller sa bouche. Du feu allumé dans la cheminée à diverses reprises transformait la cachette en une fournaise ardente, et il y eut un moment où les madriers l'ébranlèrent au point que ceux qu'elle étouffait dans un cercle invincible tremblèrent d'y avoir trouvé leur tombeau. Il fut décidé, au dehors, que la maison serait occupée militairement jusqu'à ce qu'on eût découvert la princesse, et cette décision, entendue de la cachette, y porta le désespoir. L'agonie des reclus durait depuis seize heures, lorsque deux gendarmes, qui occupaient la chambre, allumèrent un grand feu avec des tourbes et des journaux. Il fallut se rendre alors : Mlle Stylite de Kersabiec cria : « Nous allons sortir, ôtez le « feu, » et, d'un coup de pied, M. Guibourg fit tomber la plaque devenue rouge. Le feu fut à l'instant dispersé par les gendarmes, et tandis que, sur le foyer brûlant, la duchesse de Berri se traînait pâle, chancelante, épuisée de fatigue et d'émotion, le général Dermoncourt, averti, montait accompagné du substitut du procureur du roi, M. Baudot, et de quelques officiers. En apercevant le général, la duchesse de Berri lui dit, comme il l'a raconté lui-même : « Général, je me remets à votre loyauté. — Ma-« dame, répondit le général Dermoncourt, vous êtes sous « la sauve-garde de l'honneur français. » Et, conformant sa conduite à ses paroles, le général traita en effet la prisonnière avec tous les égards dus à une femme, à une femme malheureuse surtout. Libre et armée, la mère du duc de Bordeaux avait trouvé dans le général Dermoncourt un ennemi actif, redoutable ; vaincue et captive, elle ne trouva plus dans lui qu'un ennemi plein de courtoisie et de générosité. Quant à M. Maurice Duval, qui, dans la guerre de la Vendée, n'avait pas eu, ainsi que le général Dermoncourt, à payer de sa personne, il ne se fit remarquer, en cette occasion, que par une grossière affectation de rudesse.

Deutz, pendant plusieurs heures, fut gardé à vue par M. Lenormand, commissaire central de police. Le traître était dans un état déplorable ; il se frappait la tête contre les murs, s'arrachait les cheveux, et demandait des armes pour s'ôter la vie.

Le 8 novembre 1832, à huit heures du matin, la duchesse de Berri s'embarquait, à l'embouchure de la Loire, avec M. de Mesnard et Mlle de Kersabiec, sur un petit brick de guerre ayant à bord le capitaine Leblanc, et commandé par M. Mollien. Le signal fut donné, et celle qui, venue en France comme régente, portait maintenant tous ses effets renfermés dans un mouchoir de poche, la bru de Charles X, la nièce de la reine des Français, fut conduite prisonnière vers la citadelle de Blaye, d'où l'on devait faire sortir, sous le règne d'un Bourbon, le déshonneur de la famille !

Parmi les faits qui se rapportent au drame de Nantes, il en est de fort curieux que nous avons cru néanmoins devoir omettre, parce qu'ils ont été consignés déjà dans divers ouvrages[1] ; mais il se rattache à l'arrestation de la duchesse de Berri un fait très-grave qui est resté inconnu. Il vaut la peine qu'on le raconte avec quelques développements, et nous sommes obligé à reprendre les choses d'un peu plus haut.

En 1831, la Bourse de Paris avait été le théâtre d'une lutte acharnée et mémorable. M. Ouvrard était un spéculateur puissant, que jamais ne parurent ni décourager ni

---

[1] Voir : La *Vendée et Madame*, par le général Dermoncourt ; les *Mémoires de la duchesse de Berri*, par M. Nettement ; la *Biographie de la duchesse de Berri*, par MM. Germain Sarrut et Saint-Edme ; *Madame, Nantes*, etc., par M. Guibourg.

troubler, même quand elles venaient de l'abattre, les tempêtes soulevées par ses combinaisons. M. Ouvrard eût volontiers bouleversé la Bourse, par une sorte d'instinct poétique, et à peu près comme les conquérants se plaisent à manier et à remanier le monde : pour le bruit, pour l'éclat, pour l'intérêt de la lutte, pour la grandeur des émotions. Pressentant bien les fortes secousses que les journées de juillet allaient donner à tous les peuples, il s'était mis, après 1830, à jouer à la baisse[1] sur les plus vastes proportions. Ébranlé déjà par les révolutions succes-

---

[1] On sait que jouer à la baisse, c'est vendre des rentes quand elles coûtent cher, pour les racheter quand elles coûtent meilleur marché, de façon à gagner le montant de la différence.

On sait aussi qu'entre joueurs, la vente et le rachat sont deux opérations qui se sous-entendent. Supposons, par exemple, que les rentes 3 p. 100 soient à 70, c'est-à-dire coûtent 70 fr. Le joueur à la baisse, qui espère les voir descendre à 65 ou 60, en vendra un certain nombre, sans en posséder en réalité une seule. Le moment de la liquidation venu, si la rente est en effet descendue à 65 ou 60, il se fera tout simplement payer, par l'intermédiaire de l'agent de change, le montant de la différence : 5 fr. dans le premier cas, 10 dans le second.

Et, si, au lieu d'être en baisse, la rente se trouve en hausse, ce sera au joueur à la baisse à payer la différence résultant de la hausse.

Jouer à la hausse, c'est calculer sur des éventualités heureuses, c'est acheter de la rente. Jouer à la baisse, c'est calculer sur des éventualités fâcheuses, c'est vendre de la rente.

Nous avons dit qu'entre le vendeur et l'acheteur, la vente et l'achat se sous-entendent, de sorte que tout se réduit à gagner ou à perdre la différence résultant de la baisse ou de la hausse. Cependant, l'acheteur a le droit, en offrant le prix des rentes au vendeur, d'exiger de celui-ci la remise des titres des rentes vendues. C'est ce qui s'appelle, en termes de Bourse, *escompter*. Pour comprendre quel intérêt on peut avoir à escompter, il ne faut pas perdre de vue que, quand la rente est beaucoup demandée, elle éprouve par cela seul un mouvement de hausse; que lorsqu'au contraire elle est beaucoup offerte, elle éprouve un mouvement de baisse. Exiger de celui qui vous a vendu des rentes qu'il n'avait pas la remise des titres, c'est le forcer à s'en procurer réellement, à en demander ; c'est conséquemment pousser à la hausse. L'escompte, à la Bourse, est un moyen de faire hausser la rente.

sives qui remuaient alors de fond en comble le sol de la vieille Europe, le crédit public en France menaçait de succomber; et la rente, continuellement offerte par Ouvrard, allait s'avilissant de plus en plus. Le 6 avril 1831, les fonds français se trouvaient avoir atteint leur minimum de baisse : le 3 p. 100 fut coté à 47,50; le 5 p. 100 à 76,50, et plusieurs agents de change, qui avaient spéculé à la hausse, disparurent. Cependant, un emprunt de 120 millions venait d'être annoncé, et il devait être adjugé le 19 avril. Or, Ouvrard, qui avait été l'âme ou le conducteur de la plupart des opérations à la baisse, Ouvrard semblait dominer la Bourse. D'ailleurs, l'imminence de la guerre paralysait les efforts et des banquiers intéressés à la hausse, et du ministre qui avait besoin de crédit, et des receveurs généraux, dont la liquidation menaçait d'être désastreuse, pour peu que la dépréciation continuât. Il fallait donc à tout prix arrêter ce mouvement, relever les fonds, couper court aux opérations des baissiers. Les banquiers se concertèrent; le ministre des finances appela auprès de lui les receveurs généraux, et il fut arrêté qu'on aurait recours aux escomptes sur les rentes françaises. Pour réaliser les moyens de faire ces escomptes, on convint, assure-t-on, que la maison Rothschild d'une part, que les receveurs généraux d'autre part, créeraient pour vingt millions de valeurs de crédit environ; que la Banque de France escompterait[1] ces valeurs; qu'avec les capitaux fournis par elle, la maison Rothschild et les receveurs généraux prendraient livraison des rentes escomptées à la Bourse et les déposeraient de rechef à la Banque, qui leur avancerait de nou-

---

[1] Il faut avoir soin de ne pas confondre les escomptes à la Bourse avec les escomptes ordinaires, les escomptes de la Banque.

veaux fonds pour continuer leurs opérations. Il est certain que les 9, 11 et 12 avril, on annonçait à la Bourse des escomptes considérables, des escomptes s'élevant à plus de 900,000 fr. de rentes 3 p. 100, et à plus de 500,000 fr. de rentes 5 p. 100. Ce fut un véritable coup de théâtre. Les fonds remontèrent avec une rapidité extraordinaire de 48 et 80 à 58 et 89 ; si bien que les spéculateurs qui avaient joué à la baisse furent, comme les agents de change associés à leurs opérations, ou forcés de s'arrêter ou poussés dans l'abîme. C'était tout simple. Les escomptes obligeaient les vendeurs de rentes fin du mois à livrer ces rentes sans délai aux acheteurs qui apportaient leurs écus pour payer. Mais, les vendeurs ne pouvant remplir la condition qui leur était imposée de la sorte que par des achats empressés, la hausse était inévitable. Tel fut l'effet de ces escomptes que, dans tout le mois d'avril, le 3 p. 100 se releva de 47 à 62 ou 63, et le 5 p. 100 de 75 à 90. Et pourtant, la menace d'une guerre européenne était encore si présente aux esprits, que l'emprunt de 120 millions n'avait pas trouvé de soumissionnaire à 84 fr., minimum fixé par le ministre, et que la souscription à l'emprunt national avait produit une somme très-minime relativement aux besoins.

La défaite de M. Ouvrard était complète, mais il n'était pas homme à renoncer aux spéculations hardies. En 1832, son activité fut de nouveau sollicitée par l'entreprise de la duchesse de Berri. Une restauration en France exigeait un grand déploiement de ressources financières. M. Ouvrard, qui était en Hollande, proposa au roi Guillaume et à Marie-Caroline un projet d'emprunt fondé sur la combinaison que voici :

Une maison de banque anglaise, attachée à la cause des tories, et rivale des Rothschild, aurait émis, au nom de Henri V, 6 millions de rentes 3 p. 100. Le 3 p. 100 étant alors à 60, l'emprunt aurait produit 120 millions. Ce capital aurait été employé à acheter aux diverses puissances de l'Europe, en rentes 5 p. 100, de quoi payer les 6 millions de rentes 3 p. 100 émises. Or, le 5 p. 100 étant à 90, pour obtenir 6 millions en rentes 5 p. 100, il aurait suffi d'un capital de 108 millions. De sorte que, sur les 120 millions produits par l'emprunt, 12 millions seraient restés à la disposition de Henri V [1]. L'opération offrait donc deux avantages : 1° un bénéfice de 12 millions; 2° une garantie solide assurée aux prêteurs, puisqu'elle reposait, non sur le crédit d'une seule Puissance, mais sur celui de toutes les Puissances prises ensemble. Cela posé, deux hypothèses se présentaient : ou bien la rente 3 p. 100 émise au nom de Henri V se serait soutenue, ou bien elle se serait affaissée. Dans le premier cas, le crédit du prétendant était fondé, et l'on pouvait faire des 12 millions de bénéfice l'usage le plus convenable pour les besoins de la cause. Dans le second cas, force était, à la vérité, d'employer l'argent en caisse à relever la rente 3 p. 100 par des achats habilement calculés; mais ici éclatait tout ce qu'il y avait d'ingénieux dans

[1] Ce bénéfice de 12 millions résulte, on le voit, de ce qu'on vend 6 millions de rentes à un prix plus élevé que celui auquel on les achète. Rendons ceci sensible par un exemple. Si une rente de 3 fr. coûte 60 fr., cinq rentes de 3 fr., ou 15 fr. de rente, coûteront cinq fois 60 fr., ou 300 fr. Si une rente de 5 fr. coûte 90 fr., trois rentes de 5 fr. ou 15 fr. de rente, coûteront trois fois 90, ou 270 fr. Donc, en vendant 15 fr. de rente dans le premier système, en même temps qu'on les achète dans le second, on recevra une somme de 300 fr., et on n'en déboursera qu'une de 270, ce qui constituera 30 fr. de bénéfice.

la combinaison. Car, qu'aurait prouvé l'affaissement de la rente 3 p. 100 ? Que l'Europe était à l'abri de commotions nouvelles ; que les entreprises de la légitimité n'étaient pas de nature à menacer d'une réaction prochaine le repos des peuples. Et c'étaient là, pour les rentes 5 p. 100 acquises par Henri V, des motifs évidents de hausse. Ainsi, les rentes émises ne pouvaient baisser sans que les rentes acquises montassent. D'où il suit qu'en vendant celles-ci très-cher pour racheter celles-là fort bon marché, la caisse de la légitimité devait, même dans l'hypothèse la moins favorable, réaliser des bénéfices énormes. C'était faire en grand l'opération que les habitués de la Bourse font en petit, sous le nom d'*arbitrage*.

Un vaste plan fut construit sur ce projet financier. Le roi de Hollande n'ignorait pas de quelle importance était pour lui une diversion en Vendée, et il allait volontiers au-devant de toutes les combinaisons propres à faire retomber la Belgique sous son pouvoir. Dès le mois de juin, un agent avait été envoyé au prince d'Orange pour lui annoncer que s'il recommençait les hostilités, le roi de Sardaigne était décidé, soutenu ou non par l'Autriche, à se déclarer contre la France. Mais cette ouverture n'avait pas eu de suite, à cause de la politique timide de la Prusse, qui fit savoir au roi de Hollande qu'elle l'abandonnerait, s'il lui arrivait de prendre l'initiative de la guerre. Depuis, la situation de l'Europe s'était compliquée encore davantage ; de sourdes divisions s'étaient introduites au sein de la Conférence de Londres ; la Russie, la Prusse, l'Autriche, paraissaient disposées à se séparer de la politique suivie par les Cabinets des Tuileries et de Saint-James. Le fil des négociations légitimistes fut renoué. La famille royale exilée de France aurait quitté l'Angleterre, et se serait réfugiée dans les États du roi de Hollande. Venloo aurait été assigné pour résidence à Henri V. On avait lieu de compter sur la coopération de quelques généraux, à demi détachés de la cause de Louis-Philippe. On savait qu'à un signal convenu, un lieutenant général devait faire passer sa division sous le drapeau blanc. Le partage de la Belgique entre la Hollande et la France aurait été annoncé comme un des avantages résultant du triomphe de la légitimité. Enfin, on se promettait beaucoup de la réalisation du projet d'emprunt dont nous avons indiqué le mécanisme. Mais, pendant la dernière période du séjour de la duchesse de Berri à Nantes, tant de brillantes espérances commençaient à s'évanouir : elles furent tout à fait détruites par l'arrestation de la duchesse de Berri.

Le roi venait de mettre momentanément à couvert sa dynastie; il ne se doutait pas qu'un grand danger allait menacer ses jours. La joie fanfaronne et cruelle déployée à la suite des journées de juin ; les vaincus livrés au gourdin des sergents de ville ; les prisons encombrées de suspects; Paris placé inconstitutionnellement et violemment sous la juridiction des conseils de guerre; l'infâme édit de 1666 ressuscité tout à coup, et les médecins sommés de descendre au rôle de délateurs, l'atteinte récente portée au droit d'association par la dispersion du club des *Amis du Peuple* : tout cela irrita au plus haut point les ennemis du gouvernement. Jusqu'alors les plus fanatiques n'avaient juré que par l'insurrection. L'insurrection venant à leur manquer, le sentiment de leur impuissance les précipita dans l'excès de l'audace, et ils concentrèrent sur une seule tête toute la haine dont ils étaient animés.

Croire possible le succès d'un assassinat, même consommé, et accorder cet honneur à un homme qu'on fasse tenir dans sa vie le salut d'un peuple, il n'est point assurément d'erreur plus profonde, il n'en est point de plus funeste. Les destins d'une nation ne dépendent pas de si peu ! Quand le mal existe, c'est qu'il est dans les choses : là seulement il le faudrait poursuivre. Si un homme le représente, en faisant disparaître cet homme, on ne détruit pas la personnification, on la renouvelle. César assassiné renaquit plus terrible dans Octave. Mais comment de semblables idées auraient-elles été universellement admises dans un pays où l'on apprenait aux enfants à honorer le courage d'Harmodius et d'Aristogiton, où la mémoire de Brutus était l'objet d'un culte classique, où l'attentat de nivôse, essayé par les grands et dans leur intérêt, n'avait été blâmé que faute d'avoir réussi, où chacun était admis à traduire devant sa raison la société tout entière, et où cette doctrine de l'individualisme avait fait des progrès si rapides, qu'elle se produisait partout : dans la morale, par l'athéisme de la loi et la confusion des cultes ; dans la politique, par le fractionnement extraordinaire des partis ; dans l'éducation, par l'anarchie de l'enseignement ; dans l'industrie, par la concurrence ; dans le pouvoir par les encouragements prodigués, depuis plus d'un demi-siècle, à l'insurrection ? Le libéralisme avait professé pendant quinze ans cette fausse et pernicieuse théorie, que les gouvernements ne doivent pas être chargés de la direction morale des esprits : les conséquences ne s'étaient pas fait attendre. Sous l'empire d'une loi athée et d'une morale abandonnée à tous les caprices de la controverse, chacun en était venu à n'accepter, de la légitimité de ses actes, d'autre juge que soi-même.

Tel était donc l'état de la société lorsque, pour la première fois depuis 1830, quelques jeunes gens, aveuglés par la colère, se mirent à agiter de vagues projets d'attentat. Exaltée comme un acte de courage, la promenade triomphale de Louis-Philippe dans la journée du 6 juin ne leur avait paru, à eux, qu'une bravade. Ils se demandèrent s'ils n'immoleraient pas une grande victime aux mânes de ceux dont les dalles de la Morgue avaient reçu les cadavres. Bientôt le bruit courut que la route de Paris à Neuilly avait été éclairée en mainte occasion par des conjurés, dont le hasard des circonstances ou l'active surveillance exercée sur la route avaient seuls arrêté le bras.

Ce fut sous l'impression de ces rumeurs sinistres que le roi dut se préparer à ouvrir la session de 1833. Le 19 novembre, jour fixé pour la séance royale, tout l'espace compris entre les Tuileries et le Palais-Bourbon se couvrit de troupes. Deux voitures contenant, l'une la reine et ses filles, l'autre les ministres, se dirigèrent vers la Chambre. Suivait le cortége, qui s'avançait avec lenteur au milieu d'une double haie de gardes nationaux et de soldats. Le roi était à cheval, en tête de l'escorte. Il arrivait sur le Pont-Royal, lorsque soudain, à quelques pas de lui, une détonation d'arme à feu se fit entendre. Il tressaillit, se courba rapidement sur le pommeau de la selle, comme s'il eût été blessé ; puis, tournant vers l'endroit d'où le coup était parti des yeux hagards et un visage altéré, il prononça quelques mots qui se perdirent dans un long murmure de surprise et d'effroi. Il eut toutefois la force de lever en l'air son chapeau pour saluer la foule, et il rassura son escorte, au sein de laquelle il s'était replié. La consternation y était générale. Cette première tentative n'était-elle pas le signal ou le prélude d'une agression plus terrible ? Le cortége parut un moment disposé à rebrousser chemin. Cependant, après deux ou trois minutes d'hésitation, pendant lesquelles le général Pajol, le colonel Raffé et d'autres officiers supérieurs avaient recueilli à la hâte des renseignements erronés mais rassurants, on se remit en route. Le coup avait été tiré si près de la troupe de ligne formant la haie, que, personne n'ayant été atteint, on attribua d'abord toute cette alerte à l'explosion fortuite de l'arme d'un soldat; opinion qui, un instant accréditée dans les groupes et parmi les agents de l'autorité, contribua sans doute à l'évasion du coupable et de ses complices, s'il en existait.

Mais la vérité ne tarda pas à se faire jour. Une jeune femme, élégamment vêtue, avait chancelé, s'était évanouie, et, dans le cercle de curieux formé autour d'elle, on avait trouvé un pistolet récemment déchargé. Bientôt, à quelques pas de là, sur le milieu de la chaussée, que la foule avait envahie après le passage du cortége, un second pistolet, entièrement semblable au premier, mais chargé et amorcé, fut remis aux agents de la force publique.

Ayant repris ses sens, la femme dont nous avons parlé raconta d'un ton plein de terreur qu'un jeune homme était venu se placer devant elle, qu'il avait tiré de sa poche un pistolet, et que, pour mieux ajuster le roi, il s'était fait un point d'appui de l'épaule d'un soldat. Elle ajouta qu'elle s'était alors efforcée de saisir le bras du jeune homme, mais qu'il l'avait repoussée d'un coup violent dans la poitrine, et que la brusquerie de ce mouvement avait dérangé la direction de l'arme meurtrière. Mlle Boury (c'était son nom) donna, sur le lieu même, le signalement du coupable et les renseignements les plus précis. On la conduisit ensuite aux Tuileries, où, après avoir subi un nouvel interrogatoire, elle fut présentée à de hauts personnages qui la comblèrent de félicitations et de caresses. On s'enquit de sa position, qui était assez modeste, et l'on apprit qu'elle était venue de Bergues à Paris pour solliciter la survivance d'une direction de poste. Elle n'en fut pas moins entourée de soins délicats; l'hôtellerie où elle était descendue ne fut pas jugée digne de recevoir une femme devenue à ce point importante dans l'État; les journaux de la Cour ne parlèrent plus de Mlle Boury qu'avec respect, et affectèrent de l'appeler exclusivement : « La jeune personne qui a sauvé le roi. »

Lui, cependant, il était arrivé au Palais-Bourbon, où la nouvelle du danger couru ne l'avait point précédé. Aussi, n'y eut-il rien d'insolite dans la réception que les députés firent au monarque, les uns poussant des cris, les autres restant silencieux et immobiles, selon la diversité des opinions ou des sentiments. Louis-Philippe lut avec une émotion, dont une grande partie de l'assemblée ignorait encore la cause, le discours préparé par les ministres. Ce discours respirait la menace. Le gouvernement s'y félicitait de sa double victoire sur les factions, promettait de les accabler, s'exprimait en termes fort vagues sur la paix de l'Europe, et en termes décisifs sur l'impossibilité d'alléger les charges publiques. Nul doute qu'un pareil langage n'eût été froidement accueilli si, avant la fin de la séance, la nouvelle ne se fût répandue que Louis-Philippe venait d'échapper à la mort. Aussitôt toutes les opinions se réunirent dans une même pensée de réprobation, et, le soir, les députés se rendirent en grand nombre au Château : ceux-ci, parce qu'ils étaient pénétrés réellement d'indignation et de douleur; ceux-là, parce qu'ils ne voulaient point perdre cette occasion particulière de flatter. « Eh bien ! dit le roi à M. Du-« pin, ils ont donc tiré sur moi ? — Sire, répondit M. Dupin, « ils ont tiré sur eux. » Mot profond, mais qui calomniait tout un parti !

Et en effet, cet attentat n'était l'œuvre d'aucun parti, et les républicains en repoussèrent la solidarité avec une énergie hautaine et sincère. N'importe : on vit se reproduire la polémique sans bonne foi, sans dignité, sans pudeur, que l'assassinat du duc de Berri avait soulevée sous la Restauration. Du fanatisme de quelques hommes, les courtisans conclurent à celui d'une opinion, dont la logique était ainsi condamnée comme homicide. Sous la Restauration, les feuilles de la Cour avaient dit : « Le poignard de « Louvel est une idée libérale. » Sous Louis-Philippe, il se trouva des hommes qui dirent : « La vie du roi vient d'être « menacée par une idée républicaine. » Car le mensonge est l'arme éternelle des partis.

Du reste, en cette querelle, l'injustice se trouva aussi du côté des journaux de l'Opposition. A des insinuations odieuses, quelques-uns d'entre eux opposèrent des hypothèses invraisemblables, et la police fut accusée gravement d'avoir joué, pour ranimer en faveur de la monarchie l'enthousiasme éteint, la comédie d'un assassinat.

Quoi qu'il en soit, l'instruction se poursuivit avec activité. La police, qui n'avait pu arrêter personne sur le Pont-Royal, fit de nombreuses arrestations à domicile. On assure que plusieurs mandats d'arrêt avaient été préparés, dès la veille, dans la prévision des troubles qu'annonçait la fermentation des sociétés populaires.

Le 14 novembre, cinq jours avant la séance-royale, deux individus faisant partie de la *Société des Droits de l'Homme*, les sieurs Collet et Cantineau, s'étaient présentés à la préfecture de police et y avaient révélé un prétendu complot formé entre les citoyens Bergeron, Billard et Girou. Pour se mettre à l'abri de tout soupçon et de toute vengeance, autant que pour donner à la police un gage de leur sincérité, les deux délateurs demandèrent à être mis en état d'arrestation. Billard, le seul qu'ils eussent désigné clairement, le seul dont ils eussent pu indiquer la demeure, fut arrêté sur-le-champ. Girou ne tomba aux mains des agents de l'autorité que le lendemain de l'attentat, et Bergeron que cinq jours après, quoiqu'il eût été établi par l'instruction que ce dernier n'avait pas interrompu l'exercice de ses fonctions dans l'institution à laquelle il était attaché comme répétiteur.

Pendant que Bergeron était conduit de son domicile à la préfecture de police, une voiture de poste, escortée par la gendarmerie, amenait de Chauny dans la capitale le docteur Benoist, républicain avoué. Une dénonciation, imputée à la jalousie d'un confrère, avait signalé M. Benoist comme s'étant rendu à Paris la veille de l'ouverture des Chambres, et l'ayant quitté précipitamment le lendemain. Par une étrange coïncidence, Benoist était l'ami intime de Bergeron, et il fut constaté qu'ils avaient passé ensemble une partie de la journée du 19.

Le prévenu Girou avait été mis en présence de Mlle Boury, qui, sans le reconnaître positivement, lui trouvait quelque ressemblance avec le coupable. Bientôt cette demoiselle fut appelée, ainsi que les autres témoins, à une confrontation dans laquelle figuraient quatre suspects, Bergeron, Benoist, Girou et Lambert. Celui-ci, ouvrier influent par son intelligence et son courage, fut rendu à la liberté, parce qu'aucun des signalements donnés ne se rapportait à lui. Il en fut de même de Girou, quelque temps après. A travers beaucoup de contradictions et d'incertitudes, les principales charges pesèrent sur Bergeron ; mais ces charges n'allaient pas au delà du doute : pas de témoignage affirmatif, nulle reconnaissance formelle.

Bergeron, à peine âgé de vingt et un ans, était un jeune homme d'une exaltation froide, de mœurs douces, d'un caractère bienveillant, quoique ferme et résolu. Son attitude devant les juges ne fut ni arrogante ni timide. Il ne dissimula point son républicanisme, avoua sa participation aux combats des 5 et 6 juin, et se déclara prêt à reprendre un fusil pour peu qu'il y eût dans une insurrection nouvelle des chances de succès. Le magistrat instructeur lui ayant demandé : « Avez-vous dit que le roi méritait d'être fusillé ? » Bergeron répondit avec calme : « Je ne me rap-
« pelle pas l'avoir dit, mais je le pense. »

Cette audacieuse franchise semblait donner plus de poids aux dénégations formelles qu'il opposait à l'accusation. Interrogé sur l'emploi de son temps dans la journée du 19, il allégua son *alibi* au moment de l'attentat, et de nombreux témoignages vinrent confirmer ses déclarations.

L'instruction touchait à son terme ; les incertitudes du parquet étaient au comble, et une *ordonnance de non-lieu* paraissait imminente, lorsqu'un incident imprévu raviva l'accusation. Une femme, d'une moralité équivoque, signala tout à coup à la justice, comme pouvant donner des renseignements précieux, un camarade de collége de Bergeron, nommé Janety. Janety prétendit que, se trouvant le 19 sur le quai Voltaire avec le sieur Planel, il avait rencontré Benoist et lui avait entendu dire que Bergeron venait de tirer sur Louis-Philippe, qu'il avait déployé beaucoup de sang-froid et s'était soustrait à une arrestation par sa présence d'esprit. Mais Planel, Benoist et plusieurs autres personnes démentirent les principales circonstances du récit de Janety. Quelques-uns de ses parents, son frère lui-même, affirmèrent qu'il était naturellement porté à l'exagération et au mensonge. Bergeron et Benoist furent néanmoins renvoyés devant la cour d'assises, le premier comme auteur, le second comme complice de l'attentat du Pont-Royal.

Plus tard, les débats s'étant ouverts sous la présidence de M. Duboys (d'Angers), dont les journaux remarquèrent la partialité, involontaire sans doute, cent trente témoins furent entendus. Parmi eux, figurait Mlle Boury, qui, après avoir été l'héroïne du drame, était descendue au rôle de simple comparse. Tant qu'on avait espéré obtenir d'elle des aveux accusateurs, on l'avait environnée d'hommages, accablée d'éloges : le jour où son témoignage consciencieux, invariable, désintéressé, put être évoqué en faveur des prévenus, on oublia l'immense service qu'elle avait très-vraisemblablement rendu au roi, pour ne songer qu'à sa franchise importune. Les témoins, jaloux de ressaisir l'importance dont elle les avait frustrés, s'accordèrent, sur les interpellations encourageantes du procureur général et du président, à lui contester la part de gloire qu'elle s'attribuait. Il y en eut qui allèrent jusqu'à nier sa présence sur le lieu de l'attentat. Bergeron déjoua cette manœuvre en faisant observer que, la première, Mlle Boury avait donné le signalement du coupable, et que la plupart des dépositions faites après la sienne s'étaient rapportées à ce signalement; d'où il fallait conclure qu'elle avait dit l'exacte vérité, à moins qu'on ne lui supposât un rare talent de divination.

L'accusation fut abandonnée à l'égard de Benoist, et soutenue avec un acharnement extrême contre Bergeron, par le procureur général, M. Persil, et son substitut, M. Franck-Carré. Mais l'accusé et Me Joly, son habile défenseur, la repoussèrent avec autant de bonheur que d'énergie, et ne tardèrent même pas à prendre l'offensive. Après huit jours de débats orageux, qui se terminèrent, du côté de Bergeron, par une profession de foi républicaine, très-noble et très-fière, le jury prononça un verdict d'acquittement. Des acclamations joyeuses se firent entendre et se prolongèrent sur le quai de l'Horloge, que couvrait une foule impatiente et que sillonnaient de nombreux soldats.

Armand Carrel, qui avait suivi les débats assidûment, rendit compte de ses impressions, dans le *National*, de la manière suivante :

« Le jeune Bergeron a débité avec émotion et naturel
« une courte défense noblement écrite et fermement sentie,
« et qui prouvera aux gens qui se connaissent en hommes
« que celui-ci n'est point un homme ordinaire. C'est le ré-
« sultat de presque tous les procès politiques intentés jus-
« qu'ici à l'opinion républicaine. Ils n'ont rendu d'autre
« service au pouvoir que de mettre en relief des caractères
« d'une forte trempe et des talents pleins d'espérance. Tel

« est le jeune accusé dont le jury a prononcé aujourd'hui
« l'acquittement. »

Ce qu'Armand Carrel disait ici à propos du procès intenté à Bergeron était également applicable à un procès antérieur, qui n'avait eu ni moins de retentissement ni moins d'importance. Vers la fin de l'année, plusieurs membres de la *Société des Amis du Peuple*, MM. Rittiez, Caunes, Achille Roche, Berrier-Fontaine, Godefroi Cavaignac, Gabour, Desjardins, Félix Avril, Bonnias, Carré, Despréaux, Plagniol, Plocque, Trélat, Raspail, avaient été appelés à comparaître devant la cour d'assises de la Seine pour avoir pris part, *un an auparavant*, à des réunions composées de plus de vingt personnes. L'accusation s'appuyait sur l'article 291, et on allait décider si, dans un pays prétendu libre, le droit d'association serait maintenu ou aboli.

Après une brillante improvisation de M. Rittiez, M. Godefroi Cavaignac prit la parole. Il commença d'abord par défendre, avec une simple et forte éloquence, le droit d'association. Puis, s'adressant à ceux qui affectaient de ne voir dans la république qu'une pensée de désorganisation et d'anarchie, il s'écria :

« Nous sommes, dites-vous, les ennemis de la société
« comme du gouvernement..... Mais j'ai déjà répondu. Ce
« que nous haïssons dans la société, ce sont ses vices ; nous
« sommes les véritables amis de l'ordre social, car nous
« voulons qu'il soit corrigé, et nous croyons qu'il est sus-
« ceptible de l'être. Vous, qui dites qu'il est bon, vous le
« flattez ; vous le calomniez, vous qui dites qu'il restera
« toujours vicieux. Aussi bien, je pourrais, cette fois en-
« core, demander où donc est cette organisation que nous

« voulons détruire : religion, science, travail, qu'y a-t-il
« de constitué dans la société actuelle?

« La religion? Interrogez un prêtre, M. de Lamennais.
« La science? Interrogez Raspail. Quelle organisation
« scientifique y a-t-il dans un pays où manque l'enseigne-
« ment populaire?

« Quant au travail, demandez à tous ceux qui le prati-
« quent s'il est organisé. Souvenez-vous de Lyon; exami-
« nez tout ce qui se dit, tout ce qui se fait, parce que les
« lois organiques du travail font défaut. Étrange calom-
« nie! Nous sommes des désorganisateurs dans une société
« où l'organisation manque, et où nous voulons qu'elle se
« fonde enfin!

« Est-ce en religion? Nous sommes pour la liberté abso-
« lue de conscience. Nous ne voulons pas de prêtres qui,
« sous quelque nom que ce soit, gouvernent les affaires du
« monde. Nous n'adoptons pas non plus une foi qui met
« tout au ciel, qui réduit l'égalité à l'égalité devant Dieu,
« à cette égalité posthume que le paganisme proclamait
« aussi bien que le catholicisme.

« La religion, comme nous l'entendons, nous, ce sont les
« droits sacrés de l'humanité. Il ne s'agit plus de présen-
« ter au crime un épouvantail après la mort, au malheu-
« reux une consolation de l'autre côté du tombeau, il
« faut fonder en ce monde la morale et le bien-être, c'est-
« à-dire l'égalité; il faut que le titre d'homme vaille, à
« tous ceux qui le portent, un même respect religieux pour
« leurs droits, une pieuse sympathie pour leurs besoins.
« Notre religion, à nous, c'est celle qui changera d'affreu-
« ses prisons en hospices pénitentiaires, et qui, au nom de
« l'inviolabilité humaine, abolira la peine de mort.

« La science, nous demandons qu'elle soit organisée de
« manière à faciliter le travail, multiplier la production,
« la richesse, le bien-être, propager l'enseignement, défen-
« dre les hommes contre les fléaux qui les attaquent. Nous
« demandons qu'elle soit organisée de façon que, quand
« un homme comme Broussais se portera candidat, il soit
« élu ; qu'il ait pour électeurs des hommes qui ne l'écartent
« point : car l'élection bien organisée est à son tour la loi
« organisatrice par excellence. Autant en dirons-nous
« pour les lettres et pour les arts : utilité sociale, gloire,
« liberté, concours, élection.

« Quant au travail, nous demandons qu'il ne soit plus
« subordonné à l'intérêt des avides et des oisifs. Nous
« demandons que le travailleur ne soit pas exploité par les
« capitaux, que la main-d'œuvre ne soit pas son seul gain;
« qu'il trouve dans l'établissement des banques publiques,
« dans la propagation de l'enseignement et des méthodes,
« dans la sagesse de la justice et l'assiette de l'impôt, dans
« la multiplicité des voies de communication, dans la
« puissance même de l'association, les moyens de faciliter
« sa tâche, d'affranchir son activité, de récompenser son
« industrie et son courage. Nous demandons surtout que le
« travail soit le premier des titres à l'exercice des droits
« politiques, car les sociétés vivent par le travail, et non
« par la propriété.

« A ce mot, messieurs, je m'arrête : j'ai besoin de pro-
« longer encore mes explications, car on nous accuse de
« doctrines hostiles aux propriétaires, et, d'ailleurs, je dois
« ajouter que, dans la société française, et au milieu de ce
« défaut d'organisation et de vie que j'ai signalé partout,
« la propriété se présente puissante, organisée. Notre pre-

« mière révolution l'a constituée sur des bases nouvelles,
« imparfaites, mais fondées sur un principe utile : celui de
« la division.

« Cette division, elle l'a opérée seulement en limitant
« le droit de transmettre, par l'égalité des partages et
« l'interdiction des substitutions. Ce n'était pas l'unique
« moyen ; par exemple, il eût fallu aussi étendre le droit
« d'hérédité, c'est-à-dire que la division de la propriété se
« fût accrue et perfectionnée, si l'on eût, dans chaque
« héritage d'une certaine valeur, affecté une sorte de légi-
« time à un fonds commun à répartir entre les prolé-
« taires.

« Qu'on ne se récrie pas, messieurs, car le fisc ne fait pas
« autre chose en prélevant les droits de succession. Seule-
« ment, c'est lui qui en profite, et nous aimerions mieux
« que ce fût la main féconde des travailleurs.

« Mais, quoi qu'il en soit, il y a puissance et organisa-
« tion de la propriété en France. Le principe de la divi-
« sion y a été introduit, et il a multiplié les propriétaires,
« multipliés déjà par la vente des biens nationaux ; et
« cette possession, fractionnée, divisible, récente, a donné
« à la propriété une constitution à la fois vivante et per-
« fectible.

« Quant à nous, nous ne l'avons pas attaquée : le senti-
« ment de la propriété compte parmi les sentiments natu-
« rels à l'homme ; mais c'est justement pour cela, c'est
« justement parce que l'homme veut posséder, parce qu'il
« ne faut pas méconnaître ce penchant, que nous deman-
« dons qu'il soit satisfait chez le plus grand nombre d'hom-
« mes possible, au lieu de n'être gratifié que chez quel-
« ques-uns et de constituer une exception.

« Il n'y aurait plus de grandes fortunes, il n'y aurait
« plus d'excessive pauvreté. En politique et en morale,
« ce serait un bien. On prétend que l'accumulation des
« capitaux est nécessaire à certains cas de la production.
« Mais on aura toujours un assez grand capitaliste : le
« budget. D'ailleurs, qui suppléera à la division des capi-
« taux ? Encore l'association.

« Nous ne contestons pas le droit de la propriété ; seu-
« lement nous mettons au-dessus celui que la société con-
« serve de le régler suivant le plus grand avantage com-
« mun. Nous n'étendons pas le droit d'user et d'abuser
« jusqu'à celui d'abuser au détriment de l'état social. Le
« gouvernement lui-même ne soumet-il pas aux Chambres
« une loi sur l'expropriation forcée pour cause d'utilité pu-
« blique, demandant à la loi de prémunir l'intérêt général
« contre les prétentions abusives du droit individuel de
« propriété ?

« Ce que nous lui contestons, messieurs, c'est le mono-
« pole des droits politiques, et ne croyez pas que ce soit
« seulement pour les revendiquer en faveur des capacités.
« Selon nous, quiconque est utile est capable ; tout service
« entraîne un droit ; à tout travail un bénéfice et une ga-
« rantie ; car c'est au travail surtout que le bénéfice est dû,
« et que la garantie est nécessaire.

« Pourquoi donc la propriété seule aurait-elle des droits
« politiques ? Et puis, ces droits ne seront-ils pas eux-mê-
« mes une propriété ? Ne peut-on rien posséder que terre
« ou maison ? Ne sera-ce pas aussi une propriété cette
« instruction, premier élément de travail et d'industrie,
« que la société est tenue de distribuer à chacun de ses
« membres ? ce titre de citoyen, réalisé enfin par les garan-

« ties, l'assistance et la protection qu'elle doit à tous? »

Ces explications de M. Godefroi Cavaignac indiquent d'une manière assez exacte jusqu'où allaient, et où s'arrêtaient, vers la fin de 1832, les opinions de la plupart des républicains. Le discours de l'accusé se terminait en ces termes :

« Sur le sol que nous exploitons, vous n'avez pas le droit
« d'empêcher que nous fondions notre commune. La loi,
« dites-vous? Mais elle parle ici le langage de la force, et
« ce langage n'est pas à notre portée. « Tu me cites, disait
« un protestant à un inquisiteur, tu me cites une loi qui
« nous défend de nous réunir : comment veux-tu que
« j'exécute une telle loi? Je ne la comprends pas. »

« Non, nous ne la comprenons pas, et lorsque du présent
« nous revenons vers le passé, tout ceci nous semble un
« rêve. Hier encore je parcourais les tables du *Moniteur*,
« j'y trouvais indiquées ces journées fameuses, ces grands
« travaux, ces guerres gigantesques, toute la vaste entre-
« prise du peuple français pour la conquête de ses droits.
« Je suivais cette trace lumineuse que le génie de la liberté
« a jetée sur les quarante années, nos contemporaines, et
« sur les événements qui, d'un pôle à l'autre, ont ébranlé
« la terre, ne laissant debout que la fortune des nations.
« Je voyais ce génie libérateur songeant à tous les peuples,
« faisant de leur cause sa cause et, pour les soutenir, choi-
« sissant la France, l'armant, l'inspirant, lui soufflant au
« cœur une énergie incroyable, et remplaçant dans ses
« veines tout ce sang qu'elle a prodigué.

« Je voyais nos triomphes, puis nos revers, dignes en-
« core de nous, montrant tous les bras de l'Europe tendus
« pour nous renverser; puis, sous les Bourbons, la liberté

« fournissant à la tyrannie de sanglants sacrifices ; puis
« enfin les jours de juillet qui, au droit sacré du peuple,
« ajoutèrent le droit du plus fort.

« Je pourrais compter peut-être tant de victoires et de
« désastres, tant de puissants travaux ; je pourrais recueil-
« lir ces leçons que la France a données au monde ; mais
« que trouverais-je pour résultat de ces enseignements, de
« ces efforts? Rien que des hommes comme ceux qui nous
« gouvernent ; rien que des lois comme celles qu'on vous
« demande d'appliquer.

« En être encore à l'article 291, certes, c'est une énigme
« inconcevable, désespérante, messieurs.... s'il ne se trou-
« vait des citoyens pour le violer, des jurés pour les en
« absoudre. »

M. Godefroy Cavaignac n'avait pas trop auguré de l'opinion des jurés auxquels il s'adressait. La défense ayant été
complétée par quelques graves et énergiques paroles de
MM. Plocque, Desjardins, Carré, Gaussuron-Despréaux, la
clôture des débats fut prononcée, et M. Fenet, chef du
jury, donna lecture de la déclaration suivante :

Y a-t-il eu association de plus de vingt personnes? Oui.
— Cette association était-elle périodique? — Oui. — Était-
elle autorisée par le gouvernement? Non. — Les prévenus
sont-ils coupables? Non.

Ainsi le même fait que la cour de cassation avait jugé
coupable, lorsqu'elle avait rejeté le pourvoi des Saint-
Simoniens, le jury venait de le déclarer innocent! Ainsi,
l'article 291, confirmé par une magistrature émanant du
Pouvoir, venait d'être implicitement aboli par une magistrature sortie de la nation! Et, pour qu'il ne restât aucun
nuage sur la pensée qui avait dicté son verdict, le jury eut

soin de déclarer formellement, par l'organe de son chef, que « dans sa conscience il avait jugé non coupable le fait « d'association au-dessus de vingt personnes. » Malgré cette protestation solennelle, le président de la cour d'assises, tout en prononçant l'acquittement des prévenus, déclara la *Société des Amis du Peuple* dissoute. C'était l'anarchie poussée jusqu'à sa dernière limite : c'était la justice dans le chaos.

Tandis que les républicains profitaient de la persécution même à laquelle ils étaient en butte pour soulever, pour débattre les plus hautes questions de l'ordre politique et de l'ordre social, les deux Chambres retentissaient de stériles récriminations.

Au palais du Luxembourg, le gouvernement avait dans M. le marquis de Dreux-Brézé un adversaire brillant et opiniâtre. Mais comme M. de Dreux-Brézé ne parlait jamais qu'au nom de la Restauration, et qu'il était l'orateur d'une puissance vaincue, ses paroles n'éveillaient pas dans la société de nombreux échos. D'ailleurs, la pairie ayant perdu depuis longtemps toute consistance, les luttes qui pouvaient naître dans son sein occupaient faiblement l'attention publique. La Chambre des députés fut donc le principal théâtre des combats que se livrèrent, à propos du discours de la Couronne, le parti du ministère et celui de l'Opposition.

Pour se défendre, le Pouvoir avait eu recours à des mesures d'une évidente brutalité ; il avait abusé des procès de presse, il avait violé en mainte occasion, avec une étourderie cruelle, le domicile des citoyens ; il avait, par le déploiement intempestif de ses forces et la protection accordée aux fureurs des agents subalternes, jeté à l'esprit de révolte des défis de nature à changer le désordre en émeute et l'émeute en insurrection ; vainqueur sur la place publique, il s'était armé de la dictature pour ses vengeances, alors que la légalité suffisait à sa justice : ce fut sur cet ensemble d'actes attentatoires à la liberté que l'Opposition attaqua le ministère par l'organe de MM. Thouvenel, de Sade, Havin, Eusèbe Salverte.

A ces attaques, les défenseurs du gouvernement répliquèrent, les uns, comme M. Roul, avec un emportement injurieux; les autres, comme M. Duvergier de Hauranne, avec une conviction calme et raisonnée : qu'un système de demi-mesures eût inévitablement perdu l'État au milieu de tant de passions furieuses et dans ce choc de toutes les factions; qu'on encourageait la révolte en refusant aux ministres les moyens de lui écraser la tête ; que ce n'était pas trop de toute l'énergie déployée jusqu'alors pour abattre cette audace des partis qui, de l'insurrection, se réfugiait dans l'assassinat; que l'Opposition mentait à ses propres principes, lorsque, après avoir réclamé à grands cris l'application de l'état de siége aux provinces de l'Ouest, elle trouvait mauvais que l'état de siége fût appliqué à la capitale, livrée, comme l'Ouest, à tous les dangers, à toutes les horreurs de la guerre civile. Ensuite, prenant l'offensive, le parti ministériel reprochait à l'Opposition d'avoir poussé à l'anarchie par la publication de son fameux *compte rendu*. Que ne donnait-elle plutôt à ce gouvernement dont elle avait semé la route d'obstacles des conseils utiles et modérés? Que n'apprenait-elle aux ministres, en termes plus clairs et plus précis, cet art précieux de bien gouverner, dont elle semblait se vanter de posséder seule le secret? « Qu'auriez-vous fait à notre place? criait M. Thiers à ses adversaires.

Comment auriez-vous surmonté tant de difficultés, conjuré tant de périls? Voyons, indiquez-nous vos procédés ; initiez-nous aux mystères de votre sagesse ! »

M. Odilon Barrot n'eut pas de peine à montrer combien étaient peu sérieuses de pareilles sommations. Mais lorsqu'il rappela, d'un ton amer et avec un geste animé : la Chambre du double vote maintenue, l'hérédité de la pairie disputée à l'opinion, l'abaissement du cens électoral contesté, la capacité en quelque sorte proscrite par la loi électorale ; lorsqu'il condamna hautement, dans les allures du gouvernement nouveau, les traditions de celui qui avait péri dans une tempête ; lorsqu'il affirma que la royauté voulue en juillet, n'était pas une royauté s'appuyant sur des intérêts de famille, de caste, d'aristocratie, et vivant sous le patronage de l'étranger ; lorsqu'enfin il accusa les ministres de n'avoir su que continuer la Restauration, M. Odilon Barrot fit, à son insu, le procès de la monarchie considérée dans son principe. Car une royauté ne saurait puiser dans son propre fonds ses moyens d'existence. Établie sur le plus exorbitant de tous les priviléges, il faut qu'elle ait à côté d'elle un corps privilégié qui la défende. On la détruit si on l'isole, on la rend superflue et onéreuse si on ne lui donne pas, comme en Angleterre, une aristocratie à représenter. Toute royauté qui n'est pas un symbole est nécessairement une tyrannie, par cette raison bien simple qu'un Pouvoir qui ne tire pas sa raison d'être du milieu dans lequel il vit, ne se conserve qu'à la condition de s'imposer. L'Opposition demandait conséquemment l'impossible en demandant une royauté qui, selon l'expression de M. Odilon Barrot, « répondît à ce sentiment d'égalité qui était dans la société « française. » Jamais doctrines politiques n'avaient reposé sur des données plus contradictoires, sur une utopie plus monstrueuse. Mais tel était l'aveuglement inconcevable de tous les libéraux honnêtes ! Bercés dans des sentiments monarchiques, et toujours préoccupés de cette crainte que la permanence de l'échafaud ne succédât à l'hérédité du trône abolie, ils disaient : « Conservons le régime monarchique. » Puis, entraînés par le torrent des idées révolutionnaires et irrésistiblement soumis à l'empire du principe d'égalité, ils ajoutaient : « Qu'il n'y ait dans ce régime mo-« narchique ni distinctions injustes, ni fictions honteuses, « ni priviléges, » ce qui revenait à demander que la monarchie existât en dehors des seules conditions qui la puissent rendre possible.

Le parti ministériel, sans avoir raison, avait, du moins, sur ses adversaires de la Gauche dynastique, l'avantage d'être conséquent dans ses erreurs. Aussi sa victoire fut-elle complète. Dans les premières séances, M. Dupin aîné l'avait emporté sur M. Laffitte pour la présidence ; et, pour la vice-présidence, M. Bérenger avait obtenu plus de voix que M. Dupont (de l'Eure). L'adhésion donnée au discours de la Couronne par l'adresse, telle qu'on la vota, rendit le triomphe du ministère incontestable. La rédaction de cette adresse ne laissait pas même percer le doute timide que la Chambre des pairs avait exprimé sur la question de l'état de siége. Il est vrai que la Chambre des députés manifestait ce désir, que la politique suivie par les ministres se tînt également éloignée des souvenirs de la Restauration et des doctrines de la République. Étrange chimère que poursuivent encore les constitutionnels de nos jours ! Quand on veut la monarchie, il faut la vouloir avec tout ce qui la constitue, il faut la vouloir entière. La proclamer indispensable, quand on lui conteste la faculté d'agir, et jusqu'aux moyens d'éblouir à force d'éclat, c'est de toutes les imprudences la plus dangereuse et la moins pardonnable. Car, tout ce qu'on ne lui accorde pas, un Pouvoir, proclamé *indispensable,* le désire; et tout ce qu'il désire, il essaie tôt ou tard de l'enlever, soit par corruption, soit par violence.

CHAPITRE IX.

Politique extérieure. — Question des forteresses belges ; la France humiliée par l'Angleterre. — Résistance fondée de Guillaume au traité des 24 articles. — Politique de l'Angleterre, de la Russie, de la Prusse et de l'Autriche. — Échange des ratifications ; ratifications sous réserve ; indignation des Belges. — Étrange et honteuse complication d'intrigues. — La France s'armant pour faire prévaloir un traité dirigé contre elle. — Les ministres du 11 octobre en opposition avec le roi ; mot de M. de Talleyrand. — L'armée française à la frontière ; perfidie du Cabinet de Saint-James ; mot du duc de Wellington. — Le maréchal Gérard fait un voyage à Paris ; il offre sa démission ; pourquoi ; causes secrètes de son retour au quartier général. — Convention du 22 octobre. — Les Français entrent en Belgique. — Exclusion injurieuse dont la diplomatie frappe les Belges ; motifs de cette exclusion, tous puisés dans la haine des Puissances contre nous. — Le Cabinet des Tuileries consent à l'exclusion des Belges et les menace ; malheurs qui en résultent. — Siége et prise d'Anvers. — Admirable conduite de l'armée française ; service important rendu à la France par le maréchal Gérard. — Résumé de l'histoire de la Conférence.

Déchirée au dedans, la France était devenue au dehors le jouet de la diplomatie. Aidée de M. de Talleyrand, la Conférence de Londres poursuivait contre nous l'œuvre de défiance et de haine qui, depuis deux ans, absorbait toute son activité. Pour reprendre le fil de ces funestes intrigues, il importe de remonter un peu le cours des événements.

Le 23 juillet 1831, le roi des Français, en ouvrant la

session, avait annoncé aux Chambres, du ton de l'orgueil satisfait, que la Conférence de Londres consentait à la démolition des forteresses élevées, par suite des traités de 1815, dans le royaume des Pays-Bas, pour humilier et contenir la France. C'était une heureuse nouvelle : les ministres en prirent occasion de vanter l'excellence de leur politique ; les feuilles de la Cour s'applaudirent de cette réparation accordée à notre honneur ; et la nation put avoir un moment de fierté..... Elle ne connaissait pas le fond des choses.

Dans la séance du 28 juillet 1831, sir Robert Peel ayant interpellé le ministère anglais sur la question des forteresses belges, lord Palmerston répondit en propres termes : « La négociation à intervenir n'aura lieu qu'entre les « quatre puissances et la Belgique. LA FRANCE EN EST « EXCLUE. »

Ainsi, la France allait être exclue brutalement d'un traité qui touchait son honneur ! Ainsi, on l'avait admise dans le conseil amphictyonique des souverains, tant qu'il s'était agi de favoriser les vues des grandes monarchies européennes ; et maintenant qu'il s'agissait de son intérêt le plus cher, de son orgueil blessé, on la repoussait, et M. de Talleyrand, au nom du gouvernement français, se résignait à subir cet outrage, le plus sanglant de tous !

Lord Palmerston avait dit vrai : le 14 décembre 1831, les plénipotentiaires des Cours d'Autriche, de la Grande-Bretagne, de Prusse et de Russie, signèrent une convention définitive dont l'article 1er portait : « En conséquence des « changements que l'indépendance et la neutralité de la « Belgique ont apportés dans la situation militaire de ce « pays, ainsi que dans les moyens dont il pourra disposer

« pour sa défense, les hautes parties contractantes convien-
« nent de faire démolir, parmi les places fortes élevées,
« réparées ou étendues dans la Belgique, depuis 1815, en
« tout ou en partie, aux frais des Cours d'Autriche, de la
« Grande-Bretagne, de Prusse et de Russie, celles dont
« l'entretien ne constituerait désormais qu'une charge inu-
« tile. D'après ce principe, tous les ouvrages de fortification
« des places de Menin, Ath, Mons, Philippeville et Marien-
« bourg, seront démolis, dans les délais fixés par les arti-
« cles ci-dessous [1]. »

De sorte que cette démolition était décidée : 1° parce qu'elle débarrassait les Puissances d'une charge reconnue désormais inutile; 2° parce que le caractère de Puissance *indépendante et neutre* attribué à la Belgique, suffisait évidemment à la sécurité de l'Europe liguée contre nous. Et pour qu'aucun doute ne restât dans les esprits sur le sens de cette convention, les ministres anglais eurent soin, dans le parlement, d'ajouter à l'injure du texte l'injure du commentaire. Jamais assurément, même sous Louis XV, la politique du gouvernement français n'avait été moins française. Il est vrai que, plus tard, la fille aînée du roi Louis-Philippe épousa le roi Léopold!

Cependant les démêlés entre la Hollande et la Belgique étaient toujours le principal sujet des préoccupations de la Conférence. Elle n'ignorait pas que du dénoûment de cette longue querelle allait dépendre la paix générale.

On se rappelle le traité des 24 articles [2] : il avait résolu

---

[1] Cette convention ne porte pas la signature de M. de Talleyrand, qui avait consenti à notre *exclusion!* Les signataires sont MM. Palmerston, Esterhazy, Wessemberg, Bulow, Liéven, Matuszewicz, Goblet.

[2] Voir au tome IIe, chap. XII.

les questions commerciale et financière en faveur de la Belgique, et la question territoriale en faveur de la Hollande. C'est qu'en effet, ce traité n'était dirigé ni contre la Hollande, ni contre la Belgique : il était dirigé contre la France. Ne pouvant rayer de l'histoire les révolutions de juillet et de septembre, les monarchies européennes avaient voulu faire revivre, sous une autre forme, la pensée qui présida en 1815 à la formation du royaume des Pays-Bas; et c'était pour nous opposer, au nord, une double barrière qu'après avoir proclamé la neutralité belge, elles accordaient au roi de Hollande, non-seulement une partie du Luxembourg et la rive gauche de l'Escaut, mais encore une partie du Limbourg et Maëstricht, en un mot, un établissement solide le long de la Meuse.

La France, cette fois, n'était pas *exclue* des délibérations; elle se trouvait donc naturellement soumise à l'humiliation de garantir, conjointement avec les quatre grandes Cours, l'exécution d'un traité qui avait pour but de la tenir en tutelle [1].

L'obligation lui en fut imposée par le traité du 15 novembre 1831, qui reproduisait les 24 articles, en les pla-

---

[1] Plus on réfléchit à l'insolence de cette combinaison, plus on s'étonne qu'elle ait obtenu l'adhésion de nos ministres et la signature de notre ambassadeur. On le voit : ce que nous avons dit de la médiocrité de M. de Talleyrand s'appuie sur les pièces les plus positives; car ces preuves sont des documents officiels. Nous mettons les défenseurs de M. de Talleyrand au défi de citer un seul des protocoles de la Conférence de Londres qui n'ait été rédigé dans un esprit manifestement hostile à la France et, par conséquent, aux idées de civilisation que la France représente. Si donc, on refuse de voir dans cette série de protocoles un irrécusable témoignage de l'incapacité de celui qui les a subis ou acceptés, il faut admettre que M. de Talleyrand s'est rendu coupable envers son pays d'une de ces trahisons que rend invraisemblables, sinon l'excès de leur bassesse, du moins l'excès de leur effronterie.

çant sous la garantie des cinq Puissances signataires, et qui prescrivait que le traité serait ratifié dans le délai de deux mois.

Le traité des 24 articles donna lieu, dans la Chambre des représentants en Belgique, aux débats les plus passionnés. Il fut accepté, néanmoins, comme on accepte la loi du plus fort. Aussi la ratification de la Belgique fut-elle pure et simple. Il en fut de même des ratifications de la France et de l'Angleterre; mais, sur l'ordre formel du roi Guillaume, les plénipotentiaires hollandais à Londres protestèrent contre les décisions dictatoriales de la Conférence.

Dans leur note du 14 décembre 1831, les plénipotentiaires hollandais, MM. Falck et Van Zuylen Van Nyevelt, commencèrent à reprocher à la Conférence de s'être mise en opposition avec le protocole d'Aix-la-Chapelle[1]. Ce protocole avait déclaré « que, dans le cas où un congrès de « souverains ou de plénipotentiaires aurait pour but des « objets se rattachant d'une manière spéciale aux autres « intérêts de l'Europe, ce congrès n'aurait lieu que sous la « réserve expresse des souverains d'y participer directe- « ment ou par leurs plénipotentiaires. » Or, qu'avait fait la Conférence? Elle avait, d'abord, admis l'ambassadeur du roi de Hollande à prendre part aux délibérations communes; puis, et après quelques réunions, changeant tout à coup de système, elle avait mis à l'écart les représentants de la Hollande, et s'était contentée de recevoir d'eux des communications écrites. Était-ce là cette participation voulue par le protocole d'Aix-la Chapelle? Les plénipotentiaires hollandais se plaignaient ensuite, comme d'une atteinte fla-

---

[1] En date du 15 novembre 1818.

grante portée à l'indépendance de leur souverain, comme d'une violation du Code des peuples, de certaines clauses du traité qui ne tendaient pas à moins qu'à donner à des étrangers droit d'inspection sur une rivière de Hollande, qu'à faire exercer le droit de pêche par des sujets étrangers, qu'à confirmer aux Hollandais, comme si c'était chose douteuse, le droit de naviguer dans leurs propres rivières, etc... En résumé, les signataires de la protestation revendiquaient le cours de l'Escaut, à partir d'Anvers; repoussaient la participation des Belges à la navigation des eaux intermédiaires entre l'Escaut et le Rhin; déclaraient n'adhérer au partage des dettes que sous la condition d'une capitalisation, et en appelaient du traité des 24 articles à celui qui, le 27 janvier 1831, avait fixé les bases de séparation[1].

Au point de vue des règles et des lois de la diplomatie, rien n'était plus raisonnable, plus fondé, que cette protestation de la Hollande. La Conférence y répondit par des sophismes sans dignité[2]. Pour ce qui était du protocole d'Aix-la-Chapelle, elle prétendit « qu'il ne contenait rien « de relatif à la *forme* des délibérations: » subtilité vraiment misérable! car, en attribuant aux souverains intéressés le droit de participer au congrès directement ou par leurs plénipotentiaires, le protocole en question avait eu évidemment pour but de ne laisser aucun intérêt sans garantie. La Conférence ajoutait que les 24 articles ne pré-

[1] Note adressée à la Conférence par MM. Falck et Van Zuylen Van Nyevelt, le 14 décembre 1831.

[2] Réponse de la Conférence de Londres aux plénipotentiaires hollandais, signée par MM. Esterhazy, Wessemberg, Talleyrand, Palmerston, Bulow, Liéven, Matuszewicz, et datée du 4 janvier 1831.

sentaient que le développement des bases de séparation. Et ici encore, la Conférence trahissait la vérité ; car, par exemple, le traité des 24 articles partageait le Luxembourg entre la Belgique et la Hollande, moyennant une indemnité territoriale accordée à la dernière, tandis que, dans le traité des *bases de séparation*, il était dit expressément, article 2 : « La Belgique sera formée de tout le reste des « territoires qui avaient reçu la dénomination de royaume « des Pays-Bas, dans le traité de l'année 1831, sauf le « grand-duché de Luxembourg, qui, possédé à un titre « différent par les princes de la maison de Nassau, fait et « continuera à faire partie de la Confédération germani- « nique. » Il est vrai que l'article 4 avait prévu le cas où, les deux pays possédant des enclaves dans leurs territoires respectifs, il y aurait lieu à des arrangements propres à leur assurer une entière contiguïté de possessions ; mais dès que ces arrangements, dont la portée du reste n'avait pas été prévue, aboutissaient à un remaniement absolu des bases adoptées, que signifiait ce mot hypocrite de *développement* opposé par la Conférence aux réclamations du roi Guillaume [1] ?

Quoi qu'il en soit, l'énergique résistance de ce prince eut pour premier résultat de plonger dans une longue hésitation la Russie, la Prusse et l'Autriche. Jusque-là ces trois Puissances avaient combiné leur action avec celle de l'Angleterre, parce que, pour elles comme pour l'Angleterre, la

---

[1] Nous avons rassemblé aux documents historiques, n° 5, les traités des *bases de séparation*, celui des 18 articles et celui des 24 articles Nous renvoyons le lecteur à ces documents précieux. Il pourra lire dans le simple rapprochement des textes l'histoire des variations, des intrigues, des usurpations de ce qu'on nomme la diplomatie.

pensée cachée au fond de tous ces débats était une pensée hostile à la France. Mais, pour obéir à une commune haine, pour nous créer au Nord des obstacles suffisants, il avait fallu sacrifier en partie les intérêts du roi de Hollande, les sacrifier au nom du principe révolutionnaire. Et, sur ce point, la Russie, l'Autriche et la Prusse, commençaient nécessairement à se séparer de la Grande-Bretagne. Pour celle-ci, la question était bien simple : elle consistait tout entière à contenir la France. Pour celles-là, au contraire, la question était complexe : elle consistait à contenir la France, sans toutefois donner trop complétement raison au principe révolutionnaire, en souffrant que, par suite des journées de septembre, on abaissât outre mesure cette royauté hollandaise que les traités de 1815 avaient enfantée, que le principe de la légitimité protégeait, et qui faisait partie de la famille inviolable des monarchies européennes.

Les protestations du roi Guillaume avaient donc pour les Cabinets de Saint-Pétersbourg, de Vienne et de Berlin, une signification, une importance qu'elles ne pouvaient avoir pour le Cabinet de Saint-James. De là le retard apporté à l'échange des ratifications de la part du roi de Prusse, des empereurs de Russie et d'Autriche. Fidèles à l'esprit de la Sainte-Alliance, ces trois souverains auraient désiré que, par un acquiescement volontaire au traité des 24 articles, le roi Guillaume leur permît de se mettre en garde contre la France, tout en leur épargnant la nécessité de violer d'une manière ouverte et brutale les lois de la franc-maçonnerie monarchique.

Dans cet embarras, l'empereur de Russie prit le parti d'envoyer à la Haye le comte Alexis Orloff, avec mission d'obtenir du roi de Hollande l'acquiescement souhaité.

Le comte Orloff ayant vu ses instances repoussées, quitta la Haye, en faisant connaître à l'Europe, par une déclaration officielle, que l'empereur de Russie n'entendait point s'associer à l'emploi de moyens coercitifs ayant pour but de contraindre le roi des Pays-Bas, par la force des armes, à souscrire aux vingt-quatre articles; mais qu'il considérait ces articles comme renfermant les seules bases sur lesquelles pût s'effectuer la séparation de la Belgique d'avec la Hollande (sauf les amendements admissibles dans un traité final entre les deux pays). Le comte Orloff déclarait, de plus, au nom de son maître, que, dans le cas où la neutralité belge serait menacée militairement par la Hollande, l'empereur de Russie se réservait de se concerter avec ses alliés pour le rétablissement de cette neutralité et le maintien de la paix générale.

L'Autriche et la Prusse ayant adhéré à cette déclaration, leurs plénipotentiaires effectuèrent l'échange des ratifications le 18 avril, et les plénipotentiaires de la Russie, le 4 mai. On approchait du dénoûment : on n'y touchait pas encore. Les ratifications prussienne et autrichienne n'étaient en effet données que sous la réserve des droits de la Confédération germanique, relativement à la cession et à l'échange d'une partie du grand-duché de Luxembourg; et, quant à la Russie, sa ratification n'était que partielle; elle contenait ces mots : « Sauf les modifications à apporter « aux articles 9, 12 et 13, dans un arrangement définitif « entre la Hollande et la Belgique. »

La Belgique avait compté sur une ratification pure et simple de la part de la Russie, et le plénipotentiaire belge n'avait été aucunement autorisé à accepter une ratification partielle. C'est ce que fit pourtant M. Van de Weyer, qui, par là, outrepassait ses pouvoirs, et jetait son pays dans l'alternative, ou de se résigner à des *rectifications sous réserves* qui semblaient tout remettre en question, ou de les restituer, au risque de rompre avec l'Autriche, la Prusse, la Russie, et de jouer imprudemment la nationalité de la Belgique.

Aussi l'indignation fut-elle grande à Bruxelles. L'anathème y fut lancé de toutes parts : et contre la diplomatie, qui condamnait depuis si longtemps la Belgique à un provisoire mortel ; et contre le ministère belge, qui avait engagé l'avenir du pays dans ces voies tortueuses ; et contre le gouvernement français, qui n'avait encore su que ramper tristement à la suite de la Conférence. L'irritation des Belges n'était que trop légitime. Placés par les fluctuations de la diplomatie entre le déshonneur et la ruine, ils voyaient déjà leur industrie paralysée, leur commerce tari dans sa source, leur crédit perdu, leur nationalité flottant au gré de tous les caprices ou au souffle de tous les hasards. Les Orangistes, d'ailleurs, mettaient à profit les désordres nés de tant d'incertitudes, pour tenter les esprits faibles, calomnier la révolution, et rejeter sur le principe de la révolte la responsabilité des maux croissants de la patrie. L'enlèvement de M. Thorn, membre du sénat belge, par une bande audacieuse, et l'incarcération de ce personnage dans une prison de Luxembourg, fut un aliment de plus aux passions qui fomentaient partout. Un même cri s'éleva de tous les points de la Belgique : Il faut en finir !

Mais la diplomatie ne présentait d'égal au scandale de ses usurpations que celui de son impuissance, et elle tenait l'anarchie suspendue sur cette Europe dont elle prétendait régler les destins. Aux complications résultant des réserves de la Russie, vinrent s'ajouter celles dont le germe était contenu dans le protocole du 4 mai, lequel déclarait, d'une part, que l'état de possession territoriale était fixé irrévocablement; d'autre part, qu'il existait des difficultés donnant lieu à une négociation nouvelle. Le traité du 15 novembre 1831 n'était donc définitif, ni en ce qui concernait le partage de la dette, ni sous le rapport des avantages commerciaux accordés à la Belgique : on le déclarait par acte séparé.

Dans une note du 11 mai, le ministère belge s'exprima en ces termes : « Si le roi des Belges pouvait se montrer « disposé à ouvrir des négociations sur les points qui y « sont sujets, ce ne pourrait être qu'après que le traité au- « rait reçu un commencement d'exécution dans toutes les « parties à l'abri de controverse; ce commencement d'exé- « cution consisterait au moins dans l'évacuation du terri- « toire belge; jusque-là Sa Majesté ne prendra part à au- « cune négociation. » Le plénipotentiaire belge, M. Van de Weyer, reçut ordre de mettre sous les yeux de la Conférence la note qu'on vient de lire; il n'en fit rien. C'était la seconde fois qu'il manquait aux devoirs de sa position; on en conçut des soupçons étranges. Il ne perdit pas néanmoins son titre de plénipotentiaire, mais le général Goblet lui fut adjoint et partit pour Londres.

Au point où en étaient les choses, la Belgique demandait tout simplement que le principe de l'évacuation préalable fût posé. La Conférence y consentit d'abord; et elle décida, par une note du 11 juin, que l'évacuation réciproque s'effectuerait le 20 juillet; puis, voyant que les plénipotentiaires hollandais persistaient dans leur attitude, elle annula implicitement sa décision, et déclara, le 11 juillet, « que l'évacuation aurait lieu quinze jours après l'échange « des ratifications de la nouvelle convention, » ce qui revenait à effacer la limite précédemment posée.

Ce fut alors que la Hollande, sans s'expliquer sur le dernier mot de ses prétentions, offrit d'ouvrir avec la Belgique une négociation directe. Elle espérait, de la sorte, mettre de son côté les apparences, bien convaincue que la Belgique ne renoncerait pas aussi facilement que la Conférence à la condition de l'évacuation préalable.

Voici donc quelles étaient, dans ce vaste imbroglio de plates intrigues, les situations respectives.

La question territoriale ayant été résolue contre la France, la Conférence, sur ce point, maintenait son arbitrage; mais elle l'abandonnait sur les deux autres points, celui de la navigation fluviale et celui de la dette; et elle consentait à ce que, sous ce double rapport, la Hollande et la Belgique réglassent elles-mêmes leurs différends. Or, ces négociations directes, la Hollande demandait qu'elles s'ouvrissent avant l'évacuation; la Belgique voulait qu'elles ne s'ouvrissent qu'après. Là était le nœud de la difficulté.

Il était, du reste, bien évident que, dans l'offre qu'elle faisait de négocier directement avec la Belgique, la Hollande n'était pas de bonne foi. Elle s'attendait de la part des Belges à cette réponse : « Évacuez notre territoire; « jusque-là nous repoussons toute proposition d'arrange- « ment; » et, dans ce cas, elle reprenait le dessus aux yeux de la Conférence, qui, par ses propositions du 11 juillet, avait fait si bon marché du principe de l'évacuation préalable.

Les diplomates belges s'aperçurent du piége, et opposèrent l'artifice à l'artifice. MM. Van de Weyer et Goblet rédigèrent, de concert avec lord Palmerston, des propositions qu'ils communiquèrent à la Conférence, et ils résolurent d'offrir à la Hollande de traiter sur ces bases, qu'ils savaient parfaitement ne devoir pas être acceptées par Guillaume. De sorte que toute cette guerre diplomatique consistait dans les efforts faits par chacune des deux parties pour rejeter sur la partie adverse les torts d'un refus. Car c'est à ce commerce frivole de tromperies, c'est à ce croisement de ruses honteuses que se réduit, dans les monarchies, le génie des hommes d'État!

Quoi qu'il en soit, la politique belge venait de prendre un nouvel aspect, puisqu'en apparence le principe de l'évacuation préalable était abandonné. M. de Meulenaere, ministre des affaires étrangères de Belgique, se retira par pudeur, non par conviction; et le général Goblet fut appelé à terminer, comme premier ministre à Bruxelles, ce qu'il avait commencé comme plénipotentiaire à Londres.

Aussi, le 20 septembre 1832, M. Van de Weyer signifiait-il à la Conférence qu'il était prêt à entrer en négociation directe avec la Hollande, et qu'il était muni pour cela de pleins pouvoirs.

Prise au mot, la Hollande recula, ainsi qu'on l'avait prévu. Dans un manifeste véhément, le plénipotentiaire hollandais, M. Van Zuylen Van Nyevelt, réclama de la Conférence la signature du traité de séparation sur le pied des notes que la Hollande avait présentées les 30 juin et 25 juillet, lesquelles n'étaient que la reproduction légèrement modifiée des prétentions opiniâtres du roi Guillaume.

La diplomatie belge avait atteint son but, qui était d'armer la Conférence contre la Hollande : un interrogatoire écrit et verbal, que la Conférence fit subir au plénipotentiaire hollandais, acheva de prouver que le Cabinet de La Haye repoussait les 24 articles dans leur ensemble, et ne voulait pas même de ces arrangements territoriaux que rendait si précieux à la diplomatie européenne la pensée antifrançaise qui les avait dictés.

Il ne fut plus question alors pour les grandes Puissances que de prendre des mesures coercitives contre la Hollande.

Mais de quelle espèce seraient ces mesures? Les plénipotentiaires d'Autriche, de Prusse et de Russie, exprimèrent le désir qu'on mît l'état des choses sous les yeux de leurs Cours, en les engageant à user une dernière fois de leur influence auprès du roi des Pays-Bas pour l'amener à une conciliation. Puis, considérant que les distances qui séparent Vienne et Saint-Pétersbourg de Londres entraîneraient de trop longs délais, les plénipotentiaires proposèrent qu'on s'en tînt aux décisions du Cabinet de Berlin. Au fond, l'Autriche, la Prusse et la Russie, n'adoptaient qu'à contre-cœur l'emploi de mesures coercitives, et déclaraient, dans tous les cas, ne pouvoir s'associer qu'à des mesures pécuniaires. Mais des moyens de cette nature ne parurent suffisants ni au plénipotentiaire français ni au plénipotentiaire britannique.

Le protocole du 1er octobre 1832 fut rédigé pour constater ces dissentiments, et la Conférence termina ses travaux. Elle avait commencé par l'usurpation, elle finissait par l'anarchie [1].

---

[1] Au bas du protocole du 1er octobre, on lit la signature de M. de Mareuil au lieu de celle de M. de Talleyrand. C'est que M. de Talleyrand, à cette époque, était à Paris, où sa présence devait influer sur la formation du ministère du 11 octobre.

La Russie, la Prusse et l'Autriche avaient refusé hautement de s'associer à des mesures militaires contre le roi de Hollande. Mais si elles ne consentaient pas à le combattre, elles ne s'engageaient pas non plus à le soutenir, et laissaient ainsi le champ libre aux résolutions de la France et de l'Angleterre.

Or, ces deux dernières puissances n'avaient pas attendu la note du 1er octobre pour menacer Guillaume de leurs préparatifs. Le duc d'Orléans était allé s'entendre, à Bruxelles, avec le roi Léopold, sur l'entrée possible de nos troupes en Belgique. Une flotte française se rassemblait à Cherbourg, une flotte anglaise à Spithead; et, dès la fin de septembre, cinquante mille Français, sous les ordres du maréchal Gérard, faisaient face aux frontières du nord, prêts à les franchir au premier signal.

La Belgique, de son côté, était à bout de patience. Par deux sommations, dont l'une fut notifiée à la France le 6 octobre, et l'autre à l'Angleterre le 8 du même mois, le général Goblet réclama l'exécution, par la voie des armes, du traité des 24 articles.

Ce fut sur ces entrefaites que s'installa, ainsi que nous l'avons raconté, le ministère du 11 octobre. Nous avons dit que ce ministère avait voulu inaugurer son avénement par deux grands résultats : l'arrestation de la duchesse de Berri et la prise de la citadelle d'Anvers, qu'occupaient les troupes du roi Guillaume.

Le traité des 24 articles ayant été spécialement dirigé contre la France, ce n'était pas certes à nous qu'il convenait de l'aller imposer au roi de Hollande, l'épée à la main. Demander à la France de soutenir au prix de son or, au prix du sang de ses enfants, l'ensemble des mesures décrétées contre elle-même, c'était préparer à l'Europe le plus triste spectacle qui lui eût jamais été donné. Mais, pour nos ministres, l'essentiel était d'éblouir les esprits, de donner à un pouvoir naissant l'éclat d'une grande entreprise. Au fond le véritable sens du traité des 24 articles n'était connu en France de presque personne. Le ministère avait donc lieu d'espérer qu'une expédition en Belgique satisferait l'humeur belliqueuse de la nation française ; qu'on ne verrait dans cette expédition qu'un appui prêté au principe révolutionnaire, qu'une preuve de fermeté et de décision de la part du Pouvoir. Et c'était là un calcul d'une justesse incontestable. Car, comme la marche des Cabinets était enveloppée de mystère, et que les actes de la Conférence étaient, pour la masse du peuple, une lettre morte, l'opinion en France s'échauffait au hasard, et les attaques de l'Opposition portaient à faux.

D'autre part, on doit reconnaître qu'il n'était pas sans intérêt pour la France de prouver que la paix n'avait point énervé son courage ; qu'elle était en état de faire revivre, dans un moment donné, des souvenirs héroïques ; qu'en un mot, elle n'avait pas cessé d'être un peuple de guerriers. Ainsi, quoique honteuse et insensée au point de vue diplomatique, l'expédition projetée présentait, au point de vue militaire, un assez notable avantage.

Cet avantage parut tel aux ministres du 11 octobre, qu'ils doutèrent un moment de l'adhésion des Anglais. M. de Talleyrand était revenu de Londres : on lui demanda si une expédition contre la citadelle d'Anvers obtiendrait l'assentiment du Cabinet de Saint-James, dans le cas où la France s'engagerait à ne pas prolonger au delà du temps nécessaire l'occupation du territoire belge par l'armée française. M. de Talleyrand fit cette réponse singulière et peu convenable : « Si la convention était signée Louis-Philippe, « les Anglais n'y adhéreraient pas : ils le feront, si elle est « signée de Broglie. »

Les ministres ne crurent pas devoir attendre l'autorisation diplomatique du Cabinet de Saint-James, et il fut décidé que l'expédition aurait lieu avec ou sans l'autorisation des Anglais. Mais, à cette nouvelle, le roi ne put dissimuler son mécontentement. Blesser l'Angleterre, il ne pouvait s'y résoudre, faisant consister toute sa politique dans l'art des ménagements et des concessions. Il essaya, en conséquence, de faire revenir ses ministres sur la mesure par eux arrêtée ; ils offrirent alors leur démission. Le roi parut céder ; et c'est ce qui explique le mouvement de troupes qui se fit à cette époque, alors qu'aucun protocole n'autorisait les Français, au nom de la diplomatie, à se porter sur la frontière.

Mais l'importance était moins de s'en approcher que de la franchir, et la Cour ne manqua pas, sur ce dernier point, de multiplier les obstacles. Car le Cabinet de Saint-James ne demandait pas mieux que de traîner les choses en longueur, espérant que les Français, s'ils entreprenaient le siége d'Anvers dans une saison avancée, seraient forcés de le lever honteusement. Voilà quelles préoccupations perfides couvrait cette alliance anglaise, tant vantée ! Et on ne l'ignorait pas aux Tuileries ; on y avait appris que, dans plusieurs salons, le duc de Wellington s'était laissé aller jusqu'à dire : « Il arrivera au maréchal Gérard devant la « citadelle d'Anvers ce qui m'est arrivé devant Burgos. »

Aussi, rien n'égalait l'impatience du maréchal Gérard. Mais en vain se plaignait-il amèrement, dans son quartier général de Valenciennes, d'un retard qui ne pouvait se prolonger sans rendre notre armée la risée de l'Europe, et sans nous exposer aux plus cruels revers ; en vain écrivait-il au ministre de la guerre que le camp retentissait de murmures ; que les officiers frémissaient de leur inaction ; que les soldats, qui avaient d'abord refusé les congés, commençaient maintenant à les redemander ; que le service enfin était compromis par cette conviction, de plus en plus profonde, qu'on ne se battrait pas..... l'ordre du départ se faisait attendre. Car ne fallait-il pas obtenir la permission des Anglais ? Et, pendant ce temps, le trésor était en voie de s'obérer, l'attente de la guerre entraînant des frais presque aussi considérables que la guerre elle-même. Rapprochées de l'extrême frontière, les troupes y étaient entassées au milieu des cantonnements de l'artillerie et de la cavalerie, qui occupaient beaucoup de place ; et la portion du corps de réserve que le maréchal Soult avait fait entrer dans le département du Nord, y était déjà soumise aux inconvénients qui résultent de l'agglomération des masses, tels que le renchérissement des denrées. La saison, d'ailleurs, était devenue mauvaise, le choléra sévissait dans le pays, et la santé du soldat exigeait des mesures de faveur. Les corps réclamèrent à l'envi les allocations du pied de rassemblement, ce qui dut leur être accordé dans toute l'étendue de la 16e division militaire.

Une plus longue attente était donc à la fois dérisoire et ruineuse. Aussi bon citoyen que bon capitaine, le maréchal Gérard ne pouvait s'expliquer tant d'hésitation ; il pensait que, puisqu'on déclarait la guerre à la Hollande, il fallait la lui faire promptement et franchement. Selon lui, attaquer Bréda et Bois-le-Duc valait mieux que de s'arrêter au siége de la citadelle d'Anvers et du fort Lillo. Il disait avec raison que, si les Puissances signataires du traité du 15 novembre en souhaitaient sincèrement l'exécution, elles ne pouvaient s'opposer à ce qu'on prît, pour le faire exécuter, des mesures vigoureuses et décisives. Du reste, ces dispositions étaient aussi celles du général Saint-Cyr Nugues et du général Haxo, officiers d'un mérite éminent, que tourmentait le désir des entreprises hardies, et qui eussent volontiers tracé le plan d'invasion de la Hollande, où ils auraient été bien aises de recommencer Pichegru.

Mais telles n'étaient point les vues de la Cour des Tuileries. Par des motifs que nous expliquerons plus bas, elle entendait : 1° que les Français assiégeassent la citadelle d'Anvers, sans la coopération des Belges ; 2° que, dans le cas où notre armée aurait à repousser une attaque de la part des Hollandais, elle s'abstînt de les poursuivre jusque sur leur territoire.

Le maréchal Gérard avait l'âme trop haute et l'esprit trop juste pour souscrire à des conditions de ce genre. Dans plusieurs lettres, noblement pensées, il fit remarquer au roi les inconvénients du rôle qu'on prétendait imposer à l'armée française. Il reçut, pour toute réponse, l'invitation de se rendre à Paris, où, dans une conversation de deux heures, on espérait plus avancer les affaires que par une longue correspondance. Le maréchal Gérard quitta donc son quartier général de Valenciennes, et se mit en route pour la capitale. Sa ferme résolution était de résigner le commandement de l'armée, si, en cas d'attaque de la part des Hollandais, il était condamné à s'arrêter respectueusement sur la limite de leur territoire. On lui envoya, pour le faire revenir sur sa détermination, M. d'Argout et M. Thiers. Mais l'habileté de ce dernier et sa faconde persuasive échouèrent devant la volonté du maréchal, que défendait contre de semblables attaques l'élévation de ses sentiments.

Le Conseil s'étant rassemblé le lendemain, les ministres ne purent se résoudre ni à recevoir la démission du maréchal Gérard, ni à se mettre au-dessus des injonctions de la diplomatie. Il fut décidé en conséquence qu'on ne changerait rien aux arrangements diplomatiques, et que le maréchal Gérard obéirait à la loi des circonstances, sauf à être plus tard désavoué. Maître de ses résolutions, le maréchal regagna son quartier général.

Le 22 octobre, par une convention conclue à Londres entre le prince de Talleyrand et lord Palmerston, on arrêta : « Que les deux Puissances — la France et l'Angleterre
« — procéderaient à l'exécution du traité du 15 novembre,
« conformément à leurs engagements; que l'évacuation
« territoriale formerait un commencement d'exécution;
« que les gouvernements de Belgique et de Hollande se-
« raient requis d'opérer réciproquement cette évacuation
« pour le 12 novembre; que la force serait employée contre
« celui de ces gouvernements qui n'aurait pas donné son
« consentement pour le 2 novembre; que notamment, en
« cas de refus de la Hollande, l'embargo serait mis sur les
« vaisseaux hollandais, et que, le 15 novembre, une armée
« française entrerait en Belgique pour faire le siége de la
« citadelle d'Anvers. »

Le roi de Hollande, comme on s'y attendait, ne répondit que par un refus à la sommation des deux Puissances, et, le 4 novembre, ce refus était connu à Valenciennes. On allait donc franchir la frontière. La joie des soldats fut immense. Le maréchal Gérard donna des ordres au général

Neigre pour qu'on hâtât le transport de l'équipage de siége et pour qu'on opérât à Douai, à Lille, à Valenciennes, le chargement des bateaux destinés à porter notre grosse artillerie et ses nombreuses munitions ; le général Haxo fit partir un officier déguisé pour Anvers, avec mission d'en reconnaître exactement la citadelle ; enfin, on pressa de toutes parts les préparatifs, et l'armée attendit avec exaltation l'heure d'entrer en Belgique.

Mais le siége de la citadelle d'Anvers allait soulever des difficultés inattendues. Louis-Philippe tenait particulièrement à ce que les Belges fussent exclus de toute coopération au siége. La diplomatie l'exigeait. Et voici quels étaient les motifs de la diplomatie.

L'Angleterre ne voulait pas que les Français et les Belges combattissent ensemble et sous de fraternels drapeaux, de peur que la Belgique ne fût ramenée par l'affection et la reconnaissance au désir qu'elle avait déjà éprouvé de devenir française. L'Angleterre savait que, si les Belges étaient forcés d'assister l'arme au bras à la prise de la citadelle d'Anvers par une armée française, jamais ils ne nous pardonneraient cette humiliation. Ainsi, le Cabinet de Saint-James trouvait moyen de nous rendre odieux par l'excès même de notre générosité, et il nous créait des ennemis irréconciliables dans ceux que nous allions secourir !

Pour ce qui est des Cabinets de Saint-Pétersbourg, de Vienne et de Berlin, leurs motifs étaient différents, quoique empreints, vis-à-vis de nous, d'un caractère non moins manifeste de défiance et d'hostilité. La Russie, l'Autriche et la Prusse, ne pouvaient se dissimuler que, dans la querelle engagée entre la Hollande et la Belgique, celle-ci représentait le principe révolutionnaire, puisque sa nationalité rajeunie datait des journées de septembre. Or, souffrir que les Français et les Belges tirassent ensemble l'épée contre le roi de Hollande, c'eût été annoncer clairement au monde que le principe révolutionnaire l'emportait; que l'autorité morale de la révolution de juillet pesait plus que le principe du droit divin, plus que les traités de Vienne, dans la balance des délibérations diplomatiques. L'alliance militaire des Français et des Belges, c'était un coup mortel porté à la Sainte-Alliance, c'était la révolution de 1830 couvrant de sa force et de sa majesté l'atteinte portée en septembre aux traités de 1815. Et voilà précisément ce que ne voulaient pas l'Autriche, la Russie et la Prusse. Elles imposaient au Cabinet des Tuileries l'obligation de combattre à côté des Belges, chez eux, et sans eux, pour qu'il fût bien constaté que, si notre armée entrait en campagne, ce n'était pas dans un intérêt belge ou français, c'est-à-dire révolutionnaire, mais dans un intérêt, au contraire, diplomatique et antifrançais! Réduire notre armée à ne paraître et à n'être en réalité que la gendarmerie de la Conférence, tel était l'unique but de l'inaction humiliante à laquelle la diplomatie condamnait les Belges, dans une querelle qui était la leur cependant, et dans laquelle nous n'aurions dû figurer, nous, que comme leurs alliés et leurs amis.

Quelque artificieux que fût un pareil plan, on s'explique qu'il ait été conçu par les ennemis de la France; mais que le gouvernement français ait contribué de tout son pouvoir à faire réussir des combinaisons aussi ouvertement dirigées contre nos intérêts et notre honneur, c'est ce que la postérité, sans doute, aura de la peine à croire. Nous-même, sans les révélations douloureuses que nous a fournies une enquête longue et opiniâtre, nous-même nous n'aurions jamais jugé de tels attentats possibles ; et il est certain que la France ne les aurait pas soufferts, sans les ténèbres dans lesquelles la diplomatie ensevelissait la honte de ses artifices.

Il faut ajouter que rien n'était plus propre à compromettre le succès du siège projeté que l'inaction imposée aux Belges. Car, pour rafraîchir la garnison de la citadelle d'Anvers, pour la renforcer en temps opportun, et la mettre en état d'opposer aux Français une longue résistance, les Hollandais n'avaient qu'à couper la digue de l'Escaut près du fort Sainte-Marie et celle de Blockersdick. On n'ignorait pas que tel était leur dessein ; que, pour l'accomplir, ils avaient préparé des bâtiments sur lesquels étaient embarqués des outils à pionniers, et il était probable que cette entreprise sur les digues serait tentée au premier bruit de la marche des Français. Aussi le général Évain, ministre de la guerre en Belgique, avait-il pris ses mesures en conséquence. Il s'agissait donc de savoir si, en contraignant les Belges à laisser paisiblement couper les digues, on assurerait à l'ennemi qu'on allait combattre des avantages qu'on pouvait, en laissant agir les Belges, lui ravir si facilement. Que ferait-on, d'ailleurs, si, comme on devait le prévoir, la Belgique se révoltait contre le rôle dont on prétendait lui imposer l'opprobre ? En vertu de quel droit lui défendre de revendiquer elle-même son bien, de reprendre à ses risques et périls son territoire usurpé ? Et, dans le cas où elle refuserait de se soumettre à des conditions vraiment dégradantes, emploierait-on les armes pour la réduire ? Les Français, accueillis par elle comme des alliés, se changeraient donc pour elle en ennemis, en oppresseurs ! Et que serait-ce si, la flotte et la flottille hollandaises venant à engager leurs feux avec ceux de la place d'Anvers, le général Chassé, commandant la citadelle, se mettait à bombarder la ville ? Par quel insolent et criminel abus de la force empêcherait-on les Belges, attaqués, de se défendre ? Irait-on jusqu'à dire à des hommes tenant à la main une épée : « On ravage vos cités, on jette l'épouvante parmi vos mères et vos femmes, on envoie la mort dans vos maisons croulantes..... n'importe ! Tout ceci ne regarde que nous ! »

Voilà pourtant à quelles conséquences odieuses et ridicules pouvait conduire le parti pris d'exclure les Belges de toutes nos opérations militaires. Mais ainsi l'ordonnait la diplomatie, et le Cabinet des Tuileries ne voulait à aucun prix la braver ou lui déplaire.

Quoi qu'il en soit, la nouvelle de ce qui se préparait s'étant répandue en Belgique, le gouvernement français y devint, plus encore que les Cabinets étrangers, l'objet de malédictions violentes. De toutes parts on s'indignait contre un appui dans lequel l'orgueil d'une nationalité naissante ne voyait plus qu'un affront sanglant. Les habitants, qui, l'année précédente, s'étaient offerts de bonne grâce à héberger les troupes françaises, rédigèrent pétitions sur pétitions, pour demander qu'on les exemptât de la charge dont les menaçait la nourriture des officiers ; et les réclamations à cet égard devinrent si nombreuses, si vives, si hautaines, que le ministre de la guerre en Belgique, le général Évain, reconnut bientôt la nécessité de les admettre. Entre lui, cependant, et M. Laneuville, intendant de l'armée française, il avait été stipulé, le 18 octobre, des clauses dont le texte était formel. N'importe ! Le mauvais vouloir des habitants se manifestait avec tant de fougue, tant d'animosité, qu'on fut obligé d'en subir jusqu'au bout l'injure. Pour sortir d'embarras et assurer la subsistance des officiers français, M. Laneuville dut proposer au maréchal Soult d'allouer aux officiers des traitements supplémentaires, comme on l'avait fait, en pareil cas, dans les expéditions d'Espagne, de Morée, d'Alger, d'Ancône. Et ce n'était encore là que le prélude des obstacles qu'allait susciter aux Français le ressentiment du peuple belge!

Le roi Léopold lui-même éprouvait un secret dépit de l'impuissance à laquelle on faisait descendre son armée, et des dangers dont les combinaisons diplomatiques entouraient sa popularité encore si incertaine. Quant à ses ministres, leur responsabilité étant plus directe, leur dépit était plus amer. Dans diverses lettres écrites soit au général Saint-Cyr Nugues, chef d'état-major de l'armée française, soit au général Haxo, le ministre de la guerre en Belgique s'expliqua très-nettement sur l'impossibilité de laisser les Belges l'arme au bras. Léopold tenait un langage à peu près semblable dans sa correspondance privée avec Louis-Philippe. Et le problème devenait de plus en plus insoluble.

Le gouvernement français se résolut enfin à quelques concessions. Il fut convenu que les Belges occuperaient la ville d'Anvers par une division de 6,000 hommes, et qu'on leur confierait exclusivement la garde et la défense de toutes les batteries établies sur la rive droite. Mais c'était trop peu pour le gouvernement belge, qui ne pouvait consentir à ce que les Français fussent seuls chargés de l'investissement de la citadelle.

Le 13 novembre, à dix heures et demie du matin, un courrier extraordinaire apporta au maréchal Gérard, de la part du maréchal Soult, l'ordre de se rendre en toute hâte auprès de Léopold, pour conclure avec ce prince la convention militaire qui devait précéder l'entrée des Français en Belgique. Ce fut le surlendemain qu'ils passèrent la frontière, et, le 17 novembre, à une heure, les ducs d'Orléans et de Nemours traversaient Bruxelles à la tête du 20ᵉ régiment d'infanterie légère et du 1ᵉʳ régiment de lanciers.

D'après l'article 2 de la convention passée entre le gouvernement belge et le maréchal Gérard, les postes belges établis dans la partie de la ville d'Anvers, faisant face à la citadelle, devaient être entièrement relevés par nos troupes. Cependant le maréchal Gérard apprit, au moment de partir pour Malines, qu'il était question de ne pas exécuter l'article 2. Il se rendit aussitôt chez le roi Léopold, lui représenta combien les difficultés soulevées étaient fâcheuses dans la circonstance, lui promit de ménager les susceptibilités légitimes de l'armée belge, et obtint enfin, après une longue instance, que le chef d'état-major de l'armée belge, le général Desprez, prendrait, le lendemain même, la route d'Anvers, pour y arrêter les formes du remplacement. Mais la journée ne s'était pas écoulée, que déjà Léopold était revenu sur sa détermination. Ses ministres s'opposaient, de la manière la plus absolue, à l'entrée de l'armée française dans la ville d'Anvers, et offraient leur démission dans le cas où leurs répugnances ne seraient pas respectées. L'article 1ᵉʳ de la convention interdisait à l'armée française l'occupation de toute place forte en Belgique, et, bien que les articles 2 et 3 fussent conçus en termes fort clairs, les ministres de Léopold se prévalaient de l'article 1ᵉʳ, interprété sans bonne foi, pour éluder l'ensemble des mesures convenues. Menacés dans la Chambre des représentants par un parti redoutable, peut-être ne cherchaient-ils qu'un motif populaire pour colorer leur chute. Mais, dans la crise où se trouvait la Belgique, renouveler le Cabinet n'était pas chose facile, et, pressé par le maréchal Gérard d'un côté, par ses ministres de l'autre, Léopold était en proie à la plus vive anxiété.

Ainsi, grâce à la politique tortueuse, antifrançaise, adoptée par le Cabinet des Tuileries, les obstacles se multipliaient à chaque pas, et le sort de l'expédition semblait à tout instant sur le point d'être compromis.

Dans cette extrémité, le maréchal Gérard, en quittant Bruxelles, envoya son aide de camp, M. de Sercey, à Paris, pour prendre les instructions du maréchal Soult, et savoir si, les Belges s'obstinant dans leur refus, on enlèverait leurs postes de vive force. Car c'était à cette incroyable violence que les Français risquaient de se voir amenés par la haute sagesse de M. Talleyrand et du Cabinet des Tuileries ! Il est certain que, malgré les observations de M. de Latour-Maubourg, la défense de laisser entrer les Français dans la ville d'Anvers fut faite formellement par le ministère belge et annoncée d'une manière officielle au général Saint-Cyr Nugues, par le général Evain. Que faire ? On répondit de Paris, au maréchal Gérard, d'agir avec vigueur, s'il en était besoin ! Heureusement, la fortune nous épargna cette iniquité. Les ministres de Léopold, dans l'intervalle, avaient un peu rabattu de leurs prétentions ; le général Desprez était allé proposer des arrangements au maréchal Gérard, et, à la suite d'une conférence très-animée, le colonel Buzen, commandant supérieur de la place d'Anvers, avait signé avec le général Saint-Cyr Nugues une convention militaire portant : 1° que les Français occuperaient la lunette de Montebello, qui leur était indispensable pour le siége ; 2° qu'ils pourraient faire entrer dans la ville, pour occuper la première ligne des barricades devant l'esplanade de la citadelle, 500 hommes qu'on relèverait toutes les vingt-quatre heures.

Tels furent nos premiers rapports avec nos alliés, qui, dès ce moment, devinrent nos ennemis secrets, mais implacables. Les vues de l'Angleterre étaient remplies !

Les résultats de la désastreuse politique des Tuileries ne tardèrent pas à peser sur l'armée française. On eût dit que les Belges prenaient à tâche de faire échouer l'expédition. En arrivant dans la campagne d'Anvers, le maréchal Gérard s'aperçut qu'aucune des promesses du général Evain n'était accomplie. Pas de magasin, pas d'approvisionnements. A peine put-on faire face à la nécessité des premières distributions. Les habitants cachaient leurs denrées, soit pour nuire à l'armée française, soit parce qu'on ne les payait qu'au moyen de récépissés qu'ils jugeaient sans valeur. Hommes et chevaux couraient risque de mourir de faim. Le maréchal Gérard se vit contraint d'étendre la division Achard, la brigade du prince et celle du général Lawœstine, de retenir vers Malines et Contik la division Jamin et la brigade Simoneau, et d'envoyer la division Sébastiani à Saint-Nicolas, qui présentait heureusement quelques ressources. Il fallait pourtant sortir de cette situation cruelle. Sur l'avis ouvert par l'intendant de l'armée, le maréchal Gérard écrivit au gouverneur de la province d'Anvers que les clauses stipulées le 18 octobre n'avaient pas été exécutées par le gouvernement belge ; que cette inexécution pouvait avoir des suites terribles ; que les défiances mal fondées des habitants mettaient en péril et l'armée et la province ; que, dans cet état de choses, le meilleur parti à prendre était de faire opérer par chaque commune, sur des points désignés, des versements de denrées, lesquelles seraient payées argent comptant et aux prix fixés par les clauses du 18 octobre. La mesure proposée eut tout le succès désirable. Mais il s'en était fallu de bien peu que les Français ne fussent placés dans l'alternative ou de souffrir de la plus horrible disette ou de traiter la province en pays conquis.

Nous nous sommes étendu longuement sur ces détails, inconnus jusqu'ici, parce qu'ils prouvent que, si la politique du Cabinet des Tuileries manquait de dignité et de grandeur, elle manquait en même temps d'habileté et de prévoyance. Car la sourde inimitié des Belges, les obstacles qu'ils se plurent à créer autour de nous, les extrémités auxquelles ils ne craignirent pas de nous pousser, tout cela fut chez eux l'effet d'un ressentiment légitime, tout cela naquit de l'exclusion injuste et offensante dont notre gouvernement les frappait, au nom et dans l'intérêt des ennemis de la France.

Le 29 novembre, à huit heures du soir, la tranchée fut ouverte sous la citadelle d'Anvers. Poussée avec cette vivacité intelligente qui caractérise le soldat français, l'opération eut le plus heureux résultat, et ce fut le lendemain seulement que les assiégés eurent connaissance de nos travaux. Au petit jour, le maréchal Gérard envoya vers le général Chassé le colonel Auvray, sous-chef de l'état-major général de l'armée, avec ordre de remettre au commandant de la citadelle la sommation suivante :

Au général Chassé, commandant la citadelle d'Anvers.

« Monsieur le général,

« Je suis arrivé devant la citadelle d'Anvers, à la tête de l'armée française, avec mission de mon gouvernement de réclamer l'exécution du traité du 15 novembre 1831, qui garantit à S. M. le roi des Belges la possession de cette forteresse, ainsi que celle des forts qui en dépendent sur les deux rives de l'Escaut. J'espère vous trouver disposé à reconnaître la justice de cette demande. Si, contre mon attente, il en était autrement, je suis chargé de vous faire connaître que je dois employer les moyens qui sont à ma disposition pour occuper la citadelle d'Anvers.

« Les opérations du siége seront dirigées sur les fronts extérieurs de la citadelle. Je suis donc en droit d'espérer, conformément aux lois de la guerre et aux usages constamment observés, que vous vous abstiendrez de toute espèce d'hostilité contre la ville. J'en fais occuper une partie, dans le seul but de prévenir ce qui pourrait l'exposer au feu de votre artillerie. Un bombardement serait un acte de barbarie inutile et une calamité pour le commerce de toutes les nations.

« Si, malgré ces considérations, vous tirez sur la ville, la France et l'Angleterre exigeront des indemnités équivalentes aux dommages causés par le feu de la citadelle et des forts, ainsi que par celui des bâtiments de guerre. Il vous est impossible de ne pas prévoir vous-même que, dans ce cas, vous seriez personnellement responsable de la violation d'une coutume respectée par tous les peuples civilisés et des malheurs qui en seraient la suite.

« J'attends votre réponse, et je compte qu'il vous conviendra d'entrer sur-le-champ en négociation avec moi pour me remettre la citadelle d'Anvers et les forts qui en dépendent.

« Recevez, etc. »

Le général Chassé ayant répondu qu'il était résolu à se défendre, le siége commença. L'ardeur et la gaîté du soldat étaient au comble. Mais ce n'était pas l'ennemi seulement que nous avions à combattre, c'était la saison ; et les Anglais avaient calculé juste. Il fallut établir la tranchée sur un terrain qui, très-mou de sa nature, était, en outre, délayé par les pluies. En certains endroits, on enfonçait de deux pieds dans la boue. Cet état de choses exigeait des travaux préparatoires considérables : le général Neigre fit acheter à Anvers 300 madriers qui, avec un grand nombre de fascines, devaient rendre la tranchée plus abordable ; et, grâce à des efforts inouïs, toutes les batteries reçurent leur armement dans la nuit du 2 au 3 décembre, à l'exception pourtant de celles de gauche portant les n°s 7 et 8. Les pièces destinées à ces deux dernières batteries ne purent être conduites que la nuit suivante ; encore fut-on obligé, au lieu de prendre la voie ordinaire de la tranchée, de couper la tranchée elle-même, de sortir de la parallèle, et de faire entrer les pièces par la campagne, en passant sous le feu de la citadelle. L'emploi d'un tel moyen était extrêmement périlleux : il fut néanmoins couronné d'un plein succès ; et les travaux admirables qui, sous la direction du général Neigre, furent exécutés pour l'armement complet de nos batteries, prouvèrent qu'il n'était rien qu'on ne pût attendre de l'intelligence et de l'activité des artilleurs français.

Le 4 décembre, à onze heures, le feu contre la citadelle commença, nourri par 82 pièces qui bientôt furent portées à 104, dont la moitié lançait des projectiles creux. Les Hollandais avaient faiblement défendu les approches de la citadelle ; mais, le 4 décembre, leur feu devint beaucoup plus vif que les jours précédents, et alors commença, de leur part, cette résistance opiniâtre qui devait honorer leur défaite et notre triomphe. Dans la nuit du 5 au 6, ils dégarnirent de ses pièces, pour les placer devant le bastion de Tolède et de la lunette de Kiel, cette partie de la face de leurs ouvrages qui regardait la ville, et leur feu devint de plus en plus meurtrier.

D'un autre côté, le général Chassé tenait continuellement

suspendue sur Anvers la menace d'un bombardement. Aussi cette ville présentait-elle le spectacle le plus lamentable. Partout des canons, des barricades, l'image de la guerre, partout la terreur. Les habitants se croyaient chaque jour à la veille de voir leur cité réduite en cendres, et ceux que l'excès de leurs appréhensions ne poussait pas à un départ précipité, cachaient dans les caves leur argent, leurs meubles, leurs effets les plus précieux. Pour conjurer des calamités qui paraissaient imminentes, le maréchal Gérard invoqua tour à tour, dans ses lettres au général Chassé, les lois de la guerre, les droits de l'humanité, les exemples fournis par l'histoire; puisqu'il se résignait à n'attaquer la citadelle que du côté de la campagne, n'était-il pas en droit d'exiger que la citadelle épargnât la ville? Mais le général Chassé demandait que les Français s'abstinssent de faire concourir à leurs opérations, même les ouvrages extérieurs, même le fort de Montebello. Or, souscrire à une condition semblable, c'eût été compromettre follement le succès du siége. De sorte que la menace subsistait toujours, quoique les Hollandais n'osassent jamais l'exécuter. L'auraient-ils pu sans violer les lois de la guerre? Ce qui est hors de doute, c'est qu'il eût suffi de deux ou trois bombes lancées sur Anvers, pour renverser l'échafaudage de ruses si laborieusement élevé par la diplomatie. Car, dans ce cas, une plus longue inaction de la part des Belges devenait impossible, et leurs efforts unis aux nôtres imprimaient à la lutte un caractère tout opposé à celui qu'avaient prétendu lui donner les combinaisons diplomatiques. Cette simple remarque peut faire apprécier à leur juste valeur les hommes d'État de la Conférence, et M. de Talleyrand, leur complice.

Quoi qu'il en soit, réduit à l'attaque extérieure, le maréchal Gérard comprit qu'il était indispensable d'isoler la citadelle en lui fermant l'Escaut. Le général Sébastiani occupait les digues de la rive gauche du bas Escaut, et le général Achard la rive droite. Les Français armèrent le fort Sainte-Marie, et se mirent en devoir d'armer le fort Saint-Philippe, de manière à dominer le cours du fleuve. La flotte hollandaise s'avança pour troubler les opérations de l'armée assiégeante, et, après de vaines sommations, commença une canonnade qui fut sans effet, nos postes étant couverts par les digues. Le 8 décembre une frégate, une corvette et douze canonnières hollandaises se présentèrent au fort Frédéric, occupé par un détachement du 22e. Sommation d'évacuer le fort fut aussitôt faite au capitaine, et, sur son refus, les Hollandais, à la faveur d'un feu très-nourri, firent des préparatifs de débarquement. Mais ces tentatives furent vaillamment repoussées par quatre compagnies du 22e. L'armement du fort Saint-Philippe ne tarda pas à avoir lieu; deux mortiers furent placés en permanence au fort Lacroix, que ne cessait d'inquiéter le feu de la flotte; et le maréchal Gérard prit toutes les mesures convenables pour isoler la citadelle et empêcher la rupture des digues.

En même temps, nos postes de la rive gauche et de la rive droite s'approchaient des forts Liefkenskoëk et Lillo; mais ces points ayant été mis en parfait état de défense, et se trouvant d'ailleurs entourés au loin d'inondations qu'on ne traversait que sur un défilé, on ne pouvait songer ni à les assiéger ni à les surprendre.

Cependant, les attaques dirigées par les Français contre le corps de la citadelle, étaient poussées avec une ardeur merveilleuse. Malheureusement, la pleine lune, en ramenant un temps sec, venait donner, pendant la nuit, trop de clarté pour des travaux faits à petite portée de mousqueterie. Sans compter que la garnison se défendait vigoureusement et accablait nos travailleurs d'une grêle de boulets, d'obus, de bombes ordinaires et de petites bombes dites à la Coëhorn. Mais le feu des batteries françaises fut dirigé avec tant de constance et de précision que les Hollandais se virent contraints de chercher abri dans les casemates. Bientôt les communications d'un bastion à l'autre ne se firent plus que sous terre ; et, sauf le nombre d'hommes strictement nécessaire au service des batteries, on ne vit plus personne circuler dans l'intérieur de la citadelle.

Le 13 décembre, le siége se trouvait déjà fort avancé. Le progrès des travaux du génie, devant la lunette Saint-Laurent, avait permis d'établir un radeau sur le fossé, à la face gauche, et d'attacher le mineur à l'escarpe, près du saillant. Le travail, retardé pendant les deux premières nuits par l'extrême dureté de la maçonnerie, avait été repris avec constance et touchait à son terme. Le feu de nos batteries et celui de la mousqueterie furent entretenus dès le matin, de manière à occuper l'attention de l'ennemi; et le maréchal de camp Georges, qui était de tranchée avec le 65ᵉ régiment d'infanterie, reçut le dispositif de l'attaque pour le soir. Le génie avait construit trois nouveaux radeaux pour les joindre au premier; et, pour faire un pont qui, au moment de l'explosion de la mine, conduisît nos soldats jusqu'à la brèche, on avait entrepris de combler avec des fascines garnies de pierres le reste de la largeur du fossé. Ces travaux exigeaient une grande précision de détails : ils ne furent achevés que très-avant dans la nuit; et l'on put craindre qu'après être entrés dans la lunette, nous n'eussions pas le temps d'y faire, à la faveur des ténèbres, un établissement solide. Cependant, l'entreprise, conduite par le général Haxo, eut tout le succès qu'il était permis d'attendre de cet habile officier. Le 14, à cinq heures du matin, la mine sautait, ouvrant aux Français une brèche très-accessible. L'ordre d'aller la reconnaître en montant sur le sommet fut donné au lieutenant-colonel Vaillant et au garde du génie Négrier. A leur retour, et sur leur rapport, trois compagnies d'élite du 65ᵉ se mettent en mouvement; la 2ᵉ de grenadiers, commandée par le lieutenant Duverger, et la 3ᵉ de voltigeurs, commandée par le capitaine Courant, se portent en silence sur les radeaux et les décombres du rempart, pendant que, sous la conduite de l'adjudant de tranchée Carles, du 61ᵉ, vingt-cinq grenadiers tournent la lunette par la face droite, munis d'échelles, et se dirigent à la gorge, pour escalader ou pour franchir la barrière. En même temps, une autre compagnie de voltigeurs, celle du capitaine Montigny, débouche par la droite, afin d'attaquer aussi la lunette à la gorge et de fermer toute retraite à la garnison. On a recommandé aux soldats de ne pas tirer : ils marchent à la baïonnette, couronnent la brèche, et s'élancent avec la plus grande intrépidité sur la garnison hollandaise, qui, surprise, enveloppée, met bas les armes, après une courte résistance. Quelques soldats hollandais parviennent à s'échapper, d'autres sont tués ou blessés, soixante sont faits prisonniers.

Ce premier revers n'abattit point le courage des assiégés, mais l'armée assiégeante n'avait cessé de regarder son triomphe comme inévitable. Toutefois, les difficultés à vaincre étaient considérables et de diverse nature. Une pluie presque continuelle vint contrarier les travaux, et, dans la nuit du 17 au 18, elle tomba si abondamment, que nos tranchées n'étaient plus que des ruisseaux de boue. A ces obstacles, prévus, s'en joignaient d'autres auxquels les Français ne devaient guère s'attendre. Trente mortiers, offerts par le roi Léopold, avec des canonniers pour les servir, et cinq mille bombes que le général Evain avait proposé de faire diriger sur Berchem, voilà tout ce qu'avait valu à l'armée assiégeante la bonne volonté du gouvernement belge. Or, le plus sérieux embarras de l'armée était le défaut de vivres, et surtout de fourrages. Sous ce rapport, les inquiétudes du maréchal Gérard étaient fort vives. Dans une lettre pressante, il pria le roi Léopold d'ordonner que le fournisseur belge fût autorisé à livrer aux Français, suivant prix convenu, cent vingt mille rations qu'il avait dans ses magasins. M. de Laneuville et le général Saint-Cyr Nugues écrivirent dans le même sens au général Evain. Pour toute réponse, celui-ci exprima le désir qu'on attendît le résultat d'adjudications qui devaient être faites par l'intendant. Ces adjudications eurent lieu, en effet, et ne produisirent rien, tant les prix que proposaient les adjudicataires étaient élevés! Que dire encore? Le roi Léopold demandait avec instance qu'une partie de notre cavalerie, placée aux avant-postes, fût rappelée au delà de la Ruppel. C'était demander que notre corps d'observation s'affaiblît en présence de l'armée hollandaise, dont on pouvait craindre que l'immobilité ne masquât des projets funestes. Et pourtant, sur l'ordre du maréchal Soult, les vœux du roi Léopold furent satisfaits. Le général Gentil Saint-Alphonse, qui était à Grammont, dut ramener en France, avant la fin de la campagne, sa division de cuirassiers. Ce n'est pas que Léopold n'eût pour l'armée les dispositions les plus bienveillantes; mais autour de lui grondaient les ressentiments implacables éveillés dans l'âme des Belges par cette politique du Cabinet des Tuileries, qui pour eux avait été pleine de tyrannie et d'insulte. Les Français reçurent bien, sans doute, quelques témoignages particuliers de sympathie ; à Anvers, par exemple, un ancien militaire qui avait combattu sous notre drapeau, M. de Retz, offrit généreusement de consacrer sa maison aux blessés de notre armée. Mais il n'en est pas moins vrai que nous eûmes tout à la fois contre nous, en Belgique, et ceux que nous allions combattre et ceux que nous allions secourir !

Il faut ajouter que, plus d'une fois, le maréchal Soult, ministre de la guerre, ne craignit pas de susciter à nos généraux des contrariétés sans excuse. Dans son désir de faire tomber toutes les attaques dirigées contre lui, et de répondre aux erreurs propagées par les feuilles publiques, il se plaignit sans motif, tantôt du laconisme des rapports, tantôt de la lenteur des opérations ; ou bien, ouvrant l'oreille à des récits mensongers, il s'exposait à blesser profondément des hommes d'un dévoûment inattaquable. C'est ainsi qu'il envoya le général Gourgaud sous les murs d'Anvers, pour s'assurer si le général Neigre avait fait les approvisionnements de poudre nécessaires. La correspondance du général Neigre ne laissait aucun doute à cet égard, et il fut prouvé que la provision était beaucoup plus que suffisante. Justement irrité, le général Neigre offrit d'abord sa démission ; mais, sur les représentations du général en chef, il resta au poste d'honneur que, depuis le commencement du siége, il avait si bien occupé.

Au milieu de tant d'obstacles et de tiraillements, le

maréchal Gérard déployait une fermeté admirable et une prudence consommée ; les travaux avançaient rapidement, et, dirigé avec la plus grande justesse, le feu des Français avait fait de l'intérieur de la citadelle un immense amas de décombres. Gravement malade, le général Chassé ne s'était presque point montré à la garnison : c'était le général Favange qui soutenait tout l'effort du siége. Mais le moment arriva où il fallut céder. Depuis plusieurs jours, les souffrances de la garnison étaient au comble ! Les Français ayant mis à sec les fossés de la citadelle, les Hollandais ne pouvaient plus se procurer l'eau nécessaire ; deux puits qui leur restaient furent détruits par les bombes des assiégeants ; pas un bâtiment qui ne tombât en ruine ; l'hôpital casematé menaçait de s'écrouler et d'écraser dans sa chute tous les blessés qu'on y disputait à la mort ; enfin, la garnison, entassée dans les poternes, sentait ses forces entièrement épuisées. Telle était, décrite par le général Chassé lui-même, la situation des troupes hollandaises, lorsque les Français se préparèrent à livrer l'assaut. Ils venaient de faire, à la face gauche du bastion n° 2, une brèche énorme qui avait comblé près de la moitié du fossé ; la descente du fossé était effectuée, et pour rendre l'assaut praticable, il n'y avait plus qu'à faire éclater la mine..... Jugeant à l'impétuosité et au courage qu'avaient jusqu'alors montrés les Français, que leur attaque serait furieuse, irrésistible, le général Chassé envoya deux officiers supérieurs, chargés de traiter en son nom, avec le commandant en chef de l'armée française. Après de vifs débats, une capitulation fut arrêtée pour l'évacuation de la citadelle d'Anvers ainsi que des forts qui en dépendent, et le chef d'escadron Lafontaine apporta cette capitulation à Paris.

L'article 2 était ainsi conçu : « La garnison sera prison-
« nière de guerre, mais reconduite à la frontière, où ses
« armes lui seront rendues, aussitôt que S. M. le roi de
« Hollande aura ordonné la remise des forts de Lillo et de
« Liefkenskoëk. »

Le jour même où la citadelle d'Anvers tombait au pouvoir des Français, la digue de Doël, occupée par la division du général Tiburce Sébastiani, était menacée par la garnison du fort de Liefkenskoëk et par l'escadre hollandaise. Tandis que, descendant la rivière, cette escadre venait se placer vis-à-vis la digue, des barques, chargées d'hommes et d'artillerie, sortaient de Liefkenskoëk, s'avançaient sur l'inondation et déposaient les troupes de débarquement sur la digue, près du point où elle se réunit à celle par qui l'inondation est contenue. Les Hollandais étaient au nombre de deux mille. Aux premiers coups de fusil, les Français, qui n'étaient pas plus de six cents, se précipitent sur le point attaqué, conduits par le général Sébastiani en personne, abordent l'ennemi à la baïonnette, le culbutent, courent à la digue en battant la charge. Ébranlés par cette vigoureuse attaque, les Hollandais regagnent en désordre leurs embarcations. En vain le feu d'une escadre nombreuse les protége : les uns tombent sous la baïonnette de nos soldats, les autres se jettent à la nage et périssent dans les flots ; les plus heureux rentrent dans le fort, dont un feu à mitraille va défendre les approches. Dans cet engagement rapide, qui assurait notre position à Doël, et où le général Tiburce Sébastiani s'était également distingué par sa présence d'esprit et sa bravoure, les Français n'avaient eu qu'une soixantaine d'hommes tués ou blessés. Ils s'y étaient montrés pleins d'enthousiasme, et tous, ils criaient à l'envi : *En avant ! en avant !* La joie des habitants du village fut extrême : ils accoururent pour embrasser nos soldats et leur offrir de l'eau-de-vie et du pain.

Le dernier épisode de cette campagne mérite d'être rapporté. Entre la citadelle d'Anvers et la Tête-de-Flandres, il y avait une flottille de plusieurs canonnières, au moyen de laquelle communiquaient les deux parties de la garnison hollandaise. En proposant, le 23 au matin, la capitulation, le général Chassé s'était intitulé *commandant de la citadelle d'Anvers, de la Tête-de-Flandres, et de l'escadre néerlandaise stationnée sur l'Escaut, devant cette place.* Or, son projet contenait un article portant qu'il serait loisible à la flottille de descendre le fleuve pour se retirer. Cet article fut rejeté dans le contre-projet, et les Français exigèrent la remise de la flottille. Mais, dans le conseil de défense, la prétention des vainqueurs devint l'objet d'une discussion fort animée. Le capitaine Koopman, commandant de la marine hollandaise, demanda que le mot flottille fût effacé de la capitulation, et déclara que, ne reconnaissant point d'autorité qui pût le forcer à se rendre, il saurait bien échapper à l'ennemi ou périr. En effet, dans la nuit même, il brûla une partie de ses bâtiments et tenta de soustraire le reste à la vigilance des Français. Mais ses efforts échouèrent : un seul bâtiment parvint à passer et alla se faire prendre à Saint-Philippe ; les autres durent remonter vers la citadelle et furent coulés. Le personnel de la marine hollandaise s'était renfermé dans la Tête-de-Flandres : quand la capitulation fut exécutée dans la citadelle, il déclara s'y soumettre. Mais le maréchal Gérard signifia au capitaine Koopman qu'il n'avait pas à invoquer le bénéfice d'une capitulation méconnue par lui-même,

Les marins furent donc laissés sur la rive gauche sans armes ni bagages ; on désarma les officiers, et le capitaine Koopman se vit traité comme prisonnier à discrétion.

Quant au général Chassé et à ses soldats, leur sort, aux termes de la capitulation, allait dépendre de la décision que Guillaume prendrait relativement à la remise des forts de Liefkenskoëk et de Lillo. L'incertitude sur ce point ne fut pas de longue durée. Le capitaine Passy et M. de Tallenay, envoyés par le maréchal Gérard au roi de Hollande, n'avaient pu franchir la frontière, l'autorité locale s'y étant formellement opposée. Seul, l'officier hollandais qui les accompagnait poussa jusqu'à La Haye. Mais Guillaume se tenait en garde contre tout découragement : il témoigna la satisfaction que lui causait l'énergique résistance du général Chassé, et il refusa nettement de remettre aux Français les forts qui dépendaient de la citadelle.

Ce refus condamnait la garnison à rester prisonnière : on offrit au général Chassé et à ses soldats de les renvoyer en Hollande et de leur rendre leurs armes à la frontière, s'ils s'engageaient à ne point servir contre la France et ses alliés, tant que les arrangements à intervenir entre la Belgique et la Hollande ne seraient point terminés. Le général Chassé répondit, en son nom et au nom de ses compagnons d'armes, qu'il n'était pas autorisé à souscrire à un semblable engagement.

Tel fut ce siége, mémorable entre tous ceux qu'a mentionnés l'histoire. Les soldats français, quoique appartenant pour la plupart à une génération que les guerres n'avaient point encore éprouvée, y furent admirables d'ardeur, de discipline, d'intrépidité. Généraux, officiers, soldats, y firent leur devoir, mieux que leur devoir même ; et, secondé puissamment par les généraux Saint-Cyr Nugues, Haxo, Neigre, le maréchal Gérard, sur qui pesait plus particulièrement l'entreprise, y rendit à son pays un service inestimable.

Le duc d'Orléans, on l'a vu, avait suivi l'armée ; il sut payer bravement de sa personne. Obéissant à une inspiration malheureuse, le maréchal Soult demandait qu'on retirât l'héritier présomptif de la couronne du service périlleux de la tranchée, pour l'envoyer en observation ; le maréchal Gérard s'y opposa, jugeant qu'il convenait mal à un prince de fuir le danger, ce dont le duc d'Orléans lui marqua beaucoup de reconnaissance.

Ainsi, nul dans l'armée n'était resté au-dessous de son rôle, et, désormais, il demeurait démontré, aux yeux de l'Europe, que l'irruption d'un grossier mercantilisme n'avait pas encore effacé entièrement les caractères distinctifs de notre vieille nationalité ! Il restait démontré que les batailles de l'Empire n'avaient pas tari la source de ce sang généreux qui, à tant d'époques diverses, coula pour les peuples opprimés ! Car c'est la gloire éternelle de la nation française d'avoir constamment représenté, au milieu de la fluctuation des choses humaines, le principe du dévoûment. Que la mission formidable qu'elle se donna vers la fin du xviiie siècle eût laissé en Europe une longue impression d'épouvante, on le conçoit ; et, pourtant, ce ne fut pas pour elle seule qu'elle agit, lorsque, furieuse et sublime, elle se mit à secouer les trônes et à prêcher la liberté universelle, sans que rien fût capable de l'arrêter, ni la ligue de toutes les monarchies, ni l'Angleterre épuisant contre nous son opulence et sa haine, ni les passions les plus fougueuses déchaînées sur la face entière du globe, ni enfin cette nécessité terrible de pourvoir au salut commun à force de frapper et de vaincre !

Voilà ce que n'auraient jamais dû oublier ceux qui, après la révolution de juillet, nous accusaient de nourrir un pernicieux esprit de conquête ; et voilà ce qui rendait odieusement hypocrites ces défiances de la diplomatie dont le Cabinet des Tuileries n'eut pas honte, dans la campagne d'Anvers, d'accepter, de subir l'affront. Car, si le siége de la citadelle d'Anvers fut, sous le rapport militaire, un événement glorieux, il ne fut, sous le rapport diplomatique, qu'une mystification cruelle. Il n'eut, en effet, pour but que de nous employer nous-mêmes au triomphe des inimitiés dont nous étions l'objet ; il éleva entre le peuple belge et nous une insurmontable barrière ; par les conditions que la diplomatie nous imposa, il perdit cette apparence de campagne révolutionnaire qu'il eût été si important de lui conserver ; en un mot, accompli sous l'œil des soldats prussiens, immobiles le long de la Meuse, il fit des soldats de la France les instruments d'un intérêt tout dynastique et d'une pensée qui remontait aux traités de 1815.

La Conférence devait être satisfaite ? Résumons son histoire.

La Belgique avait fait un effort violent pour se séparer de la Hollande. C'était plus qu'une manifestation de l'esprit révolutionnaire, c'était l'affaiblissement des garanties que les monarchies européennes avaient prises contre la France, lorsqu'en 1815 elles avaient formé le royaume des Pays-Bas. Elles se liguèrent donc une fois encore, sollicitées par la terreur immense que nous leur inspirions ; et ce fut à Londres que leurs plénipotentiaires se donnèrent rendez-vous, comme si l'Angleterre eût mérité cette préférence à cause de la profondeur de ses ressentiments[1]. Chose inconcevable! Dans cette ligue, la France fut représentée, et représentée par M. de Talleyrand. Les délibérations commencèrent. Rétablir le royaume des Pays-Bas, on ne l'aurait pu sans insulter ouvertement à la révolution de juillet, et elle avait trop ému les hommes pour qu'on lui jetât de tels défis. La diplomatie ne songea donc qu'à creuser un abîme entre la Belgique et la France. La première de ces deux nations semblait invinciblement attirée vers la seconde par la communauté des mœurs, par l'identité du langage, par la conformité des intérêts, par la religion, par les souvenirs : la Conférence se hâta de déclarer la Belgique nation neutre et indépendante. La Belgique se montrait amie de la France, jusque-là qu'elle demandait à être gouvernée par un prince français : la Conférence exigea de Louis-Philippe qu'il refusât la couronne offerte à son fils; et pour que la France n'eût dans ces Belges, dont elle possédait les sympathies, que des alliés impuissants, elle eut soin, par les protocoles des 20 et 27 janvier 1831, d'attacher à la séparation de la Belgique d'avec la Hollande des conditions de nature à ruiner la Belgique. Mais l'opinion à Bruxelles ne tarda pas à nous devenir défavorable et presque hostile, parce que le refus du duc de Nemours était tout à la fois pour les Belges une injure et un malheur. L'Angleterre alors proposa Léopold. Il fut agréé par le gouverne-

[1] Il est en Angleterre, nous le savons, un parti qui professe pour notre pays une estime sincère et d'honorables sympathies. Celui-là nous est cher, et ne saurait être compris dans nos attaques. Malheureusement, l'Angleterre n'a été jusqu'ici représentée dans ses relations extérieures que par les tories et les whigs, ennemis systématiques de la France et de tous les peuples.

ment français, accepté par la Belgique ; et la Conférence récompensa les Belges de ce commencement de haine qu'ils nous témoignaient, en substituant aux protocoles des 20 et 27 janvier, déclarés cependant irrévocables, le traité des 18 articles, qui était de nature à ruiner la Hollande. Opprimé à son tour, Guillaume reprocha énergiquement à ses frères de la Sainte-Alliance l'appui qu'ils prêtaient au principe révolutionnaire inauguré par les journées de septembre; il fit plus, il tira l'épée, accabla la Belgique par surprise, et se présenta seul à l'Europe comme le soutien de la cause des rois. Alors, l'empereur de Russie, l'empereur d'Autriche, le roi de Prusse, réclamèrent dans le Congrès de Londres, en faveur du principe monarchique, une part de cette influence que jusque-là l'Angleterre avait exercée tout entière, sous l'unique inspiration de son horreur pour la France. Le traité des 24 articles fut conséquemment substitué à celui des 18 articles. Or, les démêlés de la Hollande et de la Belgique portaient sur trois points : l'un concernant la démarcation des territoires respectifs, les deux autres concernant certains droits de navigation et le partage de la dette. La navigation et la dette n'étaient que des questions belges et hollandaises : la Conférence, après de longs débats, convia les deux parties à terminer leur querelle par une négociation directe, se reconnaissant ainsi incompétente. Mais elle se garda bien d'en faire autant par rapport à la question territoriale, qu'elle s'empressa de déclarer à l'abri de toute controverse, et cela parce que le traité des 24 articles avait résolu cette question dans la vue toute spéciale de nuire à la France!

Si le peuple français n'eût été qu'un peuple d'aventuriers sans foi ni loi, digne d'être mis au ban de l'humanité, les autres peuples, en se liguant contre lui, eussent fait acte de cosmopolitisme et de justice : il faudrait les en louer. L'Europe marche à pas pressés vers un régime où toutes les causes qui intéressent les hommes réunis devront être portées devant un tribunal suprême, un tribunal amphictyonique : rien n'est plus désirable, et rien ne serait plus auguste. Mais où la Conférence de Londres avait-elle puisé son droit? Dans le pouvoir du glaive. Que représentaient ses membres? Une civilisation caduque, fille des erreurs les plus grossières et des plus barbares préjugés. Et que voulait-elle maintenir, cette Conférence? Une œuvre de spoliation générale, le système des traités de Vienne. Et contre qui se trouvait-elle armée? Contre le peuple initiateur et dévoué par excellence. Donc, c'est un des crimes les plus éclatants qu'il soit donné à l'histoire d'enregistrer que cette prise de possession des affaires de l'Europe par la Conférence, dans les années 1831 et 1832. A quelque patrie qu'appartiennent les amis de l'humanité, il faut qu'ils sachent que le principe du cosmopolitisme ne peut que gagner à l'affermissement, à l'agrandissement de cette nationalité française, si essentiellement communicative et désintéressée. Les monarchies européennes, siégeant à la Conférence, ne s'y trompèrent point. Elles brûlaient de nous ravir notre force, parce que la force de la France importe à la liberté du monde.

FIN DU TOME TROISIÈME.

DOCUMENTS HISTORIQUES.

ARRÊT RENDU DANS L'AFFAIRE DES PROUVAIRES. — PIÈCES DIPLOMATIQUES SUR L'INTERVENTION DES PUISSANCES DANS LES AFFAIRES DE LA ROMAGNE. — COMPTE RENDU DES DÉPUTÉS DE L'OPPOSITION. — MISE EN ÉTAT DE SIÉGE DE PARIS. — PROTOCOLES DE LA CONFÉRENCE DE LONDRES RELATIVEMENT A LA HOLLANDE ET A LA BELGIQUE.

N° 1.

ARRÊT DANS L'AFFAIRE DES PROUVAIRES

Prononcé par la Cour d'assises de la Seine, en séance publique du 25 juillet 1832.

A sept heures, MM. les jurés entrent en délibération. On emmène les accusés, et l'on fait évacuer la salle d'audience.

Le jury, entré la veille à sept heures du soir dans la chambre des délibérations, en est sorti ce matin à cinq heures et demie. Pendant toute la nuit, l'audience a été remplie d'une foule nombreuse composée des parents, des amis des accusés et de la plupart des témoins.

M. Callou, avoué, désigné par MM. les jurés comme chef du jury, a donné lecture de la déclaration ainsi conçue :

1er **Chef d'accusation**. — 1re *Question*. — En 1831 et 1832, a-t-il été concerté et arrêté entre plusieurs personnes une résolution d'agir ayant pour but soit de détruire, soit de changer le gouvernement, soit d'exciter les citoyens à s'armer contre l'autorité royale, et d'exciter la guerre civile en portant les citoyens à s'armer les uns contre les autres ?

Réponse. — Oui, à la majorité de plus de sept voix.

2e *Question*. — Ledit complot a-t-il été suivi d'un ou plusieurs actes commis ou commencés pour en préparer l'exécution ?

Réponse. — Oui, à la majorité de plus de sept voix.

Les questions spéciales relatives aux accusés compris dans ce premier chef d'accusation ont été ainsi résolues :

Oui, Suzanne est coupable sur la première question seulement.
— Oui, il y a en sa faveur des circonstances atténuantes.

Oui, Sainte-Croix Piégard est coupable sur les deux premières questions.
— Oui, il y a en sa faveur des circonstances atténuantes.

Non, Magret n'est pas coupable.

Oui, Guérin est coupable, sur la première question seulement.

Non, Dufoussac n'est pas coupable.

Oui, Fargues est coupable sur la première question.

Oui, Vuchard est coupable sur la première question. — Oui, il y a en sa faveur des circonstances atténuantes.

Oui, Descloux est coupable sur la première question.

Oui, Charbonnier de la Guesnerie est coupable sur la première question. — Oui, il existe en sa faveur des circonstances atténuantes.

Non, Gressier n'est pas coupable.

Non, Reiter n'est pas coupable.

Oui, Gechter est coupable sur la première question.—Oui, il existe en sa faveur des circonstances atténuantes.

Oui, Lebrun est coupable sur la première question.—Oui, il existe en sa faveur des circonstances atténuantes.

Non, Lemesle n'est pas coupable.

Oui, Fizanne est coupable sur les deux questions.

Oui, Poncelet est coupable sur les deux questions.

Non, Tillet n'est pas coupable.

Oui, Chéry est coupable, sur la première question seulement.

Oui, Coudert est coupable sur la première question.

Oui, Roger est coupable sur la première question.

Oui, Lechat est coupable sur la première question.

Oui, Mauger est coupable sur la première question.—Oui, il existe en sa faveur des circonstances atténuantes.

Non, Gillot n'est pas coupable.

Oui, Daxelhoffer est coupable sur la première question.

Non, Paoul n'est pas coupable.

Oui, Patriarche est coupable sur les deux questions.

Oui, Collet est coupable, sur la première question seulement. — Oui, il existe en sa faveur des circonstances atténuantes.

Non, Buffenoir n'est pas coupable.

Oui, Collin père est coupable, sur la première question seulement.

Non, Panouillot n'est pas coupable.

Non, Bonneau n'est pas coupable.

Non, Collot n'est pas coupable.

Non, Bouvier n'est pas coupable.

Oui, Bousselot est coupable sur la première question. — Oui, il existe en sa faveur des circonstances atténuantes.

Oui, Fortier est coupable sur les deux questions. — Oui, il existe en sa faveur des circonstances atténuantes.

Non, Delapujade n'est pas coupable.

Oui, Dutillet est coupable sur les deux questions.

Oui, Bacquier est coupable sur la première question.

Non, Verneuil n'est pas coupable.

2ᵉ **Chef d'accusation.** — 43ᵉ *Question*. — Un attentat dont le but était, soit de détruire, soit de changer le gouvernement, soit d'exciter la guerre civile, en portant les citoyens à s'armer les uns contre les autres, a-t-il été exécuté en 1832?

Réponse. — Non, à la majorité de sept voix.

44ᵉ *Question*. — Un attentat dont le but était, soit de détruire, soit de changer le gouvernement, soit d'exciter la guerre civile, en portant les citoyens à s'armer les uns contre les autres, a-t-il été commis par tentative en 1832?

Réponse. — Oui, à la majorité de plus de sept voix.

Les questions spéciales relatives aux accusés compris dans ce second chef d'accusation ont été ainsi résolues :

Oui, Poncelet est coupable sur la 44ᵉ question. — Oui, il existe en sa faveur des circonstances atténuantes.

Oui, Marliat est coupable sur la 44ᵉ question. — Oui, il existe en sa faveur des circonstances atténuantes.

Oui, Dutertre est coupable sur la 44ᵉ question. — Oui, il existe en sa faveur des circonstances atténuantes.

Oui, Dutillet est coupable sur la 44ᵉ question. — Oui, il existe en sa faveur des circonstances atténuantes.

Non, les accusés Tillet, Goetz, Romaneski, Maréchal, Billard, Coudert, Daxelhoffer, Paoul, Patriarche, Collet, Lartigues, Panouillot, Bonneau, Collot, Bousselot, Dumoulier de la Brosse, Delapalme-Duborne, Prévot, Duchillon, De Tusseau, Lapujade et Lavaux, ne sont pas coupables sur ce second chef d'accusation.

3ᵉ **Chef d'accusation.** — Les accusés Sainte-Croix Piégard, Toutain, Guérin, Brunet-Dufoussac, Fargues, Vuchard, Charbonnier, Gechter, Lebrun, Lemesle, Fizanne, Chéry, Roger, Lechat, Mauger, Gillot et Fortier, sont-ils coupables d'avoir, par dons, promesses, machinations, provoqué les auteurs de l'attentat spécifié dans les 43ᵉ et 44ᵉ questions à le commettre ?

Réponse. — Non, les accusés ne sont pas coupables.

Ces mêmes accusés sont-ils coupables d'avoir fourni aux auteurs de l'attentat spécifié les armes, munitions et autres objets qui ont servi à le commettre, sachant qu'ils devaient y servir ?

Réponse. — Non, les accusés ne sont pas coupables.

Ces mêmes accusés sont-ils coupables d'avoir aidé et assisté les auteurs de cet attentat dans les faits qui l'ont préparé et facilité?

Réponse. — Non, les accusés ne sont pas coupables.

4ᵉ **Chef d'accusation.** — Poncelet est-il coupable d'avoir, en 1832, commis volontairement un homicide sur la personne du sergent de ville Houel ?

Réponse. — Oui, l'accusé est coupable. — Oui, il existe en sa faveur des circonstances atténuantes.

126ᵉ *et dernière question.* — Le meurtre précédent a-t-il accompagné l'attentat spécifié dans les 43ᵉ et 44ᵉ *questions?*

Réponse. — Non, l'accusé n'est pas coupable.

Après la lecture de ces questions et réponses, M. le président donne ordre d'introduire les accusés à l'égard desquels la réponse du jury a été négative. Il déclare acquittés de l'accusation les individus dont les noms suivent, et ordonne leur mise en liberté immédiate.

Accusés acquittés : Megret, Brunet-Dufoussac, Reiter, Gressier, Lemesle, Tillet, Goetz, Romaneski, Paoul, Gillot, Billard, Maréchal, Buffenoir, Lartigues, Panouillot, Bonneau, Collot, Bouvier, Dumoulier de la Brosse, Delaplame-Duborne, Prévot, Duchillon, Lapujade, Lavaux.

Les condamnés sont introduits, et M. l'avocat général Franck-Carré requiert, à l'égard de Poncelet, l'application des articles 87, 88, 89, 291, 304 et 463 du code pénal ; à l'égard de Roger, l'application des articles 56 et 89 du même code ; à l'égard des autres accusés, l'application des articles 89 et 463 du code pénal.

Mᵉˢ Guillaumin et Fontaine soutiennent en droit que les faits déclarés constants par le jury ne tombent pas dans l'application du code pénal actuel.

Mᵉˢ Hardy, Belval, Pinet, Battier, Wollis, appellent l'indulgence de la cour en faveur de leurs clients, à l'égard desquels le jury a déclaré qu'il existait des circonstances atténuantes.

Au moment où Mᵉ Fontaine se lève pour plaider en droit, l'accusé Charbonnier de la Guesnerie l'interrompt en lui disant avec vivacité : « Non ! non ! M. Fontaine, point de grâce, point d'indulgence, je n'en veux pas ! »

L'accusé Bacquier interrompt aussi Mᵉ Couturier en lui disant : « Point de grâce ! point d'indulgence ! J'aime autant être condamné à dix ans qu'à six mois ! »

« Cela reviendra au même, reprend un autre accusé ; ça ne peut pas durer. »

La cour se retire pour délibérer. (Il est huit heures.)

Après une heure de délibération, elle rend l'arrêt suivant :

La cour (suivent les articles cités) :

Condamne Poncelet, Marliat, Dutertre, Dutillet, Patriarche et Fizanne à la peine de la déportation.

Condamne Piégard, Sainte-Croix, Fortier, Toutain, Guérin, Fargues, Descloux, Chéry, Coudert, Roger, Lechat, Daxelhoffer et Bacquier, chacun à cinq ans de détention et à rester sous la surveillance de la haute police pendant deux ans.

Condamne Charbonnier, Gechter, Lebrun et Collet, chacun en deux années d'emprisonnement, les met sous la surveillance de la haute police pendant deux ans.

Condamne Suzanne, Vuchard, Mauger, Collin père et Bousselot, chacun à une année d'emprisonnement et à un an de surveillance.

Les condamne solidairement aux frais.

N° 2.

PIÈCES DIPLOMATIQUES

Sur l'intervention des Puissances dans les affaires de la Romagne.

LETTRE DE LORD SEYMOUR

Adressée à chacun des ambassadeurs composant la Conférence politique à Rome.

Rome, 7 septembre.

« Le soussigné a l'honneur d'informer Votre Excellence qu'il a reçu l'ordre de sa cour de quitter Rome et de retourner à son poste à Florence. Le soussigné a l'ordre aussi d'expliquer brièvement à Votre Excellence les motifs qui ont amené le gouvernement anglais à l'envoyer à Rome, ainsi que ceux pour lesquels il va maintenant quitter cette ville.

« Le gouvernement anglais n'a pas d'intérêt direct dans les affaires des États Romains, et n'a jamais songé à y intervenir. Il fut, dans le principe, invité par les Cabinets de France et d'Autriche à prendre part aux négociations de Rome, et il céda aux instances de ces deux Cabinets, dans l'espoir que ses bons offices unis aux leurs pourraient contribuer à produire la solution amiable des discussions entre le pape et ses sujets, et écarter ainsi les dangers de guerre en Europe.

« Les ambassadeurs de Prusse et de Russie à Rome, ayant subséquemment pris part aux négociations, les ambassadeurs des cinq Puissances n'ont pas été longtemps sans découvrir les principaux vices de l'administration romaine, et sans indiquer les remèdes à y apporter; en mai 1831, ils présentèrent au gouvernement papal un mémoire contenant des instructions d'amélioration qu'ils déclarèrent unanimement indispensables pour la tranquillité permanente des États Romains, et que le gouvernement anglais trouva fondé en justice et en raison.

« Plus de quatorze mois se sont écoulés depuis la production de ce mémoire, et pas une des recommandations qu'il renferme n'a été adoptée ni exécutée par le gouvernement papal ; les édits mêmes, préparés ou publiés, qui déclarent que quelqu'une de ces recommandations va recevoir son effet, diffèrent essentiellement des mesures consignées dans le mémoire. La conséquence de cet état de choses a été telle qu'on pouvait l'attendre. Le gouvernement papal n'ayant rien fait de ce qu'il fallait faire pour calmer le mécontentement, il n'a fait que s'accroître, grossi par la déception des espérances qu'avaient fait naître les négociations entamées à Rome.

« Ainsi, les efforts faits depuis plus d'un an par les cinq Puissances, pour rétablir la tranquillité dans les États Romains ont été vains ; l'espoir de voir la population volontairement soumise au pouvoir du souverain n'est pas plus assuré qu'il ne l'était au commencement des négociations. La Cour de Rome paraît compter sur la présence temporaire des troupes étrangères, et sur la coopération qu'elle espère d'un corps de Suisses pour le maintien de l'ordre. Mais l'occupation étrangère ne peut être indéfiniment prolongée ; il n'est pas probable qu'un corps de Suisses, à l'entretien duquel suffiraient les ressources financières du gouvernement papal, fût assez fort pour comprimer la population mécontente. Si même la tranquillité pouvait être ainsi rétablie, on ne pourrait espérer qu'elle serait durable, et elle ne remplirait d'ailleurs nullement les vues qu'avait le gouvernement anglais en s'associant aux négociations. Dans ces circonstances, le soussigné a reçu l'ordre de déclarer que le gouvernement anglais n'a plus aucun espoir de succès, et que, la présence du soussigné à Rome devenant sans objet, l'ordre lui a été intimé d'aller reprendre son poste à Florence. Le soussigné a, de plus, mission d'exprimer le regret dont sa Cour est pénétrée de n'avoir pu, pendant une année et demie, rien faire pour le rétablissement de la tranquillité en Italie. Le gouvernement anglais prévoit que, si l'on persévère dans la marche actuelle, de nouveaux troubles éclateront dans les États Romains, d'une nature plus sérieuse et dont les conséquences multipliées peuvent, à la longue, devenir dangereuses pour la paix de l'Europe. Si ces prévisions se réalisaient par malheur, l'Angleterre, au moins, sera pure de toute responsabilité pour les malheurs qu'occasionnera la résistance aux sages et pressants conseils émis par le Cabinet anglais.

« Le soussigné profite, etc.

« *Signé* : G.-H. SEYMOUR. »

LETTRE DU PRINCE DE METTERNICH

Adressée à l'ambassadeur d'Angleterre à Vienne et transmise à lord Seymour par l'ambassadeur d'Autriche comte de Lutzow.

« Le soussigné, chancelier de Cour et d'État de S. M. l'empereur d'Autriche, a l'honneur d'accuser réception de la note qu'il a reçue de l'ambassadeur de S. M. Britannique. »

Ici M. de Metternich fait allusion aux délibérations déjà connues de la Conférence de Rome, et termine ainsi :

« Le Saint-Père a refusé seulement deux points principaux :

« 1° L'admission du principe de l'élection populaire, comme base des assemblées communales et provinciales ; 2° la formation d'un conseil d'État composé de laïques, qui serait placé auprès du sacré collége, ou plutôt en opposition avec lui.

« Il n'appartenait sans doute ni à l'Autriche ni à aucune autre Puissance de dicter des lois au souverain Pontife, surtout quand il s'agissait de matières placées hors de la sphère des améliorations administratives sur lesquelles il était permis de donner des avis à Sa Sainteté ; quand il s'agissait, en un mot, de tendre à créer un nouveau pouvoir dans l'État. Le Cabinet autrichien se voyait obligé de céder sur ce point à la résistance légitime du Pape, aussi bien qu'aux protestations unanimes des autres gouvernements d'Italie ; ces derniers, en effet, aux institutions desquels le principe de l'élection populaire est étranger, voient dans de pareilles concessions un danger imminent pour la sûreté de leurs États. De plus, il a lui-même acquis, par les faits les plus positifs communiqués au gouvernement anglais, la conviction profonde que les concessions demandées par les mécontents n'étaient, même à leurs yeux, que des armes avec lesquelles ils se proposaient d'attaquer et de détruire le gouvernement lui-même, en excitant sans cesse des troubles dans les États de l'Église.

« L'ensemble des lois et des institutions données par le Saint-Père a reçu depuis longtemps les suffrages solennels et non équivoques des ambassadeurs des grandes Puissances résidant à Rome, par les notes qu'ils ont adressées au cardinal secrétaire d'État, le 12 janvier dernier, au moment où les mesures prises par S. S. pour rappeler à l'obéissance les provinces réfractaires leur ont été annoncées. Les actes officiels en réponse à la note circulaire du 11 janvier ont ainsi obtenu un caractère synallagmatique. Nous n'opposerons pas à la validité de pareils documents celle de l'avis officiel que les mêmes personnages diplomatiques ont adressé à la Cour de Rome dans le *memorandum* du 21 mai précédent.

« Les événements qui ont suivi sont bien connus. Depuis que les troupes impériales sont rentrées dans les Légations, et l'occupation d'Ancône, de vive force, par les Français, le Cabinet autrichien a apprécié la valeur de l'opinion exprimée par le gouvernement pontifical, que chaque concession nouvelle, faite soit aux demandes de ses sujets mécontents, soit à la requête d'une nation étrangère, par voie diplomatique, serait une dérogation à l'indépendance du souverain, de qui, en apparence, on parviendrait à l'arracher par la force des armes, et que, dans ce fait de concessions obtenues par l'intervention armée des étrangers, les factieux trouveraient un précédent pour se faire accorder encore plus, au moyen d'un appel à ces mêmes étrangers.

« Cette manière de voir les choses a été franchement communiquée au gouvernement français et à celui de la Grande-Bretagne ; on leur a présenté les concessions dont il s'agit comme dangereuses pour le reste de l'Italie et comme une source intarissable de troubles permanents dans l'État où elles seraient admises. Pénétré de cette conviction, l'empereur ne pouvait en conscience tenir un autre langage au Saint-Père.

« Mais, en même temps, S. M. I. n'a pas cessé d'inviter le souverain Pontife de la manière la plus pressante, non-seulement à maintenir dans une complète exécution les dispositions législatives déjà publiées, mais encore à donner à ces dispositions un caractère de stabilité qui les mettrait à l'abri du risque de changements futurs, sans empêcher d'utiles perfectionnements. Les preuves de la sollicitude du Cabinet autrichien sur ce point ont été placées sous les yeux du Cabinet britannique ; mais l'intérêt que l'Autriche éprouve de voir mettre un terme aux sujets de dissensions dans ces États, ne s'est pas borné là. Les recommandations les plus sérieuses, pour l'établissement du meilleur ordre de choses possible, n'ont point été épargnées au gouvernement romain. Des fonctionnaires autrichiens expérimentés et connaissant bien l'Italie ont été mis à sa disposition, afin de l'aider à introduire les améliorations praticables dans les circonstances difficiles où il est placé, occasionnées par les troubles perpétués depuis dix-huit mois dans une grande partie de ses provinces.

« Telle est la manière dont l'Autriche a entrepris d'exercer l'influence que le caractère ferme et désintéressé de son gouvernement lui a procuré à la Cour de Rome. Repoussant, en ce qui la concerne, tout agrandissement territorial, fermement résolue de maintenir, de concert avec ses alliés, l'état de possession tel qu'il se trouve établi par les traités dans la Péninsule italienne, et particulièrement l'intégrité du Saint-Siége, S. M. I. conserve la conviction que les concessions proposées pour changer la forme du gouvernement pontifical, ou en détacher quelques-unes de ses provinces, n'ont pour but, dans la pensée de ceux qui les réclament, que de les affranchir entièrement du pouvoir du Saint-Siége. C'est donc par égard pour le repos de l'Italie que l'empereur se croit obligé de refuser de soutenir de pareilles demandes. C'est ainsi qu'obéissant à la voix de sa conscience, il sert véritablement la cause de la paix générale, qui est l'objet de tous ses vœux et de sa constante sollicitude.

« Rendant pleine justice aux dispositions que le gouvernement français, guidé par les motifs de sa propre conservation, manifeste sous ce rapport, le Cabinet autrichien espère qu'il sera toujours facile de s'entendre et de se débarrasser de toutes les difficultés qui peuvent se présenter dans le cours des événements. Il n'éprouve aucune crainte d'une complication sérieuse qui prendrait sa source dans les mesures administratives d'un État indépendant. Mais, fort de la sincérité de ses sentiments, l'empereur se plaît à croire qu'il trouvera dans tous les cas S. M. Britannique disposée comme lui-même à maintenir les nœuds indissolubles d'amitié et d'alliance qui unissent les deux monarques, et dont la garantie se trouve des deux côtés dans une identité de principes, de vues et d'intérêt.

« Le soussigné requiert l'ambassadeur de porter sa réplique à la connaissance de sa Cour.

« *Signé :* Prince de METTERNICH. »

RÉPONSE DE LORD SEYMOUR AU COMTE LUTZOW.

« Le soussigné a l'honneur de recevoir la communication de S. Exc. M. le ministre d'Autriche. Il connaissait déjà la note de M. le prince de Metternich ; mais ayant reçu depuis peu l'ordre de quitter Rome, le soussigné doit en conclure que les observations du prince n'ont pas paru à son gouvernement de nature à modifier ses vues sur l'état des affaires de Rome. Le soussigné reste convaincu, d'après ses instructions, que son gouvernement ne croit pas les améliorations introduites par le pape dans l'administration de ses États suffisantes pour répondre aux vœux et aux espérances des Puissances, tels qu'ils furent exprimés en 1831. Le gouvernement anglais sait très-bien qu'il existe parmi les sujets de Sa Sainteté des individus appartenant à la faction dont parle M. de Lutzow ; mais ce fait n'empêche pas que les vœux d'une partie très-raisonnable de la population romaine peuvent être satisfaits sur une plus large échelle avec avantage pour le pays.

« On arriverait ainsi à une scission parmi les mécontents ; tandis qu'une partie se trouverait attachée à son souverain par de nouveaux liens, l'autre perdrait toute influence à cause de l'injustice de ses demandes. C'est dans ces vues que le gouvernement de Sa Majesté a cherché jusqu'à ce jour à arranger les difficultés qui embarrassent encore les affaires des États Romains ; mais quoiqu'on ne puisse douter que toutes les grandes Puissances ne partagent ces intentions, toutefois il paraît qu'on n'est pas d'accord sur les moyens à employer pour atteindre ce but. Le temps ne manquera pas de démontrer la fausseté ou la justesse de cette opinion sur les affaires des États Romains, et le soussigné peut assurer M. le comte de Lutzow qu'il verra avec le plus grand plaisir ses tristes prédictions ne pas se réaliser. Il saisit en outre la dernière occasion qu'il aura peut-être de faire part à Son Excellence de sa conviction que les dangers auxquels il a dû faire allusion diminueront à mesure que les améliorations annoncées par la note de Son Excellence seront adoptées avec énergie et franchise.

« G.-H. SEYMOUR. »

N° 3.

28 MAI 1832

COMPTE RENDU DES DÉPUTÉS DE L'OPPOSITION

(SESSION DE 1831)

A NOS COMMETTANTS.

Les députés soussignés, présents à Paris[1], convaincus des périls d'un système qui éloigne le gouvernement de plus en plus de la révolution qui l'a créé, regardent, dans la situation actuelle de la France, comme le plus impérieux de leurs devoirs, de rendre compte à leurs commettants de leurs principes et de leurs votes. S'il n'a pas été en leur pouvoir de ramener le gouvernement aux conditions de sa propre conservation, il est du moins en leur pouvoir de signaler le danger.

Notre révolution de 1830 a été diversement appréciée. Les uns n'y ont vu qu'un incident, qu'une modification de la Restauration, et ils en ont conclu que les hommes et les principes de la Restauration devaient être les principes et les hommes du gouvernement nouveau. L'influence de cette opinion s'est retrouvée dans toutes les phases de la longue et stérile session qui vient de s'accomplir. On l'a reconnue dans les débats sur la liste civile, sur l'hérédité de la pairie, sur l'organisation de l'armée; elle a présidé à la discussion du budget; elle dirige l'administration de l'empire, et règle son attitude vis-à-vis de l'étranger.

Les autres, et les soussignés sont de ce nombre, ont salué, dans la révolution de juillet, la consécration définitive des principes et des droits proclamés par la grande Révolution de 1789. Ces prin-

---

[1] L'original du *compte rendu* a été signé par quarante et un députés présents à Paris, et qui s'étaient réunis pour en discuter la rédaction.

cipes et ces droits, telle est la base large et puissante sur laquelle ils auraient voulu asseoir le trône. Leurs discours et leurs votes ont été constamment la conséquence de cette pensée.

Ainsi, lors de la discussion de la liste civile, nous avons cru que la royauté nouvelle avait d'autres conditions de force et d'existence que le luxe et la corruption des vieilles monarchies; que, forte de son origine populaire et de la raison publique, elle n'avait besoin ni de frapper les imaginations par son opulence, ni d'acheter des dévoûments; dans la même discussion, et sur l'insistance du ministère à rétablir, dans notre langage et dans notre droit politique, l'expression féodale de *sujets*, nous avons dû protester.

Les débats sur la constitution de la pairie ont été un vaste champ où les partisans des doctrines du régime déchu ont fait connaître à la fois leurs désirs et leurs regrets. A les entendre, rien de plus sacré que les priviléges préexistants à la révolution, et, suivant eux, point d'État, point de société possibles hors de l'hérédité de la pairie. C'était une pensée de la Restauration.

Quant à nous, fidèles au principe d'égalité et de souveraineté nationale, nous avons fait prévaloir le vœu de la France, et l'hérédité a été abolie.

Nous voulions plus : nous demandions que le pouvoir législatif, même dans l'autre Chambre, dérivât d'une délégation du souverain, c'est-à-dire de la nation. Nous ne voulions pas que certains pairs pussent se dire plus légitimes que le roi. Il nous paraissait que la révolution devait élire ses législateurs, comme elle aurait dû instituer ses juges. La majorité en a jugé autrement : le temps et l'expérience prononceront entre elle et nous.

L'armée a été l'objet de notre plus vive sollicitude. Réparer, pour le passé, les injustices de la Restauration; la rendre, pour l'avenir, redoutable aux ennemis de la France, sans que la liberté intérieure en pût être menacée; assurer l'avancement non à la faveur, mais aux services; répandre l'instruction dans les régiments; enfin améliorer, sous tous les rapports, la condition du soldat, tel était notre but. La proposition de reconnaître les grades et les décorations des Cent-Jours satisfaisait au premier de ces vœux, et elle avait été adoptée par les deux Chambres. Il appartenait à une mesure législative de consacrer une réparation qui n'était pas individuelle, mais collective. Sans donner ni refuser la sanction royale, le gouvernement a substitué une ordonnance à une mesure législative, méprisant ainsi l'initiative des Chambres, violant les règles de compétence constitutionnelle, et même les formes matérielles établies pour le refus de la sanction. Nous avons dû protester.

Deux systèmes étaient présentés pour l'organisation de l'armée : l'un, qui demandait une puissante réserve, composée de la garde nationale et des soldats libérés du service, aurait permis de diminuer la force et les dépenses de l'armée permanente ; l'autre, au contraire, laissait la garde nationale mobile sans organisation ; il exigeait inutilement la présence sous le drapeau d'un plus grand nombre de soldats.

Le premier système, plus économique, plus favorable à la fusion de la garde nationale et de l'armée, était le nôtre. Le second a obtenu la majorité.

Le budget semblait devoir réunir toutes les opinions dans des vues d'économie et de soulagement des contribuables.

Les continuateurs de la Restauration ont trouvé toutes les dépenses légitimes, tous les impôts bien assis ; et, comme si ce n'eût pas été assez de la loi douloureuse de la nécessité, ils se sont chargés, dans leurs insultantes théories, de faire considérer comme un bienfait l'exagération de l'impôt. Nous aurions voulu que la Révolution apportât sa dot au peuple. Loin de nous la pensée de compromettre des ressources que la défense du territoire peut rendre nécessaires ; mais une administration plus économique et plus simple, une meilleure assiette de certains impôts, un mode de recouvrement moins tracassier, diminueraient le fardeau des charges publiques: elles en deviendraient plus équitables et moins pesantes pour les classes laborieuses.

Les questions d'administration intérieure nous ont aussi trouvés divisés. Autant, et plus que nos adversaires, nous voulions, nous demandions la répression de toutes les atteintes à l'ordre public. Convaincus que la sécurité est le premier besoin d'un peuple dont l'existence est dans le travail, nous pensions qu'un gouvernement populaire aurait eu plus de force pour prévenir les troubles, et plus de modération pour les réprimer. Le gouvernement, qui s'est proclamé si fort, n'a réussi, par ses violences, selon son propre aveu, qu'à organiser la résistance sur tous les points du territoire et à jeter dans les populations les plus dévouées des ferments d'irritation et de désordre.

Quant au personnel de l'administration, après la chute d'un gouvernement auquel il se rattachait naturellement un certain nombre d'existences, il était facile de reconnaître où se trouveraient les ennemis d'un nouvel ordre de choses. Le gouvernement, abusé par de funestes doctrines et par d'injustes préventions, n'a vu d'ennemis que dans ceux qui avaient combattu pour le fonder.

Un membre de l'Opposition a voulu que la France sût enfin si son gouvernement craindrait de se compromettre sans retour avec elle dans la révolution de juillet. La proposition Bricqueville, après avoir échoué une première fois, a été reproduite dans la dernière session. Elle était comme le pressentiment d'une tentative récente, dès lors méditée, et dont le Pouvoir, si l'on en croit son organe officiel, possédait déjà le secret. On a vu cependant le parti ministériel réunir tous ses efforts pour dénaturer cette proposition, et même, après le vote des Chambres, un mauvais vouloir en a retardé la sanction, comme si cet inexplicable délai devait être une protestation tacite et un motif d'absolution. Ce système de ménagement compromet la paix intérieure de la France, et porte les hommes timides à douter d'un gouvernement qui paraît douter de lui-même.

La dernière session semblait plus particulièrement consacrée à la réalisation des promesses de la Charte. Les Chambres devaient constituer le pouvoir municipal dans toutes ses branches, organiser la responsabilité des ministres, celle de tous les agents du Pouvoir, l'instruction primaire et la liberté de l'enseignement. Nous avons pressé l'accomplissement de ces promesses. Nous demandions un système municipal qui décentralisât les petites affaires, simplifiât les grandes, étendît partout les éléments de la vie politique, et associât au moins au droit de cité le plus grand nombre possible de citoyens. Une large organisation du département et de la commune serait en effet le plus puissant moyen de force, d'ordre public et de prospérité matérielle. Des projets de loi avaient été arrachés, pour ainsi dire, au ministère par les exigences de l'opinion : ils ont été neutralisés dans la Chambre par une secrète influence, et détruits enfin par des ajournements indéfinis. Tels étaient nos vœux sur la politique intérieure : ils ont été impuissants.

Dans les relations de la France avec l'étranger, notre bannière a encore été celle de 1789 : point de guerre d'ambition ni de conquête, mais indépendance absolue à l'intérieur de toute influence étrangère. C'est la rougeur sur le front que nous avons plusieurs fois, dans le cours de la session, entendu les agents du gouvernement parler de la crainte de déplaire aux Cabinets étrangers ; nous croyions que la France était à jamais affranchie de cette humiliante influence : nous ne désavouons pas nos vives sympathies pour le bonheur et la liberté des autres peuples, mais nous n'avons jamais eu la prétention de les soumettre à nos institutions.

Après le renversement d'une dynastie imposée par la Sainte-Alliance, le gouvernement devait surveiller avec inquiétude les mouvements des monarques étrangers. Il ne devait pas leur permettre surtout d'étendre et d'augmenter leur puissance.

Il l'avait reconnu lui-même, quand il avait annoncé à la France l'intention de secourir l'Italie contre l'Autriche, et de protéger contre la Russie la nationalité polonaise. Et cependant, malgré ses promesses formelles, malgré les intérêts anciens et nouveaux de la France, il a abandonné l'Italie à la domination de l'Autriche et il a laissé périr la Pologne, cette Pologne que nous pouvions secourir, quoi qu'on en ait dit à la tribune, et que notre devoir était de sauver.

Que l'on ne croie pas qu'un langage mesuré et ferme eût amené la guerre : nous croyons au contraire que c'était le seul et le plus sûr moyen de conserver la paix.

En résumé, la paix avec l'indépendance et la dignité de la France, l'ordre par la liberté, une fidélité inaltérable à la pensée de la révolution de juillet, pensée de nationalité, de justice, d'ordre, de gloire et de modération, de liberté et de civilisation générale ; pensée glorieuse et pure que nous aimons à reproduire, que tous nos votes ont fidèlement exprimée, que nos cœurs n'ont jamais trahie : telle a été et telle sera toujours notre politique.

Loin de nous d'imiter nos adversaires dans leurs violences et leurs calomnies. Mais que les hommes du 13 mars nous disent si une seule de leurs promesses a été tenue.

Ils devaient réunir autour du trône toutes les opinions, et ils ont jeté des divisions funestes parmi des hommes généreux que rapprochaient l'amour de la liberté et le sentiment du danger de la patrie.

Ils devaient affermir la révolution, et ils ont brisé ses appuis naturels par la dissolution des gardes nationales des villes les plus belliqueuses et les plus dévouées.

Ils devaient favoriser la liberté de la presse, qui sauva la France, et ils l'ont traquée avec leurs réquisitoires, ruinée avec les impôts, corrompue avec leurs amortissements, accablée avec les amendes.

Ils savaient que l'immense majorité de la nation et de la Chambre des députés voulait abolir l'hérédité de la pairie, et ils ont traité de *visionnaire et de folle* la volonté nationale et parlementaire.

Ils avaient déclaré qu'ils feraient régner l'ordre légal, et il n'est pas une loi dont ils n'aient perverti ou faussé l'application ;

Qu'ils s'appuieraient sur les Chambres, et ils ont étouffé leur initiative ; qu'ils acquitteraient, par l'hospitalité, la dette de la France envers les patriotes réfugiés de la Pologne, de l'Italie, de l'Espagne, et ils ont flétri cette hospitalité par les conditions honteuses qu'ils y ont attachées.

Ils nous garantissaient la sécurité intérieure, et sans cesse elle a été troublée par des émeutes, par des conflits violents entre les peuples et l'autorité, par les agressions de plus en plus audacieuses du gouvernement déchu.

Ils nous annonçaient un désarmement général, et ils nous ont si bien enlacés dans un dédale inextricable d'intrigues diplomatiques, qu'il leur est impossible à eux-mêmes d'assigner un terme à cet état d'anxiété qui n'est ni la paix ni la guerre, et qui tue notre commerce et notre industrie.

Enfin, dans quelle situation le système de la quasi-légitimité laisse-t-il la France, après deux ans d'expérience ? Au dehors, la coalition des rois n'est-elle pas plus menaçante que jamais ? Au dedans, la guerre civile n'est-elle pas flagrante ? Ces soldats qui bordent nos frontières, ces complots, ces tentatives, ces troubles sans cesse renaissants dans l'Ouest et dans le Midi, ne suffiront-ils pas pour ouvrir les yeux du Pouvoir? Attendra-t-il, pour se prononcer, que nos départements soient en feu, nos provinces envahies, la France compromise, et qu'elle ne puisse se sauver qu'en prodiguant à la fois ses enfants et ses trésors?

Nous le proclamons avec une douloureuse et profonde conviction : que ce système se prolonge, et la révolution de juillet et la France sont livrées à leurs ennemis.

La Restauration et la Révolution sont en présence; la vieille lutte que nous avions crue terminée recommence. Que le gouvernement choisisse : la position équivoque qu'il a prise n'est pas tenable. Elle ne lui donne ni les forces de la Restauration, qui est irréconciliable, ni celles de la Révolution, qui s'irrite et se défie.

La France de 1830 a pensé, comme celle de 1789, que la royauté héréditaire, entourée d'institutions populaires, n'a rien d'inconciliable avec les principes de la liberté. Que le Gouvernement de juillet rentre donc avec confiance dans les conditions de son existence. Le monde entier sait ce que la révolution française apporte de puissance à ceux à qui elle se donne; mais elle veut qu'on se donne à elle sans retour, sans arrière-pensée.

Pour nous, unis dans le même dévouement à cette grande et noble cause pour laquelle la France combat depuis quarante ans, nous ne l'abandonnerons ni dans ses succès ni dans ses revers; nous lui avons consacré notre vie, et nous avons foi dans son triomphe.

LISTE DES DÉPUTÉS QUI ONT SIGNÉ LE COMPTE RENDU.

MM.
Allier (Hautes-Alpes).
Arago (Pyrénées-Orientales).
Audry de Puyraveau (Charente-Inférieure).
Auguis (Deux-Sèvres).
Bacot César (Indre-et-Loire).
Ballot (Orne).
Basterrèche (Landes).
Baudet-Dulary (Seine-et-Oise).
Baudet-Lafarge (Puy-de-Dôme).
Bavoux (Jura).
Beauséjour (Charente-Inférieure).
Bérard (Seine-et-Oise).
Bernard (Côtes-du-Nord).
Bernard (Var),
Bertrand, le général (Indre).
Beslay fils (Morbihan).
Bioche (Eure).

MM.
Blaque-Belair (Finistère).
Blondeau (Doubs).
Boudet (Tarn-et-Garonne).
Bousquet (Gard).
Boyer de Peireleau (Gard).
Bricqueville (Manche).
Brias, le marquis de (Gironde).
Cabanon (Seine-Inférieure).
Cabet (Côte-d'Or).
Chaigneau (Vendée).
Charamaule (Hérault).
Charlemagne (Indre).
Charpentier (Moselle).
Clauzel, le maréchal Cte (Ardennes).
Clerc-Lassalle (Deux-Sèvres).
Cogez (Nord).
Colomès (Hautes-Pyrénées).
Ch. Comte (Sarthe).

Corcelles (Saône-et-Loire).
Cordier (Ain).
Cormenin (Ain).
Couderc (Rhône).
Coulmann (Bas-Rhin).
Couturier (Isère).
Demarçay, le général (Vienne).
Desaix (Puy-de-Dôme).
Dubois (Ardèche).
Dubois-Aimé (Isère).
Duchaffault, le comte (Vendée).
Ducluzeau (Dordogne).
Dulong (Eure).
Dupont (Eure).
Duréau (Saône-et-Loire).
Duris-Dufresne (Indre).
Eschassériaux (Charente-Inférieure).
Falgayrac (Tarn).
Faure (Hautes-Alpes).
Faure-Dère (Tarn-et-Garonne).
Fiot (Seine-et-Oise).
Galabert (Gers).
Garnier-Pagès (Isère).
Gauthier de Rumilly (Somme).
Gavaret (Gers).
Genot (Moselle).
Genoux (Haute-Saône).
Girardin (Charente).
Glais-Bizoin (Côtes-du-Nord).
Gouve-De-Nuncques, de (P.-de-Cal.).
Grammont, de (Haute-Saône).
Gréa (Doubs).
Guillemaut (Saône-et-Loire).
Havin (Manche).
Hérambault, d' (Pas-de-Calais).
Hernoux (Côte-d'Or).
Jollivet (Ille-et-Vilaine).
Joly (Ariége).
Jousselin (Loiret).
Junyeu (Vienne).
Kœchlin (Haut-Rhin).
Laboissière (Vaucluse).
Lafayette, le général (S.-et-Marne).
Lafayette, Georges (Seine-et-Marne).
Laffitte, le général (Ariége).
Laffitte, Jacques (B.-Pyrénées).
Lamarque, le général (Landes).
Larabit (Yonne).
Las Cases père, le comte de (Seine).
Laurence (Landes).

Legendre (Eure).
Lenouvel (Calvados).
Leprovost (Côtes-du-Nord).
Ludre, de (Meurthe).
Luminais (Loire-Inférieure).
Luneau (Vendée).
Mangin d'Oins (Ille-et-Vilaine).
Marchal (Meurthe).
Marchegay (Vendée).
Mauguin (Côte-d'Or).
Meilheurat (Allier).
Mornay, le baron de (Ain).
Mornay, le marquis de (Oise).
Muntz (Bas-Rhin).
Nicod (Gironde).
Odilon Barrot (Bas-Rhin).
Périn (Dordogne).
Perreau (Vendée).
Picot-Désormeaux (Sarthe).
Podenas, le baron (Aude).
Portalis (Var).
Pourrat (Puy-de-Dôme).
Raynaud (Allier).
Réal, Félix (Isère).
Réalier-Dumas (Rhône).
Reboul-Coste (Hérault).
Renouvier (Hérault).
Reynard (Bouches-du-Rhône).
Resynier (Haute-Vienne).
Robert (Ardennes).
Robineau (Maine-et-Loire).
Roger, le baron (Loiret).
Roussilhe (Cantal).
Salverte (Seine).
Sans (Haute-Garonne).
Saubat (Haute-Garonne).
Senné (Charente-Inférieure).
Subervic, le général (Gers).
Taillandier (Nord).
Tardieu (Meurthe).
Teysseire (Aude).
Teulon (Gard).
Thévenin (Puy-de-Dôme).
Thiard, le comte de (Saône-et-Loire).
Thouvenel (Meurthe).
Toupot de Bévaux (Haute-Marne).
Tracy, Victor (Allier).
Tribert (Deux-Sèvres).
Vidal (Hérault)
Voyer-d'Argenson (Bas-Rhin).

N° 4.

ÉTAT DE SIÉGE DE PARIS.

Rapport au Roi.

Sire,

La prévoyance du gouvernement lui commande d'adopter aujourd'hui toutes les mesures propres à prévenir à jamais le retour de tentatives pareilles à celles qui ont affligé la capitale depuis hier; et c'est par une répression forte des désordres actuels qu'il obtiendra ce résultat.

Votre Majesté, en traversant aujourd'hui les rangs de la population pressée sur ses pas, a pu distinguer, à travers l'expression si vive de son dévoûment, celle de sa confiance dans la fermeté du pouvoir, qui ne manquerait pas plus aux bons Français que ceux-ci ne lui ont manqué dans cette circonstance.

Quand de généreux citoyens viennent rivaliser avec les plus braves soldats de zèle et d'intrépidité, le gouvernement serait coupable, en effet, de ne pas déployer tous les moyens qui lui appartiennent pour protéger efficacement leurs propriétés, leur industrie, leurs familles, leurs personnes lâchement assassinées du haut des fenêtres de la ville dont la prospérité est leur ouvrage.

Ce n'est pas assez que la force matérielle ait anéanti aujourd'hui sur tous les points la révolte en armes, il faut qu'une force morale toute-puissante frappe d'interdit l'esprit de sédition, en pénétrant par des recherches rapides, par une action vive, au fond des complots que les factions coalisées ont ourdis.

J'ai l'honneur de proposer à Votre Majesté de déclarer Paris en état de siége.

Ce n'est pas après la répression des troubles par la force armée qu'il est besoin de rassurer la population sur la portée de cette mesure, qu'elle a désirée elle-même trop généralement pour ne pas s'être rendu compte de son véritable caractère. Elle a senti que c'était dans le sein de la ville même où naquit, où triompha la révolution de juillet, qu'il convenait de la défendre avec le plus d'énergie contre les efforts des factieux qui veulent nous ravir cette révolution, ou lui en substituer une autre pleine d'orages et de dangers. Il faut garantir l'avenir comme on a maintenu le présent, et pour cela mettre en dehors la loi, la loi tout entière, comme on y a mis les ressources matérielles, afin de ne pas prolonger le malheur de la situation et des nécessités qu'elle entraînait.

Tel sera, pour Paris, l'objet et l'effet de l'état de siége : rendre la force publique plus présente et plus active, sans rien changer du reste, en tout ce qui ne concerne ni les préparatifs ni l'exécution du complot et de la révolte, à la juridiction ordinaire et à la marche habituelle de l'admistration. Pour tout dire en un mot, c'est la conspiration seule qu'il s'agit de mettre en état de siége dans Paris.

Au reste, Sire, c'est à Paris surtout qu'une mesure de ce genre sera essentiellement temporaire; peu de jours suffiront sans doute à un pouvoir actif pour la rendre complétement efficace. Elle le sera, et cette belle capitale aura su conquérir l'ordre, en juin 1832, comme en juillet 1830 elle a su conquérir la liberté !

Je suis avec le plus profond respect,
Sire,
De Votre Majesté,
Le très-humble et très-obéissant serviteur,
Le pair de France, ministre secrétaire d'État de l'intérieur,
MONTALIVET.

Ordonnance du Roi.

LOUIS-PHILIPPE, ROI DES FRANÇAIS,

A tous présents et à venir, salut.

Considérant que des attroupements séditieux se sont montrés en armes dans la capitale; que leur présence a été signalée par des attentats contre les gardes nationaux, la troupe de ligne, la garde municipale et les agents de l'autorité publique;

Qu'il importe de protéger par des mesures promptes et énergiques la sûreté publique contre le retour de semblables attentats;

Sur le rapport de notre ministre secrétaire d'État au département de l'intérieur,

Nous avons ordonné et ordonnons ce qui suit :

ART. 1er. La ville de Paris est mise en état de siége; néanmoins, il n'est rien dérogé aux dispositions relatives au commandement et au service de la garde nationale.

ART. 2. Notre ministre secrétaire d'État au département de la guerre et notre ministre secrétaire d'État au département de l'intérieur sont chargés de l'exécution de la présente ordonnance.

Au palais des Tuileries, le 6 juin 1832.

LOUIS-PHILIPPE.

Par le Roi :
Le ministre secrétaire d'État au département de l'intérieur,
MONTALIVET.

Rapport au Roi.

Sire,

C'est avec douleur que je me vois dans l'obligation de rendre compte à Votre Majesté des grands désordres auxquels s'est livré un grand nombre d'élèves de l'École polytechnique.

Ces jeunes gens, égarés par de déplorables illusions, et mettant en oubli les devoirs qu'ils ont à remplir envers l'État, qui contribue à grands frais à leur instruction, et qu'ils se destinaient à servir un jour dans les diverses carrières publiques, ont forcé la consigne de l'École pour aller se joindre aux séditieux ; ils ont pris une part active aux actes de rébellion dont les fauteurs de l'anarchie se sont rendus coupables ; ils ont cherché à entraîner ceux de leurs camarades qui sont restés fidèles à leurs devoir ; ils sont revenus à deux reprises pour tenter de les séduire, et, ne pouvant y parvenir, ils ont manifesté par des actes l'intention de leur enlever les armes de l'École, que ces derniers élèves ont constamment défendues avec honneur.

Dans cet état de choses, ne pouvant plus répondre du dévoûment de la totalité des élèves de l'École polytechnique aux institutions et au trône fondés par notre glorieuse révolution de juillet, je me vois à regret dans la nécessité de proposer à Votre Majesté le licenciement de cette École. Mais je remplis en même temps un devoir en appelant la bienveillance du roi sur des élèves qui ont fait preuve des bons sentiments dont ils sont animés.

Tel est le but du projet d'ordonnance que j'ai l'honneur de soumettre à la signature de Votre Majesté.

Le ministre secrétaire d'État de la guerre,
Maréchal duc de Dalmatie.

Ordonnance du Roi.

LOUIS-PHILIPPE, Roi des Français,

A tous présents et à venir, salut

D'après le compte qui nous a été rendu des graves désordres auxquels un grand nombre d'élèves de l'École polytechnique s'est livré :

1° En forçant la consigne de l'École pour aller se joindre aux séditieux, et en prenant part aux actes de rébellion dont les fauteurs de l'anarchie se sont rendus coupables ;

2° En revenant à deux reprises chercher à séduire les élèves qui sont demeurés fidèles à leurs devoirs, et ayant manifesté l'intention de leur enlever les armes de l'École, que ces derniers élèves ont constamment défendues avec honneur ;

Sur le rapport de notre ministre secrétaire d'État au département de la guerre,

Nous avons ordonné et ordonnons ce qui suit :

Art. 1er. Les élèves de l'École polytechnique sont licenciés, et rentreront immédiatement dans leurs familles.

Art. 2. L'École polytechnique sera immédiatement réorganisée.

Art. 3. Les élèves de l'École polytechnique qui, demeurés fidèles à leur devoir, ont défendu avec honneur les armes de l'École, feront partie de l'École réorganisée, dont ils composeront le noyau. Il sera pourvu au complément de l'École par les nouvelles admissions qui auront lieu après les examens de cette année, conformément aux lois et ordonnances.

Art. 4. Notre ministre secrétaire d'État de la guerre est chargé de l'exécution de la présente ordonnance.

Donné à Paris, le 6 juin 1832.

LOUIS-PHILIPPE.

Par le Roi :
Le ministre secrétaire d'État de la guerre,
Maréchal duc de DALMATIE.

Rapport au Roi.

Sire,

L'intention de Votre Majesté, en donnant au corps d'artillerie de la garde nationale de Paris son organisation actuelle, était d'ajouter à l'éclat et à la force de notre milice citoyenne. Votre Majesté voulait témoigner ainsi sa sollicitude pour l'admirable institution de la garde nationale et son désir de la perfectionner dans toutes ses parties. J'ai eu moi-même l'honneur de proposer au roi les moyens d'exécution qui étaient jugés propres à atteindre ce but.

J'ai la douleur d'annoncer aujourd'hui à Votre Majesté qu'une expérience récente m'a démontré qu'il y avait lieu de procéder différemment sans doute pour obtenir le résultat désiré; car une assez grande partie du corps d'artillerie ne s'est pas montrée en parfaite harmonie avec la garde nationale tout entière, et c'est cette harmonie que je proposerais à Votre Majesté de rétablir par une réorganisation devenue nécessaire. Dans cette réorganisation seront admis sans doute en première ligne ceux des artilleurs que la population de Paris a vus avec satisfaction se réunir aujourd'hui aux légions pour combattre l'anarchie, et pour réparer ainsi des torts qu'il n'appartient pas à ce rapport de qualifier.

En conséquence, je prie Votre Majesté de vouloir bien accorder son assentiment à la dissolution du corps d'artillerie de la garde nationale de Paris, et à sa réorganisation ultérieure.

Je suis avec respect,
Sire,
De Votre Majesté,
Le très-humble et très-obéissant serviteur,
Le pair de France, ministre secrétaire d'État de l'intérieur,
MONTALIVET.

Ordonnance du Roi.

LOUIS-PHILIPPE, ROI DES FRANÇAIS,

Sur le rapport de notre ministre secrétaire d'État au département de l'intérieur,

Nous avons ordonné et ordonnons ce qui suit :

Art. 1er. Le corps d'artillerie de la garde nationale de Paris est dissous.

Art. 2. Il sera procédé ultérieurement à la réorganisation de ce corps.

Art. 3. Notre ministre secrétaire d'État au département de l'intérieur est chargé de l'exécution de la présente ordonnance.

Au palais des Tuileries, le 6 juin 1832.

LOUIS-PHILIPPE.

Par le Roi :
Le pair de France, ministre secrétaire d'État au département de l'intérieur, MONTALIVET.

Ordonnances du ROI.

LOUIS-PHILIPPE, ROI DES FRANÇAIS,

A tous présents et à venir, salut ;

Sur le rapport de notre ministre secrétaire d'État au département du commerce et des travaux publics,

Notre Conseil d'État entendu,

Nous avons ordonnée et ordonnons :

Art. 1er. L'École royale vétérinaire d'Alfort est licenciée. Notre ministre du commerce et des travaux publics nous en proposera la réorganisation, s'il y a lieu.

Art. 2. Notre ministre secrétaire d'État au département du commerce et des travaux publics est chargé de l'exécution de la présente ordonnance.

Fait à Paris, le 6 juin 1832.

Par le Roi : LOUIS-PHILIPPE.

Le pair de France, ministre secrétaire d'État au département du commerce et des travaux publics, Comte d'ARGOUT.

LOUIS-PHILIPPE, ROI DES FRANÇAIS,

A tous présents et à venir salut :

Sur le rapport de notre ministre secrétaire d'État au département de l'intérieur,

Nous avons ordonné et ordonnons ce qui suit :

Art. 1er. M. Marchand, maire du septième arrondissement de Paris, est révoqué.

Art. 2. Notre ministre secrétaire d'État au département de l'intérieur est chargé de l'exécution de la présente ordonnance.

Au palais des Tuileries, le 6 juin 1832.

LOUIS-PHILIPPE.

Par le Roi :
Le pair de France, ministre secrétaire d'État au département de l'intérieur, MONTALIVET.

N° 5.

PROTOCOLES DE LA CONFÉRENCE DE LONDRES

Extrait du protocole numéro 11, de la Conférence tenue au Foreign-Office, le 20 janvier 1831.

« Présents, les plénipotentiaires d'Autriche, de France, de la Grande-Bretagne, de Prusse et de Russie :

« Les plénipotentiaires des Cours d'Autriche, de France, de la Grande-Bretagne, de Prusse et de Russie ont pris connaissance de la lettre ci-jointe adressée à leurs commissaires à Bruxelles, au nom du gouvernement provisoire de la Belgique, lettre qui porte, conformément à la teneur du protocole du 9 janvier 1831, que les troupes belges qui s'étaient avancées aux environs de Maëstricht avaient reçu l'ordre de se retirer immédiatement et d'éviter à l'avenir les causes d'hostilités.

« Ayant eu lieu de se convaincre, par les explications de leurs commissaires, que cette retraite des troupes belges aura pour effet d'assurer à la place de Maëstricht l'entière liberté de communication dont elle doit jouir; ne pouvant douter que, de son côté, Sa Majesté le roi des Pays-Bas n'ait pourvu à l'accomplissement du protocole du 9 janvier; ayant du reste arrêté les déterminations nécessaires pour le cas dans lequel les dispositions de ce protocole seraient soit rejetées, soit enfreintes, et étant parvenus au jour où doit se trouver complétement établie la cessation d'hostilités que les cinq Puissances ont eu à cœur d'amener, les plénipotentiaires ont procédé à l'examen des questions qu'ils avaient à résoudre pour réaliser l'objet de leur protocole du 20 décembre 1830, pour faire une utile application des principes fondamentaux auxquels cet acte a rattaché l'indépendance future de la Belgique, et pour affermir ainsi la paix générale, dont le maintien constitue le premier intérêt, comme il forme le premier vœu des Puissances réunies en conférence à Londres.

« Dans ce but, les plénipotentiaires ont jugé indispensable de poser avant tout des bases, quant aux limites qui doivent séparer désormais le territoire hollandais du territoire belge.

« Des propositions leur avaient été remises de part et d'autre sous ce dernier rapport. Après les avoir mûrement discutées, ils ont concerté entre eux les bases suivantes :

« ART. 1er. Les limites de la Hollande comprennent tous les territoires, places, villes et lieux qui appartenaient à la ci-devant république des Provinces-Unies des Pays-Bas en l'année 1790.

« 2. La Belgique sera formée de tout le reste des territoires qui avaient reçu la dénomination de royaume des Pays-Bas dans le traité de l'année 1815, sauf le grand-duché de Luxembourg, qui, possédé à un titre différent par les princes de la maison de Nassau, fait et continuera à faire partie de la Confédération germanique.

« 3. Il est entendu que les dispositions des articles 108 jusqu'à 117 inclusivement, de l'acte général du congrès de Vienne, relatives à la libre navigation des fleuves et rivières navigables, seront applicables aux rivières et aux fleuves qui traversent le teritoire hollandais et le territoire belge.

« 4. Comme il résulterait néanmoins des bases posées dans les articles 1 et 2 que la Hollande et la Belgique posséderaient des enclaves sur leurs territoires respectifs, il sera effectué par les soins des cinq Cours tels échanges et arrangements entre les deux pays, qui leur assureraient l'avantage réciproque d'une entière contiguïté de possessions et d'une libre communication entre les villes et fleuves compris dans leurs frontières.

« Ces premiers articles convenus, les plénipotentiaires ont porté leur attention sur les moyens de consolider l'œuvre de paix auquel les cinq Puissances ont voué une active sollicitude, et de placer dans leur vrai jour les principes qui dirigent leur commune politique.

« Ils sont unanimement d'avis que les cinq Puissances devaient à leur intérêt bien compris, à leur union, à la tranquillité de l'Europe, et à l'accomplissement des vues consignées dans leur protocole du 20 décembre, une manifestation solennelle, une preuve éclatante de la ferme détermination où elles sont de ne rechercher, dans les arrangements relatifs à la Belgique, comme dans toutes les circonstances qui pourront se présenter encore, aucune augmentation de territoire, aucune influence exclusive, aucun avantage isolé, et de donner à ce pays lui-même, ainsi qu'à tous les États qui l'environnent, les meilleures garanties de repos et de sécurité. C'est par suite de ces maximes, c'est dans ces intentions salutaires que les plénipotentiaires ont résolu d'ajouter aux articles précédents ceux qui se trouvent ci-dessous :

« 5. La Belgique, dans les limites telles qu'elles seront arrêtées et tracées conformément aux bases posées dans les articles 1, 2 et 4 du présent protocole, formera un État perpétuellement neutre. Les cinq Puissances lui garantissent cette neutralité perpétuelle, ainsi que l'intégrité et l'inviolabilité de son territoire dans les limites mentionnées ci-dessus.

« 6. Par une juste réciprocité, la Belgique sera tenue d'observer cette même neutralité envers tous les autres États, et de ne porter aucune atteinte à leur tranquillité intérieure ni extérieure.

« Pour copie conforme :

Signé : Ponsonby. »

Protocole du 19 février.

« Présents, les plénipotentiaires d'Autriche, de France, de la Grande-Bretagne, de Prusse et de Russie ;

« Les plénipotentiaires des Cours de France, de la Grande-Bretagne, d'Autriche, de Prusse et de Russie s'étant assemblés, ont porté toute leur attention sur les interprétations diverses données au protocole de la Conférence de Londres en date du 20 décembre 1830, et aux principaux actes dont il a été suivi. Les délibérations des plénipotentiaires les ont conduits à reconnaître unanimement qu'ils doivent à la position des cinq Cours, comme à la cause de la paix générale, qui est leur propre cause et celle de la civilisation européenne, de rappeler ici le grand principe de droit public, dont les actes de la Conférence de Londres n'ont fait qu'offrir une application salutaire et constante.

« D'après ce principe d'un ordre supérieur, les traités ne perdent pas leur puissance, quels que soient les changements qui interviennent dans l'organisation intérieure des peuples. Pour juger de l'application que les cinq Cours ont faite de ce même principe, pour apprécier les déterminations qu'elles ont prises relativement à la Belgique, il suffit de se reporter à l'époque de l'année 1814.

« A cette époque, les provinces belges étaient occupées militairement par l'Autriche, la Grande-Bretagne, la Prusse et la Russie, et les droits que ces Puissances exerçaient sur elles furent complétés par la renonciation de la France à la possession de ces mêmes provinces. Mais la renonciation de la France n'eut pas lieu au profit des Puissances occupantes. Elle tint à une pensée d'un ordre plus élevé. Les Puissances, et la France elle-même, également désintéressées alors, comme aujourd'hui, dans leurs vues sur la Belgique, en gardèrent la disposition et non la souveraineté, dans la seule intention de faire concourir les provinces belges à l'établissement d'un juste équilibre en Europe et au maintien de la paix générale. Ce fut cette intention qui présida à leurs stipulations ultérieures ; ce fut elle qui unit la Belgique à la Hollande ; ce fut elle qui porta les Puissances à assurer dès lors aux Belges le double bienfait d'institutions libres et d'un commerce fécond pour eux en richesses et en développement d'industrie.

« L'union de la Belgique avec la Hollande se brisa. Des communications officielles ne tardèrent pas à convaincre les cinq Cours que les moyens primitivement destinés à la maintenir ne pourraient plus ni la rétablir pour le moment, ni la conserver par la suite, et que désormais, au lieu de confondre les affections et le bonheur des deux peuples, elle ne mettrait en présence que des passions et des haines, elle ne ferait jaillir de leur choc que la guerre avec tous ses désastres. Il n'appartenait pas aux Puissances de juger des causes qui venaient de rompre les liens qu'elles avaient formés. Mais quand elles voyaient ces liens rompus, il leur appartenait d'atteindre encore l'objet qu'elles s'étaient proposé en les formant; il leur appartient d'assurer, à la faveur de combinaisons nouvelles, cette tranquillité de l'Europe dont l'union de la Belgique avec la Hollande avait constitué une des bases. Les Puissances y étaient impérieusement appelées. Elles avaient le droit et les événements leur imposaient le devoir d'empêcher que les provinces belges, devenues indépendantes, ne portassent atteinte à la sécurité générale et à l'équilibre européen.

« Un tel devoir rendait inutile tout concours étranger. Pour agir ensemble, les Puissances n'avaient qu'à consulter leurs traités, qu'à mesurer l'étendue des dangers que leur inaction ou leur désaccord aurait fait naître. Les démarches des cinq Cours à l'effet d'amener la cessation de la lutte entre la Hollande et la Belgique, et leur ferme résolution de mettre fin à toute mesure qui, de part ou d'autre, aurait eu un caractère hostile, furent les premières conséquences de l'identité de leurs opinions sur la valeur et les principes des transactions solennelles qui les lient.

« L'effusion du sang s'arrêta : la Hollande, la Belgique, et même les États voisins, leur sont également redevables de ce bienfait.

« La seconde application des mêmes principes eut lieu dans le protocole du 20 décembre 1830.

« A l'exposé des motifs qui déterminaient les cinq Cours, cet acte associa la réserve des devoirs dont la Belgique resterait chargée envers l'Europe, tout en voyant s'accomplir ses vœux de séparation et d'indépendance.

« Chaque nation a ses droits particuliers; mais l'Europe aussi a son droit : c'est l'ordre social qui le lui a donné.

« Les traités qui régissent l'Europe, la Belgique, devenue indépendante, les trouvait faits et en vigueur; elle devait donc les respecter, et ne pouvait pas les enfreindre. En les respectant, elle se conciliait avec l'intérêt et le repos de la grande communauté des États européens; en les enfreignant, elle eût amené la confusion et la guerre. Les Puissances seules pouvaient prévenir ce malheur, et, puisqu'elles le pouvaient, elles devaient faire prévaloir la salutaire maxime, que les événements qui font naître en Europe un État nouveau ne lui donnent pas plus le droit d'altérer le système général dans lequel il entre, que les changements survenus dans la condition d'un État ancien ne l'autorisent à se croire délié de ses engagements antérieurs : — Maxime de tous les peuples civilisés, maxime qui se rattache au principe même d'après lequel les États survivent à leurs gouvernements, et les obligations imprescriptibles des traités à ceux qui les contractent; maxime enfin qu'on n'oublierait pas sans faire rétrograder la civilisation, dont la morale et la foi publique sont heureusement et les premières conséquences et les premières garanties.

« Le protocole du 20 décembre fut l'expression de ces vérités ; il statua : « Que la Conférence s'occuperait de discuter et de concerter « les nouveaux arrangements les plus propres à combiner l'indé- « pendance future de la Belgique avec les stipulations des traités, « avec les intérêts et la sécurité des autres États, et avec la con- « servation de l'équilibre européen. »

« Les Puissances venaient d'indiquer ainsi le but auquel elles devaient marcher. Elles y marchèrent, fortes de la pureté de leurs intentions et de leur impartialité. Tandis que, d'un côté, par leur protocole du 18 janvier, elles repoussaient des prétentions qui seront toujours inadmissibles, de l'autre, elles pesaient avec le soin le plus scrupuleux toutes les opinions qui étaient mutuellement émises, tous les titres qui étaient réciproquement évoqués. De cette discussion approfondie des diverses communications faites par les plénipotentiaires de Sa Majesté le roi des Pays-Bas et par les commissaires belges, résulta le protocole définitif du 20 janvier 1831.

« Il était à prévoir que la première ardeur d'une indépendance naissante tendrait à franchir les justes bornes des traités et des obligations qui en dérivent. Les cinq Cours ne pouvaient néanmoins admettre en faveur des Belges le droit de faire des conquêtes sur la Hollande ni sur d'autres États. Mais, obligées de résoudre des questions de territoire essentiellement en rapport avec leurs propres conventions et leurs propres intérêts, les cinq Cours ne consacrèrent, à l'égard de la Belgique, que les maximes dont elles s'étaient fait à elles-mêmes une loi rigoureuse. Assurément, elles ne sortaient ni des bornes de la justice et de l'équité, ni des règles d'une saine politique, lorsqu'en adoptant impartialement les limites qui séparaient la Belgique de la Hollande avant leur réunion, elles ne refusaient aux Belges que le pouvoir d'envahir : ce pouvoir, elles l'ont rejeté, parce qu'elles le considèrent comme subversif de la paix et de l'ordre social.

« Les Puissances avaient encore à délibérer sur d'autres questions qui se rattachaient à leurs traités, et qui ne pouvaient par conséquent être soumises à des décisions nouvelles sans leur concours direct.

« D'après le protocole du 20 décembre, les instructions et les pleins pouvoirs demandés pour les commissaires belges qui seraient envoyés à Londres, devaient embrasser tous les objets de la négociation. Cependant ces commissaires arrivèrent sans autorité suffisante, et, sur plusieurs points importants, sans informations ; et les circonstances n'admettaient point de retard.

« Les Puissances, par le protocole du 27 janvier, ne firent néanmoins, d'une part, qu'énumérer les charges inhérentes, soit au territoire belge, soit au territoire hollandais, et se bornèrent à *proposer*, de l'autre, des arrangements fondés sur une réciprocité de concessions, sur les moyens de conserver à la Belgique les marchés qui ont le plus contribué à sa richesse, et sur la notoriété même des budgets publics du royaume des Pays-Bas.

« Dans ces arrangements, la médiation des Puissances sera toujours requise ; car, sans elle, ni les parties intéressées ne parviendraient à s'entendre, ni les stipulations auxquelles les cinq Cours ont pris, en 1814 et 1815, une part immédiate, ne pourraient se modifier.

« L'adhésion de Sa Majesté le roi des Pays-Bas aux protocoles du 20 et du 27 janvier 1831 a répondu aux soins de la Conférence de Londres. Le nouveau mode d'existence de la Belgique et sa neutralité reçurent ainsi une sanction dont ils ne pouvaient se passer. Il ne restait plus à la Conférence que d'arrêter ses résolutions relatives à la protestation faite en Belgique contre le premier de ces protocoles, d'autant plus important qu'il est fondamental.

« Cette protestation invoque d'abord un droit de postliminie qui n'appartient qu'aux États indépendans, et qui ne saurait, par conséquent, appartenir à la Belgique, puisqu'elle n'a jamais été comptée au nombre de ces États. Cette même protestation mentionne en outre des cessions faites à une Puissance tierce et non à la Belgique, qui ne les a pas obtenues, et qui ne peut s'en prévaloir.

« La nullité de semblables prétentions est évidente. Loin de porter atteinte au territoire des anciennes provinces belges, les Puissances n'ont fait que déclarer et maintenir l'intégrité des États qui l'avoisinent. Loin de resserrer les limites de ces provinces, elles y ont compris la principauté de Liége, qui n'en faisait point partie autrefois.

« Du reste, tout ce que la Belgique pouvait désirer, elle l'a obtenu : séparation d'avec la Hollande, indépendance, sûreté extérieure, garantie de son territoire et de sa neutralité, libre navigation des fleuves qui lui servent de débouchés, et paisible jouissance de ses libertés nationales.

« Tels sont les arrangements auxquels la protestation dont il s'agit oppose le dessein, publiquement avoué, de ne respecter ni les possessions ni les droits des États limitrophes.

« Les plénipotentiaires des cinq Cours, considérant que de pareilles vues sont des vues de conquête, incompatibles avec les traités existants, avec la paix de l'Europe, et par conséquent avec la neutralité et l'indépendance de la Belgique, déclarent :

« 1° Qu'il demeure entendu, comme il l'a été dès l'origine, que les arrangements arrêtés par le protocole du 20 janvier 1831 sont des arrangements fondamentaux et irrévocables ;

« 2° Que l'indépendance de la Belgique ne sera reconnue par les cinq Puissances qu'aux conditions et dans les limites qui résultent desdits arrangements du 20 janvier 1831;

« 3° Que le principe de la neutralité et de l'inviolabilité du territoire belge, dans les limites ci-dessus mentionnées, reste en vigueur, et obligatoire pour les cinq Puissances;

« 4° Que les cinq Puissances, fidèles à leurs engagements, se reconnaissent le plein droit de déclarer que le souverain de la Belgique doit répondre, par sa position personnelle, au principe d'existence de la Belgique même, satisfaire à la sûreté des autres États, accepter sans aucune restriction, comme l'avait fait Sa Majesté le roi des Pays-Pas pour le protocole du 21 juillet 1814, tous les arrangements fondamentaux renfermés dans le protocole du 20 janvier 1831, et être à même d'en assurer aux Belges la paisible jouissance;

« 5° Que, ces premières conditions remplies, les cinq Puissances continueront d'employer leurs soins et leurs bons offices pour amener l'adoption réciproque et la mise à exécution des autres arrangements nécessités par la séparation de la Belgique d'avec la Hollande;

« 6° Que les cinq Puissances reconnaissent le droit en vertu duquel les autres États prendraient telles mesures qu'ils jugeraient nécessaires pour faire respecter ou pour rétablir leur autorité légitime dans tous les pays à eux appartenant, sur lesquels la protestation mentionnée plus haut élève des prétentions, et qui sont situés hors du territoire belge, déclaré neutre;

7° Que Sa Majesté le roi des Pays-Bas ayant adhéré sans restriction, par le protocole du 18 février 1831, aux arrangements relatifs à la séparation de la Belgique d'avec la Hollande, toute entreprise des autorités belges sur le territoire que le protocole du 20 janvier a déclaré hollandais, serait envisagée comme un renouvellement de la lutte à laquelle les cinq Puissances ont résolu de mettre un terme.

Signé: ESTERHAZY, WESSEMBERG, TALLEYRAND, PALMERSTON, BULOW, LIEVEN, MATUSZEWICKZ. »

Préliminaires d'un traité en dix-huit articles dressé par la Conférence de Londres.

A M. Lebeau, à Bruxelles.

Londres, 26 juin 1831.

« Monsieur, nous avons eu l'honneur de recevoir la lettre, en date du 5 juin, que MM. Devaux et Nothomb nous ont remise de votre part, et nous croyons devoir vous adresser en réponse les articles ci-joints, que la Conférence de Londres vient d'arrêter, pour être communiqués aux deux parties intéressées.

« La Conférence considérera ces articles comme non avenus, si le congrès belge les rejette en tout ou en partie.

« Agréez, monsieur, l'assurance de notre considération très-distinguée.

Signé : Esterhazy, Wessemberg, Talleyrand, Palmerston, Bulow, Matuszewicz. »

« La Conférence, animée du désir de concilier les difficultés qui arrêtent encore la conclusion des affaires de Belgique, a pensé que les articles suivants, qui formeraient les préliminaires d'un traité de paix, pourraient conduire à ce but. Elle a résolu en conséquence de les proposer aux deux parties :

« Art. 1er. Les limites de la Hollande comprendront tous les territoires, places, villes et lieux qui appartenaient à la ci-devant république des Provinces-Unies des Pays-Bas en l'année 1790.

« 2. La Belgique sera formée de tout le reste des territoires qui avaient reçu la dénomination de royaume des Pays-Bas dans les traités de 1815.

« 3. Les cinq Puissances emploieront leurs bons offices pour que le *statu quo*, dans le grand-duché de Luxembourg, soit maintenu pendant le cours de la négociation séparée que le souverain de la Belgique ouvrira avec le roi des Pays-Bas et avec la Confédération germanique, au sujet dudit grand-duché, négociation distincte de la question des limites entre la Hollande et la Belgique.

« Il est entendu que la forteresse de Luxembourg conservera ses libres communications avec l'Allemagne.

« 4. S'il est constaté que la république des Provinces-Unies des Pays-Bas n'exerçait pas exclusivement la souveraineté dans la ville de Maëstricht en 1790, il sera avisé par les deux parties aux moyens de s'entendre à cet égard sur un arrangement convenable.

« 5. Comme il résulterait des bases posées par les articles 1 et 2 que la Hollande et la Belgique posséderaient des enclaves dans leurs territoires respectifs, il sera fait à l'amiable, entre la Hollande et la Belgique, les échanges qui pourraient être jugés d'une convenance réciproque.

« 6. L'évacuation réciproque des territoires, villes et places, aura lieu indépendamment des arrangements relatifs aux échanges.

« 7. Il est entendu que les dispositions des articles 108 jusqu'à 117 inclusivement, de l'acte général du congrès de Vienne, relatifs à la libre navigation des fleuves et rivières navigables, seront appliquées aux fleuves et aux rivières qui traversent le territoire hollandais et le territoire belge.

« La mise à exécution de ces dispositions sera réglée dans le plus bref délai possible.

« La participation de la Belgique à la navigation du Rhin, par les eaux intérieures entre ce fleuve et l'Escaut, formera l'objet d'une négociation séparée entre les parties intéressées, à laquelle les cinq Puissances prêteront leurs bons offices.

« L'usage des canaux de Gand à Terneuse et de Zuid-Wislemswart, construits pendant l'existence du royaume des Pays-Bas, sera commun aux habitants des deux pays; il sera arrêté un règlement sur cet objet.

« L'écoulement des eaux de Flandres sera réglé de la manière la plus convenable, afin de prévenir les inondations.

« 8. En exécution des articles 1 et 2 qui précèdent, des commissaires démarcateurs hollandais et belges se réuniront dans le plus bref délai possible, en la ville de Maëstricht, et procéderont à la démarcation des limites qui doivent séparer la Hollande et la Belgique, conformément aux principes établis à cet effet dans les articles 1 et 2.

« Ces mêmes commissaires s'occuperont des échanges à faire par les pouvoirs compétents des deux pays par suite de l'article 5.

« 9. La Belgique, dans ses limites, telles qu'elles seront tracées conformément aux principes posés dans les présents préliminaires, formera un État perpétuellement neutre. Les cinq Puissances, sans vouloir s'immiscer dans le régime intérieur de la Belgique, lui garantissent cette neutralité perpétuelle, ainsi que l'intégrité et l'inviolabilité de son territoire, dans les limites mentionnées au présent article.

« 10. Par une juste réciprocité, la Belgique sera tenue d'observer cette même neutralité envers les autres États, et de ne porter aucune atteinte à leur tranquillité intérieure ni extérieure, en conservant toujours le droit de se défendre contre toute agression étrangère.

« 11. Le port d'Anvers, conformément à l'article 15 du traité de Paris du 30 mai 1814, continuera d'être uniquement un port de commerce.

« 12. Le partage des dettes aura lieu de manière à faire retomber sur chacun des deux pays la totalité des dettes qui originairement pesaient, avant la réunion, sur les divers territoires dont ils se composent, et à diviser dans une juste proportion celles qui ont été contractées en commun.

« 13. Des commissaires-liquidateurs nommés de part et d'autre se réuniront immédiatement. Le premier objet de leur réunion sera de faire la quote-part que la Belgique aura à payer provisoirement, et sauf liquidation pour le service d'une partie des intérêts des dettes mentionnées dans l'article précédent.

« 14. Les prisonniers de guerre seront renvoyés de part et d'autre quinze jours après l'adoption de ces articles.

« 15. Les séquestres mis sur les biens particuliers dans les deux pays seront immédiatement levés.

« 16. Aucun habitant des villes, places et territoires réciproquement évacués, ne sera recherché ni inquiété pour sa conduite politique passée.

« 17. Les cinq Puissances se réservent de prêter leurs bons offices, lorsqu'ils seront réclamés par les parties intéressées.

« 18. Les articles réciproquement adoptés seront convertis en traité définitif.

Signé : Esterhazy, Talleyrand, Palmerston, Bulow, Matuszewicz.

« Pour copie conforme :   *Signé :* Palmerston. »

Traité définitif en 24 articles, entre la Hollande et la Belgique, arrêté par la Conférence de Londres.

Lettre d'envoi.

Les soussignés plénipotentiaires d'Autriche, de France, de la Grande-Bretagne, de Prusse et de Russie, après avoir mûrement pesé toutes les communications qui leur ont été faites par M. le plénipotentiaire belge sur les moyens de conclure un traité définitif relativement à la séparation de la Belgique d'avec la Hollande, ont eu le regret de ne trouver dans ces communications aucun rapprochement entre les opinions et les vœux des parties directement intéressées.

Ne pouvant toutefois abandonner à de plus longues incertitudes des questions dont la solution immédiate est devenue un besoin pour l'Europe, forcés de les résoudre, sous peine d'en voir sortir l'incalculable malheur d'une guerre générale; éclairés du reste sur tous les points en discussion par les informations que M. le plénipotentiaire belge et MM. les plénipotentiaires des Pays-Bas leur ont données, les soussignés n'ont fait qu'obéir à un devoir dont leurs Cours ont à s'acquitter envers elles-mêmes comme envers les autres États, et que tous les essais de conciliation directe entre la Hollande et la Belgique ont encore laissé inaccompli; ils n'ont fait que respecter la loi suprême d'un intérêt commun du premier ordre; ils n'ont fait que céder à une nécessité de plus en plus impérieuse, en arrêtant les conditions d'un arrangement définitif que l'Europe, amie de la paix et en droit d'en exiger la prolongation, a cherché en vain, depuis un an, dans les propositions faites par les deux parties ou agréées tour à tour par l'une d'elles et rejetées par l'autre.

Dans les conditions que renferment les vingt-quatre articles ci-joints, la Conférence de Londres a été obligée de n'avoir égard qu'aux règles de l'équité. Elle a suivi l'impression du vif désir qui l'animait, de concilier l'intérêt avec les droits, et d'assurer à la Hollande, ainsi qu'à la Belgique, des avantages réciproques, de bonnes frontières, un état de possession territoriale sans dispute, une liberté de commerce mutuellement bienfaisante, et un partage de dettes qui, succédant à une communauté absolue de charges et de bénéfices, les diviserait pour l'avenir, moins d'après les supputations minutieuses dont les matériaux mêmes n'avaient pas été fournis, moins d'après la rigueur des conventions et des traités, que selon l'intention d'alléger les fardeaux et de favoriser la prospérité des deux États.

En invitant M. le plénipotentiaire belge à signer les articles dont il a été fait mention ci-dessus, les soussignés observeront :

1° Que ces articles auront toute force et valeur d'une convention solennelle entre le Gouvernement belge et les cinq Puissances ;

2° Que les cinq Puissances en garantissent l'exécution ;

3° Qu'une fois acceptés par les deux parties, ils sont destinés à être insérés, mot pour mot, dans un traité direct entre la Belgique et la Hollande, lequel ne renfermera, en outre, que des stipulations relatives à la paix et à l'amitié qui subsisteront entre les deux pays et leurs souverains ;

4° Que ce traité, signé sous les auspices de la Conférence de Londres, sera placé sous la garantie formelle des cinq Puissances ;

5° Que les articles en question forment un ensemble, et n'admettent pas de séparation ;

6° Enfin, qu'ils contiennent les décisions *finales* et *irrévocables* des cinq Puissances, qui, d'un commun accord, sont résolues à amener elles-mêmes l'acceptation pleine et entière desdits articles par la partie adverse, si elle venait à les rejeter.

Les soussignés saisissent cette occasion d'offrir à monsieur le plénipotentiaire belge l'assurance de leur très-haute considération.

Signé : Esterhazy, Wessemberg, Talleyrand, Palmerston, Bulow, Lieven, Matuszewicz.

Texte du traité.

Art. 1er. Le territoire belge se composera des provinces de Brabant méridional, Liége, Namur, Hainaut, Flandre occidentale, Flandre orientale, Anvers et Limbourg, telles qu'elles ont fait partie du royaume uni des Pays-Bas constitué en 1815, à l'exception des districts de la province du Limbourg désignés dans l'article 4.

Le territoire belge comprendra en outre la partie du grand-duché de Luxembourg indiquée dans l'article 2.

Art. 2. S. M. le roi des Pays-Bas, grand-duc de Luxembourg, consent à ce que, dans le grand-duché de Luxembourg, les limites du territoire belge soient telles qu'elles vont être décrites ci-dessous.

A partir de la frontière de France, entre Rondange, qui restera au grand-duché de Luxembourg, et Athus, qui appartiendra à la Belgique, il sera tiré, d'après la carte ci-jointe, une ligne qui, laissant à la Belgique la route d'Arlon avec sa banlieue et la route d'Arlon à Bastogne, passera entre Mesanry, qui sera sur le territoire belge, et Clémency, qui restera au grand-duché de Luxembourg, pour aboutir à Steinford, lequel endroit restera également au grand-duché. De Steinford, cette ligne sera prolongée dans la direction d'Eischen, de Hecbus, Guirsch, Oberpalen, Grende, Nothomb, Pareth et Perlé, jusqu'à Martelange; Hecbus, Guirsch, Grende, Nothomb et Pareth devant appartenir à la Belgique; et d'Eischen, Oberpalen, Perlé et Martelange, ladite ligne descendra le cours de la Sure, dont le Thalweg servira de limite entre les deux États, jusque vis-à-vis Tintange, d'où elle sera prolongée aussi directement que possible vers la frontière actuelle de l'arrondissement de Deikirch, et passera entre Surrel, Harlange, Jauchemps, qu'elle laissera au grand-duché de Luxembourg, et Houville, Jwarchamps et Loutremange, qui feront partie du territoire belge; atteignant ensuite aux environs de Doncols et de Soulez, qui resteront au grand-duché, la frontière actuelle de l'arrondissement de Diekirch, la ligne en question suivra ladite frontière jusqu'à celle du territoire prussien. Tous les territoires, villes, places et lieux situés à l'ouest de cette ligne, appartiendront à la Belgique; et tous les territoires, villes, places et lieux situés à l'est de cette même ligne, continueront d'appartenir au grand-duché de Luxembourg.

Il est entendu qu'en traçant cette ligne et en se conformant autant que possible à la description qui en a été faite ci-dessus, ainsi qu'aux indications de la carte jointe, pour plus de clarté, au présent article, les commissaires-démarcateurs dont il est fait mention dans l'article 5, auront égard aux localités, ainsi qu'aux convenances qui pourront en résulter mutuellement.

Art. 3. S. M. le roi des Pays-Bas, grand-duc de Luxembourg, recevra, pour les cessions faites dans l'article précédent, une indemnité territoriale dans la province de Limbourg.

Art. 4. En exécution de la partie de l'article 1er, relative à la province de Limbourg, et par suite des cessions que S. M. le roi des Pays-Bas fait dans l'article 2, Sadite Majesté possédera, soit en qualité de grand-duc de Luxembourg, soit pour être réunis à la Hollande, les territoires dont les limites sont indiquées ci-dessous.

1° *Sur la rive droite de la Meuse*, aux anciennes enclaves hollandaises sur ladite rive dans la province de Limbourg, seront joints les districts de cette même province, sur cette même rive, qui n'appartenaient pas aux États généraux en 1790, de façon que la partie actuelle du Limbourg située sur la rive droite de la Meuse et comprise entre ce fleuve, à l'ouest, la frontière du territoire prussien, à l'est, la frontière actuelle de la province de Liége, au midi, et la Gueldre hollandaise, au nord, appartiendra désormais tout entière à S. M. le roi des Pays-Bas, soit en sa qualité de grand-duc de Luxembourg, soit pour être réunie à la Hollande.

2° *Sur la rive gauche de la Meuse*, à partir du point le plus méridional de la province hollandaise du Brabant septentrional, il sera tiré, d'après la carte ci-jointe, une ligne qui aboutira à la Meuse, au-dessus de Wessem, entre cet endroit et Stevensweert, au point où se touchent sur la rive gauche les frontières des arrondissements actuels de Ruremonde et de Maëstricht, de manière que Bergerot, Stamproy, Heer-Itteren, Ittervoord et Thorn, avec leurs banlieues, ainsi que tous les autres endroits situés au nord de cette ligne, feront partie du territoire hollandais.

Les anciennes enclaves hollandaises dans le Limbourg, sur la rive gauche de la Meuse, appartiendront à la Belgique, à l'exception de Maëstricht, laquelle, avec un rayon de territoire de 1,200 toises, à partir du glacis extérieur de la place sur ladite rive de ce fleuve, continuera d'être possédée en toute souveraineté et propriété par S. M. le roi des Pays-Bas.

Art. 5. S. M. le roi des Pays-Bas, grand-duc de Luxembourg, s'entendra avec la Confédération germanique et les agnats de la maison de Nassau sur l'application des stipulations renfermées dans les articles 3 et 4, ainsi que sur tous les arrangements que lesdits articles pourraient rendre nécessaires, soit avec les agnats ci-dessus nommés de la maison de Nassau, soit avec la Confédération germanique.

Art. 6. Moyennant les arrangements territoriaux ci-dessus, chacune des deux parties renonce réciproquement, pour jamais, à toute prétention sur les territoires, villes, places et lieux situés dans les limites des possessions de l'autre partie, telles qu'elles se trouvent décrites dans les articles 1, 2 et 4.

Lesdites limites seront tracées conformément à ces mêmes articles, par des commissaires-démarcateurs belges et hollandais, qui se réuniront le plus tôt possible en la ville de Maëstricht.

Art. 7. La Belgique, dans les limites indiquées aux articles 1, 2 et 4, formera un État indépendant et perpétuellement neutre. Elle sera tenue d'observer cette même neutralité envers tous les autres États.

Art. 8. L'écoulement des eaux des Flandres sera réglé entre la Hollande et la Belgique, d'après les stipulations arrêtées à cet égard dans l'article 6 du traité définitif conclu entre S. M. l'empereur d'Allemagne et les États généraux, le 8 novembre 1783; et, conformément audit article, des commissaires nommés de part et d'autre s'entendront sur l'application des dispositions qu'il consacre.

Art. 9. Les dispositions des articles 108 et 117 inclusivement, de l'acte général du Congrès de Vienne, relatives à la libre navigation des fleuves et rivières navigables, seront appliquées aux fleuves et rivières navigables qui séparent ou traversent à la fois le territoire belge et le territoire hollandais.

En ce qui concerne spécialement la navigation de l'Escaut, il sera convenu que le pilotage et le balisage, ainsi que la conservation des passes de l'Escaut en aval d'Anvers, seront soumis à une surveillance commune; que cette surveillance commune sera exercée par des commissaires nommés à cet effet de part et d'autre; que des droits de pilotage modérés seront fixés d'un commun accord, et que ces droits seront les mêmes pour le commerce hollandais et pour le commerce belge. Il est également convenu que la navigation des eaux intermédiaires entre l'Escaut et le Rhin, pour arriver d'Anvers au Rhin, et *vice versâ*, restera réciproquement libre, et qu'elle ne sera assujettie qu'à des péages modérés, qui seront provisoirement les mêmes pour le commerce des deux pays.

Des commissaires se réuniront, de part et d'autre, à Anvers, dans le délai d'un mois, tant pour arrêter le montant définitif et permanent de ces péages, qu'afin de convenir d'un règlement général pour l'exécution des dispositions du présent article, et d'y comprendre l'exercice du droit de pêche et du commerce de pêcherie, dans toute l'étendue de l'Escaut, sur le pied d'une parfaite réciprocité en faveur des sujets des deux pays.

En attendant, et jusqu'à ce que ledit règlement soit arrêté, la navigation des fleuves et rivières navigables ci-dessus mentionnés restera libre au commerce des deux pays, qui adopteront provisoirement à cet égard les tarifs de la convention signée le 31 mars 1831, à Mayence, pour la libre navigation du Rhin, ainsi que les autres dispositions de cette convention, en tant qu'elles pourront s'appliquer aux fleuves et rivières navigables qui séparent ou traversent à la fois le territoire hollandais et le territoire belge.

Art. 10. L'usage des canaux qui traversent à la fois les deux pays continuera d'être libre et commun à leurs habitants.

Il est entendu qu'ils en jouiront réciproquement et aux mêmes conditions; que, de part et d'autre, il ne sera perçu sur la navigation des canaux que des droits modérés.

Art. 11. Les communications commerciales par la ville de Maëstricht et par celle de Sittard resteront entièrement libres, et ne pourront être entravées sous aucun prétexte.

L'usage des routes qui, en traversant ces deux villes, conduisent aux frontières de l'Allemagne, ne sera assujetti qu'au paiement de barrière modéré pour l'entretien de ces routes, de telle sorte que le commerce de transit n'y puisse éprouver aucun obstacle, et que, moyennant les droits ci-dessus mentionnés, ces routes soient toujours entretenues en bon état et propres à faciliter ce commerce.

Art. 12. Dans le cas où il aurait été construit en Belgique une nouvelle route, ou creusé un nouveau canal qui aboutirait à la Meuse, vis-à-vis le canton hollandais de Sittard, alors il serait loisible à la Belgique de demander à la Hollande, qui ne s'y refuserait pas dans cette supposition, que ladite route ou ledit canal fût prolongé d'après le même plan, entièrement aux frais et dépens de la Belgique, par le canton de Sittard, jusqu'aux frontières de l'Allemagne.

Cette route ou ce canal, qui ne pourra servir que de communication commerciale, serait construit au choix de la Hollande, soit par des ingénieurs et ouvriers que la Belgique obtiendrait l'autorisation d'employer à cet effet dans le canton de Sittard, soit par des ingénieurs et ouvriers que la Hollande fournirait, et qui exécuteraient aux frais de la Belgique les travaux convenus, le tout sans charge aucune pour la Hollande, et sans préjudice de ses droits de souveraineté exclusifs sur le territoire que traverserait la route ou le canal en question.

Les deux parties fixeraient d'un commun accord le montant et le mode de perception des droits de péage qui seraient prélevés sur cette même route ou canal.

Art. 13. § 1. A partir du 1er janvier 1832, la Belgique, du chef du partage des dettes publiques du royaume uni des Pays-Bas, restera chargée d'une somme de huit millions quatre cent mille florins des Pays-Bas de rentes annuelles, dont les capitaux seront transportés en débet du grand livre à Amsterdam, ou du débet du trésor général du royaume uni des Pays-Bas, sur le débet du grand-livre de la Belgique.

§ 2. Les capitaux transférés et les rentes inscrites sur le débet du grand-livre de la Belgique, par suite du paragraphe précédent, jusqu'à la concurrence de la somme totale de 8,400,000 florins des Pays-Bas de rentes annuelles, seront considérés comme faisant partie de la dette nationale belge, et la Belgique s'engage à n'admettre, ni pour le présent ni pour l'avenir, aucune distinction entre cette portion de la dette publique et toute autre dette nationale belge déjà créée ou à créer.

§ 3. L'acquittement de la somme de rentes annuelles ci-dessus mentionnée, de 8,400,000 florins des Pays-Bas, aura lieu régulièrement, de semestre en semestre, soit à Bruxelles, soit à Anvers, en argent comptant, sans déduction aucune de quelque nature que ce puisse être, ni pour le présent, ni pour l'avenir.

§ 4. Moyennant la création de ladite somme de rentes annuelles de 8,400,000 florins, la Belgique se trouvera déchargée envers la Hollande de toute obligation du chef du partage des dettes publiques du royaume uni des Pays-Bas.

§ 5. Des commissaires nommés de part et d'autre se réuniront dans le délai de quinze jours en la ville d'Utrecht, afin de procéder à la liquidation des fonds du syndicat d'amortissement et de la banque de Bruxelles, chargés du service du trésor général du royaume uni des Pays-Bas. Il ne pourra résulter de cette liquidation aucune charge nouvelle pour la Belgique, la somme de 8,400,000 florins de rentes annuelles comprenant le total de ses passifs. Mais, s'il découlait un actif de ladite liquidation, la Belgique et la Hollande le partageront dans la proportion des impôts acquittés par chacun des deux pays pendant leur réunion, d'après les budgets consentis par les États généraux du royaume uni des Pays-Bas.

§ 6. Dans la liquidation du syndicat d'amortissement, seront comprises les créances des domaines dites *domen los rentein*; elles ne sont citées dans le présent article que pour mémoire.

§ 7. Les commissaires hollandais et belges mentionnés au § 3 du présent article, et qui doivent se réunir en la ville d'Utrecht, procéderont, outre la liquidation dont ils sont chargés, au transfert des capitaux et rentes qui, du chef du partage des dettes publiques du royaume uni des Pays-Bas, doivent retomber à la charge de la Belgique jusqu'à concurrence de 8,400,000 florins de rentes annuelles. Ils procéderont aussi à l'extradition des archives, cartes, plans et documents quelconques appartenant à la Belgique ou concernant son administration.

ART. 14. La Hollande ayant fait exclusivement, depuis le 1er novembre 1830, toutes les avances nécessaires au service de la totalité des dettes publiques du royaume des Pays-Bas, et devant les faire encore pour le semestre échéant au 1er janvier 1832, il est convenu que lesdites avances, calculées depuis le 1er novembre 1830 jusqu'au 1er janvier 1832, pour quatorze mois, au prorata de la somme de 8,400,000 florins des Pays-Bas de rentes annuelles, dont la Belgique reste chargée, seront remboursées par tiers au trésor hollandais par le trésor belge. Le premier tiers de ce remboursement sera acquitté par le trésor belge au trésor hollandais le 1er janvier 1832, le second au 1er avril, et le troisième au 1er juillet de la même année ; sur ces deux tiers il sera bonifié, à la Hollande, un intérêt calculé à raison de cinq pour cent par an, jusqu'à parfait acquittement aux susdites échéances.

ART. 15. Le port d'Anvers, conformément aux stipulations de l'article 15 du traité de Paris du 10 mai 1814, continuera d'être uniquement un port de commerce

ART. 16. Les ouvrages d'utilité publique ou particulière, tels que canaux, routes, ou autres de semblable nature, construits en tout ou en partie aux frais du royaume uni des Pays-Bas, appartiendront, avec les avantages et les charges qui y sont attachés, au pays où ils sont situés. Il reste entendu que les capitaux empruntés pour la construction des ouvrages, et qui y sont spécialement affectés, seront compris dans lesdites charges, pour autant qu'ils ne sont pas encore remboursés, et sans que les remboursements déjà effectués puissent donner lieu à liquidation.

Art. 17. Les séquestres qui auraient été mis en Belgique pendant les troubles, pour cause politique, sur les biens et domaines patrimoniaux quelconques, seront levés sans nul retard, et la jouissance des biens et domaines susdits sera immédiatement rendue aux légitimes propriétaires.

Art. 18. Dans les deux pays, dont la séparation a lieu en conséquence des présents articles, les habitants et propriétaires, s'ils veulent transférer leur domicile d'un pays à l'autre, auront la liberté de disposer, pendant deux ans, de leurs propriétés, meubles et immeubles, de quelque nature qu'elles soient, de les vendre, et d'emporter le produit de ces ventes, soit en numéraire, soit en autres valeurs, sans empêchement ou acquittement de droits autres que ceux qui sont aujourd'hui en vigueur dans les deux pays pour les mutations et transferts. Il est entendu que renonciation est faite, pour le présent et pour l'avenir, à la perception de tout droit d'aubaine et de distraction sur les personnes et sur les biens des Hollandais en Belgique, et des Belges en Hollande.

Art. 19. La qualité de sujet mixte, quant à la propriété, sera reconnue et maintenue.

Art. 20. Les dispositions des articles 11 jusqu'à 21 inclusivement, du traité conclu entre l'Autriche et la Russie le 3 mai 1815, qui fait partie intégrante de l'acte général du Congrès de Vienne, dispositions relatives aux propriétaires mixtes, à l'élection de domicile qu'ils sont tenus de faire, aux droits qu'ils exerceront comme sujets de l'un ou de l'autre État, et aux rapports de voisinage dans les propriétés coupées par les frontières, seront appliquées aux propriétaires qui, en Hollande, dans le grand-duché de Luxembourg ou en Belgique, se trouveront dans le cas prévu par les susdites dispositions des actes du Congrès de Vienne.

Les droits d'aubaine et de distraction étant abolis dès à présent entre la Hollande, le grand-duché de Luxembourg et la Belgique, il est entendu que, parmi les dispositions ci-dessus mentionnées, celles qui se rapporteraient aux droits d'aubaine et de distraction seront censées nulles et sans effet dans les trois pays.

Art. 21. Personne, dans les pays qui changent de domination, ne pourra être recherché ni inquiété en aucune manière pour cause quelconque de participation directe ou indirecte aux événements politiques.

Art. 22. Les pensions et traitements d'attente, de non-activité et de réforme, seront acquittés à l'avenir, de part et d'autre, à tous les titulaires tant civils que militaires qui y ont droit, conformément aux lois en vigueur avant le 1ᵉʳ novembre 1830.

Il est convenu que les pensions et traitements susdits des titulaires nés sur les territoires qui constituent aujourd'hui la Belgique, resteront à la charge du trésor belge, et les pensions et traitements des titulaires nés sur les territoires qui constituent aujourd'hui la Hollande, à celle du trésor hollandais.

Art. 23. Toutes les réclamations des sujets belges sur les établissements particuliers, tels que fonds des veuves et fonds connus sous la dénomination de fonds de legs et de la caisse des retraites civiles et militaires, seront examinées par la commission de liquidation dont est question dans l'article 13, et résolus d'après la teneur des règlements qui régissent ces fonds ou caisses.

Les cautionnements fournis, ainsi que les versements faits par les comptables belges, les dépôts judiciaires et les consignations, seront également restitués aux titulaires, sur la présentation de leurs titres.

Si, du chef des liquidations dites *françaises*, des sujets belges avaient encore à faire valoir des droits d'inscription, ces réclamations seront également examinées et liquidées par ladite commission.

Art. 24. Aussitôt après l'échéance des ratifications du traité à intervenir entre les deux parties, les ordres nécessaires seront envoyés aux commandants des troupes respectives pour l'évacuation des territoires, villes, places et lieux qui changent de domination. Les autorités civiles y recevront aussi en même temps les ordres nécessaires pour la remise de ces territoires, villes, places et lieux aux commissaires qui seront désignés à cet effet de part et d'autre. Cette évacuation et cette remise s'effectueront de manière à pouvoir être terminées dans l'espace de quinze jours, ou plus tôt, si faire se peut.

Signé : Esterhazy, Wessemberg, Talleyrand, Palmerston, Bulow, Lieven, Matuszewicz.

FIN DES DOCUMENTS HISTORIQUES DU TOME TROISIÈME.

www.ingramcontent.com/pod-product-compliance
Lightning Source LLC
Chambersburg PA
CBHW071625230426
43669CB00012B/2075